Succès des Politiques de Développement en Asie de l'Est

Étude comparative des politiques économiques de développement: Japon, Corée du Sud, Taïwan, Thaïlande, Malaisie, Singapour et Indonésie. (1960-1997)

JIMMY YAB

Citizenship Academic Publishing London
99 Handsworth House
Quinton Close, Southsea, Portsmouth
P054NF
United Kingdom
Copyright © 2020 Jimmy Yab

No part of this publication may be reproduced, stored in a retrieval system, or transmitted, in any form or by any means, electronic, mechanical, photocopying, recording, or otherwise, without the prior written permission Citizenship Academic Publishing London.
Printed and bound in UK
Citizenship Academic Publishing London has no responsability for the persistence or accuracy of URLs for external or third party internet web sitesrefered to in this publication and does not guarantee that any content on such web sites is, or will remain, accurate or appropriate.

All Rights Reserved.

ISBN : 9798694033190

DÉDICACE

À ma très chère mère Yana Marie

TABLE DES MATIÈRES

DÉDICACE	III
TABLE DES MATIÈRES	V
LISTE DES ABREVIATIONS	IX
REMERCIEMENTS	XI
PREFACE	XIII
INTRODUCTION	1
Qu'est-ce que le développement ?	4
Les typiques de l'Asie de l'Est	7
La méthodologie et la structure du livre	11
CHAPITRE 1 : LES CONCEPTS DE DÉVELOPPEMENT	13
La Modernisation	14
Le développement linéaire	14
L'économie politique néoclassique	16
La culturelle et le développement	22
Le révisionnisme	25
L'État fort	25
La Dépendance	27
Le Dépendant	28
Le Système Monde	29
Conclusion	31
CHAPITRE 2 : L'ETAT DÉVELOPPEMENTALISTE	33
Le «Vol d'oies sauvages»	34
L'État Développementaliste	37
Le Développementalisme japonais	39
Nationalisme économique	40
Les Régimes d'Industrialisation Bureaucratiques	42
Les théories de l'État Développementaliste	43
L'institutionnalisme libéral	44
Le Nouvel Orientalisme	47
Le Globalisme	50
Conclusion	52
CHAPITRE 3 : L'HARMONIE, CONFUCIUS ET LE CAPITALISME DU NORD-EST	53

Capitalismes confucéens	54
Le Japon, un capitalisme d'alliance	56
Le capitalisme Sud-coréen contre le capitalisme Taïwanais	62
Le capitalisme transnational de Singapour	69
Conclusion	**72**

CHAPITRE 4 : LE PSEUDO CAPITALISME DE L'ASIE DU SUD-EST — 75

Diversité culturelle	**76**
Le « problème Chinois »	76
Structure sociale et politique post-coloniale	77
Le contexte international du développement	79
Le capitalisme ethnique de la Malaisie	**82**
Le capitalisme de copinage de l'Indonésie	**84**
Le capitalisme du laissez-faire de la Thaïlande	**89**
Conclusion	**92**

CHAPITRE 5 : LA POLITIQUE DE LEADER AU JAPON — 93

La «démocratie illibérale»	**93**
Le sens de la démocratie au Japon	94
Culture et démocratie	96
L'histoire de la démocratie japonaise	**98**
L'occupation américaine	98
L'émergence de la domination du PLD	100
Le conservatisme créatif du PLD	102
La chute du PLD	104
La politique de réforme	105
Conclusion	**106**

CHAPITRE 6 : LA POLITIQUE DANS LES NOUVEAUX PAYS DEMOCRATISES — 109

La démocratisation	**109**
La socio-économie	110
La stratégie	111
La structure	112
La culture	113
Comparaison avec la démocratisation	**114**
Taïwan, une transition dirigée	115
Corée du Sud, une démocratie de la protestation	120
Thaïlande, une révolution capitaliste	123
Conclusion	**127**

CHAPITRE 7 : LA POLITIQUE DANS LES PAYS NON-DEMOCRATISÉS — 129

Une démocratisation assiégée	**129**
Démocratisation et légitimité des régimes	130
Une démocratie de façade	130
La montée de l'électoralisme	131

Le Développementalisme et L'autoritarisme	134
Défis d'un régime autoritaire	139
Conclusion	144

CHAPITRE 8 : L'ETAT SOCIAL EN ASIE DE L'EST — 147

L'Orientalisme du bien-être	148
Les systèmes de bien-être	150
Le Japon, fondateur du « bien-être confucéen»	151
La Corée du Sud et Taïwan, la démocratisation et l'expansion du bien-être	153
Singapour, une société sous contrôle	156
Les NPE, entre la sécurité sociale et la privatisation de l'aide sociale	159
Comparaison de la politique sociale	163
Conclusion	165

CHAPITRE 9 : LA CRISE FINANCIÈRE ASIATIQUE — 167

La mondialisation et la crise de 1997	167
Les explications de la crise	168
Comment comprendre la crise	172
Le «consensus de Washington» et la mondialisation	173
La politique de libéralisation financière	177
Le copinage et la politique nationale	179
Conclusion	184

CHAPITRE 10 : L'INTEGRATION REGIONALE DANS LES ANNEES 80-90 — 187

Visions et réalités diverses	187
Régionalisme et les formes de capitalisme	188
Le régionalisme en Asie pacifique	190
Des visions concurrentes	190
Régionalisme APEC et Asie-Pacifique	192
Régionalisme de l'Asie de l'Est	194
Analyser le régionalisme de l'Asie Pacifique	196
Le leadership japonais	197
La base normative de la «voie asiatique»	199
Conclusion	201

CONCLUSION GENERALE — 203

APPENDICE — 208

Chronologie des événements clés des pays étudiés	208
Japon	208
Indonésie	214
Malaisie	217
Singapour	218
Corée du Sud	223
Taiwan	228
Thaïlande	235

BIBLIGRAPHIE	240
INDEX	268

LISTE DES ABREVIATIONS

ACM Association Chinoise de Malaisie
ACP Assemblée Consultative Populaire (Indonésie)
AFTA ASEAN Zone de Libre-Echange
ALENA Accord de Libre-Echange Nord-Américain
AMN Assurance Maladie Nationale
APEC Forum de Coopération Economique Asie-Pacifique
ASEAN Association des Pays de L'Asie du Sud-est
BN Barisan Nationale (Malaisie)
CCDE Conseil de Coopération et de Développement Economiques (Taïwan)
CCP Caisse Centrale de Prévoyance (Singapour)
CDL Conseil de Développement du Logement (Singapour)
CE Communauté Européenne
CEAE Caucus Economique de l'Asie de l'Est
CED Conseil Economique de Développement (Singapour)
CEP Conseil Economique de Planification (Corée du Sud)
CIM Congrès Indien de Malaisie
CRP Conseil des Représentants du Peuple (Indonésie)
EAHP Economies Asiatiques à Haute Performance
EDC État Développementaliste Capitaliste
EPI Économie Politique Pnternationale
FMA Fonds Monétaire Asiatique
FMI Fonds Monétaire International
GATT Accord Général du sur les Tarifs Douaniers et le Commerce
GEAE Groupement Economique de l'Asie de l'Est
IDE Investissements Directs Etrangers
IOE Industrialisation Orientée vers l'Exportation
ISI Industrialisation de Substitution des importations
KMT Kuomintang, Parti national (Taïwan)
MITI Ministère du Commerce et de l'Industrie (Japon)

NPE Nouveaux Pays Exportateurs
NPE Nouvelle Politique Economique (Malaisie)
NPI Nouveaux Pays Industrialisés
OCDE Organisation pour la Coopération et le Développement Economiques
OMC Organisation Mondiale du Commerce
ONG Organisations Non-Gouvernementales
ONMU Organisation Nationale Malaisienne Unie (Malaisie)
PA Parti de l'Alliance (Malaisie)
PAP Parti d'Action Populaire (Singapour)
PIB Produit Intérieur Brut
PLD Parti Libéral Démocrate (Japon)
PME Petites et Moyennes Entreprises
PNB Produit National Brut
PNR Programme National de Retraite
PPD Parti Progressiste Démocratique (Taïwan)
PSJ Parti Socialiste Japonais
PT Parti des Travailleurs
RC République de Chine
RPC République Populaire de Chine
SLG Sociétés Liées au Gouvernement (Singapour)
UE Union européenne
VUNT Vote Unique Non Tranferable
ZTE Zones de Traitement d'Exportations

REMERCIEMENTS

Cet ouvrage est l'aboutissement de plusieurs années de recherche et d'enseignement durant lesquelles, j'ai reçu le soutien de multiples personnes et Institutions. C'est aussi le fruit de nombreuses discussions avec mes collègues et étudiants à travers les continents où j'ai enseigné, à savoir, l'Europe, l'Afrique et l'Asie. Je pense particulièrement au Professeur Messanga Nyamding, Chef de Département d'Intégration Régionale et Management des Institutions Communautaires (IRMIC) de l'Institut des Relations Internationales du Cameroun et aux étudiants de ce Département où je dispense le cours intitulé : The Problems of Development in Asia. Cependant, j'exprime des remerciements singuliers au Directeur de l'Institut des Relations Internationales du Cameroun (IRIC), pour la qualité de l'encadrement dans cette Institution d'Élite. J'ai effectué plusieurs voyages d'études en Asie avec des collègues des Universités et Instituts de l'Afrique francophone sur le Projet d'Études Conjointes et d'Échanges Sino-africains organisé par la China Foreign Affairs University de Beiging sous la direction du regretté Professeur Li Dan à qui je rends hommage. Je dis merci à tous pour la qualité de nos échanges. Ma gratitude va spécialement au Professeur David Owen et au Département de Politique et Relations Internationales de l'Université de Southampton en Angleterre qui m'a toujours servi de laboratoire de recherche. Je dis également merci au Professeur Stéphane Ngwanza, Directeur Adjoint de l'Institut des Relations Internationales du Cameroun pour nos importantes discussions sur la géopolitique en Asie. Enfin, je ne saurai conclure cette page sans exprimer ma profonde gratitude au Professeur Jean-Emmanuel Pondi, Vice-Recteur Chargé des Enseignements à l'Université de Yaoundé II et Chef de Département de Diplomatie et de Politique Internationale à l'Institut des Relations Internationales de Cameroun, pour ses précieux conseils.

PREFACE

L'Afrique Sub-saharienne devrait-elle s'inspirer de l'expérience de développement de l'Asie de l'Est ?

Dans les années 1980, la croissance de l'Asie de l'Est et celle de l'Afrique Sub-saharienne ont commencé à diverger énormément, la performance économique très positive de l'Asie de l'Est dans la période avant la crise asiatique de 1997 a souvent été comparée aux réalisations beaucoup moins positives de l'Afrique Sub-saharienne. Si les performances aux niveaux macro et micro-économiques montrent de grandes disparités, l'une des différences les plus évidentes dans la performance et la structure économique des deux régions a été le degré de participation à l'économie mondiale. À mesure que l'Asie accrua sa participation à l'économie mondiale, l'Afrique vît la sienne se réduire. Avant le début de la crise asiatique en 1997, la performance économique du Japon, de la Corée du Sud, de Taïwan, de Singapour, de Thaïlande, de Malaisie et d'Indonésie, les pays étudiés ici, était considérée comme un miracle économique. Leurs expériences de développement ont été communément présentées aux décideurs politiques en Afrique comme des exemples attrayants dont ils pourraient tirer des leçons.

En effet, suivant la stratégie de développement tournée vers l'extérieur, de nombreuses économies d'Asie de l'Est avaient non seulement accéléré le processus d'intégration dans l'économie mondiale, mais avaient également amélioré leurs relations au cours des années de leur croissance économique rapide. En revanche, la majorité des pays d'Afrique Sub-saharienne n'avaient pas profité des opportunités offertes par l'intensification des interactions économiques internationales. Dans les années 70 et 80, au lieu de s'intégrer davantage dans l'économie mondiale, ils ont été largement marginalisés et ont connu une croissance lente. Reconnaissant leur position désavantageuse, les pays d'Afrique Sub-saharienne ont de plus en plus cherché au cours des dernières décennie des moyens d'accélérer leur participation à l'économie mondiale.

La crise Est-asiatique a éclaté à la suite de cette adoption progressive de la mondialisation par les pays africains. La crise, qui a commencé comme une crise financière résultant principalement d'un excès financier, et non d'une crise des fondamentaux, a clairement mis en évidence les graves difficultés de gestion des économies nationales dans les environnements hautement intégrés aux niveaux régional et mondialisé. L'événement a contribué à soulever des questions cruciales pour l'Afrique Sub-saharienne parmi lesquelles celles de savoir si l'Asie de l'Est demeurait un exemple économique pour l'Afrique Sub-saharienne ? Ou alors comment peut-elle gérer le processus d'intégration stratégique dans l'économie mondiale. Comme quoi les leçons de la crise asiatique, si elles étaient correctement tirées, pouvaient aider les pays d'Afrique Sub-saharienne à élaborer des politiques de développement efficaces et une stratégie vers une mondialisation durable.

À l'aube de la création de la Zone de Libre Échange Continentale Africaine, la question de l'intégration stratégique par exemple est importante pour plusieurs raisons. Premièrement, comme la mondialisation n'est pas un processus qui se déroule de manière neutre dans un vide politique, il existe un degré considérable de discrétion dans les politiques d'intégration. Les formes d'intégration sont susceptibles d'être grandement affectées par les politiques nationales visant le processus multidimensionnel d'intégration, y compris les politiques sur le commerce, la finance, la technologie, la sécurité, la structure industrielle, la concurrence, l'environnement et l'immigration. Le niveau optimal d'ouverture peut différer pour chaque aspect, qui lui-même dépend essentiellement du niveau de développement du pays concerné, entre autres facteurs. Cela conduit à une question stratégique: quel est le meilleur dosage de politiques pour parvenir à l'intégration ?

Il est certain que le rythme excessif et la séquence incorrecte de la libéralisation pour tenter de tirer davantage profit du processus de mondialisation peuvent entraîner de graves difficultés. La gravité des problèmes qui peuvent résulter d'une mauvaise gestion des politiques financières en particulier a été amplement prouvée par les récentes crises financières asiatiques et mondiales. Il a été démontré que les risques associés à la mondialisation financière sont élevés, car les flux des capitaux internationaux sont intrinsèquement volatils, ce qui peut exposer les économies vulnérables et fragiles à des forces extérieures tout aussi très volatiles. Ainsi, l'ouverture des économies aux puissantes forces extérieures qui façonnent le processus de mondialisation nécessite une étude minutieuse et stratégique en ce qui concerne les formes, le rythme et le calendrier pour l'intégration dans l'économie mondiale. Aussi, les avantages de la mondialisation sont inégalement répartis. Il a été observé que les niveaux de revenu ont tendance à diverger plutôt qu'à converger entre les économies nationales participantes et entre les régions à mesure que la mondialisation progresse. Il y a des gagnants et des perdants dans le processus en cours et les inégalités de revenus ont tendance s'amplifier. De plus, les avantages nets de la mondialisation ne sont pas nécessairement garantis. Selon la nature et les formes d'intégration, les pays peuvent bénéficier du dynamisme et de la croissance de l'économie mondiale, mais l'intégration dans l'économie internationale ne garantit pas à elle seule ces avantages. En outre, les coûts d'ajustement initiaux découlant d'une intégration accrue peuvent inclure une aggravation de la pauvreté pour certains groupes.

Ainsi, tout en offrant potentiellement aux pays participants de nouvelles opportunités pour accélérer la croissance et le développement, une intégration accrue pose également de grands défis pour les problèmes de gestion économique auxquels les décideurs doivent s'attaquer. Cela est d'autant plus vrai que les risques et les coûts liés à l'intégration peuvent être importants pour les économies fragiles à faible revenu comme ceux de l'Afrique Sub-aharienne. Ces risques et coûts ont déclenché un débat animé sur les gains associés à la mondialisation et ont généré de nombreuses études théoriques et empiriques sur le lien mondialisation-croissance-distribution des revenus et la thèse de la convergence des revenus. Ils ont également conduit à de vives manifestations anti-mondialisation dans le monde entier, reflétant un malaise généralisé.

Des discussions sur les raisons de la divergence de croissance et de développement entre l'Afrique et l'Asie de l'Est ont eu lieu jusqu'à présent en termes de facteurs tels que les différences dans les politiques économiques, les conditions initiales de développement et les dotations en ressources; les liens géopolitiques avec les économies industrielles; les dispositions de gouvernance nationale; la culture et son rôle dans la prise de décision économique; etc. Bien que la portée de la liste puisse varier considérablement selon les pays comparés, le fait qu'une combinaison de conditions politiques, institutionnelles et structurelles explique des différences de développement est assez généralement accepté. Ce qui n'est pas généralement admis, c'est le poids relatif à accorder à chacune de ces trois catégories et la manière dont elles interagissent.

Sur le plan politique, la divergence des performances de croissance dans les deux régions a été largement attribuée aux politiques contrastées adoptées à l'égard du commerce et des investissements internationaux. En particulier, le débat a été mené de manière très dichotomique entre stratégie orientée vers l'extérieur ou orientée vers l'intérieur, promotion des exportations contre substitution des importations, ou approche interventionniste contre laissez-faire. Une conséquence de ces différentes orientations politiques des deux régions se reflète également dans leurs développements institutionnels. Il a été avancé que les environnements institutionnels qui prévalaient en Asie de l'Est sont propices à l'investissement privé, tandis que les institutions africaines ont souvent élargi et approfondi le rôle de l'État dans toutes les facettes de la prise de décision économique, de manière à minimiser la prise de risques privés et donc les investissements. Naturellement, les politiques et les institutions ont interagi avec d'autres conditions, telles que les dotations initiales en ressources ou les facteurs politiques, sociaux et culturels, pour produire divers liens épargne-investissement-croissance dans les deux régions.

Ce livre, qui examine les conditions clés du succès de la gestion politique et économique du développement dans les pays d'Asie de l'Est, nous permet de tirer les leçons des expériences asiatiques pour l'Afrique Sub-Saharienne et les autres pays en développement. Il suggère que les choix politiques qui incluaient le maintien des principes fondamentaux solides comme une macro-économie stable, un capital humain élevé, des systèmes financiers efficaces et sûrs et l'ouverture à la technologie étrangère ont été mélangés à des interventions sélectives comprenant la poussée des exportations, la répression financière, le crédit dirigé et la promotion sélective les industries. Ces politiques ont fonctionné dans un cadre institutionnel caractérisé par une isolation technocratique, une fonction publique de haute qualité et une surveillance solide. Le résultat a été la discipline concurrentielle qui a conduit à l'accumulation du capital humain, à une épargne élevée et à des investissements élevés, ainsi qu'à une allocation efficace grâce à l'utilisation efficiente du capital humain et à un retour sur investissement élevé. En plus de l'accumulation et de l'allocation efficace, il y a eu un changement de rendement résultant du rattrapage basé sur la productivité et de l'évolution technologique rapide. Le résultat de ces processus est la réalisation d'une croissance rapide et soutenue ainsi qu'une répartition des revenus plus égalitaire.

Cependant, certaines études rejettent la reproductibilité et la pertinence des politiques interventionnistes pour l'Afrique Sub-saharienne et recommandent qu'elle se concentre sur les fondamentaux qui créent ainsi un environnement favorable au marché plutôt que de faire fonctionner les interventions. L'analyse de ce livre conduit à une position similaire indiquant que l'Asie de l'Est serait un bon modèle pour l'Afrique en raison des héritages institutionnels et les dotations en ressources humaines. Cependant, on peut émettre des réserves pour n'avoir pas compris l'interdépendance entre les fondamentaux et les interventions sélectives ainsi qu'entre les politiques économiques et les facteurs institutionnels.

Ce livre intitulé *Succès des Politiques de Développement en Asie de l'Est* est donc un outil essentiel pour les étudiants, chercheurs et décideurs qui s'intéressent à la recherche des solutions alternatives pour le développement durable de l'Afrique en général et celui de l'Afrique Sub-saharienne en particulier, car c'est une tentative systématique de déchiffrer différentes expériences des politiques du développement en Asie de l'Est qui ont interagi avec une économie mondiale en constante évolution. L'objectif final étant de comprendre les politiques de développement et les environnements institutionnels de cette région qui pourraient non seulement expliquer son développement exponentiel, mais aussi et surtout inspirer celui de l'Afrique Sub-saharienne.

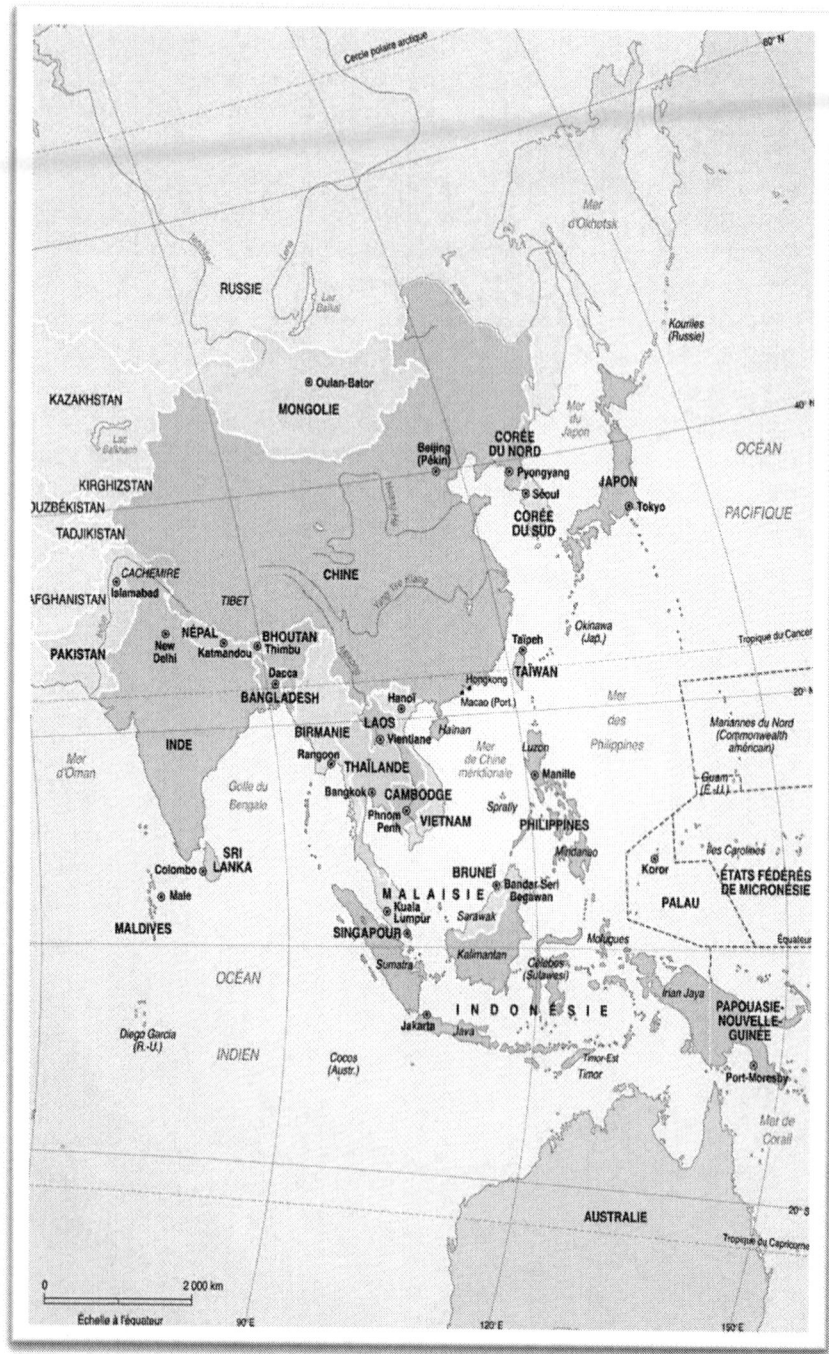

Figure 1. Carte d'Asie de l'Est et du Pacifique

INTRODUCTION

Succès des Politiques de Développement en Asie de l'Est est un livre destiné aux étudiantes, étudiants, professeurs et chercheurs en politique qui souhaitent aborder les problèmes de développement dans les pays du Sud. Il s'agit de ceux et celles qui peuvent avoir besoin d'une introduction à ce sujet, dans les principales théories et dans la manière de planifier une étude critique de sa propre initiative, c'est-à-dire une étude qui remet en question les vérités conventionnelles. En d'autres termes, il ne s'agit pas d'un livre en faveur d'études universelles des politiques de développement qui prennent généralement des expériences en Occident comme point de départ. Il s'agit plutôt d'un livre qui passe en revue les expériences pertinentes des pays d'Asie de l'Est[1] dans les cadres dominants afin d'aider à les relier et à les dépasser. Il est question de franchir et d'aller au-delà de ces cadres en définissant d'abord les théories générales en relation avec les politiques interdisciplinaires du développement, puis en se concentrant sur les agents politiques, les processus, les institutions et les structures qui affectent et sont affectés par les problèmes de développement, et c'est seulement par la suite et sur la base d'une solide connaissance empirique des pays de cette région qu'on s'ouvrira à des généralisations plus larges, voire universelles, qui pourront inspirer d'autres régions en développement telles que celle l'Afrique Sub-saharienne.

Étudier les politiques de développement en Asie de l'Est est important et gratifiant mais exigeant. C'est important parce qu'à la fin de l'année 2020, le PIB de l'Asie dépassera le PIB du reste du monde combiné. D'ici 2030, la région devrait contribuer à environ 60% de la croissance mondiale. L'Asie-Pacifique sera également responsable de l'écrasante majorité (90%) des 2,4 milliards de nouveaux membres de la classe

---

[1] En utilisant le terme "Asie de l'Est" je fais référence aux principaux pays d'Asie du Nord-est, Sud-est et Pacique qui ont eu une croissance rapide de 1960-1997. Il s'agit de: Japon, Corée du Sud, Taïwan, Thaïland, Malaisie, Indonésie et Singapour.

moyenne entrant dans l'économie mondiale. C'est exigeant parce que pour commencer, il faut connaître et probablement aussi s'inquiéter des problèmes de développement et du rôle de la politique. Pour les politologues, cela implique d'élargir ses compétences pour inclure la coopération interdisciplinaire et la connaissance de la manière dont différents facteurs interagissent dans les processus de développement. Par la suite, une fois que la manière dont la politique se rapporte à ce processus a été définie, il est nécessaire de mener des études empiriquement bien fondées sur les ingrédients politiques eux-mêmes; des études qui, malgré leur solide caractère empirique, ne perdent pas de vue les perspectives comparatives et théoriques. Pour la plupart d'entre nous, cela implique une recherche fastidieuse des informations nécessaires sur le terrain, en plus de lire une littérature pertinente. Enfin, il faut pouvoir positionner l'étude dans une perspective comparative et s'ouvrir aux généralisations; et ceci, bien sûr, implique également la connaissance d'autres théories, d'autres contextes et surtout d'autres cas. Devoir combiner tout cela est un dilemme, mais il n'y a pas de raccourcis. Ceux qui souhaitent sérieusement étudier les politiques de développement doivent pouvoir s'asseoir sur plusieurs différents tabourets à la fois. Ce livre est là pour nous aider à gérer cette tâche. La clé donc, d'après mon expérience est une analyse ciblée, profonde et concise. Il y a trois raisons à cela. Premièrement, une analyse ciblée parce qu'il faut s'orienter et se faire une idée de ce qui est, devrait et pourrait être fait, puisque sans cette connaissance contextuelle, il devient difficile de remettre en question les vérités conventionnelles. Et aussi, sans cette capacité à trouver son propre chemin, il peut y avoir plutôt tendance à suivre les études condescendantes et les tendances à la mode. Deuxièmement, il s'agit d'une analyse profonde parce que nous avons besoin de savoir ce qu'il faut rechercher en explorant d'abord les théories sur les politiques de développement, ensuite la grande quantité d'études orientées empiriquement et enfin le matériel dispersé, mais vital qui n'est disponible que sur le terrain. Et troisièmement, il s'agit d'un examen qui devrait être concis sinon on se perd dans une forêt de théories. L'Asie de l'Est devient donc pour nous un laboratoire expérimental de qualité.

L'essor de l'Asie de L'Est dans l'économie mondiale a eu un impact intellectuel et politique profond dans les Relations Internationales. À partir du début des années quatre-vingt, lorsque, pour la première fois dans l'histoire, les États-Unis ont commencé à commercer davantage avec l'Asie de l'Est qu'avec l'Europe de l'Ouest, un certain nombre d'universitaires et de politiciens commencèrent à spéculer sur une venue imminente du « Siècle du Pacifique. » Cela faisait référence au déplacement remarqué du centre de gravité politico-économique de la région de l'Atlantique dominée par l'Ouest vers la région du Pacifique dominée par l'Asie. Peut-être plus important encore, cela faisait également référence au déclin perçu de l'hégémonie intellectuelle occidentale en sciences sociales. En bref, la nouvelle renaissance asiatique était considérée comme un défi à la domination politique et philosophique occidentale dans la politique internationale. Des notions telles que «capitalisme asiatique», «démocratie asiatique» et «système de protection sociale asiatique» ont été largement utilisées pour décrire des modèles alternatifs et meilleurs du développement humain.

Depuis la fin de la Seconde Guerre mondiale jusque dans les années quatre-vingt-dix, c'est la période qui nous intéresse dans ce livre, l'Asie de l'Est, la partie de l'Asie sur la côte-ouest de l'océan Pacifique, abrite la région de croissance économique et de transformation sociale la plus dynamique au monde. Inspirées par le Japon, premier pays industrialisé de la région et aidées par son soutien financier et technologique, un certain nombre d'économies très performantes ont vu le jour dans cette partie du monde, il s'agit notamment des Nouveaux Pays Industrialisés (NPI) de Corée du Sud, de Taïwan et de Singapour et des Nouveaux Pays Exportateurs (NPE) de Malaisie, d'Indonésie et de Thaïlande. Ces économies asiatiques très performantes sont les seules économies d'après-guerre qui ont combinées des taux de croissance élevés avec une baisse des inégalités des revenus assez conséquents. Les fruits de la croissance partagée, selon la Banque Mondiale, ont considérablement amélioré le bien-être des populations. Entre 1960 et 1990, la période de croissance rapide, l'espérance de vie dans ces pays est passée de 56 ans à 71 ans et la proportion des personnes vivant dans la pauvreté absolue a chuté de 58% à 17%.

Jusqu'en 1997, année de l'éclatement de la crise financière asiatique, la notion du «Siècle du Pacifique» était largement invoquée en Occident par des politiciens et des professeurs d'université pour inciter à des réformes économiques et sociales dans leurs propres sociétés. L'Occident, c'est-à-dire l'Europe occidentale et surtout l'Amérique du Nord, a-t-on soutenu, souffrait de divers malaises économiques et sociaux résultant d'un libéralisme excessif et devait donc apprendre de l'Asie de l'Est. Les différences culturelles étaient si grandes entre l'Asie de l'Est, dont la caractéristique était considérée comme son attachement au collectivisme, et l'Occident, avec son obsession à l'individualisme, que leur conflit devait être le thème majeur de la politique internationale de l'après-guerre froide. Au sein même de l'Asie de l'Est, les politiciens et certains intellectuels ont régulièrement recouru à la rhétorique des valeurs asiatiques pour la fierté nationale et galvaniser l'effort collectif contre une occidentalisation corrosive.

La crise financière asiatique de 1997–98 a marqué un tournant dans le développement de la région et dans son étude. Non seulement, elle a brisé le mythe du «Siècle du Pacifique», mais elle a aussi conduit à une analyse plus sobre des succès et des échecs de développement de la région. Alors que la région avait entamé sa reprise après la crise et était aux prises avec de nouveaux problèmes de développement et de croissance qui découlaient de l'évolution des environnements nationaux et internationaux, de plus en plus de chercheurs ont tenté de réexaminer les expériences de développement de la région à la lumière de cette crise.

Ce livre s'inscrit dans l'étude de l'expérience extraordinaire du développement de l'Asie de l'Est, caractérisée par sa croissance rapide dans l'économie politique internationale suivie de sa chute tout aussi imprévue en 1997-98. À la fin de la lecture de ce livre, l'étudiante ou l'étudiant et le chercheur en Politique de Développement en Afrique Sub-saharienne pour qui ce livre est destiné sera à même de comprendre les différents facteurs qui soutiennent cette expérience. Ce faisant, j'espère atteindre l'objectif d'initier le chercheur en Politiques de Développement en Afrique Sub-saharienne aux expériences de développement de l'Asie de l'Est et du Pacifique afin de parvenir à une compréhension plus approfondie de la question complexe du développement dans les pays du Sud.

Comme il est clair, le thème organisateur de ce livre est le concept de développement, les pays qui seront étudiés sont les six pays préalablement cités, avec le Japon, qui fut le modèle de ces économies. Pour faciliter la compréhension, il est donc nécessaire dans cette introduction d'expliquer brièvement le sens du développement et de dresser une carte géographique et socioculturelle de la région dans laquelle ces économies se situent. Elle sera ensuite suivie d'une introduction aux thèmes, aux méthodologies et à la structure du livre.

Qu'est-ce que le développement ?

Depuis la fin de la Seconde Guerre mondiale, le développement a été le terme le plus important utilisé pour décrire les changements économiques, sociaux et politiques dans ce que l'on a appelé les pays du «Tiers-monde»,[2] dont la plupart étaient des colonies des puissances

---

[2] Le terme «Tiers-monde» aurait été inventé par le démographe Alfred Sauvy dans

occidentales. En tant que terme normatif, souvent implicitement associé au progrès, héritage de la pensée des Lumières occidentales du XVIIIe siècle, le développement est un concept contesté, sa signification est un produit personnel de préférence et reflète souvent un jugement de valeur. Une source importante de cette contestation et de la résistance dont il fait face réside dans sa nature multidimensionnelle. Comme Samuel Huntington[3] le soutient dans *Understanding Political Development*, le

---

un article de 1952 du magazine français *L'Observateur*, qu'il a terminé en comparant les nations sous-développées du monde aux paysans qui ont mené la Révolution française: «ceTiers Monde ignoré, exploité, méprisé.» Certains disent que le président français Charles de Gaulle l'a utilisé pour la première fois; cependant, l'article de Sauvy est généralement cité comme la première utilisation documentée. Il a commencé à être généralement utilisé après la conférence de 1955 des pays en développement à Bandung, Indonésie. Un an plus tard, un groupe de spécialistes français des sciences sociales a publié un livre, *Le Tiers-Monde*, et en 1959, l'économiste François Perroux a commencé à publier une revue du même nom examinant les problèmes des pays économiquement sous-développés. Sauvy expliqua qu'en inventant cette phrase, il faisait une analogie avec les paysans de la France prérévolutionnaire, appelés le tiers État et méprisés par les classes dirigeantes - la noblesse étant le premier État et l'Église française le second État. Sauvy a écrit que les pays du tiers monde sont considérés comme insignifiants et ne valent «rien», bien que ces pays «veulent être quelque chose».

[3] Samuel P. Huntington, en entier Samuel Phillips Huntington, (né le 18 avril 1927 à New York, NY, États-Unis - décédé le 24 décembre 2008 à Martha's Vineyard, Massachusetts), politologue américain, consultant auprès de diverses agences gouvernementales américaines, et un commentateur politique important dans les débats nationaux sur la politique étrangère américaine à la fin du 20e et au début du 21e siècle. Soulignant la montée de l'Asie de l'Est et de l'islam, il a fait valoir dans le controversé *The Clash of Civilizations and the Remaking of World Order* (1996) que le conflit entre plusieurs grandes civilisations mondiales remplaçait les conflits entre États ou idéologies en tant que clivage dominant dans les relations internationales. Bien qu'il ait mis en garde contre une intervention dans les cultures non-occidentales dans *The Clash of Civilizations*, Huntington était généralement identifié avec des opinions bellicistes sur la politique étrangère et avait été la cible de manifestants étudiants de gauche pendant la guerre du Viêtnam. Il a publié des ouvrages majeurs sur divers sujets, notamment la stratégie de sécurité nationale, l'élaboration de la politique de défense, l'idéologie politique américaine, les organisations transnationales, le conservatisme, la gouvernabilité des démocraties, les processus de démocratisation et la comparaison des gouvernements américain et soviétique. Ses livres incluent *The Common Defense: Strategic Programs in National Politics* (1961); *American Politics: The Promise of Disharmony* (1981), qui a évalué les tentatives périodiques visant à rendre les institutions politiques et le comportement américains conformes au credo national traditionnel de liberté, d'égalité et d'hostilité à l'autorité; *Third Wave: Democratization in the Late Twentieth Century* (1991), qui a expliqué le processus de démocratisation généralisée des pays dans les années 70 et 80 et l'a comparé aux

développement implique comme condition au moins cinq objectifs : 1. la croissance économique, 2. l'égalité sociale, 3. la démocratie politique, 4. l'ordre et la stabilité et, 5. l'autonomie nationale. Cependant, dans le cadre d'un processus, poursuit-il, ces objectifs entrent invariablement en conflit et il n'y a pas d'accord universel sur la meilleure façon de les intégrer. Une autre raison de l'absence d'accord universel sur le sens du développement est le fait qu'il engendre des coûts ainsi que des avantages pour différents groupes de personnes dans la société. C'est ce que Denis Goulet[4] veut dire dans *Development: Creator and Destroyer of Values,* quand il définit le développement comme une épée à double tranchant qui apporte des avantages, mais produit également des pertes et génère des conflits de valeur. Dans la catégorie des avantages sociaux, Goulet énumère les améliorations du bien-être matériel, les gains technologiques, la spécialisation institutionnelle, une plus grande liberté de choix, un degré plus élevé de tolérance et une certaine forme de démocratie. Comme pertes, il énumère la destruction de la culture et de la communauté et la montée des orientations personnelles. À ceux-ci peuvent également être ajoutés les dommages environnementaux.

Dans ce livre, je partage les conceptions du développement de Huntington et de Goulet en le définissant comme un changement multidimensionnel qui englobe tous les aspects de la vie sociale. Il s'agit notamment du développement économique, qui génère la croissance et sa répartition équitable; le développement social, générateur de bien-être en termes de santé, d'éducation, de logement et d'emploi et la maîtrise de l'environnement; le développement politique, qui crée un système de

---

périodes historiques précédentes; et *Who Are We?: The Challenges to America's National Identity* (2004), qui a examiné les sources de la culture politique américaine et les menaces émergentes à l'identité nationale unifiée.

[4] Dans cet article Denis Goulet affirme que la terminologie et la pratique du développement sont ambiguës. Le terme est utilisé à la fois de manière descriptive et normative, et il se réfère soit aux objectifs, soit aux moyens pour les atteindre. De plus, la pratique a oscillé entre la poursuite unidimensionnelle de la croissance économique et l'ingénierie sociale globale pour transformer les structures sociétales. Le développement a longtemps été considéré comme un bien non allié. Cependant, au fur et à mesure que les coûts sociaux, culturels, écologiques et humains qui en découlent deviennent plus évidents, il est de plus en plus considéré comme une arme à deux tranchants, créant et détruisant simultanément des valeurs. Elle apporte des gains matériels et technologiques et de nouvelles libertés, mais engendre aussi l'injustice, détruit les cultures, endommage les environnements et généralise l'anomie. Plus important encore, le développement engendre des conflits de valeurs sur le sens et le contenu de la bonne vie, la base de la justice dans la société et les critères régissant la position des sociétés humaines envers la nature.

gouvernement basé sur la protection des droits de l'homme, de la liberté politique et de la démocratie; et le développement culturel, qui conduit à l'émergence d'une société civile dynamique en tant que moyen par lequel les citoyens expriment librement leur identité et leur appartenance collective.

De toute évidence, cette liste des dimensions du développement n'est utile que dans la mesure où elle nous fournit des catégories analytiques avec lesquelles organiser notre étude. En soi, elle ne révèle ni conflit de valeur ni coûts associés au développement. Ceux-ci ne peuvent être révélés qu'en analysant les expériences réelles de développement de ces nations.

Les typiques de l'Asie de l'Est

Les sept pays étudiés sont tous situés en Asie de l'Est et du Pacifique, que j'appellerai Asie de l'Est tout court. Comme dans d'autres régions du monde, l'espace commun a engendré des expériences historiques et contemporaines partagées entre les sociétés par ailleurs diverses de la région. Dans cette section, je fais un croquis de ces similitudes et de ces diversités afin de situer notre étude dans des contextes géographiques, historiques et culturelles précis.

L'Asie de l'Est est une région aux cultures et traditions diverses. Elle abrite trois des principales religions du monde: l'hindouisme, le bouddhisme et l'islam. En outre, les sociétés de la région diffèrent également énormément en taille, en ressources naturelles, en structure sociale, en niveaux de développement économique et en système politique. D'une manière générale, cependant, la région peut être divisée en deux sous-régions selon les traditions et la structure sociale. Ce sont l'Asie du Nord-est, caractérisée par la tradition culturelle dominante du confucianisme et une structure sociale homogène, et l'Asie du Sud-est, caractérisée par le multiculturalisme et une structure sociale hétérogène. La seule chose qui unit les deux sous-régions est leur expérience historique commune du colonialisme, bien que les détails de cette expérience aient varié entre les nations. L'entrée en contact avec l'Occident au XVIIe siècle a marqué le début de l'incorporation de l'Asie de l'Est dans l'économie capitaliste mondiale émergente et donc l'aube de son époque moderne. Outre le capitalisme, le nationalisme était l'autre produit de l'influence occidentale, qui a inspiré une demande d'autodétermination nationale et un désir de modernisation. Le Japon et la Thaïlande sont les deux seuls pays à avoir échappé à la colonisation, bien que les deux sociétés aient dû mener d'importantes réformes sociales et politiques pour survivre à l'ère du colonialisme.

La modernisation du Japon, en adoptant la technologie et les institutions sociales et politiques occidentales à la fin du XIXe siècle, avait été si rapide qu'à la fin du siècle, il n'avait pas seulement abrogé tous les « traités inégaux » qu'il avait été contraint de signer avec l'Occident, mais il avait aussi conquis Taïwan et la Corée comme ses colonies. Pendant la guerre du Pacifique,5 la Malaisie, Singapour et l'Indonésie sont tous tombés sous occupation japonaise, et la Thaïlande a formé une alliance stratégique avec le Japon pour éviter un sort similaire. Tous les États ont obtenu leur indépendance d'abord du Japon, puis de leurs anciens colonialistes occidentaux, aux environs de la fin de la Seconde Guerre mondiale. Comme on le verra dans les chapitres suivants, les héritages coloniaux, à la fois japonais et occidentaux, ont encore un impact sur le développement de la région.

En dehors de l'expérience historique, largement similaire, l'Asie du Nord-est et l'Asie du Sud-est sont très différentes en termes de dotation en ressources naturelles, de structure sociale et de pratiques culturelles. Alors que le Japon, la Corée du Sud et Taïwan sont tous des pays pauvres en ressources, la Malaisie, l'Indonésie et la Thaïlande sont toutes riches en ressources naturelles telles que le pétrole, le gaz naturel, l'étain, le caoutchouc et le bois, ainsi que d'une gamme de produits

---

5 Tôt le matin du 8 décembre 1941, la Seconde Guerre mondiale dans le Pacifique a été déclenchée par une attaque amphibie des troupes de l'armée impériale japonaise sur la côte nord-est de la Malaisie britannique. En quelques heures, ils se frayèrent un chemin à l'intérieur des terres malgré de lourdes pertes de transport aux mains des quelques avions britanniques qui se trouvaient dans la région. D'autres attaques des forces japonaises à travers le Pacifique se succédèrent rapidement, la plus importante d'entre elles visant la gigantesque base navale américaine de Pearl Harbor, à Hawaï, où elle était encore le 7 Décembre. Au cours des jours suivants, une campagne méticuleusement planifiée s'est déroulée alors que les forces japonaises se lançaient contre des unités clés du Commonwealth américain, néerlandais et britannique aux Philippines, au Siam, en Malaisie, aux Indes néerlandaises et en Chine, dont le but ultime était le contrôle japonais de l'Asie orientale et le Pacifique occidental. Le gouvernement japonais pensait qu'une fois que ces régions seraient fermement sous leur contrôle, les Alliés - et en particulier les États-Unis - réclameraient la paix plutôt que de mener une guerre sanglante dans des pays lointains. Cependant, les Japonais ne prévoyaient pas la réaction de colère résultant de leur utilisation de la force à Pearl Harbor. Un règlement négocié du type envisagé par le haut commandement japonais est devenu impossible. En fin de compte, une coalition alliée très déterminée s'est frayée un chemin à travers le Pacifique, île par île, jusqu'à ce que le double spectre du bombardement nucléaire et de la guerre avec l'Union soviétique force l'intervention impériale et la fin de la guerre.

agricoles. Singapour, n'a pratiquement aucune ressource naturelle d'aucune sorte. Les différences dans les dotations naturelles ont été un facteur important pour influencer les stratégies de développement et les résultats. L'importance traditionnelle de l'agriculture en Asie du Sud-est (à l'exception de Singapour), par exemple, explique le niveau relativement faible d'urbanisation (c'est-à-dire la proportion de personnes vivant dans les villes) de ces sociétés par rapport à l'Asie du Nord-est.

Les structures sociales de l'Asie du Nord-est et de l'Asie du Sud-est sont également très différentes. Alors que l'Indonésie se compose de milliers d'îles et de centaines de langues et dialectes, le Japon, la Corée du Sud et Taïwan sont parmi les sociétés les plus homogènes au monde en termes d'ethnicité, de langue, de religion et de culture. Bien moins que l'Indonésie, la Malaisie, la Thaïlande et Singapour sont toutes des sociétés multiculturelles composées de plusieurs groupes ethniques, linguistiques et religieux. Comme nous le verrons, la politique ethnique ajoute souvent une autre couche de complexité à la tâche déjà difficile du développement. À l'exception de Singapour, où l'ethnie chinoise constitue la majorité écrasante, toutes les autres sociétés d'Asie du Sud-est sont assaillies, à des degrés divers, par le «problème chinois», qui affecte leurs politiques de développement. Le cœur du problème est le monopole par les minorités chinoises des secteurs industriels et commerciaux dans ces sociétés, provoquant le ressentiment populaire.

L'Asie du Nord-est, avec Singapour, est communément décrite comme une région confucéenne, se référant à la tradition dominante du confucianisme dans ces sociétés. Le confucianisme est un type de pensée sociale et politique, associé au savant Chinois Confucius[6] (551–479) avant

---

[6] Confucius, (né en 551, Qufu, état de Lu [maintenant dans la province du Shandong, Chine] - décédé en 479 avant notre ère, Lu), est le plus célèbre professeur, philosophe et théoricien politique de Chine, dont les idées ont influencé la civilisation de l'Asie de l'Est. L'histoire du confucianisme ne commence pas avec Confucius. Confucius n'était pas non plus le fondateur du confucianisme dans le sens où le Bouddha était le fondateur du bouddhisme et Jésus-Christ le fondateur du christianisme. Au contraire, Confucius se considérait comme un émetteur qui tentait consciemment de réanimer l'ancien afin d'atteindre le nouveau. Il a proposé de revitaliser le sens du passé en prônant une vie ritualisée. L'amour de Confucius pour l'antiquité était motivé par son fort désir de comprendre pourquoi certaines formes de vie et institutions, telles que le respect des ancêtres, les pratiques religieuses centrées sur l'homme et les cérémonies de deuil, avaient survécu pendant des siècles. Son voyage dans le passé était une recherche de racines, qu'il considérait comme ancrées dans les besoins les plus profonds de l'humanité en matière d'appartenance et de communication. Il avait foi dans le pouvoir cumulatif de la culture. Le fait que les méthodes traditionnelles aient perdu de leur vitalité ne diminue pas, pour lui, leur

JC). En raison de la prééminence de la civilisation Chinoise en Asie de l'Est avant la rencontre de ce dernier avec l'Occident, la pensée confucéenne s'est répandue en Corée, au Japon, à Singapour et au Viêtnam, et elle est devenue la tradition éthique laïque la plus influente de ces sociétés. Ses valeurs fondamentales sont la hiérarchie sociale, le respect de l'autorité, le centrage sur la famille, la piétée filiale (c'est-à-dire l'obligation de la progéniture de s'occuper de leurs parents âgés), un gouvernement bienveillant par des dirigeants vertueux et l'auto-amélioration individuelle grâce à l'éducation. Dans l'éthique confucéenne, le mépris pour les activités commerciales, et donc les commerçants, est égalé par la vénération pour les savants accomplis, qui servent le souverain. En Asie du Sud-est (exception de Singapour), le bouddhisme et l'islam sont les systèmes de croyance dominants. En Thaïlande, 95% de la population est bouddhiste, alors qu'en Indonésie 88% de la population est musulmane.

En Malaisie, l'islam est la religion officiellement désignée pour environ 60% de la population malaise, et le reste de sa population croit en un éventail d'autres religions, notamment le bouddhisme, l'hindouisme et le sikhisme, pour n'en nommer que quelques-unes. Bien que ces religions soient toutes très différentes de la croyance confucéenne, elles ont également quelques similitudes. Par exemple, alors que le bouddhisme et l'hindouisme partagent le dédain confucéen pour le commerce, l'hindouisme partage également le respect confucéen pour la hiérarchie sociale sous la forme du système des castes. L'islam, comme le christianisme, se prêtent à de grandes variations. Mais en dehors de sa croyance en la théocratie, ou la domination de Dieu, la croyance islamique fondamentale est par ailleurs très similaire à celle du confucianisme en ce qu'elle préconise la suppression des désirs et des intérêts de l'individu au profit de ceux de la société. J'ai consacré une attention considérable aux systèmes de croyances de l'Asie de l'Est. La raison en est sa pertinence pour l'une des perspectives influentes avancées pour expliquer les expériences de développement de la région. C'est la perspective culturelle qui attribue le succès du développement de la région à ses similitudes culturelles. Cette perspective sous-tend également le discours sur les «valeurs asiatiques» mentionné plus haut. À ce stade, je noterai simplement que s'il est possible d'identifier certaines similitudes culturelles à travers la région, telles que les orientations collectivistes qui mettent la

---

potentiel de régénération à l'avenir. En fait, le sens de l'histoire de Confucius était si fort qu'il se voyait comme un conservateur responsable de la continuité des valeurs culturelles et des normes sociales qui avaient si bien fonctionné pour la civilisation idéalisée de la dynastie Zhou occidentale.

communauté avant l'individu, il est également vrai que les patrimoines culturels de la région sont divers et changeants. Les implications de cette observation seront explorées dans les chapitres suivants.

La méthodologie et la structure du livre

Après avoir expliqué le sens du développement et fait un bref survol de l'histoire, de la société et de la culture de l'Asie de l'Est, nous passons maintenant à la dernière section, dans laquelle une brève introduction des articulations de ce livre s'impose. Nous avons noté précédemment la nature contestée du développement, à la fois comme condition et comme processus. Ce fait fondamental inspire les principales préoccupations de ce livre : *comment le développement est-il défini et poursuivi en Asie de l'Est? Pourquoi? Et quelles en sont les conséquences?* En effet, ce qui nous intéresse, c'est la politique de développement dans cette région, comme l'indique le titre du livre. Étudier la politique du développement implique donc d'étudier la manière dont le sens du développement est employé et les conséquences politiques qui en découlent. Étant donné que le développement entraîne des changements dans la répartition autorisée des valeurs et la répartition des ressources dans la société, examiner la politique du développement revient donc essentiellement à examiner la manière dont le pouvoir est exercé dans la lutte pour le développement. À cette fin, l'analyse comparative est une approche méthodologique majeure adoptée dans ce livre. La comparaison transnationale nous donne non seulement un aperçu plus riche des différences et des similitudes des expériences de développement des pays étudiés, mais est également le meilleur moyen par lequel ces modèles peuvent être liés à des théories concurrentes du développement. En d'autres termes, la comparaison nous permet de tester les théories du développement et donc d'enrichir notre compréhension générale de la nature du développement.

Le livre se compose de dix chapitres. *Le chapitre 1* passe brièvement en revue les deux théories dominantes du développement afin de préparer le terrain pour notre étude ultérieure. *Le chapitre 2* est un aperçu des diverses questions théoriques soulevées par le développement rapide de ces pays. L'objectif principal de ce chapitre est double: identifier les liens intellectuels entre ces questions et les principales préoccupations des deux théories du développement et entrevoir les principaux sujets de discorde à traiter dans les chapitres suivants. *Les chapitres 3 et 4* comparent le développement économique des sept nations du point de vue de l'économie politique, qui examine l'interaction entre l'économie et la politique aux niveaux national et international. Les différences et les similitudes dans les modèles de développement sont identifiées et expliquées en termes d'interaction dynamique entre les forces politiques nationales et internationales façonnées par l'histoire et la géopolitique. *Les chapitres 5 à 7* examinent l'évolution politique des sept nations. *Le chapitre 5* se concentre sur la nature de la démocratie japonaise en vue d'examiner l'argument culturaliste selon lequel le Japon a lancé un modèle unique de «démocratie illibérale» pour d'autres pays d'Asie de l'Est. *Le chapitre 6* compare les différentes trajectoires de démocratisation de Taïwan, de la Corée du Sud et de la Thaïlande en vue d'expliquer leurs avancées réussies vers la démocratie. *Le chapitre 7* compare l'évolution politique à Singapour, en Malaisie et en Indonésie pour identifier les raisons de l'échec de ces trois sociétés à se démocratiser. Un thème commun qui traverse les trois chapitres est l'accent mis sur le rôle clé de la politique, c'est-à-dire les luttes pour le pouvoir, plutôt que pour la culture dans le développement politique d'une nation. *Le chapitre 8* compare le développement social en Asie de l'Est pour évaluer l'impact des «valeurs asiatiques» sur la politique sociale. Les similitudes et les différences politiques sont expliquées en termes de logique politique de l'État Développementaliste plutôt que des cultures locales. *Les deux derniers chapitres* se concentrent sur l'évolution du contexte national, régional et international du développement de l'Asie de l'Est. *Le chapitre 9* examine les causes et l'impact de la crise financière de 1997–98 en Asie en vue de tirer des enseignements. *Le chapitre 10* examine le développement du régionalisme en Asie de l'Est du point de vue de l'économie politique internationale en se concentrant sur les différents facteurs affectant l'émergence de l'identité régionale et la coopération dans la région. Enfin, ce livre conclut en rassemblant les principaux arguments développés tout au long du texte.

CHAPITRE 1 : LES CONCEPTS DE DEVELOPPEMENT

Après la fin de la Seconde Guerre mondiale, un grand nombre de sociétés, principalement en Afrique, en Asie et en Amérique latine, ont acquis leur indépendance nationale vis-à-vis des colonialistes. L'émergence de ces États nouvellement indépendants, ou post-coloniaux, qui, plus tard, sont devenus collectivement connus sous le nom de Tiers-monde en raison de leur retard commun, a conduit à la formulation en Occident de la première théorie du développement à savoir: la Théorie de la Modernisation (TM). Jusqu'à la fin des années 60, la TM était la perspective dominante du développement. Après cela, elle a fait l'objet de sérieuses critiques à la suite des catastrophes de développement généralisées dans le Tiers-monde. En même temps que la TM était reformulée, une critique plus radicale a émergé, connue sous le nom de Théorie de la Dépendance (TD), appelant à un rejet complet de la TM. Les événements et les échanges intellectuels intenses, cependant, ont conduit à la révision de la TD elle-même, résultant définitivement en la Théorie du Système Monde (TSM). L'émergence des Economies Asiatiques de Haute Performance (EAHP) en Asie de l'Est a été la principale base empirique sur laquelle la TSM a été construite.

Dans ce chapitre, je passerai en revue les deux théories dominantes du développement en me concentrant sur trois de leurs principales préoccupations: la conception du développement, l'économie politique du développement et la culture du développement. Je conclurai en notant les domaines de convergence entre les deux perspectives.

La Modernisation

En tant que théorie du changement social, la TM est passée par deux stades de développement: un stade précoce, caractérisé par une conception linéaire du développement et une approche libérale de la stratégie de développement, et un stade révisionniste, qui a souligné la condition politique préalable du développement. Ce qui a été révisé dans sa dernière version n'était pas le but du développement mais la manière de le réaliser.

Le développement linéaire

Au début de la TM, le développement était interprété comme un processus évolutif dans lequel toutes les sociétés progressaient à travers une série identifiable d'étapes pour devenir «modernes». Écrivant au milieu du XIXe siècle, Karl Marx[7] a prédit que le pays le plus développé

---

[7] Karl Marx, en entier Karl Heinrich Marx, (né le 5 mai 1818 à Trèves, province du Rhin, Prusse (Allemagne) - décédé le 14 mars 1883 à Londres, Angleterre), révolutionnaire, sociologue, historien et économiste. Il a publié (avec Friedrich Engels) *Manifest der Kommunistischen Partei* (1848), communément connu sous le nom de *Manifeste Communiste*, la brochure la plus célèbre de l'histoire du mouvement socialiste. Il est également l'auteur du livre le plus important du mouvement, *Das Kapital*. Ces écrits et d'autres de Marx et Engels forment la base du corps de pensée et de croyance connu sous le nom de marxisme. Marx a utilisé le terme mode de production pour désigner l'organisation spécifique de la production économique dans une société donnée. Un mode de production comprend les moyens de production utilisés par une société donnée, tels que les usines et autres installations, les machines et les matières premières. Cela inclut également le travail et l'organisation de la main-d'œuvre. Le terme relations de production désigne le rapport entre ceux qui possèdent les moyens de production (les capitalistes ou la bourgeoisie) et ceux qui n'en possèdent pas (les ouvriers ou le prolétariat). Selon Marx, l'histoire évolue à travers l'interaction entre le mode de production et les rapports de production. Le mode de production évolue constamment vers la réalisation de sa pleine capacité de production, mais cette évolution crée des antagonismes entre les classes de personnes définies par les rapports de production - propriétaires et ouvriers. Le capitalisme est un mode de production basé sur la propriété privée des moyens de production. Les capitalistes produisent des marchandises pour le marché des changes et pour rester compétitifs, ils doivent extraire autant de travail que possible des travailleurs au coût le plus bas possible. L'intérêt économique du capitaliste est de payer le travailleur le moins possible, en fait juste assez pour le maintenir en vie et productif. Les travailleurs, à leur tour, en viennent à comprendre que leur intérêt économique consiste à empêcher le capitaliste de les exploiter de cette manière. Comme le montre cet exemple, les rapports sociaux de production sont intrinsèquement antagonistes, donnant lieu à une lutte de classe

industriellement ne montre aux pays moins développés que l'image de leur propre avenir. Un siècle plus tard, les théoriciens de la modernisation ne doutaient pas que l'expérience de l'Occident modernisé allait se répéter dans les nouveaux États indépendants. Par exemple, au milieu des années 1960, les théoriciens pouvaient écrire que la modernisation était le processus de changement vers les types de systèmes sociaux, économiques et politiques qui se sont développés en Europe occidentale et en Amérique du Nord du XVIIe siècle au XIXe siècle et se sont étendus à d'autres pays européens.

Sur la base de l'expérience occidentale, les premiers théoriciens de la modernisation envisageaient que presque toutes les autres sociétés commenceraient la modernisation à partir de l'industrialisation, qui jette les bases du développement économique. Le développement économique jette à son tour les bases du développement social, comme l'urbanisation, l'augmentation de l'alphabétisation grâce à l'éducation de masse et la diffusion des médias. Le développement social permet à son tour à la population de participer à la politique, ce qui conduit finalement à la création d'un système politique compétitif de gouvernement démocratique. Dans cette conception linéaire du développement, la dernière étape de la modernisation est donc une démocratie industrialisée de style occidental. Lipset[8] résume bien cette thèse clé de la modernisation

---

qui, selon Marx, conduira au renversement du capitalisme par le prolétariat. Le prolétariat remplacera le mode de production capitaliste par un mode de production basé sur la propriété collective des moyens de production, qui s'appelle le communisme.

[8] Seymour Martin Lipset (18 mars 1922 - 31 décembre 2006) était un sociologue américain. La théorie de la démocratisation de Seymour Lipsett se concentre sur la relation entre le développement économique et la probabilité pour un pays de devenir et de rester une démocratie stable. Dans l'article de 1959 *Some Social Requisites of Democracy: Economic Development*, Lipsett émet l'hypothèse que plus un pays est développé économiquement, il est plus probable que le pays serait une démocratie et se caractériserait par une situation politique globalement plus stable. Pour son étude, Lipsett examine un certain nombre de pays d'Amérique latine et d'Europe et utilise plusieurs indices différents tels que le revenu par habitant, les niveaux d'éducation, le pourcentage de la population d'un pays employée dans le secteur agricole et l'urbanisation. Même si les indices ont été présentés séparément, ils plaident en faveur de son hypothèse initiale selon laquelle la démocratie et le niveau de développement au sein des sociétés sont interconnectés et montrent que si un pays est plus développé économiquement, les chances d'émergence d'un système politique démocratique sont beaucoup plus élevé que pour les pays sous-développés. L'étude de Lipsett suggère également que la première étape de la modernisation est l'urbanisation, qui est suivie par la croissance des médias et l'alphabétisation. La prochaine étape est le développement industriel rapide, qui favorise l'amélioration des réseaux de

en affirmant que plus une société est riche, plus elle a des chances de devenir une démocratie.

Le développement économique étant considéré comme le moteur de la modernisation, les premiers théoriciens de la modernisation étaient particulièrement préoccupés par ses conditions préalables. Sur ce point, deux perspectives complémentaires ont prévalu: la perspective de l'économie politique néoclassique et la perspective culturelle.

L'économie politique néoclassique

Elle est originaire du philosophe et économiste écossais du XVIIIe siècle Adam Smith,[9] qui publia le 9 mars 1776, la *Recherche sur la nature et les causes de la richesse des nations*, communément appelée *La richesse des nations*. Smith a écrit le livre pour décrire le système capitaliste industrialisé qui bouleversait le système mercantiliste. Le mercantilisme soutenait que la richesse était fixe et finie, et que la seule façon de prospérer était de stocker de l'or et des produits tarifaires de l'étranger. Selon cette théorie, les nations devraient vendre leurs produits à d'autres pays sans rien acheter en retour. Comme on pouvait s'y attendre, les pays sont tombés dans des séries de tarifs de rétorsion qui ont étouffé le commerce international.

Le cœur de la thèse de Smith était que la tendance naturelle des humains à s'intéresser à leur propre intérêt aboutit à la prospérité. Smith a fait valoir qu'en donnant à chacun la liberté de produire et d'échanger des marchandises à sa guise (libre-échange) et en ouvrant les marchés à la concurrence nationale et étrangère, l'intérêt naturel des gens favoriserait

---

communication. La croissance des réseaux de communication avancés, à son tour, encourage le développement d'institutions démocratiques formelles telles que le vote et la participation des citoyens aux décisions de leurs gouvernements.

[9]Adam Smith était un professeur de philosophie écossais du XVIIIe siècle, puis commissaire des douanes, qui est maintenant largement considéré comme le fondateur de l'économie moderne. L'opus magnum pour lequel il est le plus connu est la *Recherche sur la nature et les causes de la richesse des nations*, qui a été publié en 1776 quand il avait 52 ans. C'était l'une des premières études approfondies sur la façon dont l'industrie et le commerce en Europe fonctionnaient et il a plaidé pour des marchés libres et contre des tarifs oppressifs. Sa réflexion découlait presque entièrement de ses propres observations sur le fonctionnement de l'industrie et du commerce transfrontalier. L'un de ses principaux arguments était que la poursuite de l'intérêt personnel individuel avait pour effet de faire progresser le bien commun. Son analyse du fonctionnement d'une fabrique d'épingles locale l'a amené à prôner la répartition rationnelle de la main-d'œuvre comme moteur d'une augmentation de la production. Et sa réflexion à ces deux égards a contribué au climat idéologique dans lequel l'industrie britannique par la suite a grandit et prospéré.

une plus grande prospérité qu'avec des réglementations gouvernementales strictes.

Figure 2. L'image d'Adam Smith dans un billet de la Banque d'Angleterre

Smith croyait que les humains favorisaient finalement l'intérêt public par leurs choix économiques quotidiens. «Il (ou elle) généralement, en effet, n'a pas l'intention de promouvoir l'intérêt public ni ne sait à quel point il en fait la promotion. En préférant le soutien de l'industrie nationale à celle de l'industrie étrangère, il ne vise que sa propre sécurité et en dirigeant cette industrie de telle manière que son produit puisse être de la plus grande valeur, il ne vise que son propre gain et il est dans ce, comme dans de nombreux autres cas, dirigé par une main invisible pour promouvoir une fin qui ne faisait pas partie de son intention», a-t-il déclaré dans *Recherche sur la nature et les causes de la richesse des nations*.

Cette force du libre marché est connue sous le nom de «main invisible», mais elle avait besoin de soutien pour réaliser sa magie. En particulier, c'est le marché issu d'une division croissante du travail, à la fois au sein des processus de production et dans l'ensemble de la société, qui a créé une série d'interdépendances mutuelles, favorisant le bien-être social par des motifs de profit individuels. En d'autres termes, une fois que vous vous spécialisez en tant que boulanger et que vous ne produisez que du pain, vous devez maintenant compter sur quelqu'un d'autre pour vos vêtements, quelqu'un d'autre pour votre viande, et quelqu'un d'autre pour votre bière. Pendant ce temps, les gens qui se spécialisent dans les vêtements doivent maintenant compter sur vous pour leur pain, et ainsi de suite.

Les mécanismes automatiques de tarification et de distribution dans l'économie qu'Adam Smith appelés la «main invisible», interagissent directement et indirectement avec les autorités de planification centralisées et descendantes. Cependant, il y a des erreurs conceptuelles significatives dans un argument qui est présenté comme la main invisible contre le gouvernement. La main invisible n'est pas réellement une entité distincte. Au contraire, c'est la somme de nombreux phénomènes qui se produisent lorsque les consommateurs et les producteurs s'engagent dans le commerce. La perspicacité de Smith sur l'idée de la main invisible était l'une des plus importantes de l'histoire de l'économie. Cela reste l'une des principales justifications des idéologies du libre marché. Le théorème de la main invisible (du moins dans ses interprétations modernes) suggère que les moyens de production et de distribution devraient être la propriété privée et que si le commerce se déroule sans aucune réglementation, la société s'épanouira de manière organique. Ces arguments sont en concurrence avec le concept et la fonction du gouvernement.

Le gouvernement n'est pas fortuit, il est prescriptif et intentionnel. Les politiciens, les régulateurs et ceux qui exercent la force légale (tels que les tribunaux, la police et l'armée) poursuivent des objectifs définis par la coercition. Cependant, en revanche, les forces macro-économiques, l'offre et la demande, l'achat et la vente, les profits et les pertes surviennent volontairement jusqu'à ce que la politique gouvernementale les inhibe ou les écrase. En ce sens, il est plus exact de suggérer que le gouvernement affecte la main invisible, et non l'inverse.

Dans ce type de système économique, l'individu, guidé par son propre intérêt, fonctionne comme l'agent principal du changement en s'engageant dans des échanges économiques maximisant le profit sur le marché. L'État, d'autre part, joue un rôle de soutien en fournissant un environnement sûr et stable dans lequel ces échanges peuvent avoir lieu. Les principaux rôles de l'État consistent à agir en tant qu'exécutant légal des contrats commerciaux librement conclus par des particuliers, à protéger les droits de propriété privée, à fournir des systèmes de maintien de l'ordre public, la défense extérieure et la sécurité intérieure, et à dispenser une éducation de base pour donner aux individus les compétences nécessaires pour participer à l'économie. En bref, les théoriciens de la modernisation pensent que l'État-nation occidental permet à l'individu de fonctionner comme l'agent du changement social à travers le marché. Cette perspective de l'économie politique néoclassique du développement économique considère l'économie de marché capitaliste comme le moteur le plus puissant du développement économique.

Dans cette perspective, l'économiste Rostow[10] a proposé une théorie

---

[10] L'un des principaux penseurs des études sur le développement du XXe siècle était

générale de la croissance économique basée sur cinq étapes. Dans la première étape, traditionnelle, il est très difficile d'augmenter la production au-delà d'un plafond limité car la société est basée sur la technologie, la science et les attitudes pré-newtoniennes, c'est-à-dire la croyance que le monde extérieur n'est pas soumis à des lois connaissables et n'est donc pas capable de manipulation productive. Ces sociétés sont agraires et hiérarchiques, les liens familiaux et claniques étant la structure sociale dominante, laissant peu de place à la mobilité sociale. En conséquence, l'attitude dominante est celle du fatalisme à long terme, la conviction que l'éventail des possibilités ouvertes à ses petits-enfants sera à peu près le même que pour ses grands-parents.

En Europe occidentale, la traduction des connaissances de la science moderne en production agricole et industrielle à la fin du XVIIe et au début du XVIIIe siècle a amorcé la transition du stade traditionnel au stade de décollage. C'est le stade où se développent les conditions préalables au décollage économique. Dans les pays du Tiers-monde, cependant, Rostow pensait que de telles conditions préalables ne pouvaient pas provenir de la société elle-même mais devaient provenir d'une intrusion extérieure de sociétés plus avancées. Une telle intrusion, selon lui, choque la société traditionnelle et commence ou accélère sa perte; mais elle met

---

W.W. Rostow, économiste américain et fonctionnaire du gouvernement. Avant Rostow, les approches du développement reposaient sur l'hypothèse que la «modernisation» était caractérisée par le monde occidental (pays plus riches et plus puissants à l'époque), qui était en mesure de sortir des premiers stades du sous-développement. En conséquence, d'autres pays devraient s'inspirer de l'Occident, aspirant à un état «moderne» de capitalisme et de démocratie libérale. En utilisant ces idées, Rostow a écrit son classique "Stages of Economic Growth" en 1960, qui présentait cinq étapes par lesquelles tous les pays doivent passer pour se développer: 1) la société traditionnelle, 2) les conditions préalables au décollage, 3) le décollage, 4) conduire à la maturité et 5) âge de consommation de masse élevée. Le modèle affirmait que tous les pays existaient quelque part sur ce spectre linéaire et montaient à chaque étape du processus de développement. L'industrialisation, l'urbanisation et le commerce dans la veine du modèle de Rostow sont encore considérés par beaucoup comme une feuille de route pour le développement d'un pays. Singapour est l'un des meilleurs exemples d'un pays qui a connu une telle croissance et qui est désormais un acteur notable de l'économie mondiale. Singapour est un pays d'Asie du Sud-est avec une population de plus de 5 millions d'habitants, et lorsqu'il est devenu indépendant en 1965, il ne semblait pas avoir de perspectives de croissance exceptionnelles. Cependant, il s'est industrialisé tôt, développant des industries manufacturières rentables et de haute technologie. Singapour est désormais très urbanisée, 100% de la population étant considérée comme «urbaine». C'est l'un des partenaires commerciaux les plus recherchés sur le marché international, avec un revenu par habitant plus élevé que de nombreux pays européens.

également en mouvement des idées et des sentiments qui déclenchent le processus par lequel une alternative moderne à la société traditionnelle est construite à partir de l'ancienne culture. Cette nouvelle attitude considère le progrès économique non seulement possible mais également souhaitable, que ce soit pour des profits plus élevés, la dignité nationale ou le bien-être général.

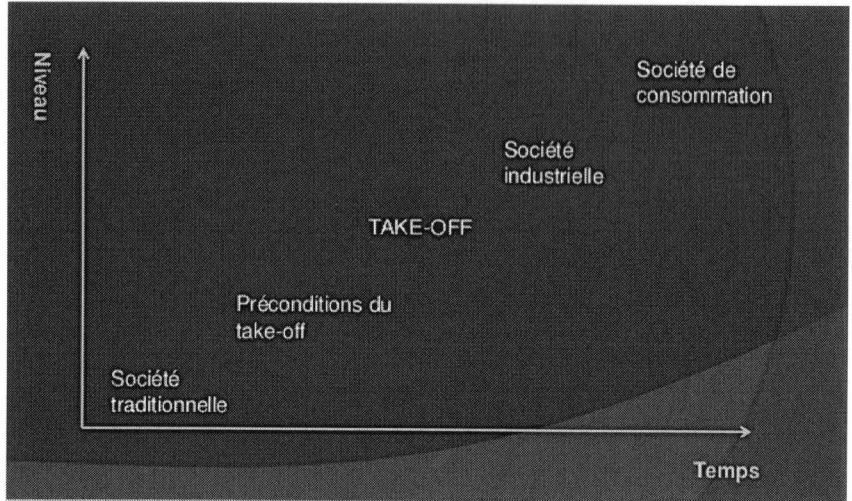

Figure 3. Les étapes de la croissance économique selon Rostow

Au cours de la transition de la société traditionnelle au décollage économique, des changements majeurs se produisent à la fois dans l'économie elle-même et dans l'équilibre des valeurs sociales, qui posent toutes deux les conditions préalables au décollage. Mais pour Rostow, les changements dans le système politique sont souvent une condition préalable décisive au décollage économique. Essentiellement, cela implique la construction d'un État national centralisé efficace basé sur le « nouveau nationalisme », une sorte de nationalisme qui s'oppose à la fois aux intérêts régionaux traditionnels et au pouvoir colonial.

Une fois que les valeurs traditionnelles et la résistance à une croissance économique stable sont enfin surmontées, une société rompt définitivement avec son passé en entrant dans la troisième étape, celle du « take off », c'est-à-dire celle du décollage économique, dans laquelle la croissance devient sa condition normale. Ce qui rend la croissance stable et durable au cours de cette étape, c'est l'arrivée au pouvoir d'un groupe prêt à considérer la modernisation de l'économie comme une affaire politique sérieuse et de haut niveau. En d'autres termes, les valeurs favorisant le progrès économique deviennent les valeurs dominantes de la société à ce stade.

Le décollage économique est suivi de la poussée vers la maturité, au cours de laquelle l'économie étend la technologie moderne sur l'ensemble du front de son activité économique. Au cours de cette étape, la production devient plus complexe et technologiquement plus raffinée; la composition de l'économie change constamment à mesure que les anciennes industries déclinent et que de nouvelles apparaissent. Par conséquent, la société dans son ensemble équilibre constamment le nouveau contre les valeurs et les institutions plus anciennes ou révise ces dernières de manière à soutenir plutôt qu'à retarder le processus de croissance.

La dernière étape du développement économique est l'ère de la consommation de masse élevée, au cours de laquelle les principaux secteurs de l'économie se tournent vers la fabrication de biens de consommation durables et la prestation de services. Ce stade ne peut être atteint que lorsqu'une grande partie de la population a un revenu moyen suffisant pour déplacer ses besoins de consommation au-delà de la nourriture de base, du logement et des vêtements. Au moment de la rédaction de Rostow (fin des années 50), seuls les États-Unis, l'Europe occidentale et le Japon semblaient avoir atteint ce stade.

L'écriture de Rostow était clairement dans la tradition de l'économie politique néoclassique. Pour les pays du Tiers-monde, bien que le premier coup de pouce à la modernisation vienne de l'extérieur, à travers des exemples donnés par l'Occident, le problème fondamental du décollage est entièrement interne aux économies concernées. Il s'agit essentiellement de produire suffisamment d'individus dotés de capacités entrepreneuriales. Le rôle de l'État est d'aider ces individus à fonctionner efficacement dans un environnement stable et sécurisé, garanti par l'État de droit. Bien que la croissance économique soit sa principale préoccupation, Rostow a vu son accomplissement comme le résultat d'une combinaison des facteurs comportementaux, institutionnels et politiques, ainsi que technologiques. On considère que les changements dans les institutions sociales et politiques contribuent simultanément à la croissance économique et sont les résultats inévitables d'une telle croissance.

Le modèle de développement de Rostow est l'une des théories de développement les plus influentes du XXe siècle. Cependant, il était également ancré dans le contexte historique et politique dans lequel il écrivait. *Stages of Economic Growth* a été publié en 1960, au plus fort de la guerre froide, et avec le sous-titre *A Non-Communist Manifesto*, il était ouvertement politique. Rostow était farouchement anti-communiste et de droite; il a modelé sa théorie sur les pays capitalistes occidentaux, qui s'étaient industrialisés et urbanisés. En tant que membre du personnel de l'administration du président John Fitzgerald Kennedy, Rostow a fait la promotion de son modèle de développement dans le cadre de la politique étrangère américaine. Le modèle de Rostow illustre une volonté non seulement d'aider les pays à faible revenu dans le processus de développement, mais aussi d'affirmer l'influence des États-Unis sur celle de la Russie communiste.

Le modèle de Rostow jette toujours la lumière sur une voie réussie vers le développement économique pour certains pays. Cependant, il y a de nombreuses critiques de son modèle. Alors que Rostow illustre la foi dans un système capitaliste, les chercheurs ont critiqué son parti pris envers un modèle occidental comme étant la seule voie vers le développement. Rostow expose cinq étapes succinctes vers le développement et les critiques ont cité que tous les pays ne se développent pas de manière aussi linéaire; certains sautent des étapes ou empruntent des chemins différents. La théorie de Rostow peut être classée comme «descendante», ou une théorie qui met l'accent sur un effet de modernisation de ruissellement de l'industrie urbaine et de l'influence occidentale pour développer un pays dans son ensemble. Les théoriciens ultérieurs ont remis en question cette approche, mettant l'accent sur un paradigme de développement «ascendant», dans lequel les pays deviennent auto-suffisants grâce à des efforts locaux, et l'industrie urbaine n'est pas nécessaire. Rostow suppose également que tous les pays ont la volonté de se développer de la même manière, avec pour objectif final une consommation de masse élevée, sans tenir compte de la diversité des priorités de chaque société et des différentes mesures de développement. Par exemple, si Singapour est l'un des pays les plus prospères sur le plan économique, il présentait également l'une des disparités de revenus les plus élevées au monde. Enfin, Rostow ne tient pas compte de l'un des principes géographiques les plus fondamentaux: le site et la situation. Rostow suppose que tous les pays ont une chance égale de se développer, indépendamment de la taille de la population, des ressources naturelles ou de l'emplacement. Singapour, par exemple, possède l'un des ports commerciaux les plus actifs du monde, mais cela ne serait pas possible sans sa géographie avantageuse en tant que nation insulaire entre l'Indonésie et la Malaisie.

La culturelle et le développement

Comme la plupart des autres théoriciens de la modernisation, Rostow était également comme nous l'avons dit un écrivain eurocentrique, car il croyait que les cultures non-européennes étaient incapables de générer par elles-mêmes des valeurs pro-capitalistes. Par conséquent, outre leur conception linéaire du développement, les premiers théoriciens de la modernisation étaient également des culturalistes, dans la mesure où ils considéraient la culture comme ayant la capacité indépendante de déterminer le développement socio-économique.

La perspective culturelle du développement économique a puisé son inspiration chez le sociologue allemand Max Weber, dont l'ouvrage fondateur *The Protestant Ethic and the Spirit of Capitalism* [11] (publié pour la première fois en 1904-1905) soutenait que l'éthique protestante fournissait un ensemble de valeurs et d'orientations au capitalisme originaire d'Europe occidentale. Weber a également étudié les religions asiatiques, telles que le confucianisme, l'hindouisme et le bouddhisme, et a constaté qu'elles favorisaient toutes des attitudes négatives à l'égard du développement capitaliste. Sur la base de Weber, les premiers théoriciens de la modernisation, tels que Lerner et McClelland, ont mis l'accent sur la culture de l'homme moderne dans les pays du Tiers-monde par la «diffusion culturelle», ce que Rostow a appelé l'invasion culturelle. On pensait qu'une fois qu'un nombre suffisant de « l'humanité moderne », éduqués aux valeurs occidentales, seraient devenus des entrepreneurs à risque, le décollage économique dans les pays du Tiers-monde pourrait prendre moins de temps à se matérialiser à l'aide de la technologie occidentale.

Weber soutient que l'éthique et les idées puritaines ont influencé le développement du capitalisme. Bien qu'il ait été influencé par Karl Marx, il n'était pas marxiste et critique même des aspects de la théorie marxiste dans ce livre. Weber commence son livre par une question: qu'en est-il de la civilisation occidentale qui est la seule à développer certains phénomènes culturels auxquels nous attribuons une valeur et une signification universelle?

Selon Weber, ce n'est qu'en Occident qu'une science valable existe. Il prétend que la connaissance et l'observation empiriques qui existent ailleurs n'ont pas la méthodologie rationnelle, systématique et spécialisée

---

[11] *L'éthique protestante et l'esprit du capitalisme* est un livre écrit par le sociologue et économiste Max Weber en 1904-1905. La version originale était en allemand et elle a été traduite en anglais par Talcott Parsons en 1930. Dans le livre, Weber soutient que le capitalisme occidental s'est développé à la suite de l'éthique de travail protestante. L'éthique protestante et l'esprit du capitalisme ont été très influents et sont souvent considérés comme un texte fondateur de la sociologie économique et de la sociologie en général. *L'éthique protestante et l'esprit du capitalisme* est une discussion des diverses idées religieuses et économiques de Weber.

qui est présente en Occident. Il soutient qu'il en va de même pour le capitalisme, il existe d'une manière sophistiquée qui n'a jamais existé auparavant ailleurs dans le monde. Lorsque le capitalisme est défini comme la recherche d'un profit à jamais renouvelable, on peut dire que le capitalisme fait partie de toutes les civilisations à tout moment de l'histoire. Mais c'est en Occident, affirme Weber, qu'il s'est développé à un degré extraordinaire. Weber cherche à comprendre ce que l'Occident a fait.

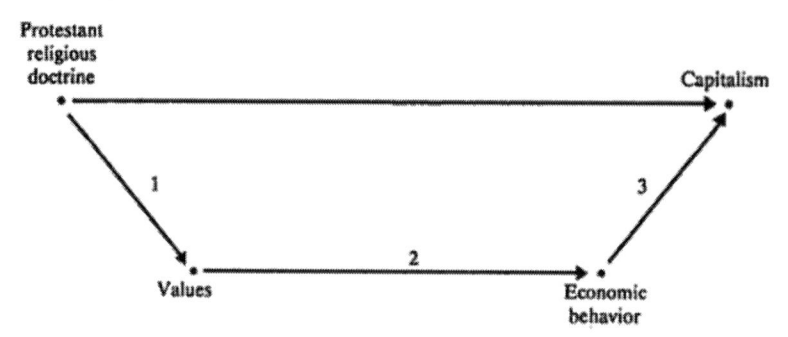

Figure 4. Une representation de l'effet de la doctrine protestante sur le capitalisme selon Max Weber

Sa conclusion est unique. Il a constaté que sous l'influence des religions protestantes, en particulier du puritanisme, les individus étaient religieusement obligés de suivre une vocation séculière avec autant d'enthousiasme que possible. En d'autres termes, le travail acharné et la réussite dans sa profession étaient très appréciés dans les sociétés influencées par le protestantisme. Une personne vivant selon cette vision du monde était donc plus susceptible d'accumuler de l'argent. De plus, les nouvelles religions, telles que le calvinisme, ont interdit le gaspillage de l'argent durement gagné et ont qualifié l'achat de produits de luxe de péché. Ces religions ont également désapprouvé le fait de donner de l'argent aux pauvres ou à des œuvres caritatives parce que cela était considéré comme une promotion de la mendicité. Ainsi, un style de vie conservateur, voire avare, combiné à une éthique de travail qui encourage les gens à gagner de l'argent, se traduit par de grosses sommes d'argent disponibles. La façon dont ces problèmes ont été résolus, a fait valoir Weber, était d'investir l'argent, une décision qui a donné un grand coup de pouce au capitalisme. En d'autres termes, le capitalisme a évolué lorsque l'éthique protestante a incité un grand nombre de personnes à s'engager dans le travail dans le monde séculier, à développer leurs propres entreprises et à s'engager dans le commerce et l'accumulation de richesses pour l'investissement.

Pour Weber, l'éthique protestante était donc le moteur de l'action de masse qui a conduit au développement du capitalisme. Surtout, même après que la religion est devenue moins importante dans la société, ces normes de travail acharné et de frugalité sont restées et ont continué à encourager les individus à rechercher la richesse matérielle.

Le révisionnisme

Vers la fin des années 60, le Tiers-monde a connu une série de catastrophes de développement, qui ont balayé les conceptions optimistes et linéaires du développement caractéristiques des premiers théoriciens de la modernisation. Contrairement à leur croyance, l'adoption d'institutions politiques, sociales et économiques occidentales dans les États post-coloniaux n'a pas conduit inexorablement au développement de ces sociétés. Au lieu de cela, la pauvreté persistait, augmentait les inégalités et la violence communautaire. Alors que les conflits et l'instabilité cédaient la place au développement, un nombre croissant de théoriciens de la modernisation ont commencé à remettre en question les hypothèses antérieures fondées sur l'optimisme évolutionniste. Le révisionnisme de la modernisation, résultat de la refonte de la TM, s'est éloigné d'une telle conception linéaire et s'est plutôt concentré sur la primauté de la politique, plutôt que de la culture, pour provoquer le changement. Dans le même temps, certains remettent également en question le négativisme eurocentrique des cultures non- européennes et cherchent à montrer le rôle instrumental de ces dernières dans le développement. Mais à ce sujet, il subsiste une ambiguïté quant à savoir si les cultures non-occidentales sont intrinsèquement anti-capitalistes, malgré l'argument selon lequel elles peuvent s'adapter et même aider au développement capitaliste.

L'État fort

Ce qui distinguait les révisionnistes de la modernisation des écrivains antérieurs était leur prise de conscience du contexte politique très différent dans lequel le développement devait se produire dans le Tiers-monde. En Europe occidentale, non seulement les sociétés ont mis des siècles à évoluer, mais elles ont également mis en place un système politique efficace, sous la forme d'un État-nation, avant de se lancer dans le capitalisme industriel. La caractéristique de l'État-nation est la capacité institutionnelle de la bureaucratie nationale à intégrer et à réguler la société. Par conséquent, comme Rostow l'avait fait valoir précédemment, l'État-nation était une condition politique décisive pour le décollage économique de l'Europe. Cependant, l'absence de cette condition politique clé dans le Tiers-monde a été négligée par les premiers théoriciens de la modernisation. Comme Myrdal et Huntington l'ont souligné, le problème majeur avec les États post-coloniaux est leur faiblesse ou leur douceur. Selon eux, malgré leurs atouts des États occidentaux, tels que la bureaucratie et le Parlement, ils n'ont ni la capacité institutionnelle ni la légitimité politique pour élaborer et mettre en œuvre des politiques pérennes. Trop souvent, la loyauté tribale l'emporte sur l'identité nationale, et la bureaucratie est criblée de favoritisme et de corruption fondés sur la parenté. Par conséquent, les gouvernements ne gouvernent tout simplement pas dans ces pays.

La réalisation de ces problèmes, associée à un État faible, a conduit les révisionnistes de la modernisation à abandonner la conception linéaire du développement au profit d'un État fort comme garant d'une transition en douceur à long terme. Sans un État fort assurant l'ordre et la stabilité, Huntington a fait valoir que le développement économique est soit pratiquement impossible, soit génère de telles pressions sur le système politique qu'il pourrait conduire à l'instabilité politique et à la décadence au lieu de la stabilité et de la démocratie. Par conséquent, ce qui importe pour le développement économique du Tiers-monde n'est pas leur forme de gouvernement mais leur degré de gouvernement. Il est en effet nécessaire de construire et de renforcer des institutions gouvernementales capables d'élaborer des politiques efficaces, un processus que Huntington a qualifié «d'institutionnalisation politique».

L'appel à un État fort par les révisionnistes de la modernisation n'a pas signalé l'abandon de la démocratie comme objectif ultime du développement politique. Un État fort, autoritaire au besoin, était plutôt considéré comme la meilleure garantie d'une transition en douceur du développement économique à la démocratie libérale. Le développement économique non-dirigé était plus susceptible de provoquer une rupture politique et des violences qu'une démocratie stable. En bref, l'orientation politique est vitale pour le développement économique et, en fin de compte, la démocratie.

La plus grande contribution du révisionnisme de la modernisation à la réflexion sur le développement a été son abandon du déterminisme économique linéaire, qui voyait le développement économique dans le Tiers-monde non seulement être relativement sans problème une fois que la barrière culturelle à la croissance économique était brisée, mais aussi conduire inexorablement à une démocratie stable. Le révisionnisme de la modernisation plaidait pour des institutions gouvernementales fortes et efficaces, à la fois pour fournir les conditions politiques préalables au développement économique et pour gérer le conflit social et politique inévitablement généré par la croissance économique. L'implication de cette analyse est que l'échec politique peut conduire à l'échec économique.

La Dépendance

En même temps que TM subissait sa transformation révisionniste en se concentrant sur la primauté de la politique, un État fort et efficace en particulier, une critique radicale a émergé appelant à son rejet total. La Théorie de la Dépendance (TD), comme la critique est connue, remet en question les deux thèses fondamentales de la TM: qu'un État fort est essentiel au développement et que des changements dans les valeurs culturelles, en imitant l'Occident, sont nécessaires au décollage économique. Pour les théoriciens de la dépendance, un seul facteur a longtemps scellé le sort de tous les pays du Tiers-monde et les a condamnés au sous-développement éternel, et c'est l'existence d'une économie mondiale capitaliste unique.

Selon les théoriciens de la dépendance, depuis la fin du XVe siècle et le début du XVIe siècle, il y a eu une propagation progressive du capitalisme de l'Europe occidentale vers d'autres parties du monde par la conquête et la colonisation. En conséquence, le monde entier est aujourd'hui intégré dans une économie capitaliste dominée par l'Occident, orientée vers le transfert de l'excédent économique de la périphérie du Tiers-monde vers les pays occidentaux. L'exploitation systématique de la périphérie par le noyau est ainsi la marque de la structure économique mondiale, qui assure le développement de l'Occident aux dépens du reste. Le développement et le sous-développement ne sont donc que les deux faces d'un même processus historique: l'Occident s'est développé en « sous-développant » le reste.

Pris au piège de la structure économique mondiale exploitante, les théoriciens de la dépendance soutiennent que l'autonomie de l'État n'est pas possible et que la culture indigène n'a pas d'importance dans le développement du Tiers-monde. L'État, au lieu de poursuivre des politiques de développement indépendantes qui profiteraient à sa population, n'est plus qu'un instrument entre les mains des capitalistes compradores locaux, qui sont des agents du capital étranger. De même, la culture locale n'est ni ici ni là, car elle est soumise à l'idéologie dominante du capitalisme.

Figure 5. Une représenatation de la Théorie de la Dépendance

Le résultat de cette dépendance économique et idéologique à l'égard de l'Occident, affirme-t-on, est un appauvrissement permanent des populations du Tiers-monde, qui ne verront probablement ni développement ni démocratie. Pour atteindre ces objectifs, des solutions radicales sont nécessaires, notamment la « dissociation » du capitalisme mondial, le commerce avec les pays « progressistes », c'est-à-dire socialistes, la lutte pour l'autosuffisance par le biais de l'industrialisation par substitution des importations (ISI) et la révolution socialiste.

Le Dépendant

À la fin des années 60 et au début des années 70, la TD a fourni une puissante rationalisation idéologique à un certain nombre d'États du Tiers-monde dans leur choix de stratégies de développement socialiste. Mais l'échec ultérieur de ces États à réaliser le développement, en contraste avec le développement économique notable des NPI d'Asie de l'Est, a soumis la théorie à de sévères critiques. Des expériences de développement divergentes, ont fait valoir les critiques, exigeaient un cadre théorique beaucoup moins déterministe, sensible aux facteurs politiques du pays périphérique, à ses classes sociales, aux institutions publiques, aux idéologies, etc. Malheureusement, à part affirmer que le sous-développement à la périphérie provenait du centre, la TD n'a rien à dire sur ces facteurs. Par conséquent, les théoriciens de la dépendance plus critiques, tout en reconnaissant l'utilité du concept d'une économie capitaliste mondiale, étaient inquiets avec le réductionnisme simple de la TD qui peut retirer de l'histoire toutes ses ambiguïtés, ses conjectures et ses surprises.

Pendant ce temps, grâce à l'étude détaillée de plusieurs pays du Tiers-monde, un certain nombre de théoriciens de la dépendance ont pu démontrer à la fois la possibilité théorique et la réalité empirique du «développement dépendant». Ils ont fait valoir que, malgré la dépendance, l'État périphérique n'est en aucun cas un simple agent des intérêts métropolitains. Une série de facteurs internationaux, historiques et internes, notamment les différentes configurations de classe internes, peuvent permettre à l'État une autonomie relative dans sa poursuite du développement national. Ces études ont finalement contraint la TD à abandonner son déterminisme mécanique et déductif au profit d'une analyse plus détaillée des dynamiques politiques nationales, un processus qui a abouti à la Théorie du Système Monde.

Le Système Monde

La TSM partage la conception de la TD de l'économie mondiale comme un système unique. Mais au lieu de voir le système comme divisé de façon dichotomique en noyau-périphérie, elle envisage une semi-périphérie intermédiaire, habitée par des pays en développement mobiles vers le haut et des pays développés mobiles vers le bas. Ce système économique mondial à trois niveaux, soutient Wallerstein,[12] le fondateur

---

[12] Immanuel Maurice Wallerstein (September 28, 1930–August 31, 2019) was an American sociologist and economic historian. Pour Wallerstein, l'économie-monde capitaliste est un mécanisme d'appropriation du surplus à la fois subtil et efficace. Il repose sur la création de surplus grâce à une productivité en constante augmentation. Il extrait ce surplus au profit de l'élite par la création de profit. Le système mondial capitaliste est basé sur une double division du travail dans laquelle différentes classes et groupes de statut ont un accès différentiel aux ressources au sein des États-nations; et les différents États-nations ont un accès différentiel aux biens et services sur le marché mondial. Les deux types de marchés, ceux à l'intérieur et ceux entre les États-nations, sont fortement déformés par le pouvoir. Wallerstein divise l'économie mondiale capitaliste en trois domaines: les zones périphériques, les semi-périphériques, les États de base. Les zones périphériques sont les moins développées; elles sont exploitées par le noyau pour leur main-d'œuvre bon marché, leurs matières premières et leur production agricole. Les zones semi-périphériques sont quelque

de la théorie, est une conception beaucoup plus réaliste de l'économie politique internationale parce qu'un système dichotomique caractérisé par une relation permanente de domination-subjugation est intrinsèquement instable. L'existence de la semi-périphérie permet non seulement de modifier la position relative des différentes économies nationales, mais joue également un rôle essentiel dans le maintien du système. Par conséquent, la TSM est également un cadre dynamique, par opposition à un cadre statique, pour l'analyse du développement.

Dans la TSM de Wallerstein, la dynamique politique de l'économie périphérique est la clé de sa mobilité ascendante dans le système international. Les facteurs cruciaux incluent la nature de son organisation étatique, son pouvoir coercitif et son idéologie. Les NPI asiatiques étaient considérés comme exemplaires et édifiants du pouvoir de l'État dans le développement. Cependant, contrairement aux théoriciens de la modernisation, Wallerstein, avec les théoriciens de la dépendance, ne considèrent nullement la démocratie capitaliste comme étant l'état final du développement. Au lieu de cela, le socialisme est envisagé pour finalement transcender le capitalisme.

Comme le révisionnisme de la modernisation, la contribution de la TSM à la réflexion sur le développement réside dans son abandon du réductionnisme économique brut en prenant en compte le rôle de la politique nationale dans le développement. En conséquence, le système

---

peu intermédiaires, étant à la fois exploitées par le noyau et jouent un certain rôle dans l'exploitation des zones périphériques. Dans un passé récent, elles ont étendu leurs activités de fabrication, en particulier dans les produits que les pays clés ne trouvent plus très rentables. Les principaux États se trouvent dans des régions géographiquement avantageuses du monde - l'Europe et l'Amérique du Nord. Ces principaux États favorisent l'accumulation de capital en interne par le biais de la politique fiscale, des achats gouvernementaux, du parrainage de la recherche et du développement, du financement du développement des infrastructures et le maintien de l'ordre social pour minimiser la lutte des classes. Les États centraux encouragent également l'accumulation du capital dans l'économie mondiale elle-même. Ces États ont le pouvoir politique, économique et militaire de faire appliquer des taux de change inégaux entre le centre et la périphérie. C'est ce pouvoir qui permet aux États centraux de se débarrasser des produits dangereux dans les pays périphériques, de payer des prix plus bas pour les matières premières que ce qui serait possible sur un marché libre, d'exploiter la périphérie pour une main-d'œuvre bon marché, de se débarrasser de leur environnement, d'abuser de leurs consommateurs et de leur main-d'œuvre, ériger les barrières commerciales et les quotas, et établir et appliquer des brevets. C'est la puissance économique, politique et militaire du noyau qui permet d'accumuler un capital important entre les mains de quelques-uns, le système mondial capitaliste qui produit et maintient les inégalités économiques et politiques flagrantes au sein et entre les nations.

international est de plus en plus perçu non pas comme une structure déterminée de manière rigide mais plutôt comme un ensemble de contraintes changeantes au sein desquelles les États peuvent apprendre et élargir leur marge de manœuvre. Cette approche réaliste et dynamique du développement est de plus en plus appréciée depuis les années 80, période pendant laquelle l'interdépendance économique entre les nations s'est intensifiée et le succès économique des pays asiatiques asiatiques est devenu largement reconnu.

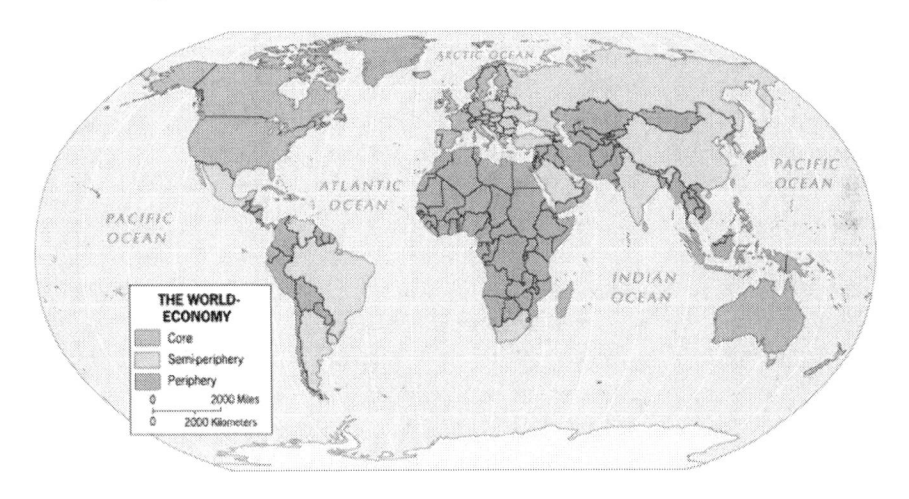

Figure 6.Carte géographique de la Théorie du Système Monde

Dans les années 1980, la TD était rarement mentionnée, comme les régimes socialistes, à commencer par la Chine à la fin des années 1970 et suivi par le bloc soviétique une décennie plus tard, abandonnaient l'autarcie pour embrasser avec enthousiasme l'économie capitaliste mondiale. Depuis lors, la réflexion sur le développement a eu tendance à se concentrer sur les stratégies nationales dans un contexte international, comme en témoigne le titre approprié du livre de Bienefeld et Godfrey : *The struggle for development: national strategies in an international context* (La lutte pour le développement: stratégies nationales dans un contexte international).

Conclusion

Étant les deux théories dominantes du développement, la TM et la TSM partagent certaines similitudes et analogies malgré leurs différences considérables. Les deux sont issus de l'expérience européenne et sont formulés par des intellectuels socialisés dans la pensée politique européenne. En conséquence, toutes deux voient, plus ou moins explicitement, les traditions et cultures non-occidentales comme incapables de générer un développement capitaliste. Alors que l'orientation culturelle vers le développement est d'une importance cruciale pour les théoriciens de la modernisation, l'idéologie du développement est beaucoup plus importante pour les théoriciens du Système Monde pour déterminer les résultats du développement. Pour cette raison, ce qui est considéré comme un handicap au développement sous la forme d'un manque de culture pro-capitaliste par les théoriciens de la Modernisation est considéré par les théoriciens du Système Monde comme un facteur positif pour le développement socialiste. Ainsi, malgré leurs conceptions similaires du processus de développement, selon lesquelles toutes les sociétés passent des formes pré-modernes aux formes modernes, la TM et la TSM, toutes deux, ont des visions très différentes de l'état final du développement. Contrairement aux théoriciens de la Modernisation, qui voient la démocratie capitaliste comme l'état final du développement, les théoriciens du Système Monde envisagent le socialisme comme transcendant le capitalisme.

Mais, depuis les années 1980, il y a convergence entre les deux théories sur le rôle de l'État dans le développement. En reconnaissant l'importance vitale de l'État dans le développement, les deux théories ont dû abandonner leur déterminisme économique original pour s'attaquer à la primauté de la politique dans le développement national. Au sein de la TM, le renforcement de la capacité de l'État à élaborer des politiques efficaces est considéré comme essentiel au développement socio-économique, qui est jugé nécessaire pour la démocratie. Le développement économique est donc considéré à la fois comme déterminant et déterminé par la politique. Au sein de la TSM, l'État est à la fois contraint par l'économie mondiale et possédant la relative autonomie nécessaire pour en tirer parti dans la poursuite du développement national. Comme nous le verrons au chapitre 2, cette reconnaissance partagée de la nécessité d'un « État fort » pour le développement national a donné naissance à la perspective de l'État Développementaliste, qui est, depuis les années 1980, l'une des perspectives dominantes du développement en Asie de l'Est.

CHAPITRE 2 : L'ETAT DEVELOPPEMENTALISTE

Depuis les années quatre-vingt, le concept et les théories de l'État Développementaliste ont dominé la réflexion intellectuelle sur le développement, grâce en grande partie au remarquable bilan de développement de l'Asie de l'Est. En conséquence, de nombreux problèmes et thèmes anciens, d'abord soulevés et discutés dans les deux théories dominantes du développement, ont été soit réinterprétés soit renforcés par de nouvelles recherches empiriques. D'une part, le concept d'État Développementaliste lui-même peut être considéré comme reflétant la convergence entre la Théorie de la Modernisation et la Théorie de la Dépendance ou du Système Monde sur le rôle indispensable de l'État dans le développement économique. D'un autre côté, les diverses perspectives théoriques sur la nature et les conditions de l'État Développementaliste ont ravivé les anciens débats sur l'importance relative des facteurs tels que la culture et l'environnement extérieur.

Ce chapitre retrace l'origine du concept de l'État Développementaliste et examine les trois perspectives théoriques dominantes sur celui-ci en vue de faire ressortir autant que possible leurs aspects complémentaires ainsi que leurs discordes. Ce faisant, notre propre approche des expériences de développement de l'Asie de l'Est sera élucidée. Le chapitre se compose de trois sections. Dans la première, une brève introduction est donnée à la propagation du développement économique en Asie de l'Est en expliquant le concept «formation d'oies volantes » (théorie du vol d'oies sauvages), qui démontre le rôle de leader joué par le Japon en termes d'influence matérielle et idéologique sur les nouvelles économies tigres de la région. La deuxième partie retrace le concept de l'État Développementaliste dans le contexte des expériences de développement des NPI du Japon et de l'Asie de l'Est. Les principales caractéristiques du développement sont discutées. La troisième partie examine ensuite la nature et les conditions du développement à partir des trois perspectives théoriques dominantes de l'institutionnalisme libéral, du culturalisme et du mondialisme. Enfin, je conclurai en plaidant pour une approche intégrée du développement de l'Asie de l'Est, qui se concentre sur l'institutionnalisme et s'appuie sur des aspects du culturalisme et du mondialisme.

Le «Vol d'oies sauvages»

Les étudiants en politique de développement économique de l'Asie de l'Est rencontrent souvent le concept de « vol d'oies sauvages », décrivant le modèle ordonné d'industrialisation dans la région. D'une manière générale, l'industrialisation de l'Asie de l'Est s'est étendue de l'Asie du Nord-Est à l'Asie du Sud-est, le Japon jouant un rôle central, en tant qu'oie de tête dans le processus. En tant que premier pays de la région à s'industrialiser (le Japon a rejoint l'Organisation de Coopération et de Développement Économiques (OCDE) en 1964), le Japon est devenu à la fois le principal fournisseur de capitaux et de technologies de la région et son modèle de développement, menant la diffusion de l'industrialisation de la Corée Sud, Taïwan et Singapour à la Malaisie, l'Indonésie et la Thaïlande. Dans une large mesure, l'émergence d'un tel modèle de développement régional répond à la prédiction théorique faite pour la première fois par l'économiste japonais Kaname Akamatsu,[13] qui a inventé le terme «vol d'oies sauvages».

Dans la formulation originale d'Akamatsu, la théorie du vol d'oies

---

[13] L'expression, «de vol des oies sauvages», a été inventée à l'origine par Kaname Akamatsu (1897–1974) de l'Université Hitotsubashi, Tokyo, au milieu des années 1930. Nous associons généralement cette phrase à l'image d'un groupe d'économies regroupées au niveau régional qui progressent ensemble dans des relations de leader-suiveur. C'est dans ce schéma particulier que la théorie des oies volantes s'est popularisée. Bien que peu connu, ce modèle particulier n'est, cependant, que l'un des deux modèles «dérivés» et n'est pas ce qu'Akamatsu appelait «de modèle fondamental ou de base». Ce qu'il a identifié comme le modèle fondamental de vol des oies sauvages» est spécifiquement lié au processus de développement des industries manufacturières japonaises et extrait de celui-ci. En fait, Akamatsu a initialement utilisé l'expression «oies volantes» comme métaphore pour décrire une séquence évolutive dynamique de développement par une nouvelle industrie moderne, une industrie jusque-là inexistante au Japon, mais qui ne s'est établie qu'après les efforts nationaux de modernisation lancés en 1868.

sauvages décrivait le processus technologique de «rattrapage» économique dans les pays en développement. Selon la théorie, une nation économiquement avancée sert à la fois de modèle de développement, de source de capital et de savoir-faire technologique pour les moins avancés. En recevant une aide matérielle et en suivant l'exemple de la nation pilote, les adeptes réduisent progressivement leur écart technologique par rapport à la nation pilote et gravissent les échelons économiques. En prenant le rôle principal, ils répètent le même processus avec leurs propres adeptes moins avancés. Au fil des ans, cependant, cette métaphore du développement économique a acquis des dimensions sociales et politiques. À mesure que l'intégration économique centrée sur le Japon dans la région s'approfondissait, les dirigeants politiques de la région considéraient de plus en plus le Japon comme un modèle non seulement de développement économique mais aussi de développement social et politique. Le système de protection sociale japonais, qui met l'accent sur le rôle limité de l'État, et son système politique, avec sa domination stable à parti unique, sont devenus largement admirés.

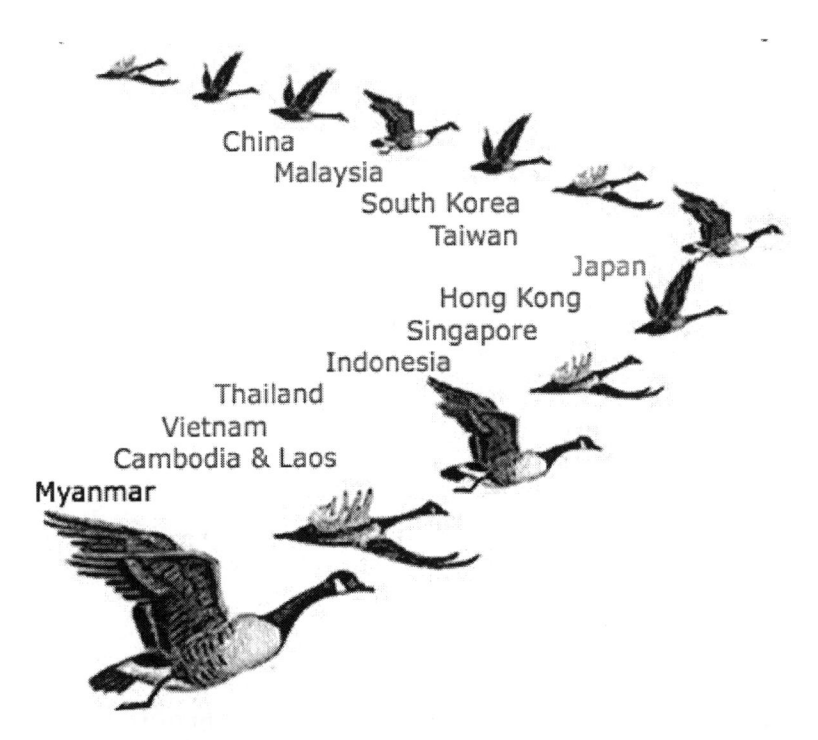

Figure 7. Représentation de la théorie des oies volantes avec le Japon à sa tête

Le Premier ministre malaisien de l'époque, le Dr Mahathir,[14] a été parmi les dirigeants politiques les plus francs en exprimant la nécessité pour les autres pays d'Asie de l'Est de « regarder vers l'Est » (c'est-à-dire vers le Japon), par opposition à l'Ouest, pour l'inspiration politique. En d'autres termes, la formation d'oies volantes est de plus en plus utilisée pour faire référence aux similitudes culturelles sous-jacentes qui semblent orienter tous les pays vers un modèle de développement particulier distinct de l'Occident. Les politologues occidentaux tels que Pye et Huntington sont également d'accord avec cette vision culturaliste en affirmant que les valeurs asiatiques partagées étaient en train de forger un modèle de développement asiatique distinctif basé sur le Japon.

Je reviendrai sur cette perspective culturelle dans une partie ultérieure du chapitre. À ce stade, je noterai simplement que la formation d'oies volantes est devenue associée au modèle de développement de l'Asie de l'Est, lancé par le Japon. Dans ce qui suit, je vais d'abord retracer l'origine du terme État Développementaliste, puis passer à l'examen de la nature et des conditions de celui-ci à partir des trois perspectives théoriques opposées de l'institutionnalisme libéral, du culturalisme et du globalisme.

---

[14] Mahathir Mohamad a été le quatrième Premier ministre de Malaisie, exerçant ses fonctions de 1981 à 2003. Il a amélioré l'économie et s'est fait le champion des pays en développement. Mahathir Mohamad était médecin avant de devenir politicien au sein du parti UMNO et est rapidement passé de député à Premier ministre. Au cours de ses 22 années au pouvoir, il a fait croître l'économie et a été un militant pour les pays en développement, mais a également imposé de sévères restrictions aux libertés civiles. Il a démissionné de ses fonctions en 2003. Mahathir a eu un impact significatif sur l'économie, la culture et le gouvernement de la Malaisie. Il a remporté cinq élections consécutives et a servi pendant 22 ans, plus longtemps que tout autre Premier ministre de l'histoire de la Malaisie. Sous lui, la Malaisie a connu une croissance économique rapide. Il a commencé à privatiser les entreprises gouvernementales, y compris les compagnies aériennes, les services publics et les télécommunications, ce qui a permis de collecter des fonds pour le gouvernement et d'améliorer les conditions de travail de nombreux employés, bien que de nombreux bénéficiaires soient des partisans de l'UMNO. L'un de ses projets d'infrastructure les plus importants était l'autoroute Nord-Sud, une autoroute qui relie la frontière thaïlandaise à Singapour. De 1988 à 1996, la Malaisie a connu une expansion économique de 8%, et Mahathir a publié un plan économique - The Way Forward, ou Vision 2020 - affirmant que le pays serait un pays pleinement développé d'ici 2020. Il a aidé à déplacer la base économique du pays loin de l'agriculture et les ressources naturelles et vers la fabrication et l'exportation, et le revenu par habitant du pays a doublé de 1990 à 1996. Bien que la croissance de la Malaisie ait ralenti et qu'il soit peu probable que le pays atteigne cet objectif, l'économie reste stable.

L'État Développementaliste

Le terme «État Développementaliste» a été inventé pour la première fois par Chalmers Johnson[15] pour décrire le développement économique japonais moderne. Cependant, malgré son origine récente, le concept doit sa dette intellectuelle aux écrits européens continentaux du milieu du XIXe siècle sur l'économie politique nationale. En préconisant une voie alternative de développement économique pour l'Allemagne, basée sur son développement tardif, l'économiste politique allemand Friedrich List[16] a probablement été le premier à articuler les idées de l'État

---

[15] Les travaux pionniers de Chalmers Johnson sur «l'État Développementaliste» sont basés sur son étude sur le Japon. Pour définir l'État Développementaliste, Johnson juxtapose le système rationnel du plan du Japon d'une part et le système rationnel du marché de l'autre. Johnson a défendu trois arguments concernant l'état de développement au Japon. Selon Johnson, les marchés n'existent pas et n'agissent pas de manière isolée, mais qu'ils sont créés par l'État et le système politique d'un pays. Deuxièmement, avant de fixer des priorités de développement et de lancer des actions de développement, la création d'un État Développementaliste a d'abord vu le jour. Enfin, l'élément le plus crucial de l'État Développementaliste n'est pas sa politique économique, mais sa capacité à mobiliser la nation autour du développement économique, même au sein d'un système capitaliste.Les trois caractéristiques distinctives du modèle de l'État Développementaliste de Johnson sont: (i) l'État Développementaliste a un petit nombre de bureaucrates qui sont moins coûteux pour lancer les activités des politiques et programmes de développement; (ii) l'atmosphère politique fournit des motifs suffisants pour favoriser un haut degré de prestige, de légitimité et d'autorité dans l'établissement de liens efficaces entre l'agence gouvernementale et le secteur privé; (iii) enfin, l'État garantit les instruments politiques qui donnent aux bureaucrates l'autorité nécessaire pour faire avancer l'intervention de l'État dans l'économie sans porter atteinte aux principes du marché. En se basant sur tous ces arguments, Johnson était d'avis que l'État Développementaliste doit interférer directement dans les affaires de développement de l'économie plutôt que de dépendre des forces du marché pour allouer des ressources au développement. Il était d'avis que l'État doit avant tout être un État en développement et seulement ensuite un État régulateur, un État providence, un État d'égalité ou tout autre type d'État fonctionnel qu'une société peut souhaiter adopter.

[16] Georg Friedrich List (6 août 1789 - 30 novembre 1846) était un économiste allemand de premier plan du XIXe siècle qui croyait au type de capitalisme du «système national». Bien que fortement influencé par les théories d'Adam Smith, List les a également critiquées sous plusieurs aspects. List considérait que la prospérité d'une nation ne dépendait pas de la richesse qu'elle avait amassée mais de sa capacité à développer des « forces productives » qui créeraient de la richesse à l'avenir, les forces productives n'étant pas celles impliquées dans la création de produits matériels, mais plutôt les découvertes scientifiques, les progrès de la technologie,

Développementaliste. Au centre de l'argument de List se trouvait l'idée mercantiliste selon laquelle les pays en voie d'industrialisation tardive, comme l'Allemagne, avaient besoin d'une forte protection étatique de leurs industries naissantes pour leur permettre de concurrencer avec succès à un stade ultérieur les économies développées, comme la Grande-Bretagne. Essentiellement, le cas mercantiliste listien du protectionnisme était un argument en faveur de l'adoption tardive de l'économie libérale, défendue par Adam Smith et associée à l'expérience britannique du développement économique.

L'idée de List a été reprise plus tard par l'historien économique Alexander Gerschenkron,[17] qui a décrit l'histoire industrielle de l'Europe continentale comme « un système ordonné de déviation graduelle » de la première industrialisation de la Grande-Bretagne. Ce qui était commun aux économies européennes était le rôle central joué par l'État dans leur industrialisation, un rôle que Gerschenkron prétendait être rendu nécessaire par leur statut commun de développeurs tardifs.

Dans son étude de l'histoire économique du Japon, Johnson a

---

l'amélioration des transports, la fourniture d'établissements d'enseignement, le maintien de l'ordre public, une administration publique efficace et l'introduction d'une mesure d'autonomie gouvernementale. La théorie de List de «l'économie nationale» opposait le comportement économique d'un individu à celui d'une nation, notant que l'individu ne considère que ses propres intérêts personnels mais que la nation est responsable des besoins de l'ensemble. Ainsi, le point de vue de List était qu'une nation doit d'abord développer ses propres processus agricoles et de fabrication suffisamment avant de pouvoir participer pleinement au libre-échange international. List a reconnu l'existence et la puissance du nationalisme, et qu'un monde unifié ne pourrait être réalisé rapidement et harmonieusement tant que les nations individuelles n'ont pas toutes atteint des niveaux de développement suffisants pour éviter d'être submergées par les nations déjà développées. Le travail de List a donc été très influent parmi les pays en développement. À l'ère de la mondialisation, la compréhension de List de l'économie nationale peut s'avérer vitale pour la mise en place réussie d'un monde harmonieux et pacifique.

[17]Alexander Gerschenkron, 1904-1978. Historien économique de Harvard et théoricien du développement. Gerschenkron était un partisan célèbre de la théorie des «étapes linéaires» du développement économique, peut-être mieux démontrée dans son livre de 1962. Cependant, il admet que différentes périodes présentent différents types de développement: par exemple, avec la coexistence des pays avancés et arriérés, ces derniers peuvent sauter plusieurs étapes que les premiers doivent franchir en adoptant leur technologie de pointe. Les voies particulières d'industrialisation du Japon Meiji et de la Russie soviétique en ont été considérées comme des exemples. Il y a certains avantages, a insisté Gerschenkron, à s'industrialiser tardivement. Gerschenkron est généralement considéré comme le père de la nouvelle histoire économique quantitative.

développé la notion de développement tardif, qu'il considérait comme le produit d'une décision politique consciente de s'industrialiser. Selon Johnson, les développeurs tardifs ont besoin de régimes de mobilisation pour imposer leurs priorités économiques à la société. Selon lui, il existe deux types fondamentaux de tels régimes de mobilisation: il s'agit du modèle totalitaire léniniste-stalinien,[18] originaire de l'ex URSS et le modèle autoritaire bismarckien- Meiji. Les deux impliquaient des mesures de fixation des objectifs sociaux, de l'épargne forcée, du mercantilisme et du bureaucratisme. Le deuxième modèle qui est celui de l'État Capitaliste Développementaliste, avec l'Allemagne impériale et le Japon moderne comme prototypes, s'appuie sur des méthodes d'intervention économique qui sont conformes au marché. Contrairement au premier modèle, qui cherche à abolir l'économie de marché dans son industrialisation dirigée par l'État, l'État Capitaliste de développement utilise le marché comme instrument d'industrialisation.

Le Développementalisme japonais

Au cours des deux premières décennies après la Seconde Guerre mondiale, pendant lesquelles l'économie japonaise a dépassé les autres économies occidentales, la théorie économique néoclassique a dominé les études occidentales sur le développement économique japonais. En effet, cette perspective a vu l'extraordinaire croissance du Japon comme le produit d'un État de laisser-faire, qui ne fait que créer un environnement commercial propice aux entrepreneurs individuels pour poursuivre leur intérêt économique sur le marché. Les preuves utilisées pour étayer ce point de vue comprenaient souvent, par exemple, le faible niveau d'imposition, ses faibles dépenses publiques (qui était nettement inférieur à la moyenne de l'OCDE) et la bureaucratie qui en résulte, ses faibles

---

[18] À la racine de l'autoritarisme léniniste, il y avait une méfiance à l'égard de la spontanéité, une conviction que les événements historiques, s'ils étaient laissés à eux-mêmes, n'apporteraient pas le résultat souhaité - c'est-à-dire la naissance d'une société socialiste. Lénine n'était pas du tout convaincu, par exemple, que les ouvriers acquéraient inévitablement la véritable conscience révolutionnaire et de classe de l'élite communiste; il craignait au contraire qu'ils ne se contentent des gains de conditions de vie et de travail obtenus grâce à l'activité syndicale. En cela, le léninisme différait du marxisme traditionnel, qui prévoyait que les conditions matérielles suffiraient à rendre les travailleurs conscients de la nécessité de la révolution. Pour Lénine donc, l'élite communiste - «avant-garde ouvrière» - était plus qu'un agent catalytique qui précipitait les événements sur leur cours inévitable; c'était un élément indispensable. En pratique, la poursuite effrénée du léninisme de la société socialiste a abouti à la création d'un État totalitaire en Union soviétique.

dépenses publiques de politique sociale, ses systèmes de protection sociale minimaliste résultant, et la quasi-absence de propriété publique. Le gouvernement japonais, déclaré économiste néoclassique, a toujours laissé le marché allouer des ressources et a ainsi atteint le niveau optimal d'efficacité économique.

Cette interprétation du développement économique du Japon a cependant été sérieusement contestée en 1982, lorsque Chalmers Johnson a publié son ouvrage fondateur *MITI and the Japanese Miracle*. Dans son étude détaillée de l'évolution historique de la politique industrielle au Japon, Johnson a inventé le terme État Développementaliste Capitaliste (EDC) pour décrire l'économie politique du Japon d'après-guerre. Sa principale préoccupation en utilisant ce terme était de démontrer que la théorie économique néoclassique est un cadre inapproprié pour comprendre le succès économique japonais d'après-guerre. Au lieu d'être une économie de marché libre orthodoxe, comme le suggèrent les théoriciens néoclassiques, Johnson a fait valoir que le Japon est un EDC, qui guide activement le marché pour servir des fins politiques et non économiques. Et plus tard, il explique que les Japonais poursuivent des activités économiques principalement pour obtenir leur indépendance vis-à-vis de leurs adversaires potentiels et pour en tirer parti plutôt que pour atteindre l'utilité des consommateurs, la richesse privée, le commerce mutuellement avantageux ou tout autre objectif posé par les déterministes économiques.

Nationalisme économique

Dans la formulation de Johnson, l'État Développementaliste japonais est caractérisé par trois ingrédients clés: le nationalisme économique, qui est le moteur du développement, le régime autoritaire, qui est le contexte politique dans lequel les priorités politiques sont fixées, et la poursuite des politiques industrielles stratégiques par une bureaucratie techniquement compétente. Les racines du nationalisme économique japonais remontent aux réformes Meiji des années 1870, lorsque l'État a mené l'industrialisation afin de défendre le pays contre l'impérialisme occidental. Pendant l'entre-deux-guerres, l'impérialisme japonais a poussé l'industrialisation; et dans l'après-guerre, la promotion des exportations et la concurrence pour la part du marché mondial ont remplacé l'expansion impériale et la guerre. Par conséquent, depuis les années 1870, le rôle central de l'État japonais a été de poursuivre le développement économique, interprété comme la croissance, la productivité et la compétitivité, comme un moyen d'assurer la survie nationale plutôt que de maximiser les avantages pour le consommateur.

Au centre du modèle Johnson de l'État Développementaliste japonais se trouve une élite autoritaire, qui se perpétue grâce à une alliance conservatrice. Depuis la guerre, les principaux acteurs de l'alliance ont été le Parti Libéral Démocrate (PLD), qui domine la politique japonaise, et les bureaucrates qui élaborent et mettent en œuvre les politiques. Cette élite promeut la fierté nationale pour motiver le développement et détourner l'attention du développement constitutionnel. La démocratie n'est qu'une façade dans le Japon de l'après-guerre, où le PLD, avec le soutien des entreprises, obtient régulièrement et constamment la majorité parlementaire. Une fois au pouvoir, les politiciens «règnent» tandis que les bureaucrates «gouvernent» en collaboration avec les entreprises. Cette division tacite du travail entre les politiciens et les bureaucrates, explique Johnson, est ce qui donne aux bureaucrates à la fois la légitimité de leur gouvernement et l'espace nécessaire pour mener des politiques économiques nationales sans pression sociétale sectionnelle. En d'autres termes, l'arrangement politique japonais rend le régime bureaucratique à la fois légitime et isolé de la demande sociale.

Mais l'autoritarisme n'est qu'une caractéristique partielle de l'État Développementaliste japonais. L'autre caractéristique tout aussi importante est la compétence bureaucratique, illustrée par la politique industrielle très réussie du Japon. Selon Johnson, la politique industrielle est la caractéristique déterminante de l'État Développementaliste japonais, qui est hautement interventionniste dans sa tentative de structurer l'industrie nationale pour améliorer sa compétitivité internationale. Le gouvernement alloue non seulement des crédits aux industries stratégiques et fournit un soutien financier à l'exportation, mais établit également des normes de performance claires en fonction desquelles les entreprises sont récompensées ou punies. Malgré leur engagement en faveur de la libre entreprise et des marchés, comme l'a noté Johnson, les planificateurs industriels japonais étaient convaincus que les forces du marché à elles seules n'auraient jamais fait du Japon le géant industriel qu'il est aujourd'hui. Des objectifs tels que celui-ci ont généralement été fixés par la bureaucratie d'État d'élite au Japon, mais pour mettre en œuvre les objectifs, ils doivent pénétrer le marché, le manipuler et le structurer afin que les particuliers répondant aux incitations et aux dissuasifs fassent fonctionner le marché pour l'État.

Le Ministère du Commerce International et de l'Industrie (MITI) est l'agence pilote chargée de formuler et de mettre en œuvre la politique industrielle. Ses principales fonctions sont d'identifier les industries à développer, de sélectionner les meilleurs moyens de soutien à mettre à la disposition des industries ciblées et de superviser la concurrence dans les secteurs désignés pour assurer leur santé économique et leur efficacité. Outre l'isolement politique noté précédemment, Johnson a identifié trois facteurs institutionnels spécifiques qui sont cruciaux pour le succès de la bureaucratie. Ce sont: le système de recrutement fondé sur le mérite, qui fait entrer dans la bureaucratie des individus très talentueux, la concentration du pouvoir bureaucratique au sein de cette agence unique et l'établissement de liens étroits entre le gouvernement et les entreprises, à la fois formellement et informellement, ce qui facilite la communication, la consultation, la formulation et la mise en œuvre des politiques.

Le modèle de Johnson de l'État Développementaliste japonais est essentiellement celui d'un régime de mobilisation, centré sur une alliance conservatrice cherchant à perpétuer son règne par une conquête économique implacable sur le marché mondial. Cette alliance, composée de politiciens, de bureaucrates et d'entreprises, met en place un réseau politique élaboré d'interaction pour exploiter le marché par rapport aux objectifs nationaux de mercantilisme et de productionnisme du développement économique basé sur la promotion des exportations, de la production et du découragement des importations.

Les Régimes d'Industrialisation Bureaucratiques

L'explication de Johnson sur le développement économique du Japon est rapidement devenue la nouvelle orthodoxie de l'économie politique japonaise. Son cadre conceptuel, l'EDC, a ensuite été appliqué à l'ensemble de la région au fur et à mesure de l'industrialisation. Le rôle central de l'État dans le développement économique était considéré comme une caractéristique commune à toutes les économies de la sous région, bien qu'il ait été reconnu que, dans chaque pays, ce rôle différait dans sa forme et son efficacité.

Les NPI d'Asie de l'Est semblaient avoir une ressemblance particulière avec l'État Développementaliste japonais, en partie à cause de l'héritage historique de la domination coloniale japonaise (dans le cas de la Corée du Sud et de Taïwan) et en partie à l'héritage culturel commun du confucianisme. À l'instar du Japon de la fin du XIXe siècle, le développement économique de ces nations était motivé par une mission historique de survie nationale et de légitimation du régime. La capacité résultante de l'État de promouvoir et de soutenir le développement économique découlait autant de sa capacité coercitive à dominer et à outrepasser les intérêts de la société que de sa capacité institutionnelle à diriger et à persuader ces intérêts de se conformer aux politiques.

Pour distinguer le Japon de l'après-guerre des NPI de l'Asie de l'Est, Cumings[19] caractérise ces derniers comme des RIBA c'est-a-dire : Régimes d'Industrialisation Bureaucratiques et Autoritaires. Les RIBA partagent avec le Japon une forme similaire d'économie politique: un marché qui est le moteur de la croissance économique et un État autoritaire comme le moteur du moteur. Cependant, alors que le Japon d'après-guerre s'appuyait en grande partie sur un doux autoritarisme de la persuasion et de la négociation pour assurer la conformité des entreprises privées avec les directives du gouvernement, les RIBA se sont souvent appuyés sur les méthodes autoritaires flagrantes de coercition et de commandement. Les États-partis de style léniniste de Taïwan et de Singapour et la domination militaire de la Corée du Sud étaient considérés comme les équivalents fonctionnels de la domination dominante du Japon d'après-guerre.

Les théories de l'État Développementaliste

L'importance accordée à la capacité de développement des États d'Asie de l'Est a conduit à différentes perspectives théoriques sur la nature et les conditions de l'État Développementaliste. D'une manière générale, trois perspectives de ce type existent: l'institutionnalisme libéral, le culturalisme et le mondialisme. Alors que la première perspective tend à mettre l'accent sur le caractère universel de l'État Développementaliste, les deux autres ont tendance à mettre l'accent sur des facteurs contingents

---

[19] Buce Cumings affirme dans The origins and development of the Northeast Asian political economy: industrial sectors, product cycles, and political consequences que les théories du cycle des produits, de l'hégémonie et du système mondial sont utilisées pour analyser la création et le développement de l'économie politique de l'Asie du Nord-Est au cours de ce siècle. Le Japon, la Corée du Sud et Taïwan ont chacun développé une relation particulière avec les autres; les trois pris ensemble forment une unité politico-économique hiérarchique et en constante interaction. Pendant la période de la domination coloniale, le Japon était unique dans la construction d'une unité économique impériale marquée par un rôle fort pour l'État (que ce soit à Tokyo ou à Taipei), par un regroupement serré et intégral des trois nations dans un réseau de communications et de transport allant vers la métropole, et par une stratégie qui consiste à la fois à utiliser les colonies pour les surplus agricoles et à y implanter des industries. Après 1945, une hégémonie diffuse américaine a remplacé le système unilatéral japonais, mais des éléments du modèle d'avant-guerre ont survécu: des États forts dirigent le développement économique en Corée du Sud et à Taïwan (appelés ici «régimes d'industrialisation bureaucratiques autoritaires»); les deux pays sont des réceptacles pour les industries japonaises en déclin; et les deux pays se développent en tandem, s'ils sont en concurrence, l'un avec l'autre.

tels que la culture, la situation géographique et le calendrier. Dans ce qui suit, j'examinerai de manière critique chacune de ces perspectives afin de souligner leur pertinence pour les chapitres suivants.

L'institutionnalisme libéral

Alors que la théorie de l'État Développementaliste émergeait en réponse à ce que ses partisans considéraient comme une interprétation erronée du miracle économique de l'Asie de l'Est, elle a d'abord été accueillie par des écrivains néoclassiques avec la critique d'être une théorie «étatiste». Cependant, alors que les preuves montraient que les États de ces pays étaient intervenus non seulement d'une manière «conforme au marché» mais aussi d'une manière «guidant le marché», les critiques ont été contraints de modérer leurs positions. Par conséquent, les écrivains économiques néoclassiques ont commencé à modifier leur conception minimaliste de l'État au profit d'une vision libérale de «l'intervention étatique compétente».

La compréhension institutionnaliste de l'État Développementaliste ne le voit ni comme une description ni comme une prescription pour le marché de dépassement de l'État. Il déplace plutôt le débat au-delà de la préoccupation aride concernant les mérites relatifs des marchés et de l'action gouvernementale. Une telle question est intrinsèquement sans réponse, car elle ne tient pas compte du contexte institutionnel du marché. Selon la vision institutionnaliste, la théorie de l'État Développementaliste démontre à la fois la réalité et l'opportunité d'un mélange approprié d'orientation du marché et d'intervention de l'État d'une manière qui favorise une industrialisation tardive efficace. Dans ce mélange, l'étendue (c.-à-d. Combien) de l'intervention de l'État importe moins que la qualité (c.-à-d. le-Type) d'intervention. Le ciblage stratégique et le renforcement des institutions sont les ingrédients clés d'une intervention réussie.

L'accent mis sur le renforcement des institutions est donc la principale préoccupation de la perspective institutionnaliste. La base intellectuelle de cette préoccupation remonte à Polanyi,[20] qui a fait valoir que la

---

[20] Karl Polanyi, en entier Karl Paul Polanyi, (né le 25 octobre 1886 à Vienne, Autriche - décédé le 23 avril 1964 à Pickering, Ont., Canada), était anthropologue économique et ancien dirigeant politique hongrois. Polanyi n'était pas un économiste conventionnel, mais s'intéressait plutôt au développement d'une vision globale du fonctionnement des relations économiques dans différents cadres sociaux. Cela l'a conduit à des études historiques et anthropologiques détaillées. Il a produit trois ouvrages sur le thème de l'économie de marché comme forme particulière d'organisation sociale. *The Great Transformation* (1944) s'est concentrée sur le

concurrence et les marchés ne sont pas des phénomènes sociaux spontanés; ils sont plutôt façonnés et rendus possibles par un cadre sous-jacent d'institutions et de pratiques sociales, telles que les schémas de propriété, le système juridique, les modes d'organisation des entreprises, les pratiques de gestion, les idéologies et les normes de socialisation. Selon ce point de vue, un capitalisme de laisser-faire néoclassique ne peut exister que dans les fantasmes libertaires, parce que le capitalisme est congénitalement incapable de reproduire les principaux ressorts de sa propre logique interne sans l'aide des infrastructures sociales extra-capitalistes. Ses faiblesses mortelles innées communes incluent le problème du free-riding, c'est-à-dire la tendance des acteurs du marché à tirer profit des marchés sans avoir à payer pour eux, sa tendance à générer une inégalité sociale systématique qui menace son efficacité à long terme et son incapacité à protéger les valeurs culturelles qui sont menacées par des intérêts commerciaux. Le fonctionnement efficace du marché requiert donc des cadres institutionnels très développés pour la régulation de l'activité économique et pour la gestion des programmes de protection sociale. En outre, seul l'État est en mesure de construire ces cadres, qui peuvent aborder des questions telles que le parasitisme et les intérêts collectifs.

La vision institutionnaliste, qui voit le marché comme une construction politique consciente impliquant l'État plutôt que comme un mécanisme technique autorégulateur, a eu un impact énorme sur la pensée et la politique de développement. Cela n'est nulle part plus évident que dans le changement de politique de la Banque Mondiale, qui a longtemps été une source majeure d'influence sur la pensée et la politique du développement dans le Tiers-monde, notamment en raison de ses contributions financières. Depuis le début des années 90, la Banque s'intéresse de plus en plus à la question de la capacité institutionnelle de développement économique. Dans l'un de ses documents de travail, elle déclare que «sans les institutions et le cadre de soutien de l'État pour créer et appliquer les règles (pour rendre les marchés plus efficaces), pour établir la loi et l'ordre, et pour garantir les droits de propriété, la production et

---

développement de l'économie de marché au XIXe siècle, Polanyi présentant sa conviction que cette forme d'économie était si socialement source de division qu'elle n'avait pas d'avenir à long terme. Le deuxième volume, *Trade and Markets in the Early Empires* (1957, écrit avec d'autres), se concentrait sur les formes de société non marchandes. Polanyi a développé un cadre conceptuel pour ce qu'il considérait comme des économies non marchandes. Son dernier ouvrage, publié à titre posthume, était *Dahomey and the Slave Trade* (1966), qui analysait la structure économique d'un État exportateur d'esclaves.

l'investissement sera dissuadé et le développement entravé». L'étude de 1993 de la Banque intitulée *The East Asian Miracle: Economic Growth and Public Policy* va également dans le sens de la reconnaissance du rôle de développement des États d'Asie de l'Est, rôle qui, selon elle, fait défaut à leurs homologues du Sud-est asiatique.

Mais jusqu'à présent, le signe le plus révélateur de l'adoption par la Banque du programme institutionnaliste se reflétait dans son Rapport de 1997 sur *Le développement dans le monde: l'État dans un monde en mutation*. Dans ce rapport, la Banque rejette non seulement comme extrême sa vision ancienne de l'État minimaliste, mais déclare également qu'un tel État est «inefficace». L'opinion minimaliste, soutient-elle, est en contradiction avec les preuves des succès mondiaux en matière de développement, que ce soit le développement des économies industrielles au XIXe siècle ou les « miracles » de la croissance d'après-guerre en Asie de l'Est. Il conclut ainsi que «le développement nécessite un État efficace, qui encourage et complète les activités des entreprises privées et des particuliers. Sans lui, le développement durable, tant économique que social, est impossible.» Il conclut ainsi que l'un des plus grands défis du développement au XXIe siècle n'est ni de réduire l'État à l'insignifiance ni de l'étendre pour dominer le marché mais pour le rendre efficace.

Le cadre conceptuel dans lequel la Banque Mondiale poursuit l'agenda institutionnaliste est la notion de gouvernance. Essentiellement, cela renvoie à l'idée que des changements fondamentaux dans les structures politiques et administratives des pays du Tiers-monde sont une condition préalable au développement. Bien que la Banque recule devant l'utilisation des termes tels que démocratie, contraint principalement par ses statuts, les éléments de «bonne gouvernance» qu'elle a spécifiés dans ses rapports de développement successifs peuvent être facilement associés à la gouvernance démocratique. En effet, la bonne gouvernance est interprétée comme englobant des éléments tels que la responsabilité, selon laquelle «des agents publics doivent être tenus responsables de leurs actes»; l'État de droit, qui est appliqué par des «organes judiciaires indépendants»; l'information et la transparence, grâce auxquelles les informations concernant les politiques publiques sont mises à la disposition du public pour analyse et débat. Alors que toutes ces capacités institutionnelles sont formulées en termes techniques, comme s'il s'agissait de technologies facilement transférables, la Banque parle également de la nécessité de construire des mécanismes pour compenser ceux qui risquent de perdre des réformes. En d'autres termes, la réforme institutionnelle est loin d'être un processus technique; il s'agit plutôt d'un processus intrinsèquement politique impliquant des intérêts sociaux opposés.

Le passage du libéralisme néoclassique à l'institutionnalisme libéral dans la pensée du développement depuis le début des années 90 peut être considéré comme étroitement parallèle à l'émergence du révisionnisme de la modernisation à la fin des années 1960. Comme le révisionnisme de la modernisation, l'institutionnalisme libéral voit le développement économique capitaliste comme la force motrice de la modernisation, sans tomber en proie au déterminisme économique simpliste associé au libéralisme néoclassique, que Johnson a critiqué avec tant de force dans son travail. La perspective et l'orientation institutionnaliste sur l'État Développementaliste ne considère pas seulement le marché capitaliste comme une construction politique, mais envisage également que l'État adapte son rôle aux changements continus de l'économie politique. De nombreux théoriciens de l'État Développementaliste, par exemple, s'attendent à voir l'État agir dans une veine plus autoritaire au cours des premiers stades de l'industrialisation, lorsque la capacité d'appliquer de grandes quantités de capital et de travail est décisive. En écho à Huntington, certains théoriciens soutiennent que la faiblesse de la société civile pourrait bien être une condition de l'émergence et de la consolidation de l'État Développementaliste. Cependant, à une époque de déréglementation et de libéralisation, l'État, qui était autrefois la solution, pourrait bien devenir le problème si de nouvelles capacités et dispositions institutionnelles ne sont pas construites.

En soulignant l'ancrage socio-politique de l'État Développementaliste, les économistes politiques institutionnels voient clairement le développement économique en général, et l'État Développementaliste en particulier, comme un produit de la politique. De ce point de vue, les obstacles à la construction d'un État efficace qui facilite le développement économique résideraient invariablement dans les arrangements politiques dans lesquels prévalent les intérêts anti-développement. Cependant, ce point de vue n'est partagé ni par le culturaliste ni par le globaliste, qui ont tendance à souligner la nature unique de l'État Développementaliste. J'en viens maintenant à la perspective culturelle de l'État Développementaliste.

Le Nouvel Orientalisme

La perspective culturelle sur l'État Développementaliste découle de son intérêt pour le patrimoine culturel commun du Japon et des NPI. Pourquoi est-il que l'État Développementaliste n'est apparu que dans la partie confucéenne de l'Asie de l'Est et non dans d'autres régions comme l'Afrique et l'Amérique latine? En cherchant à répondre à cela, les culturalistes ont redécouvert la perspective wébérienne sur la relation entre culture et capitalisme (voir chapitre 1). Cependant, contrairement à Weber et à ses partisans, qui jusque dans les années 1970 avaient systématiquement rejeté les religions et les cultures orientales comme étant peu propices au développement, les « nouveaux orientalistes », comme Cumings, les ont surnommés, cherchent à argumenter tout le contraire. Les miracles du développement asiatique, disent-ils, ont prouvé que les «valeurs asiatiques» sont les principaux déterminants de leur succès.

Les nouveaux orientalistes sont d'accord avec l'institutionnaliste sur l'ancrage socioculturel des États Développementalistes d'Asie de l'Est. Cependant, contrairement à l'institutionnaliste, ils ont tendance à élever la culture comme le facteur le plus important qui façonne les États Développementalistes d'Asie de l'Est. Les cultures asiatiques, affirment-ils, plutôt que d'être inhospitalières pour le capitalisme, favorisent en fait une forme et un modèle oriental du capitalisme différent du capitalisme occidental. Contrairement au «modèle rationnel» occidental du capitalisme, basé sur des valeurs «occidentales» telles que «l'efficacité, l'individualisme et le dynamisme, la ponctualité,» le modèle oriental, ou capitalisme asiatique, est basé sur «des liens émotionnels humains, l'orientation de groupe et l'harmonie ». Selon ce point de vue, toutes les principales caractéristiques institutionnelles du capitalisme asiatique sont mieux comprises en termes de leurs cultures communes. Ces aspects institutionnels comprennent: un leadership étatique autoritaire et paternaliste, une direction officielle compétente, une gestion d'entreprise harmonieuse basée sur des relations personnelles de type familial, caractérisées par le respect de l'autorité et un engagement sociétal envers l'éducation, la méritocratie et la discipline de travail.

La perspective culturelle sur l'État Développementaliste jette un aperçu des valeurs culturelles qui façonnent le capitalisme d'Asie de l'Est. Beaucoup seraient peut-être d'accord avec son idée centrale selon laquelle les cultures et les traditions fournissent aux acteurs sociaux les modèles phsychologiques. Cependant, la principale faiblesse de cette perspective est sa conception apolitique de la culture, qui ne répond pas à la question du fondement politique de la culture, à savoir les relations sociales de domination et d'assujettissement dont elle est issue et qu'elle cherche à légitimer. Cet échec se manifeste principalement dans la conceptualisation essentialiste de la culture, qui voit son essence comme pratiquement immuable dans le temps en raison de ce qu'elle considère comme le processus bénin de socialisation. Par conséquent, un problème immédiat auquel est confronté le culturaliste est la question du calendrier, à savoir pourquoi les cultures asiatiques n'ont-elles pas joué un rôle de catalyseur dans le développement capitaliste il y a seulement quelques décennies? Certes, si la culture ne change pas facilement, quelque chose d'autre doit avoir changé, ce qui permet vraisemblablement à la même culture de fonctionner de manière opposée, du frein au développement au catalyseur du développement.

Un examen plus approfondi de la culture apparemment immuable révèle invariablement le processus politique sous-jacent à l'œuvre, un processus qui implique l'utilisation du langage de la culture pour légitimer les priorités politiques changeantes. En d'autres termes, la culture est souvent utilisée comme une arme politique puissante, une idéologie officielle, pour ainsi dire, soit pour rationaliser le statu quo, soit pour mobiliser le soutien du public au changement. Cela est particulièrement vrai dans les régimes autoritaires, où le public a peu de possibilités de contester la version officiellement approuvée de la culture putative partagée de la société. Par conséquent, ce qui est perçu comme un phénomène culturellement déterminé est souvent un produit de la politique publique, malgré les déclarations contraires des dirigeants politiques.

La psychologie politique de la justification de la politique en termes de tradition séculaire a d'abord été systématiquement étudiée par Hobsbawm et d'autres dans un recueil d'essais intitulé *The Invention of Tradition,* édité par Hobsbawm et Rangers. Les auteurs de cette collection ont découvert que de nombreuses « traditions », qui semblent ou prétendent être anciennes, sont souvent d'origine assez récente et parfois inventées, et que de nombreux aspects de la « culture nationale » en Europe appartiennent à cette catégorie. Dans son étude de l'Europe au cours de la période 1870-1914, par exemple, Hobsbawm a montré comment les progrès généralisés de la démocratie électorale et l'émergence conséquente de la politique de masse ont dominé l'invention des traditions officielles destinées à restaurer. En outre, il a été avancé que toutes les traditions inventées, dans la mesure du possible, utilisent l'histoire comme légitimateur d'action et ciment de la cohésion de groupe. Enfin, le processus d'invention de la tradition elle-même implique invariablement la «fabrication de faits, la mémorisation sélective et l'oubli partiel» du «kaléidoscope national des faits historiques et des phénomènes culturels contradictoires».

La distinction entre culture et usage politique de la culture est donc la clé pour comprendre l'énigme culturaliste du moment du développement en Asie de l'Est. Comme nos études le montreront, une combinaison de l'évolution des situations internationales et nationales a été cruciale pour le recours à l'utilisation politique de la culture en Asie de l'Est dans sa quête de développement. Dans la section suivante, je soulignerai l'aspect international de l'État Développementaliste en me concentrant sur la perspective mondialiste.

Le Globalisme

Comme le culturaliste, le globaliste souligne également la nature contingente de l'État Développementaliste en Asie de l'Est; la seule différence est que la spécificité historique ou géopolitique remplace la spécificité culturelle. Dans une perspective mondialiste, la politique internationale et l'économie mondiale ont été les facteurs clés qui façonnent l'émergence, les pratiques et les caractéristiques de l'État Développementaliste en Asie de l'Est. Plus précisément, il s'agit de la guerre froide et des interactions géopolitiques qui en résultent entre les États-Unis et l'Asie du Pacifique, des problèmes de sécurité géostratégiques au niveau régional et du long boom économique d'après-guerre, qui a duré jusqu'au milieu des années 70.

Selon le mondialiste, la rivalité géostratégique internationale et régionale a joué un rôle clé dans la génération de la volonté politique de se développer dans les NPI d'Asie de l'Est, et les mécanismes par lesquels cela a fonctionné variaient entre les États confrontés à des problèmes nationaux différents. Pour la Corée du Sud et Taïwan, la guerre froide a créé de puissants «frères ennemis» en termes d'idéologie et de force militaire, générant un sentiment accru de vulnérabilité nationale. Pour Singapour, son indépendance forcée à la suite de son expulsion de Malaisie a provoqué une «crise de survie», qui a motivé une lutte nationale concertée pour le développement. Par conséquent, pour les trois sociétés, le développement économique était une question d'efficacité nationale plutôt que de simple efficience économique. Ainsi, alors que les gouvernements de la plupart des autres pays en développement savent qu'ils peuvent échouer sur le plan économique et ne pas risquer une invasion, les gouvernements et les élites de ces pays savent que sans une croissance économique rapide et une stabilité sociale, cela pourrait bien se produire. L'impératif de survie a également produit un plus grand degré de tolérance du public à l'égard d'un régime autoritaire.

La guerre froide, conjuguée à la reprise conjoncturelle de l'économie mondiale, a également offert à l'Asie de l'Est des possibilités d'expansion économique qui auraient autrement été plus difficiles. Essentiellement, la région a profité de manière disproportionnée par rapport aux autres régions en développement des politiques d'aide commerciales et financières américaines favorables, motivées par son objectif de politique étrangère de contenir le communisme en Asie. Bien que la Corée du Sud et Taïwan aient tous deux bénéficié directement de l'aide militaire et économique des États-Unis en raison de leurs positions géopolitiques stratégiques, le Japon et tous les pays de l'Asie du Nord-Est ont vu leur économie stimulée par la guerre du Viêtnam, qui a duré du début des années 1960 au milieu des années 1970. En plus de cela, les États-Unis ont également ouvert leur marché à la région et toléré les politiques mercantilistes menées par les États Développementalistes, un acte facilité par le long boom économique mondial de l'après-guerre, qui a duré jusqu'au milieu des années 1970.

L'environnement international de sécurité et économique unique dans lequel les États Développementalistes d'Asie de l'Est sont apparus a conduit certains à soutenir que l'État Développementaliste était un phénomène historiquement contingent peu susceptible d'émerger ailleurs dans le monde de l'après-guerre froide. Ce point de vue considère également que les États Développementalistes d'Asie de l'Est sont principalement un produit de la bonne fortune, c'est-à-dire leur importance géopolitique critique pour la politique étrangère anti-communiste américaine. Cependant, comme l'ont souligné Weiss et Hobson,[21] les différences dans le degré d'efficacité de l'État dans la promotion du développement économique dans la région, par exemple entre l'Asie du Nord-Est et l'Asie du Sud-est, suggèrent une tendance à surestimer les facteurs externes dans le façonnement de l'État Développementaliste. Après tout, une caractéristique centrale de l'État Développementaliste, affirme-t-on, implique sa capacité institutionnelle à

---

[21] Dans *States and Economic Development: A Comparative Historical Analysis,* Linda M. Weiss et John Atkinson Hobson abordent une question fondamentale de l'économie politique comparée: le rôle des institutions politiques dans la performance économique. Quelle différence les États modernes ont-ils apporté au développement de l'économie de marché? Dans quelles conditions et à quelles fins les États ont-ils cherché à soutenir le processus de progrès industriel? Pourquoi les États modernes diffèrent-ils si considérablement dans leur capacité à gouverner le marché? Et comment la nature de la «force» de l'État et son importance pour une économie prospère ont-elles changé au fil du temps? À travers une histoire comparative du développement politique et économique, ce volume examine l'évolution des relations entre l'État et l'économie de la montée des économies de marché en Europe à nos jours, en se concentrant sur la Grande-Bretagne, la Russie, le Japon, Taïwan, la Corée et les États-Unis. Il fournit de nouveaux arguments et de nouvelles explications pour la montée des États et des marchés modernes, pour l'industrialisation précoce et tardive, pour la capacité de l'État et pour la compétitivité nationale. Au moyen d'études de cas et de comparaisons, les auteurs développent une théorie néo-étatique pour expliquer l'évolution des fortunes économiques des systèmes politiques, de la montée de l'Europe au déclin progressif de l'industrie anglo-américaine et à la récente ascension de l'Asie de l'Est.

s'adapter aux influences extérieures et à en assurer la médiation.

Conclusion

Dans ce chapitre, j'ai pris un aperçu des expériences de développement de l'Asie de l'Est dans le contexte du cadre conceptuel et théorique de l'État Développementaliste. Bien qu'il existe différentes perspectives théoriques sur la nature et les conditions de l'État Développementaliste, il est possible d'adopter une approche intégrée du développement de l'Asie de l'Est qui est centrée sur la perspective institutionnaliste libérale et intègre des idées culturalistes et mondialistes. Essentiellement, cela nécessiterait la reconnaissance du fondement politico-institutionnel du développement, qui façonne et est façonné par la culture et qui dilue l'effet des exigences internationales échappant au contrôle de l'État. Dans cette perspective synthétisée, le développement économique ne doit plus être analysé comme un phénomène technique mais comme un résultat politique, qui ne peut avoir lieu que dans un cadre d'institutions étatiques efficaces capables de réguler les activités économiques et de concilier des intérêts sociaux conflictuels. En bref, ce qu'il faut, c'est une approche politico-économique du développement, qui examine l'interaction dynamique entre la politique et l'économie.

CHAPITRE 3 : L'HARMONIE, CONFUCIUS ET LE CAPITALISME DU NORD-EST

La Corée du Sud, Taïwan et Singapour ont été le premier groupe de pays à rejoindre le Japon en tant que NPI (Nouveaux Pays Industrialisés) d'Asie après avoir connu une hyper-croissance soutenue dans les années 1960 à 1970. Bien qu'ils aient ensuite été rejoints par les trois économies tigres d'Asie du Sud-est, la Malaisie, l'Indonésie et la Thaïlande, connues sous le nom de NPE (nouveaux pays exportateurs), les différences entre les deux groupes d'économies ont été largement notées. Alors que les NPI, avec le Japon, étaient souvent qualifiés de «capitalisme confucéen», basé sur des traditions étatiques fortes et efficaces, les NPE étaient décrits comme un «capitalisme Ersatz»,[22] qui était basé sur des traditions étatiques faibles et inefficaces.

Il existe sans aucun doute des différences importantes entre les NPI et les NPE en termes de cadre institutionnel et d'efficacité de l'État, un aspect que je reprendrai dans le chapitre suivant. Mais dans ce chapitre, je me concentrerai sur les quatre «capitalismes confucéens» en vue d'identifier et d'expliquer les similitudes et les différences dans leurs trajectoires de développement économique. Comme l'utilisation du «confucianisme»

---

[22] Dans *The Rise of Ersatz Capitalism in South-East Asia* (1988), Kunio Yoshihara considère la croissance d'une super couche comme inefficace dans les économies d'Asie du Sud-est et évalue les problèmes que cela pose pour le développement économique futur. Yoshihara soutient que, comme le retard technologique, la faible qualité de l'intervention gouvernementale et la discrimination contre les personnes d'origine Chinoise ont empêché le capitalisme de stimuler le développement, il est apparu une marque d'ersatz de capitalisme très différente du capitalisme au Japon et en Occident. Il poursuit en proposant des recommandations pour créer un capitalisme dynamique tout en reconnaissant que des obstacles à leur mise en œuvre existent dans les systèmes sociaux et politiques actuels de l'Asie du Sud-est.

suggère la centralité de la culture dans ces économies politiques, notre étude se concentrera donc sur la mesure et la manière dont le confucianisme a influencé leur développement. En comparant les cadres institutionnels du capitalisme dans ces pays, et les relations entre le gouvernement et les entreprises en particulier, je cherche à démontrer un modèle de développement commun, caractérisé par l'utilisation habile par l'élite de l'idéologie confucéenne pour construire des institutions très différentes adaptées à des situations nationales uniques. En d'autres termes, les régimes autoritaires de tous ces pays ont sélectionné des aspects du confucianisme pour rationaliser leur forme particulière de capitalisme.

Le chapitre se compose de deux parties. Le premier donnera un aperçu des formes institutionnelles des quatre capitalismes. Dans la seconde, je comparerai ces formes en les situant dans leurs contextes national-historique et international. Enfin, je conclurai en notant la base politique du développement qui est commune aux quatre capitalismes.

Capitalismes confucéens

Dans la littérature sur l'État Développementaliste, l'État des quatre capitalismes confucéens est généralement considéré comme fort, une notion qui implique principalement deux aspects: la combinaison de l'autoritarisme politique avec la compétence technocratique, et une fusion plus ou moins institutionnalisée du pouvoir économique et politique dans la forme de relations étroites entre le gouvernement et les entreprises. Les nouveaux orientalistes attribuent généralement l'État fort à l'héritage confucéen, qui est commun aux sociétés de l'État Développementaliste.

Cependant, malgré la forte tradition étatique commune, les quatre capitalismes varient beaucoup en politiques institutionnelles. Tout comme l'industrialisation européenne a progressé en tant qu'écart progressif par rapport au processus d'industrialisation initial en Grande-Bretagne, les états de développement des trois NPI n'étaient pas de simples réplications du modèle japonais. Indépendamment de la rhétorique du confucianisme, tous les trois ont construit des institutions très différentes pour convenir à leurs positions historiques et internationales respectives. Les variations nationales, en termes à la fois du contexte institutionnel de l'intervention de l'État et de la structure industrielle de ces économies, militent donc contre toute généralisation simpliste de l'influence confucéenne sur le capitalisme en Asie de l'Est.

Sur les trois NPI, la Corée du Sud et Taïwan étaient considérés comme les plus proches du Japon dans leurs expériences de développement, principalement en raison de leur occupation coloniale par le Japon. Pourtant, même cette perception nécessite une qualification importante, car la Corée du Sud et Taïwan diffèrent non seulement beaucoup du Japon, mais aussi l'un de l'autre. Le Japon et la Corée du Sud comptaient tous deux sur des conglomérats à grande échelle pour l'industrialisation; cependant, au Japon, les petites entreprises et leurs liens étroits avec les conglomérats et le PLD (Parti Libéral-Démocrate) de longue date étaient un élément essentiel du «capitalisme d'alliance» japonais. En Corée du Sud, en revanche, les grands conglomérats familiaux diversifiés appelés *chaebol*, dominaient l'économie politique à la fois en raison de leur position sur le marché et de leurs relations étroites avec le régime militaire. Le capitalisme coréen était donc essentiellement un capitalisme *chaebol* avec un pouvoir économique concentré entre les mains des *chaebol*.

Taïwan et Singapour ont affiché de nouvelles différences et caracteristiques. Contrairement au Japon et à la Corée du Sud, la structure économique de Taïwan était dominée par les Petites et Moyennes entreprises (PME) opérant dans le secteur privé, qui coexistaient avec un grand secteur public dirigé par un État à parti unique quasi léniniste, le KMT[23]. Les PME étaient l'épine dorsale du secteur d'exportation essentiel de Taïwan, représentant les deux tiers des exportations totales au cours des années 80. La plupart des PME étaient des réseaux familiaux de sous-traitants liés à des sociétés multinationales et comptaient largement sur leur propre épargne familiale, un réseau d'épargne coopératif et des crédits bancaires publics limités pour le financement des entreprises.

La relation gouvernement-entreprise à Taïwan était donc plus «froide et distante» que collaborative et étroite, comme en témoignent à la fois la double structure économique et le soutien financier limité du gouvernement aux PME. Le succès du «capitalisme familial» taïwanais était néanmoins inextricablement lié à un État actif plutôt que de laisser-faire, qui offrait une excellente infrastructure physique et sociale et un environnement protectionniste. Taïwan a été le premier pays à ouvrir la voie à l'idée de Zones Franches d'Exportation (ZFE), qui offraient des infrastructures intégrées et des incitations fiscales aux entreprises étrangères souhaitant opérer à Taïwan. Cette pratique s'est ensuite généralisée dans la région, surtout copiée par la Chine et le Viêtnam

---

[23] Parti nationaliste, également appelé Kuomintang, Kuo-min Tang (KMT; «National People's Party»), parti politique qui a gouverné tout ou partie de la Chine continentale de 1928 à 1949 et a ensuite gouverné Taïwan sous Chiang Kai-shek et ses successeurs pour la plupart des le temps depuis lors.

ostensiblement communistes.

Enfin, Singapour a tout aussi offert un autre modèle institutionnel du capitalisme, qui est mieux décrit comme le capitalisme transnational. Au centre de ce modèle, se trouvait l'alliance entre le parti-État léniniste et les multinationales. En raison de sa petite taille, Singapour a opté pour une stratégie de développement centrée sur deux aspects qui sont premièrement d'attirer activement les Investissements Directs Étrangers (IDE) dans le secteur manufacturier et deuxièmement de placer les entreprises clés sous le contrôle de l'État. En conséquence, Singapour a la plus grande dépendance en Asie de l'Est à l'égard des IDE pour sa formation de capital; plus de 80% de ses investissements dans le secteur manufacturier proviennent des IDE. Les entreprises étrangères sont donc les principaux agents d'industrialisation de Singapour.

Pendant ce temps, l'État a exercé une influence énorme sur l'économie nationale par le biais de conseils statutaires et d'entreprises publiques, dont beaucoup ont conclu des coentreprises avec des multinationales. En 1988, les sociétés liées au gouvernement (GLC) représentaient 60,5% du total des bénéfices réalisés. Les hauts fonctionnaires, les ministres et les anciens ministres ont tous siégé au conseil d'administration de centaines d'entreprises publiques et privées. Les principaux entrepreneurs de Singapour sont en fait des bureaucrates du gouvernement, qui sont également la principale source d'adhésion au Parti d'Action Populaire (PAP), qui dirige Singapour depuis 1959. Le capitalisme à Singapour est ainsi effectivement dominé par une alliance étroite entre l'État du PAP et les multinationales.

Ayant dessiné un croquis des quatre capitalismes confucéens, je vais maintenant passer à leur analyse détaillée. Dans ce qui suit, je chercherai à donner un sens aux différences en les situant dans leur contexte politique national respectif et en les examinant à la fois dans une perspective comparative et internationale.

Le Japon, un capitalisme d'alliance

La transformation rapide de l'économie japonaise d'après-guerre est bien documentée et il n'y a pas beaucoup de différends sur la capacité de développement de l'État japonais. Ce qui nous intéresse donc, c'est le contexte historique et international dans lequel s'est développé l'État Développementaliste japonais.

Il existe depuis longtemps une tradition, au Japon et au-delà, d'attribuer l'État Développementaliste japonais à la culture japonaise unique, c'est-à-dire confucéenne, qui est censée sous-tendre les caractéristiques essentielles du capitalisme d'alliance du Japon. Selon ce point de vue, l'économie politique japonaise est la quintessence de l'image confucéenne de la famille, liée par la bienveillance paternelle et la piétée filiale. Comme tous les membres de la famille, la hiérarchie des relations sociales fondées sur les droits et devoirs va dans le même sens pour la nation japonaise. Alors que l'État se trouve au sommet de la hiérarchie, assurant le bien-être et commandant l'obéissance et la loyauté de la population, l'entreprise est l'épine dorsale dont l'État dépend pour exercer ses fonctions. Les entreprises japonaises sont à leur tour dépeintes comme des pères d'entreprise, qui traitent leurs employés avec bienveillance, par exemple en organisant des syndicats d'entreprise, auxquels appartiennent à la fois les dirigeants et les employés, et en offrant la sécurité de l'emploi et en récompensant la fidélité par des augmentations de salaire d'ancienneté.

Cependant, un examen plus approfondi de l'origine de l'État Développementaliste japonais révèle l'influence profonde de la politique sur ces traits apparemment culturels du capitalisme japonais. Les menaces extérieures, perçues et réelles, symbolisées par le débarquement historique des « navires noirs » du commodore Perry[24] dans la baie de Tokyo en 1853, se sont révélées décisives dans la campagne du pays vers l'occidentalisation au nom de la restauration des valeurs traditionnelles. Sous la restauration de Meiji en 1868,[25] dirigée par les samouraïs (guerriers), qui ont renversé le régime féodal de Tokugawa âgé de 265 ans, le confucianisme a été retravaillé avec succès dans le cadre de la doctrine shintoïste[26] du culte de l'empereur. Au nom du shintoïsme, qui justifiait

---

[24] La mission du commodore Matthew Perry au Japon consistait en deux expéditions, la première en 1853 et la seconde en 1854. Le commodore Matthew Perry a négocié le Traité de Kanagawa (Traité d'amitié et de commerce) ouvrant les relations diplomatiques et commerciales entre les États-Unis et le Japon. Matthew Perry a utilisé les nouveaux navires de combat à vapeur, il a également utilisé les nouveaux canons, le canon à obus Paixhans, pour souligner la force militaire de l'Amérique, connue sous le nom de «diplomatie des canonnières».

[25] La Restauration Meiji, dans l'histoire japonaise, la révolution politique de 1868 qui a provoqué la disparition définitive du shogunat Tokugawa (gouvernement militaire) - mettant ainsi fin à la période Edo (Tokugawa) (1603–1867). Dans un contexte plus large, cependant, la restauration Meiji de 1868 a été identifiée à l'ère ultérieure de changements politiques, économiques et sociaux majeurs - la période Meiji (1868–1912) a entraîné la modernisation et l'occidentalisation du pays.

[26] Le Shintō est une sorte de croyances et pratiques religieuses autochtones du Japon. Le mot Shintō, qui signifie littéralement «da voie du kami» (pouvoir généralement sacré ou divin, en particulier des différents dieux ou divinités), est entré en usage pour distinguer les croyances japonaises indigènes du bouddhisme, qui avait été introduit au Japon en 300 av. JC. Le Shintō n'a pas de fondateur, pas d'écritures sacrées officielles au sens strict, et pas de dogmes fixes, mais il a conservé ses

l'obéissance inconditionnelle à l'empereur, père de la nation japonaise, les profondes réformes Meiji ont été introduites dans le but de créer un pays riche et une armée forte. L'armée et l'école sont devenues les deux instruments clés de ce projet d'édification de la nation qui est la réalisation la plus singulière de la politique publique japonaise au cours des douze dernières décennies.

La période Meiji (1868-1912) a ainsi marqué le début de l'État Développemental du Japon. Les traditions d'intervention de l'État et de collaboration étroite entre le gouvernement et les entreprises, ainsi que d'autres éléments majeurs de la structure économique, ont leurs origines au cours de la période Meiji et de l'entre-deux-guerres, lorsque l'ambition militaire a conduit le Japon vers l'expansion industrielle. Depuis lors, malgré les bouleversements de sa défaite lors de la Seconde Guerre mondiale et la restructuration radicale de sa société et de son économie qui a été menée par les États-Unis, ces schémas de base se sont poursuivis jusque dans les années 90. Les réformes Meiji ont créé un État bureaucratique et surtout autoritaire, calqué sur le modèle de l'Allemagne bismarckienne. Une bureaucratie et une armée puissantes étaient au centre de l'appareil d'État. Deux décennies après s'être directement impliquée dans l'industrie lourde, des difficultés financières ont contraint l'État à vendre des opérations non-militaires à de grandes entreprises familiales combinées appelées *zaibatsu*.[27] Cela a marqué le début des relations étroites entre le gouvernement et les entreprises, les *zaibatsu* étant utilisés comme instruments de la politique de l'État visant à intégrer les bénéfices au patriotisme.

Avec l'aide de l'État, les *zaibatsu* se sont transformés en conglomérats géants, alliant des activités industrielles, financières et commerciales, organisés autour d'un holding central. Ils sont à leur tour devenus de grands soutiens financiers des deux principaux partis politiques conservateurs de l'époque en échange du soutien continu de l'État. Après

---

croyances directrices à travers les âges.

[27] Zaibatsu, (en japonais: «clique riche»), l'une des grandes entreprises capitalistes du Japon avant la Seconde Guerre mondiale, semblable à des cartels ou à des fiducies mais généralement organisée autour d'une seule famille. Un zaibatsu pourrait exploiter des entreprises dans presque tous les domaines importants de l'activité économique, par exemple, ils possédaient ou détenaient d'importants investissements dans des sociétés actives dans les domaines de la banque, du commerce extérieur, des mines, des assurances, du textile, du sucre, de la transformation des aliments, des machines et de nombreux autres domaines. Tous les zaibatsu possédaient des banques, qu'ils utilisaient comme moyen de mobiliser des capitaux.

la guerre, les *zaibatsu* ont été transformés en *keiretsu*,[28] qui, en alliance avec le PLD au pouvoir, a joué un rôle clé dans la reconstruction économique japonaise de l'après-guerre.

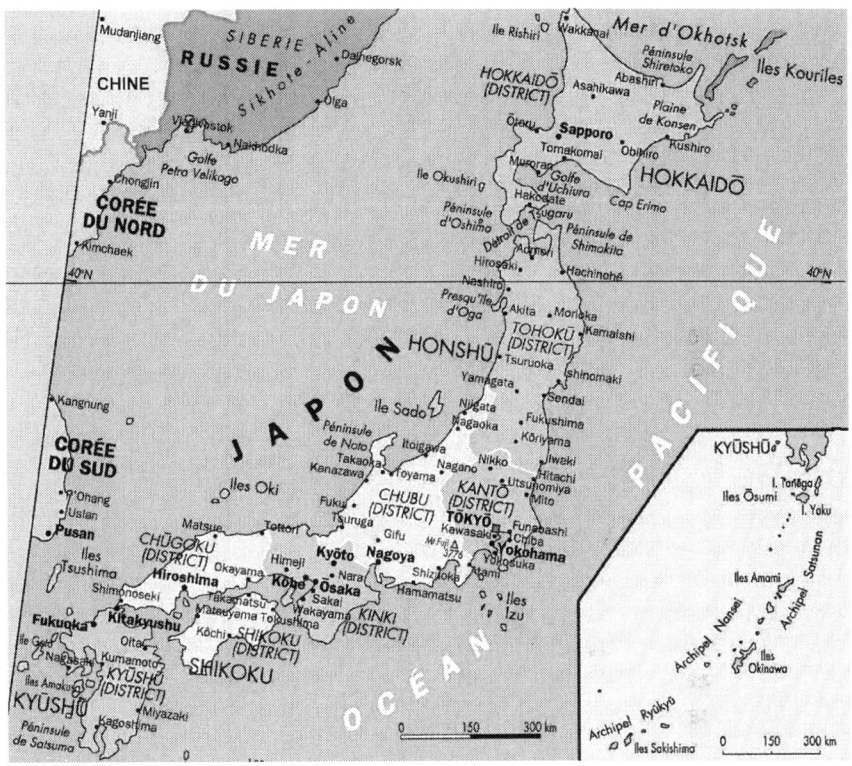

Figure 8. Carte du Japon

Après la fin des années 1920, la collaboration entre l'État et les entreprises s'est intensifiée à la fois en réponse aux crises économiques internationales et en raison de la montée du militarisme. Beaucoup de pratiques interventionnistes industrielles d'après-guerre sont nées de cette période, y compris l'État assumant le pouvoir de forger des cartels, de persuader les membres du *zaibatsu* de réorganiser les capacités de production, d'approuver les investissements destinés à agrandir les

---

[28] Keiretsu, ce sont des grands groupes d'entreprises qui ont dominé l'économie japonaise entre les années 1950 et le début des années 2000, caractérisés par des participations croisées et des relations transactionnelles à long terme entre leurs constituants, comme celles entre assembleurs et fournisseurs. Keiretsu peut être mieux compris en termes d'un réseau complexe de relations économiques qui relie les banques, les fabricants, les fournisseurs et les distributeurs.

installations, à autoriser la production et à parrainer un groupe limité d'entreprises à forte intensité de capital pour être les pionniers du changement technique. La bureaucratie, le Ministère du Commerce et de l'Industrie (MICI), surnommé «l'état-major économique», qui était responsable de toutes ces politiques, devait se réincarner en 1949 sous le nom de célèbre MICI, la salle des machines de l'économie japonaise d'après-guerre. Dans le même temps, le mouvement ouvrier et les partis politiques prônant l'affrontement de classe ont été soit brutalement réprimés soit bannis, tandis que des articulations modérées ont été tolérées et cooptées par la direction et l'État.

Mais la réalisation de loin la plus ambitieuse de l'État a été son succès à inventer une «culture de l'harmonie» en tant que valeur économique normative pour la société industrielle émergente. Utilisant le symbolisme familier de la famille confucéenne, et par le biais de son agence la Kyochokai[29] (Société Coopérative et Harmonieuse, créée en 1919), l'État a articulé et promu avec succès la vision d'une future société japonaise basée sur l'harmonie et la coopération industrielles. Le succès a également été étayé par un important programme de réformes sociales et économiques, axé sur la législation du travail visant à fournir des prestations minimales aux travailleurs.

Pendant l'entre-deux-guerres, des milliers d'«associations industrielles patriotiques», comprenant des cadres et des travailleurs, ont été organisées avec le soutien explicite et la coercition secrète de l'État. Ces associations ont été les précurseurs de l'union unique des entreprises japonaises, si souvent présentée comme une icône de la culture japonaise. Après la guerre, ces associations se sont tout simplement débarrassées de leurs vieilles peaux et ont continué leur existence avec les sanctions explicites des forces américaines qui, influencées par la guerre froide, se sont davantage intéressées à apprivoiser les syndicats qu'à promouvoir la démocratie industrielle.

Un autre trait distinctif de l'économie japonaise d'après-guerre, qui a également vu le jour pendant l'entre-deux-guerres, était le lien de sous-traitance institutionnalisé entre les petites entreprises et les *keiretsu*. Tout comme le syndicat d'entreprise n'était pas le résultat d'une tendance naturelle du Japon à s'identifier à la communauté en général, cela ne devait pas grand-chose à la culture japonaise, qui était fondée sur des relations de confiance et de patronage à long terme hiérarchisées mais

---

[29] Le Kyochokai a été la première agence établie sous les auspices du gouvernement japonais à avoir les problèmes sociaux et de travail comme principal, ou plus exactement, pour seule préoccupation. Le Kyochokai était également actif dans divers autres programmes de politique sociale.

personnalisées. Au lieu de cela, cela résultait du fait que les grandes entreprises cédaient une grande partie de leur production à de plus petites entreprises qui utilisaient «une main-d'œuvre moins chère et plus dispensable». Son existence continue après la guerre est le résultat à la fois de politiques gouvernementales délibérées et d'avantages réciproques générés pour les deux parties.

Il est donc clair que le nationalisme économique vêtu de la langue confucéenne, shintô de la loyauté envers la famille/l'État a été le moteur de l'État Développementaliste japonais, qui s'est appuyé sur une stratégie à deux volets de construction idéologique et de réformes sociales amélioratrices pour atteindre ses objectifs de modernisation. Comment l'État japonais a-t-il alors réussi à préserver sa continuité après la Seconde Guerre mondiale?

La réponse à cette question réside principalement dans la géopolitique internationale induite par la guerre froide. À la fin de la guerre, le Japon a été occupé par les puissances alliées dirigées par les États-Unis. Ayant forcé le gouvernement japonais à adopter une constitution démocratique écrite aux États-Unis, les forces d'occupation américaines ont lancé un programme radical de réforme, centré sur la démilitarisation, la décentralisation et la démocratisation du régime japonais. Cependant, à l'exception de la démilitarisation, le programme a rapidement été mis en déroute par le début de la guerre froide. La nouvelle priorité de la politique étrangère consistant à renforcer le Japon en tant que rempart contre le communisme en Asie a conduit les États-Unis à suivre une «marche arrière», qui a abandonné ou dilué le programme de réforme initial. En conséquence, la bureaucratie a été renforcée, conservant 80% des bureaucrates d'avant-guerre qui avaient travaillé au centre de la machine de guerre japonaise. Ceux qui sont restés au MICI ont ensuite eu la main libre pour reconstruire le *keiretsu* à partir du *zaibatsu* en temps de guerre.

La neutralisation du militarisme ouvrier en plein essor, soutenue par le Parti Communiste japonais, a été une autre conséquence importante de la marche arrière qui a assuré la continuité de l'économie politique japonaise. Cela a été réalisé avec le soutien explicite des forces d'occupation américaines par une multitude de tactiques impliquant le licenciement, la cooptation et la mobilisation culturelle. Afin de fragmenter le mouvement ouvrier, l'État a effectivement contraint les travailleurs à s'organiser en syndicats d'entreprise. Les dissidents potentiels étaient étiquetés soit comme des pro-communistes, déterminés à déstabiliser le Japon, soit comme des traîtres à la nation japonaise, qui étaient corrompus par les valeurs individualistes occidentales. Pour récompenser les travailleurs qui ont adhéré au syndicat d'entreprise, la direction a offert des salaires basés sur l'ancienneté et la promotion au nom de la bienveillance confucéenne. En outre, alors que la prérogative de gestion était étroitement surveillée, des pratiques telles que la prise de décision de groupe, la responsabilité de groupe et la minimisation des différences de statut entre les gestionnaires et les travailleurs ont été introduites. L'État a contribué à renforcer cette légitimation culturelle de la solidarité de groupe en créant le Centre de productivité du Japon en 1955, qui a institué des consultations entre la direction et les travailleurs et a introduit le mouvement zéro défaut et les cercles de contrôle de la qualité.

Cette période de « libéralisme autoritaire », qui a duré jusqu'au début des années 1960 et a été caractérisée par une intense confrontation idéologique (voir chapitre 5), s'est progressivement estompée dans le contexte politique alors que l'élite dirigeante s'est concentrée sur la croissance économique. Avec la structure du pouvoir d'avant-guerre intacte, l'économie politique japonaise d'après-guerre a continué d'être dominée par le triangle de fer du parti au pouvoir (le PLD, créé en 1955), la bureaucratie et les grandes entreprises.

Le capitalisme Sud-coréen contre le capitalisme Taïwanais

La Corée du Sud et Taïwan ont été des colonies japonaises pendant 35 et 50 ans, respectivement, avant d'accéder à l'indépendance en 1945. Par conséquent, les expériences de développement des deux pays ont été profondément influencées par le Japon. À l'instar du Japon, aucune des sociétés n'était bien dotée en ressources naturelles, mais toutes deux ont atteint un développement économique rapide en deux décennies environ.

À la fin des années 80, la Corée du Sud et Taïwan, avec le Japon, étaient devenus d'importants investisseurs étrangers en Asie du Sud-est. Depuis la fin des années 80, la démocratie dans les deux sociétés est également solidement ancrée. Au moment d'écrire ces lignes, la Corée du Sud est le 4e PIB d'Asie et le 12e au monde et Taïwan le septième en Asie et le 22e au monde, bénéficiant toutes deux d'un niveau de vie similaire à celui de l'Occident industrialisé. Cependant, les situations nationales différentes signifiaient que le développement économique des deux sociétés se faisait dans des cadres institutionnels très différents.

Les régimes sous lesquels l'industrialisation a eu lieu dans les deux sociétés étaient fortement autoritaires, comme au Japon d'avant-guerre. En Corée du Sud, une période sous un régime nominalement démocratique (1945-1961) a provoqué le chaos économique et l'instabilité politique, qui se sont terminés en 1961 par un coup d'État militaire dirigé par le général Park Chung Hee.[30]

Figure 9. Carte de la Corée du Sud

Le développement économique a décollé sous le régime quasi militaire de Park, qui s'est terminé par son assassinat en 1979. Les deux plans quinquennaux (1962–66 et 1967–71), qui ont lancé la Corée sur l'industrialisation orientée vers l'exportation, ont jeté des bases solides pour le progrès économique de la Corée. À Taïwan, le développement économique était présidé par le Parti National (ou le KMT (Kuomintang) dans son abréviation Chinoise), dont les partisans ont fui la Chine continentale en 1949 après la défaite du parti par le Parti Communiste Chinois dans la guerre civile. Le régime était quasi léniniste, car le KMT contrôlait tous les niveaux des unités gouvernementales et militaires par

---

[30] Park Chung Hee, (né le 30 septembre ou le 14 novembre 1917 à Kumi, province de Kyŏngsang du Nord, Corée [maintenant en Corée du Sud] - décédé le 26 octobre 1979 à Séoul, Corée du Sud), général et homme politique sud-coréen, président de la République de Corée (Corée du Sud) de 1963 à sa mort. Son règne de 18 ans a entraîné une énorme expansion économique, mais au prix des libertés civiles et de la liberté politique.

le biais de ses organisations centrales. En vertu de la loi martiale, qui a duré jusqu'en 1986, l'appareil impitoyable du KMT a pourchassé les dissidents politiques et a interdit la formation de tous les partis indépendants et associations civiques, tout en créant son propre moyen de pénétrer la société et de coopter les organisations sociales dans son giron.

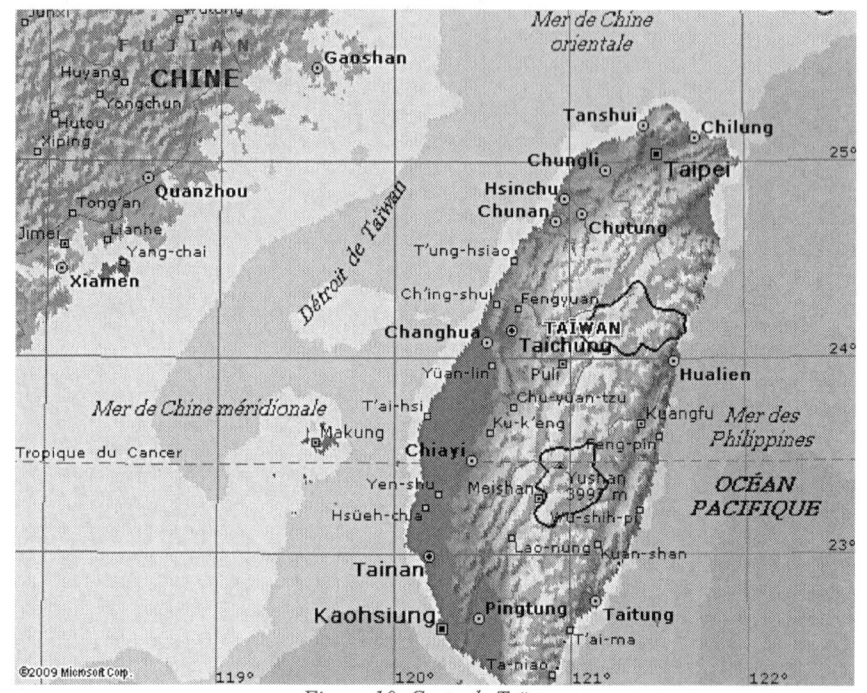

Figure 10. Carte de Taïwan

Cependant, le fondement de la capacité infrastructurelle de l'État à prendre la tête de l'économie dans les deux sociétés a été posé pendant la domination coloniale japonaise. Le style militaire de l'administration coloniale japonaise, qui met l'accent sur la hiérarchie, la discipline et l'efficacité, a fait que les deux sociétés ont hérité d'une bureaucratie relativement efficace lorsqu'elles se sont lancées dans le développement d'après-guerre. En outre, la réforme agraire parrainée par le Japon dans les deux sociétés a également renforcé l'État, car la transformation du système agricole en une culture de petite exploitation a conduit à l'élimination de la classe des propriétaires féodaux, qui était souvent un obstacle majeur à l'industrialisation dans les pays développés.

Comme au Japon Meiji, la volonté politique de développement économique dans les deux sociétés était motivée par la crise de survie, provoquée par une combinaison de crises politiques internes et de chocs externes. À la fin de la Seconde Guerre mondiale, la Corée était divisée en deux parties le long du trente-huitième parallèle, le Nord étant occupé par l'URSS communiste et le Sud par les États-Unis capitalistes. Le déclenchement de la guerre froide a institutionnalisé la division. En 1950, la Corée du Sud a été envahie par le Nord, ce qui a provoqué la guerre de Corée de 3 ans. Pendant cette période, l'aide américaine massive et l'aide militaire ont été cruciales pour la survie du pays. Jusqu'à la fin des années 50, l'aide des États-Unis était une source majeure d'investissement en capital en Corée du Sud.

Lorsque General Park est arrivé au pouvoir en 1961, il a été confronté à deux problèmes immédiats. Le premier était la nécessité de surmonter le problème de la légitimité et du manque de soutien social. Le deuxième a été le retrait imminent de l'aide économique américaine à un moment où la Corée du Sud était toujours à la traîne par rapport au Nord en termes de revenu par habitant, de capacité de production industrielle et de puissance militaire. Ce sentiment aigu de vulnérabilité nationale et du régime a conduit le gouvernement à engager l'ensemble du pays à la mobilisation industrielle pour une guerre de développement contre la Corée du Nord. L'édification d'une nation par les exportations est devenue le principe directeur du régime de Park, qui poursuivait une stratégie d'expansion forcée des exportations et des investissements pour réaliser la croissance à tout prix.

L'expérience de Taïwan a été similaire, sauf que le KMT n'a pas perdu de temps à jouer avec la démocratie après la fuite vers Taïwan. Jusqu'au début des années 1960, l'industrialisation était uniquement motivée par le désir du KMT de reprendre la Chine continentale par des moyens militaires. Par conséquent, l'industrie lourde appartenant à l'État a reçu la priorité de développement. L'implication de la Chine dans la guerre de Corée signifie que Taïwan, comme la Corée du Sud, a également reçu une aide économique et militaire massive des États-Unis. Cependant, le choc est survenu en 1963 lorsque les États-Unis ont annoncé leur intention de mettre fin à l'aide en 1965. Cela a contraint le président Chiang Kai-shek à déplacer rapidement ses priorités d'une campagne militaire contre le continent à l'indépendance économique de Taïwan. Par conséquent, le Conseil de l'aide des États-Unis a été rapidement transformé en Conseil de Coopération et de développement économiques (CCDE), chargé de la formulation et de la coordination des politiques, un rôle similaire au MICI du Japon et au Conseil de Planification Économique (CPE) de la Corée du Sud.

Cependant, des situations nationales uniques ont conduit à différentes stratégies de développement économique. En Corée du Sud, l'État a promu des conglomérats de style japonais appelés *chaebol* et les a aidés à devenir l'épine dorsale de l'économie coréenne. Des relations étroites entre le gouvernement et les entreprises étaient axées sur l'attribution par l'État de crédits bancaires à des industries stratégiquement ciblées en échange de la conformité des *chaebol* avec les objectifs de performance fixés par le gouvernement. Tout au long de l'ère de Park, l'élaboration des politiques industrielles a été très centralisée; le CPE est directement responsable devant le président. De même, la mise en œuvre des politiques a souvent été difficile, impliquant parfois la police secrète; les hommes d'affaires qui ont éludé ou refusé les instructions de l'État ont été menacés de confiscation des avoirs ou de poursuites. Un entrepreneur défaillant qui avait reçu des subventions de l'État pourrait même être emprisonné. La forte dépendance des entreprises coréennes à l'égard des crédits bancaires contrôlés par l'État, qui fournissaient plus des deux tiers des flux de trésorerie des entreprises manufacturières, était une politique gouvernementale délibérée visant à placer les entreprises privées dans une situation de faible position de négociation vis-à-vis de l'État.

Le régime du KMT à Taïwan a suivi une voie interventionniste différente en grande partie en raison de l'héritage historique du schisme politique entre les continentaux, les partisans du KMT arrivés à Taïwan en 1949 et les Taïwanais, la majorité indigène qui avait émigré à Taïwan (également de Chine) environ trois siècles plus tôt. La répression brutale des Taïwanais indigènes par le KMT lors de son arrivée à Taïwan a entraîné une division implicite de travail de style malaisien entre les deux communautés qui devait durer jusqu'aux années 1980. Il s'agissait de l'arrangement dans lequel les continentaux monopolisaient les bureaux du gouvernement et les grandes entreprises publiques tandis que les Taïwanais étaient libres de créer leurs propres entreprises. En conséquence, une double économie s'est développée, les grandes entreprises publiques dominant les hauteurs de l'économie et les PME familiales taïwanaises dominant le secteur des exportations. Une collaboration limitée entre le gouvernement et les entreprises a également empêché la croissance des grandes entreprises du secteur privé. Par rapport à la Corée, la double structure économique de Taïwan et les relations financières lointaines entre le gouvernement et les entreprises ont rendu le gouvernement relativement lent dans la promotion des changements structurels dans le secteur privé.

La politique en matière d'IDE était un autre domaine dans lequel la Corée du Sud et Taïwan divergeaient, bien qu'aucune des économies ne se soit appuyée sur l'Investissement Direct Étranger (IDE) comme outil important d'industrialisation. Cependant, les restrictions imposées aux sociétés étrangères pour établir des opérations directes dans les deux économies étaient motivées par des considérations politiques différentes. Pour la Corée du Sud, ayant historiquement été au centre de la rivalité entre les puissances régionales, la Chine, le Japon et la Russie, et ayant subi la domination brutale du colonialisme japonais, l'indépendance nationale était primordiale. Par conséquent, le régime de Park a découragé positivement les IDE, japonais en particulier, en tant que source de capitaux et de technologies de pointe pour éviter la dépendance excessive de la nation à l'influence étrangère. Au lieu de cela, l'État a recouru à d'autres méthodes pour mobiliser des capitaux, comme l'emprunt auprès d'organisations internationales et des secteurs commerciaux et l'accès à des technologies de pointe, comme l'octroi de licences. Pour les entreprises étrangères autorisées à entrer, les normes de transfert de technologie et de résultats à l'exportation ont été rigoureusement appliquées.

La situation à Taïwan est moins simple. Après la perte de son siège aux Nations Unies au profit de la République Populaire de Chine (RPC) en 1971, le régime du KMT a poursuivi une politique officielle d'encouragement à l'IDE comme moyen d'éviter l'isolement international du pays. Malgré cela, l'État a exercé un contrôle strict sur le processus pour s'assurer que les multinationales opéraient conformément aux priorités nationales. Lors de l'approbation des projets, la priorité a été donnée aux entreprises engagées dans le transfert de technologie, les exportations et la promotion du lien économique avec l'économie locale, c'est-à-dire en achetant des intrants aux producteurs locaux. En conséquence, l'IDE dans la première partie des années 80 ne représentait que 2% du produit intérieur brut (PIB) de Taïwan et 25,6% de ses exportations totales, à peine légèrement plus élevé qu'en Corée du Sud.[31] Depuis la fin des années 80, cependant, la Corée du Sud et Taïwan ont libéralisé leurs politiques en matière d'IDE, qui ont commencé à augmenter par la suite.

Comme au Japon Meiji, les États des deux sociétés ont utilisé le confucianisme pour légitimer une intervention répressive sur le marché du travail. En particulier, la rhétorique confucéenne a été utilisée pour inculquer le patriotisme comme un moyen d'exhorter les travailleurs à travailler dur pour la nation. Cependant, derrière la rhétorique commune, il y avait des approches très différentes de la discipline du travail comme moyen de fournir une main-d'œuvre bon marché pour l'industrialisation.

---

[31] Purcell, R. P. (ed.) (1987) *The Newly Industrializing Countries in the World Economy*.

La Corée du Sud-est souvent considérée comme la société la plus confucéenne d'Asie de l'Est. Pourtant, ironiquement, la Corée du Sud possède également le mouvement ouvrier le plus militant d'Asie de l'Est. La résistance des travailleurs et les troubles ont été présents tout au long de la période de croissance économique rapide de la Corée, faisant de la Corée l'économie la plus instable d'Asie de l'Est. Cela s'explique principalement par les méthodes très brutales utilisées par les gouvernements militaires successifs pour soumettre la main-d'œuvre. Sous Park et son successeur, le général Chun Doo Hwan (qui est arrivé au pouvoir par un autre coup d'État en 1981 et a gouverné la Corée jusqu'en 1987), les syndicats étaient interdits et les militants ouvriers étaient sévèrement réprimés, constamment harcelés et intimidés. Les travailleurs sont concentrés dans de grandes usines organisées par une direction quasi-militaire, une situation qui est propice à l'émergence d'un syndicalisme militant, et sont obligées de travailler les plus longues heures du monde, 60 heures par semaine étant la norme. Mais leurs conditions de travail et de logement étaient maintenues aux normes les plus basses possibles. Les travailleurs coréens ont également souffert de la répartition la plus inégale des revenus entre les économies de tigres d'Asie de l'Est. L'amélioration de leur niveau de vie général était en grande partie le résultat de la croissance économique plutôt que de toute disposition sociale gouvernementale paternaliste, contrairement à Singapour et à Taïwan. Le régime hautement répressif et exploiteur a donc conduit à la formation du mouvement ouvrier le plus militant d'Asie de l'Est malgré l'éthique confucéenne de l'harmonie.

Contrairement à la Corée du Sud, où l'État était brutal et exploiteur, Taïwan comptait sur une combinaison de répression, de cooptation et de paternalisme d'entreprise mandaté par l'État pour gérer le travail. Outre la répression, les organisations syndicales placées sous le patronage du KMT ont été activement encouragées comme moyen de prévenir les opportunités de développement de syndicats autonomes. La cooptation du travail a également assuré un suivi étroit de ses activités. Parallèlement, en plus de fournir des soins de santé subventionnés aux travailleurs du secteur privé, l'État a également adopté des lois obligeant les employeurs à fournir un certain nombre d'avantages sociaux couvrant le décès, l'invalidité, les indemnités de départ et la retraite. Le paternalisme d'État à Taïwan est le résultat de la volonté du KMT d'obtenir une légitimité politique dans son nouveau foyer insulaire afin d'éviter la catastrophe politique qu'il a subie sur le continent. Une combinaison de cooptation politique et de législation sociale proactive, ainsi qu'une croissance économique rapide et une répartition relativement égale des revenus, ont donc rendu les relations de travail en particulier, et le développement économique en général, beaucoup plus pacifiques à Taïwan qu'en Corée.

Le capitalisme transnational de Singapour

Singapour a un bilan de développement économique similaire, sinon meilleur que celui de Taïwan et de la Corée du Sud. En deux décennies, il est passé d'un village de pêcheurs pauvre en ressources à une métropole industrielle et financière moderne. Les Singapouriens jouissent aujourd'hui d'un niveau de vie plus élevé que de nombreuses personnes en Occident, y compris en Grande-Bretagne, son ancien souverain colonial. Pourtant, contrairement à la Corée du Sud et à Taïwan, le développement économique de Singapour n'a pas conduit à une démocratisation totale du régime. Son parti au pouvoir, le PAP[32] de style léniniste, est au pouvoir depuis 1959, un an après que Singapour est devenu un État autonome au sein du Commonwealth britannique. La capacité de Singapour à continuer avec un développementalisme autoritaire a permis à son leadership politique et intellectuel de mener l'attaque contre la culture «occidentale» en faveur des valeurs «asiatiques» et d'un modèle de développement «asiatique».

Singapour est probablement le seul pays non-communiste au monde dans lequel des politiques étatiques étendues et omniprésentes visant à organiser le peuple et à influencer ses valeurs et ses attitudes font partie intégrante de la dynamique de développement économique menée par l'État. Bien que cette pratique trouve son origine dans l'expérience fondatrice traumatisante de Singapour, l'expérience elle-même a, au fil des ans, été implantée avec succès dans la psyché la plus profonde de chaque Singapourien grâce aux campagnes politiques incessantes de l'État du PAP sur la «survie nationale». L'ingénierie culturelle a été une arme puissante entre les mains de l'État du PAP, soucieux de façonner une identité nationale globale dans une société multiethnique composée de Chinois (75% de la population), de Malais (15%), d'Indiens (7%) et divers autres groupes ethniques (3%).

Lorsque l'indépendance a été imposée à Singapour en 1965, la nation était unie par une seule chose: un profond sentiment d'appréhension quant à sa capacité à survivre. Coupée de l'arrière-pays malaisien riche en

---

[32] Le Parti d'Action Populaire au pouvoir depuis 1959, a été fondé en 1954 en tant que parti politique indépendantiste descendant d'une ancienne organisation étudiante, et il a continué à dominer le système politique de la nation. Le PAP a dominé la politique de Singapour et a été crédité comme étant au cœur du développement politique, social et économique rapide de la cité-État.

ressources et de son marché, la direction du PAP s'est retrouvée à diriger une société en proie à des crises: chômage élevé, forte croissance démographique, mauvaises conditions de santé publique et de logement, et voisins hostiles inquiets du lien potentiel entre les Chine Chinoise et communiste. En outre, il y avait peu d'identification politique avec la nouvelle nation de la part de la population immigrée, qui était davantage orientée vers sa patrie que vers Singapour. Face à cette grave situation, le gouvernement du PAP s'est rapidement empressé de construire une «idéologie de survie» basée sur la notion de «société bien organisée». La poussée de cette idéologie était le développement économique basé sur la discipline et le sacrifice pour la nation.

Figure 11. Carte de Singapour

La démocratie parlementaire, héritage de la domination coloniale britannique, a donc été sévèrement réduite au nom de l'unité nationale. Toutes les pratiques qui pourraient être considérées comme favorisant un intérêt sectoriel, qu'il soit fondé sur la race ou la classe, ont été interdites. Sans surprise, le manque de libertés politiques et civiles a permis au fil des années de remporter toutes les élections législatives et de mettre en pratique son idée de développement économique par l'effort collectif. Comme la Corée du Sud et Taïwan, le développement économique de Singapour était présidé par un gouvernement autoritaire.

La discipline du travail est un élément crucial de la société étroitement organisée. Selon la règle du PAP, les syndicats étaient légalement tenus de soutenir la direction et le gouvernement dans un effort conjoint pour réaliser le plein potentiel, selon Lee Kuan Yew, Premier ministre de Singapour de 1959 à 1990. Bien que le pouvoir syndical sur les questions de salaires et de conditions de travail soit sévèrement limité par la loi, le régime du PAP a recouru à la rhétorique confucéenne pour favoriser une culture de confiance mutuelle et de coopération entre les travailleurs, les employeurs et l'État. En outre, des institutions tripartites, telles que le Conseil National des Salaires et le Comité de la Productivité, ont été créées à cet effet. Lorsque les syndicats se sont par la suite développés plus grands et plus puissants, ils ont été démantelés et remplacés par de plus petits syndicats d'entreprise de type japonais. L'éthique de gestion à la Japonaise du «travail d'équipe» a également été activement encouragée, par le biais d'institutions telles que les cercles de contrôle de la qualité et les équipes d'amélioration du travail.

Pendant les premières années de l'industrialisation rapide, les années 1960 et 1970, l'État du PAP a promu la valeur de «l'individualisme robuste» pour encourager la population immigrée de Singapour à travailler dur pour sa survie économique personnelle et, par extension, nationale. L'individualisme a également soutenu l'effort du gouvernement pour construire une bureaucratie efficace et méritocratique qui a récompensé le talent et l'effort individuels. Depuis les années 1980, cependant, la croissance perçue du consumérisme et de l'assertivité politique dans la société a conduit à une certaine amnésie intentionnelle de la part du gouvernement PAP dans sa critique de l'individualisme et à la promotion des valeurs et normes confucianistes asiatiques du collectivisme. L'ingénierie culturelle à Singapour, comme au Japon, en Corée du Sud et à Taïwan, est politiquement sélective et instrumentale, mais à une échelle beaucoup plus étendue.

La subordination des travailleurs a placé Singapour dans une bonne position pour lancer son une industrialisation orientée vers l'exportation en utilisant l'IDE comme un outil majeur, une stratégie différente de la Corée du Sud et de Taïwan et rendue nécessaire par la petite taille de la population de Singapour et le manque d'entrepreneurs. Cependant, l'État a joué un rôle central en attirant et en canalisant des capitaux industriels étrangers vers ses industries pionnières sélectives. Les initiatives comprenaient la fourniture d'infrastructures physiques, telles que les transports et les communications, la construction de zones industrielles qui fournissaient des infrastructures centralisées à faible coût, et des incitations fiscales. L'offre publique d'éducation et de logement offrait également une infrastructure sociale attrayante et plaisante aux multinationales. L'Office de Développement Économique (ODE), surnommé le «parrain des multinationales», était chargé de la responsabilité globale de la coordination des diverses initiatives politiques visant à attirer les IDE. Dans les années 1970, les multinationales employaient près de la moitié de la main-d'œuvre nationale et représentaient 60% de sa production totale et 84% de ses exportations de produits manufacturés.

Aux côtés des multinationales se trouvait l'État de Singapour, qui a largement dicté la participation du secteur privé à l'économie singapourienne en contrôlant les principales industries et ressources financières, telles que le Régime de Sécurité Sociale Obligatoire, la Caisse Centrale de Prévoyance (CCP) (voir chapitre 8) et la Banque d'Épargne de la poste. De nombreuses Entreprises Liées au Gouvernement (ELG) ont créé des coentreprises avec des multinationales et, ce faisant, ont facilité non seulement l'afflux d'IDE, mais aussi la transformation structurelle du secteur manufacturier d'une production à forte intensité de main-d'œuvre peu qualifiée à une production à haute valeur ajoutée et hautement qualifiée.

La priorité politique sur le capital industriel étranger et l'alliance stratégique entre les ELG et les multinationales, ainsi que la portée économique et politique étendue de l'État, signifiaient que les entreprises locales étaient marginalisées, car elles dépendaient de l'État pour les contrats commerciaux, qui ne servaient qu'à intégrer la bourgeoisie locale dans l'économie politique dominée par le PAP. La position relativement exempte de corruption du gouvernement, en partie un héritage de la domination coloniale britannique et en partie le résultat de l'introduction et de l'application de principes de rentabilité stricts dans les entreprises publiques, a joué un rôle important dans le maintien de l'hégémonie de l'État du PAP dans l'économie politique de Singapour.

Conclusion

Dans ce chapitre, j'ai examiné et analysé la création de l'État Développementaliste au Japon et dans les NPI d'Asie de l'Est à la fois dans une perspective historique et internationale. Notre analyse comparative révèle un modèle commun d'édification de la nation par le développement économique. Dans les quatre économies, la politique de survie a été facilitée par la promotion officielle de la culture confucéenne, qui a fonctionné comme une idéologie hégémonique légitimant les sociétés industrielles émergentes. Diverses politiques et pratiques ont été rationalisées en recourant à des valeurs confucéennes sélectives, de la méritocratie bureaucratique aux syndicats d'entreprise et à la subordination de la main-d'œuvre à l'État. Dans le même temps, les quatre États Développementalistes ont également affiché des architectures institutionnelles très différentes en termes de relations entre le gouvernement et les entreprises, allant d'une interaction étroite au Japon et en Corée du Sud, au détachement en Taïwan et à la domination unidirectionnelle de Singapour sur la bourgeoisie locale par l'État. Les approches du marché du travail diffèrent également. Alors que le Japon, Taïwan et Singapour ont tous utilisé une combinaison de paternalisme étatique et d'entreprise et de répression brutale pour neutraliser les travailleurs, la Corée du Sud s'est davantage appuyée sur la coercition et la répression pour discipliner sa main-d'œuvre. En bref, l'histoire et la politique nationale uniques de chaque État Développementaliste ont façonné des formes institutionnelles particulières du capitalisme confucéen.

CHAPITRE 4 : LE PSEUDO CAPITALISME DE L'ASIE DU SUD-EST

Après l'élévation réussie de la Corée du Sud, de Taïwan et de Singapour au statut de NPI dans les années 80, la Malaisie, l'Indonésie et la Thaïlande sont devenues les Nouveaux Pays Exportateurs en Asie de l'Est. Le développement économique rapide dans les trois NPE a commencé dans les années 60 et 70 et s'est accéléré à la fin des années 80 avant d'être stoppé par la crise financière de 1997-1998. Au cours de cette période de croissance rapide, l'augmentation annuelle du PIB des trois pays s'est élevée en moyenne à environ 7%, bien que la répartition des revenus ait été moins égale que celle des NPI, en particulier entre les régions et les groupes ethniques. La réduction de la pauvreté absolue a néanmoins été une grande réussite dans les trois pays.

Cependant, malgré leur développement économique rapide, les NPE d'Asie du Sud-est ont été largement observés comme présentant certaines faiblesses structurelles communes par rapport aux NPI d'Asie de l'Est. Contrairement aux NPI, dans lesquels une fusion du pouvoir économique et politique a été institutionnalisée, soutient, les NPE ont institutionnalisé une séparation entre le pouvoir politique et économique. Une raison importante à cela était l'héritage historique du «problème chinois», présent dans les trois sociétés. En conséquence, l'intervention de l'État dans ces économies était généralement perçue comme manquant de rigueur et d'efficacité. En décrivant ces économies comme un « capitalisme ersatz », Yoshihara pensait que le retard technologique, la faible qualité de l'intervention gouvernementale et la discrimination Chinoise sont les trois problèmes les plus difficiles qui affligent le capitalisme d'Asie du Sud-est.

Dans ce chapitre, je cherche à comprendre ces caractéristiques du capitalisme d'Asie du Sud-est au moyen d'un processus comparatif à double sens: entre les NPI et les NPE d'une part et entre les NPE individuels d'autre part. Ce faisant, j'espère montrer à la fois le contexte historique et culturel différent du développement entre les deux blocs d'économies et la dynamique de la politique nationale au sein de chacun des NPE dans la médiation de l'influence de ces héritages, en particulier ceux du «problème Chinois».

Diversité culturelle

L'Asie du Sud-est a une longue histoire d'économie ouverte et de diversité culturelle en raison de sa géographie particulière. Situés à califourchon sur la principale route de commerce maritime historique du monde entre le grand empire de Chine au nord et l'Inde à l'ouest, les territoires péninsulaires et archipélagiques avaient eu près de 1000 ans d'histoire du commerce maritime avant d'être incorporés dans l'économie mondiale capitaliste en le XVIIe siècle. Contrairement aux NPI (à l'exception partielle de Singapour), les trois NPE d'Asie du Sud-est se caractérisent par une diversité ethnique, culturelle et religieuse. Alors que l'islam est la religion dominante de la Malaisie et de l'Indonésie, la Thaïlande est une société à majorité bouddhiste. Chaque pays compte également d'importantes minorités ethniques et religieuses, dont les plus importantes sont des Chinois de souche, qui dominent le secteur commercial dans toutes les économies. Le patrimoine colonial européen de la région est également diversifié. Alors que la Thaïlande, comme le Japon, n'a jamais été colonisée par une puissance extérieure, la Malaisie était une colonie britannique entre 1826 et 1957 et l'Indonésie une colonie néerlandaise entre 1619 et 1949.

Le « problème Chinois »

L'émigration à grande échelle des Chinois vers l'Asie du Sud-est à la fin du XIXe siècle a inauguré des stéréotypes raciaux dans la région, qui persistent encore aujourd'hui. La concentration des Chinois dans le secteur commercial à travers la région a conduit le roi thaïlandais Rama VI à appeler tristement les Chinois d'Asie du Sud-est «les Juifs d'Asie» au début du XXe siècle. Dans les trois pays, l'industrialisation a été profondément influencée par l'héritage historique du «problème chinois».

L'origine du problème remonte à l'expansion coloniale européenne dans la région. Attirés par l'élargissement des possibilités d'emploi et souvent poussés à échapper à une catastrophe intérieure résultant d'une mauvaise gestion de l'empire chinois en déclin, ces immigrants chinois étaient concentrés dans le monde commercial faute d'autres alternatives. En Malaisie et en Indonésie, les puissances coloniales ont exploité la main-d'œuvre chinoise pour les nouvelles industries minières et de construction d'infrastructures tout en leur refusant tout espoir d'intégration dans la société et le gouvernement autochtones. Une division coloniale du travail a été institutionnalisée. Alors que les entreprises occidentales dominaient les hauteurs de l'économie, en grande partie le secteur des exportations primaires à forte intensité de capital, la minorité chinoise a été soit obligée de travailler dans les mines et les ports, soit autorisée à travailler en tant qu'intermédiaires monopolisant la plupart des opérations commerciales de niveau inférieur. La population indigène fonctionnait en très grande majorité comme paysans, ouvriers et domestiques coloniaux, tandis que l'élite propriétaire terrienne était absorbée par la bureaucratie coloniale. Cette division coloniale du travail imposée a donc donné lieu à des stéréotypes raciaux, par exemple «entrepreneurial chinois» et «paresseux malais».

Structure sociale et politique post-coloniale

Contrairement aux NPI d'Asie de l'Est, la décolonisation et l'arrivée au pouvoir d'un gouvernement constitutionnel moderne ont peu perturbé les structures sociales des trois sociétés. Il n'y a pas eu de réforme agraire à l'est asiatique, et les classes aristocratiques indigènes ont continué à dominer la société et la politique par le biais d'institutions de style occidental telles que les partis politiques, la bureaucratie et l'armée. Cette continuité historique et sociale a conduit à l'émergence de ce que Jomo[33] décrit comme une structure de pouvoir « administocratique » dans ces sociétés, à savoir la concentration oligarchique du pouvoir entre les mains des aristocrates devenus bureaucrates civils et militaires et, plus tard, chefs d'entreprise. Cela a à son tour donné naissance au «capitalisme rentier»[34]

---

[33] *A Question of Class: Capital, the State, and Uneven Development in Malaya*(1998). Dans cette interprétation de l'histoire récente de la Malaisie péninsulaire Jomo K. Sundaram examine la nature changeante de l'économie et des relations de classe de la Malaisie depuis ses jours précoloniaux au milieu du XIXe siècle jusqu'à l'époque postcoloniale et l'ascendance des capitalistes étatistes.

[34] Le capitalisme rentier est un terme couramment utilisé pour décrire la croyance en des pratiques économiques de monopolisation de l'accès à tout type de propriété (physique, financière, intellectuelle, etc.) et de réaliser des bénéfices importants sans contribution dans la société.

en Asie du Sud-est, qui se caractérisait par un faible niveau de compétence technocratique.

En Thaïlande et en Indonésie, les gouvernements post-monarchiques et post-coloniaux, respectivement, ont répondu au sentiment commun anti-chinois longtemps nourri en poursuivant une politique économique nationaliste qui cherchait à promouvoir l'entrepreneuriat indigène au détriment des entreprises chinoises ou d'autres entreprises étrangères. Pour défendre leurs intérêts face à l'hostilité populaire et à la discrimination du gouvernement, les différentes communautés chinoises ont développé des liens clientélistes avec de puissants responsables autochtones dans les bureaucraties civiles et militaires tout en gardant un profil social et politique bas. D'où la naissance du capitalisme rentier en Asie du Sud-est, dans lequel les fonctionnaires du gouvernement facturaient des «loyers» pour leur protection des «entrepreneurs parias» chinois.

En Malaisie, la première décennie après l'indépendance (en 1957) a ancré la division coloniale du travail sous la forme d'un « marché ethnique » conclu entre les trois partis ethniques pour les Malais, les Chinois et les Indiens respectivement. Cet hébergement ethnique dirigé par l'élite a plutôt bien fonctionné jusqu'en 1969, lorsque des émeutes raciales ont éclaté, ce qui a entraîné une réorientation complète de la politique économique. Le maintien du statu quo par un État largement laissé-faire a cédé la place à un État activiste déterminé à rétablir la primauté du pouvoir politique malais. En conséquence, les Malais indigènes, connus sous le nom de *bumiputra*, ou «fils du sol», se sont vu accorder un accès préférentiel protégé par la Constitution aux emplois du gouvernement, aux licences commerciales, à l'éducation et à la propriété foncière.

Cette pratique discriminatoire, légalement enracinée a été étendue en 1970 dans le cadre de la Nouvelle Politique Économique (NPE), dont l'objectif principal était de créer une communauté d'affaires *bumiputra* en réduisant la puissance économique chinoise. Comme l'Indonésie post-coloniale et la Thaïlande post-coup d'État (après 1932), l'État NPE a créé sa propre version du capitalisme rentier connu sous le nom de « phénomène Ali Baba », dans lequel des Malais bien connectés siégeaient aux conseils d'administration d'entreprises Chinoises uniquement pour récolter les «loyers» qui découlaient de leur capacité à obtenir des opportunités commerciales préférentielles pour l'entreprise. Historiquement, les responsables militaires et civils formaient la majeure partie de l'État à la recherche de rentes dans les économies politiques indonésienne et thaïlandaise, tirant leurs avantages du contrôle du pouvoir politique. L'expansion de la bureaucratie malaisienne dans le cadre du NPE est allée de pair avec l'émergence d'un État à la recherche de rentes, dont les fonctionnaires ont proposé des contrats commerciaux à des entreprises liées au parti politique malais, l'Organisation Nationale Malaisienne Unie (ONMU), pour s'enrichir. Cette relation patron-client entre les responsables politiques et les élites du monde des affaires a ainsi profité aux élites Chinoises et autochtones bien connectées à l'exclusion des masses. Le succès des entreprises en Asie du Sud-est a donc moins à voir avec la compétitivité du marché qu'avec les relations politiques.

Le contexte international du développement

Comme en Asie orientale confucéenne, la politique et l'économie internationales ont eu une influence importante sur le développement de l'Asie du Sud-est. L'effort concerté des trois économies pour passer de l'Industrialisation de Substitution aux Importations (ISI) à une Industrialisation Orientée vers l'Exportation (IOE) à forte intensité de main-d'œuvre au milieu des années 80 en est un bon exemple. Comme les NPI, dans lesquels la géopolitique a exacerbé un sentiment de vulnérabilité nationale et a aidé à concentrer leurs esprits sur l'IOE, l'effondrement des prix des produits de base sur le marché mondial au milieu des années 80 a eu un effet similaire sur les NPE, qui comptaient beaucoup sur l'exportation primaire. Le passage à la déclaration d'intérêt a stimulé la dernière vague de croissance économique rapide dans les NPE. Le passage antérieur de la Malaisie à une IOE dirigée par les multinationales a coïncidé avec la mondialisation croissante de la production dans les années 1970 lorsque, en réponse au ralentissement économique en Occident à la suite de la crise pétrolière, de nombreuses industries à forte intensité de main-d'œuvre, telles que les textiles, les vêtements et l'électronique, a commencé à déménager dans les périphéries mondiales pour profiter d'une main-d'œuvre bon marché et non organisée.

De même, la Thaïlande et l'Indonésie ont grandement bénéficié de l'aide économique occidentale au début de leur développement économique en raison de leur importance géostratégique. Immédiatement après l'arrivée au pouvoir du Général Suharto[35] en Indonésie par un coup

---

[35] Suharto, (né le 8 juin 1921 à Kemusu Argamulja, Java, Indes néerlandaises [aujourd'hui Indonésie] - décédé le 27 janvier 2008 à Jakarta, Indon.), Officier de l'armée et dirigeant politique qui a été président de l'Indonésie de 1967 à 1998. Ses trois décennies de régime ininterrompu ont donné à l'Indonésie une stabilité politique indispensable et une croissance économique soutenue, mais son régime autoritaire a

d'État militaire en 1967, les États-Unis, le Japon et d'autres pays occidentaux, ainsi que des institutions multilatérales telles que le Fonds Monétaire International (FMI) et la Banque mondiale, ont formé le Groupe Intergouvernemental sur l'Indonésie (GIGI) pour coordonner leurs politiques d'aide. Pendant la guerre froide, les États-Unis ont posé peu de conditions à l'aide au régime répressif de Suharto de peur que le « géant endormi de l'Asie du Sud-est » ne tombe autrement dans le communisme et ne déclenche l'effet domino en Asie. Les énormes crédits accordés par les pays occidentaux, ainsi que les investissements privés croissants des multinationales, ont permis au régime militaire de Suharto de reprendre le contrôle de l'économie et de promouvoir le développement rapide du secteur d'exportation moderne de l'économie. La première décennie du règne de Suharto s'est également appuyée sur des technocrates formés aux États-Unis, la «Berkeley Mafia»,[36] pour la gestion économique.

À partir du milieu des années 50, la Thaïlande était considérée par les États-Unis comme un autre allié clé dans sa campagne pour contenir le communisme en Asie du Sud-est. L'aide américaine a augmenté progressivement à partir de cette époque, puis de façon spectaculaire au plus fort de la guerre du Viêtnam. L'offre de la Thaïlande comme base militaire américaine pour la guerre du Viêtnam a attiré d'énormes avantages, car l'armée américaine a construit des infrastructures de transport et de communication à travers le pays. Entre le milieu des années 1950 et 1976, lorsque les Américains ont fermé leurs bases, une combinaison d'aide économique américaine, de dépenses militaires et d'augmentation des exportations thaïlandaises vers le Sud-Viêtnam a stimulé un boom économique thaïlandais, qui a jeté les bases de l'expansion ultérieure dans les années 1980. L'invasion du Cambodge par le Viêtnam au début des années 80 a rétabli l'aide économique et militaire des États-Unis, qui était cruciale pour raviver la confiance des investisseurs étrangers dans l'économie thaïlandaise, souffrant d'une crise

---

finalement été victime d'une récession économique et de sa propre corruption interne.

[36] La mafia de Berkeley était le terme donné à un groupe d'économistes indonésiens formés aux États-Unis qui ont reçu des postes technocratiques sous le nouveau gouvernement établi par Suharto en Indonésie à la fin des années 1960. Leur travail a aidé à sortir l'Indonésie de conditions économiques désastreuses et au bord de la famine au milieu des années 1960. Ils ont été nommés au tout début de l'administration du Nouvel Ordre. Près de trois décennies de croissance économique ont suivi. Leurs efforts ont également lancé une coopération stratégique à long terme entre les États-Unis et l'Indonésie, qui était importante pendant la guerre froide.

provoquée par les chocs du prix du pétrole de 1979-1980.

La volonté concertée de faire pression pour les IOE et d'attirer les IDE dans les trois économies au milieu des années 80 a coïncidé avec le réalignement monétaire mondial initié par l'Accord de Plaza de 1985[37]. La forte hausse du yen japonais, suivie des monnaies des NPI, a ajouté aux pressions sur les coûts déjà rencontrées par les fabricants à l'exportation dans ces économies de plus en plus à court de main-d'œuvre et à salaires élevés. Le résultat a été une sortie massive des investissements industriels du Japon et des NPI vers l'Asie du Sud-est à partir de la fin des années 1980. Ce processus a été accéléré par la suppression par les États-Unis en 1989 du Système généralisé de préférences des NPI, qui avait permis à leurs marchandises d'entrer sur le marché américain à des taux de droits inférieurs. L'injection massive de capitaux a stimulé des niveaux records de croissance économique et industrielle en Asie du Sud-est après 1987.

L'examen du contexte historique et international du développement économique de l'Asie du Sud-est a montré que les trois NPE étaient confrontés à des héritages historiques très différents par rapport aux NPI. Un phénomène courant dans les trois est le niveau élevé de fragmentation sociale, qui a donné lieu à une relation patron-client entre le gouvernement dominé par les autochtones et les Chinois économiquement puissants. Le capitalisme rentier s'est également étendu aux relations entre les élites politiques et commerciales indigènes grâce à la continuité historique et sociale qui a accompagné la transition de la domination coloniale à l'indépendance (de la domination monarchique à la domination post-monarchique dans le cas de la Thaïlande). Au lieu de faire face à une crise nationale de survie à la fondation du nouvel État, comme dans les NPI, qui ont servi à discipliner l'appareil d'État, les NPE ont continué avec l'ancienne structure de pouvoir, dominée par des aristocrates propriétaires terriens devenus bureaucrates et surtout politiciens. Bien sûr, le même problème de favoritisme a également été infligé aux NPI, mais le manque de grands propriétaires fonciers et le sens aigu de la crise ont freiné sa propagation.

Cependant, la comparaison ci-dessus entre les deux blocs de pays pourrait être trompeuse à moins que l'on se rende compte que les trois NPE, comme les NPI, ont pris différentes initiatives politiques pour

---

[37] L'Accord Plaza est un accord de 1985 entre les pays du G-5 - France, Allemagne, États-Unis, Royaume-Uni et Japon - visant à manipuler les taux de change en dépréciant le dollar américain par rapport au yen japonais et au deutsche mark allemand. L'intention de l'accord Plaza était de corriger les déséquilibres commerciaux entre les États-Unis et l'Allemagne et les États-Unis et le Japon, mais il ne corrigeait que la balance commerciale avec les premiers.

s'attaquer à des héritages historiques similaires dans leurs propres cadres nationaux, et que cela a également conduit à des résultats de développement très différents. C'est le sujet sur lequel je vais maintenant m'attarder.

Le capitalisme ethnique de la Malaisie

Avec le revenu par habitant le plus élevé et une répartition relativement égale des fruits de sa croissance économique, la Malaisie était largement appelée à devenir le premier NPI d'Asie du Sud-est dans un avenir proche. Cette réalisation remarquable peut être attribuée au fait que l'État malaisien était le seul en Asie du Sud-est à adopter une politique économique globale et controversée pour s'attaquer au problème des disparités ethniques dans sa société. Il s'agit de la Nouvelle Politique Économique (NPE) de deux décennies (1970-1990), introduite à la suite des émeutes raciales de 1969 pour lutter contre les inégalités ethniques sanctionnées par le gouvernement post-colonial une décennie plus tôt.

L'introduction du NPE a marqué la fin d'un capitalisme de laissez-faire d'une décennie dans la Malaisie post-coloniale dans laquelle l'État avait été limité par le marché ethnique pour agir de manière plus indépendante et autonome. Pendant l'ère NPE, l'État est devenu le principal acteur du développement économique malaisien, agissant en tant que planificateur stratégique, régulateur, entrepreneur, batisseur et, surtout, fournisseur d'opportunités économiques aux Malais. En tant qu'«État ethnique» sans vergogne symbolisant le nationalisme malais, l'État de la NPE a poursuivi une série d'initiatives visant à combiner la croissance économique avec la redistribution ethnique afin de réduire et de limiter l'identification de la race à la fonction économique. En particulier, il visait à créer une communauté d'affaires malaise au moyen de l'allocation préférentielle de fonds publics aux entreprises malaises. À en juger par l'objectif concret qu'il avait fixé à 30% de propriété des entreprises de *bumiputra* en 1990, le NPE a sans aucun doute échoué, car il n'en a délivré que 20%. En outre, l'État a également été critiqué pour avoir creusé l'écart de revenus au sein de la population malaise, car l'augmentation de la propriété des entreprises est allée en très grande majorité aux déjà riches, c'est-à-dire aux familles princières propriétaires foncières traditionnelles et aux politiciens et bureaucrates. Et enfin, malgré le vaste programme d'action positive impliquant d'importantes sommes de financement public, l'ampleur de la réduction de la pauvreté parmi les *bumiputras* était la moins importante par rapport à celle des Chinois et des Indiens, les deux autres principaux groupes ethniques de Malaisie. Pour les critiques, tous ces échecs étaient imputables à l'État inefficace, qui était en proie à la corruption pure et simple et aux abus des régimes de prêts du gouvernement et à l'incapacité de fixer et d'appliquer des objectifs de performance rigoureux.

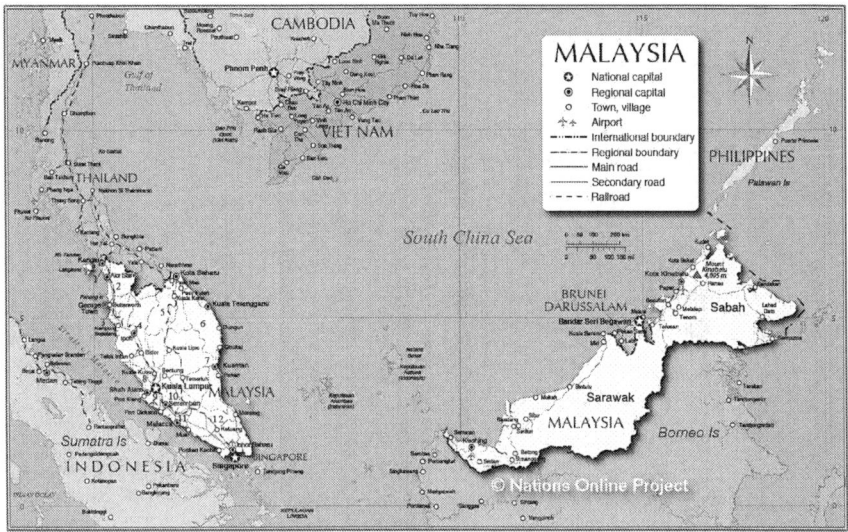

Figure 12. Carte de la Malaisie

La capacité de développement de l'État a été davantage remise en question lorsqu'il a été constaté que la NPE d'origine ethnique n'avait pas réussi à s'attaquer aux faiblesses structurelles sous-jacentes à long terme de l'économie malaisienne, telles que la faible productivité et les faibles compétences appartenant au secteur d'Industrialisation de Substitution aux Importations et au secteur des exportations. Les critiques ont fait valoir que, malgré la rhétorique officielle du « Regard vers l'Est » en Malaisie, l'État dominé par les Malais était tout simplement plus intéressé à chercher à contrôler le développement des entreprises Chinoises qu'à faciliter une Malaisie Incorporée, bien intégrée selon le modèle du NPI. Au lieu de s'aligner sur la classe économique nationale, à savoir les Chinois, les élites de l'État malais se sont alignées sur les capitaux étrangers en échange de mandats d'administrateur, de coentreprises et d'autres récompenses passives, essentiellement rentières.

Malgré ces problèmes, on peut dire que le NPE a joué un rôle important en assurant la stabilité sociale et politique par la redistribution des richesses interethniques. À cet égard, il remplit une fonction sociale similaire, quoique moins efficace, à celle des réformes agraires en Corée du Sud et à Taïwan. Étant donné que le taux de croissance moyen du PIB de la Malaisie de 6,5% au cours des années de la NPE était similaire à celui de l'Indonésie, bien qu'inférieur à celui de la Thaïlande, on peut affirmer que, contrairement à la critique, l'impératif de redistribution du NPE n'a pas compromis la croissance économique. L'importance de cette réalisation est plus importante dans le contexte comparatif des expériences de développement indonésiennes et thaïlandaises, dans lesquelles aucune politique similaire visant à corriger les déséquilibres ethniques n'a été tentée. Alors que la Thaïlande a enregistré le pire record de répartition des revenus pendant sa période de croissance rapide, l'Indonésie a souvent vu éclater des violences anti-Chinoises.

Le contexte politique «semi-démocratique» dans lequel le développement a eu lieu en Malaisie a également assuré une légitimité relativement importante à la NPE. Bien que la politique nationale ait été effectivement dominée par l'ONMU, la représentation de l'élite de style consociatif au sein du parlement national dominé par l'ONMU a néanmoins fourni des canaux d'influence sur la politique d'autres groupes ethniques (voir chapitre 7). La suspension partielle, à la fin des années 80, de l'élément de restructuration des entreprises de la NPE, qui favorisait les Malais, était un exemple de la réactivité relative du gouvernement à l'évolution des demandes sociales.

En 1991, le NPE a été remplacé par la Nouvelle Politique de Développement (NPD), qui a déplacé la priorité politique de l'augmentation de la propriété des entreprises *bumiputra* à la lutte contre les faiblesses structurelles de l'économie. Le NPD a été la base du programme gouvernemental «Vision 2020», 2020 étant l'année fixée pour que la Malaisie atteigne le statut de pays développé. Cependant, en l'absence d'un bouleversement fondamental, radical et indispensable de la structure de pouvoir « administocratique » de l'économie politique malaisienne, les mesures de libéralisation et de privatisation introduites dans le cadre du PND ont finalement conduit la Malaisie à la crise financière de 1997-1998, révélant la faiblesse persistante de l'État Développementaliste de style malaisien.

Le capitalisme de copinage de l'Indonésie

Étant le plus grand État archipélagique du monde, couvrant plus de 13000 îles et couvrant plus de 5000 kilomètres d'est en ouest, l'Indonésie est la plus diversifiée de toutes les sociétés d'Asie du Sud-est en termes d'ethnicité, de culture, de religion et de langue. Pourtant, parallèlement à cette énorme diversité spatiale et culturelle, il y a un degré étonnant de concentration du pouvoir économique et politique. Alors que 60% de la population vit sur l'île centrale de Java, traditionnellement le centre économique, politique et culturel de l'Indonésie, environ 70 à 80% des sociétés commerciales privées, en particulier les grandes entreprises, sont contrôlées par environ 4% des Indonésiens Chinois.

Depuis la fin des années 60, l'économie indonésienne a été multipliée par six jusqu'en 1990, le revenu moyen par habitant ayant quadruplé. Cette réussite a sans aucun doute élevé le niveau de vie de la quatrième population du monde et contribué à la réduction de la pauvreté. Cependant, malgré l'essor du secteur manufacturier orienté vers l'exportation, environ les deux tiers des Indonésiens vivent toujours dans les zones rurales. Les statistiques officielles sur la pauvreté affichent une réduction de 55% de la population vivant en dessous du seuil de pauvreté au milieu des années 60 à 14% en 1993. Parallèlement à une industrialisation rapide depuis le milieu des années 80, l'inégalité des revenus entre l'élite bureaucratique commerciale et militaire et les masses, entre les paysans ruraux et les travailleurs urbains, entre Java et les îles extérieures, s'est creusée.

Figure 13. Carte d'Indonésie

Au cours de la crise financière asiatique de 1997–98, le terme de «capitalisme de copinage» a été largement diffusé, se référant essentiellement au monde des affaires trouble dominé par l'étroite interpénétration du pouvoir politique et économique en Asie de l'Est. Dans le contexte de l'Asie du Sud-est, bien que cela puisse être considéré comme une expression alternative et plus vivante de l'«administocratie» de Jomo,[38] l'économie politique indonésienne sous Suharto était peut-être la plus proche de la perfection de la notion de copinage. Comme en Malaisie, le secteur public occupe une place prépondérante dans l'économie, monopolisant effectivement la production de biens d'équipement et de biens intermédiaires. Cependant, au lieu d'être un instrument efficace de mise à niveau technologique, ce qui est bon pour l'État dans les NPI, ou de redistribution des richesses ethniques, ce à quoi l'État malaisien aspire, l'État indonésien était un énorme réservoir de favoritisme et de privilèges. La recherche de rente, la corruption et l'appropriation de ressources publiques pour renforcer le soutien au régime militaire répressif et pour des gains privés flagrants sont monnaie courante. Le patrimonialisme bien plus, plutôt que le développementalisme, a plus que souvent été la préoccupation dominante des administocrates basés dans la bureaucratie militaire et civile.

Le développement économique en Indonésie n'a pas décollé avant l'inauguration du «Nouvel Ordre» en 1967 par le président Suharto, arrivé au pouvoir grâce à un coup d'État progressif de 2 ans, au cours duquel environ un million de membres prétendument communistes, dont la plupart étaient Chinois, ont été abattus. Sous le Nouvel Ordre de Suharto, le capitalisme d'État et une intervention gouvernementale étendue dans l'économie, sous la forme d'un vaste secteur d'État, étaient justifiés en partie pour empêcher la concentration excessive du pouvoir économique entre les mains des Chinois. Cependant, au cours de la première décennie du règne de Suharto, l'économie indonésienne a fortement dépendu du soutien étranger; ses technocrates économiques ont été formés aux États-Unis et son Industrialisation de Substitution aux Importations a été financé principalement par des investissements et des aides américains et japonais. Grâce à ses abondantes ressources primaires, notamment le pétrole et le gaz, l'industrie manufacturière indonésienne s'est développée principalement dans le secteur primaire. Jusqu'au milieu des années 80, le pétrole et le gaz dominaient le commerce d'exportation de l'Indonésie, représentant près des trois-quarts de ses recettes d'exportation totales. L'État, dominé par les officiers militaires *priyayi* Javanais,[39] dont

---

[38] Jomo, K. S. (1988) A Question of Class: Capital, the State, and Uneven Development in Malaya, New York: Monthly Review Press.

[39] Les Priyayi dans la société javanaise traditionnelle, était une classe qui comprenait l'élite contrairement aux masses, ou «petit peuple». Jusqu'au XVIIIe siècle, les priyayi, sous les familles royales, étaient les dirigeants des États javanais. Comme les chevaliers de l'Europe médiévale et les samouraïs du Japon, les priyayi étaient fidèles à leur seigneur et avaient le sens de l'honneur et la volonté de mourir au combat. Leur culture était marquée par un code d'étiquette élaboré. Après que les Néerlandais

les ancêtres aristocratiques avaient dominé la bureaucratie coloniale hollandaise, n'a pas fait grand-chose pour transformer la structure économique de l'exportation basée sur les produits de base vers l'exportation basée sur la fabrication. Au lieu de cela, il est entré dans une relation parasitaire avec les Chinois ou a dominé les monopoles commerciaux indigènes en fournissant des présidents, des directeurs et des dirigeants d'entreprises. Leur maîtrise directe du pouvoir de l'État a été le principal déterminant de la réussite de leur entreprise.

Au cours des années 1970 et début des années 1980, les prix des produits de base vont hausser, celui du pétrole en particulier, les recettes de l'État vont aussi considérablement augmenter, ce qui a donné à l'Etat une puissance financière énorme de créer une classe indigène d'entrepreneurs, ou *pribumi* dont le succès en entreprise dépendait de leur accès privilégié aux réseaux de crédit, de contrats, de distribution et de commerce contrôlés par l'État. Parmi ces entrepreneurs, on comptait les membres de la famille Suharto, dont les empires commerciaux ont commencé avec des participations dans les sociétés des grands conglomérats chinois qui dominaient le secteur privé. Avec l'expansion du patronage de l'État, les enfants Suharto ont rapidement commencé à construire et à développer leurs propres empires d'entreprises dont les transactions commerciales chevauchaient les secteurs publics et privés et étaient presque les seuls à posséder des conglomérats indigènes de substance. Les carrières commerciales des enfants de Suharto mettent en évidence l'importance fondamentale des relations clientélistes comme clé pour accéder aux opportunités de prise de rente générées par l'État et, partant, au succès commercial.

L'effondrement du prix du pétrole sur le marché mondial dans les années 80 et la baisse des recettes publiques qui en a résulté ont contraint l'Indonésie à diversifier sa production industrielle par le biais d'une Industrialisation Orientée vers l'Exportation pour réduire sa dépendance à l'égard du secteur pétrolier. À partir du milieu des années 80, une série de réformes ont été introduites dans le but de libéraliser l'économie et

---

ont pris le contrôle du royaume javanais de Mataram (18e siècle) et ont introduit un régime indirect, les priyayi ont été utilisés comme administrateurs. Peu à peu, ils sont devenus des fonctionnaires professionnels. Pour cette raison, les priyayi en tant que classe étaient souvent considérés comme des fonctionnaires javanais. Les priyayi ont été les premiers Indonésiens à être exposés à l'éducation occidentale (néerlandaise). Sans surprise, les dirigeants des mouvements nationalistes indonésiens avant la Seconde Guerre mondiale étaient majoritairement issus du priyayi. Le Budi Utomo, la première organisation proto-nationaliste de Java, a également été fondée par les membres de cette classe.

d'attirer les investissements étrangers. Les secteurs commercial et financier ont été considérablement déréglementés, ce qui a considérablement abaissé les barrières tarifaires moyennes et a permis une mobilisation plus libre de l'épargne et des investissements, tant au niveau national qu'international. Cependant, l'ouverture des monopoles d'État à la propriété du secteur privé n'a pas entraîné un affaiblissement du pouvoir de l'État dans la détermination du marché, car le monopole public a simplement été transféré à un monopole privé politiquement connecté. La famille Suharto et quelques autres entreprises familiales politico-bureaucratiques se sont avérées être les principaux bénéficiaires de la privatisation et de la libéralisation. Comme la plupart d'entre eux n'étaient pas impliqués dans les secteurs manufacturiers d'exportation compétitifs, ils ont continué à dépendre dans une très large mesure du patronage de l'État pour les opérations de marché. Le scandale notoire de la «voiture nationale»[40] n'était que l'un des exemples les plus connus du capitalisme de copinage en Indonésie.

L'économie politique indonésienne sous Suharto était un bon exemple d'un État faible et prédateur incapable de construire des capacités institutionnelles transformatrices pour remédier aux faiblesses structurelles de l'économie indonésienne. Le nationalisme économique a sanctionné l'exclusion officielle des Chinois de la politique indonésienne, mais n'a pas empêché la classe politique d'entrer en relations secrètes patron-client avec ces mêmes Chinois pour des gains mutuels. Parce que la relation était pour un bénéfice mutuel plutôt que pour le développement national, il n'y a jamais eu de développement en Indonésie du cadre institutionnel de type NPI pour une coopération entre le gouvernement et les entreprises. L'économie a ainsi développé une double structure: le secteur domestique fortement protégé, monopolisé par les familles politico-bureaucratiques Chinoises et indigènes, et le secteur exportateur dynamique, dominé par les multinationales. Cette politique a alimenté le ressentiment public non seulement envers les

---

[40] En février 1996, le président Suharto a annoncé la politique indonésienne de «voiture nationale», dans laquelle une entreprise qui avait l'intention de produire une voiture nationale serait exonérée des droits et de la taxe de luxe, et des droits de douane sur les pièces de rechange importées. La seule entreprise autorisée à bénéficier de cette politique était PT Timor Putra Nasional, nouvellement créée par Tommy l'un des enfants de Suharto. Le Japon, les États-Unis et l'Union européenne se sont tous plaints auprès de l'Organisation Mondiale du Commerce du fait que l'Indonésie avait violé les règles de l'OMC sur l'égalité de traitement. Tommy a été autorisé à importer 45 000 voitures Kia entièrement construites de Corée du Sud et les a simplement rebadasées en tant que voitures Timor.

Chinois, mais aussi envers le régime corrompu, qui a abouti à de violentes attaques contre les Chinois et à l'effondrement du régime de Suharto pendant la crise financière de 1997-1998.

Le capitalisme du laissez-faire de la Thaïlande

Bien que la Thaïlande ait échappé à la domination coloniale, elle a été forcée d'ouvrir son économie au commerce occidental en 1855, lorsqu'elle a signé le traité de Bowring[41] avec la Grande-Bretagne. Un coup d'État sans effusion de sang mené par un bureaucrate en 1932 a entraîné la création d'une monarchie constitutionnelle, mais n'a pas réussi à établir la démocratie. Au lieu de cela, il a inauguré au moins quatre décennies de régime bureaucratique et autoritaire dominé par l'armée. Au cours des deux premières décennies après le coup d'État de 1932, le nationalisme économique anti-chinois a fourni le point de ralliement aux diverses factions militaires et civiles engagées dans une lutte de pouvoir incessante. En cherchant à promouvoir les entreprises indigènes par le biais d'investissements publics, les politiciens et les bureaucrates ont également cherché à garder les capitalistes Chinois locaux comme des outsiders sociaux et politiques. Pendant ce temps, les dirigeants militaires et civils siégeaient aux conseils d'administration de nombreuses entreprises chinoises pour récolter des bénéfices à la fois pour leurs gains personnels et pour leur financement politique.

Le double coup d'État de 1957-1988, dirigé par le général Sarit Thanarat, a marqué le renversement du nationalisme anti-chinois et le début de l'Industrialisation de Substitution aux Importations en Thaïlande. La politique intégrationniste envers les Chinois signifiait que la majeure partie du capital pour le développement industriel de la Thaïlande provenait de sources privées, principalement chinoises. L'État thaïlandais, par conséquent, contrairement à ses homologues en Malaisie et en

---

[41] Le Traité de Bowring, (1855), était l'accord entre le Siam (Thaïlande) et la Grande-Bretagne qui avait atteint des objectifs commerciaux et politiques que les missions britanniques précédentes n'avaient pas réussi à obtenir et avait ouvert Siam à l'influence et au commerce occidental. Le traité a levé de nombreuses restrictions imposées par les rois thaïlandais au commerce extérieur. Il fixait un droit de 3 pourcent sur toutes les importations et permettait aux sujets britanniques de faire du commerce dans tous les ports thaïlandais, de posséder des terres près de Bangkok et de se déplacer librement dans le pays. De plus, il accordait l'extraterritorialité (exemption de la juridiction des autorités thaïlandaises) aux sujets britanniques - un privilège qui, avec le temps, s'avéra si irritant que sa suppression devint un objectif principal de la politique thaïlandaise.

Indonésie, n'a pas eu recours à une grande propriété publique dans les entreprises pour diriger le développement. L'investissement de l'État se limitait en grande partie au développement des infrastructures, en particulier dans l'agriculture, au cours des années 60.

L'intégration, plutôt que la discrimination à l'égard des Chinois, dans l'économie politique thaïlandaise a fait de la Thaïlande le seul NPE d'Asie du Sud-est à se rapprocher de la coopération gouvernement-entreprise de type NPI. Dans les années 80, la croissance économique avait créé un environnement politique plus ouvert dans lequel un nombre important d'hommes d'affaires Chinois étaient devenus non seulement des citoyens thaïlandais, mais aussi des parlementaires et des membres du cabinet. Dans le même temps, un nombre important d'associations professionnelles indépendantes ont vu le jour, cherchant ouvertement à influencer les processus d'élaboration des politiques économiques. Ces développements ont aidé la Thaïlande à se libérer progressivement de son régime bureaucratique et à devenir un régime corporatiste libéral. La transition régulière vers la démocratie, qui a commencé en 1992, a permis au régime de traverser la tempête de la crise de 1997, contrairement au régime de Suharto, qui a été renversé par la violence nationale.

Des trois NPE, la Thaïlande a enregistré le taux de croissance économique le plus rapide entre le début des années 70 et le milieu des années 90. Cependant, un État relativement laissé-faire signifiait également que la Thaïlande avait un bilan relativement défavorable en termes de répartition des richesses. L'extrême concentration de l'activité économique dans la capitale, Bangkok et ses environs, a fait que la réduction de la pauvreté était régionalement déséquilibrée. En 1990, alors que 7% seulement de la population urbaine était officiellement considérée comme vivant sous le seuil de pauvreté, le chiffre de la population rurale était de 29%, ce qui fait de la Thaïlande la plus inégale des NPE en termes de disparité rurale-urbaine. Comme en Indonésie, mais pour différentes raisons, la réduction de la pauvreté en Thaïlande était principalement fonction d'une croissance économique rapide plutôt que d'une politique gouvernementale positive.

L'État a joué un rôle tout aussi limité dans l'investissement en capital humain, n'offrant que 6 ans d'enseignement obligatoire. Même à la fin des années 90, seulement 20% de la population active avait achevé ses études secondaires. Il n'est pas surprenant que l'économie thaïlandaise, comme l'économie indonésienne, soit de plus en plus prise au piège de la fin technologique inférieure de la production. La perte de compétitivité des deux économies par rapport aux nouvelles économies tigrées comme la Chine dans les années 90 a été l'une des raisons qui les ont le plus durement touchées lors de la crise financière de 1997–98.

Figure 14. Carte de la Thailande

La relation patron-client entre le pouvoir politique et économique est également un grave et persistant problème dans l'économie politique thaïlandaise. L'arrivée du corporatisme libéral et l'expansion de la politique électorale, dans laquelle le financement politique est devenu crucial pour le succès, semblent avoir exacerbé le problème. Comme plus des deux tiers de la population thaïlandaise vit toujours à la campagne, la politique électorale reste avant tout le jeu des riches urbains. Le manque de transparence des politiques qui en a résulté, dont les effets délétères sur l'économie thaïlandaise ont été amplifiés par le mouvement de la Thaïlande vers la libéralisation financière à la fin des années 80, a été un facteur clé de la crise financière de la Thaïlande en 1997-1998.

Ce que l'économie politique thaïlandaise du développement a montré, c'est donc un État qui réussit le mieux à briser la barrière ethnique en Asie du Sud-est, mais peut-être le moins à combiner croissance rapide et équité. Pendant ce temps, la Thaïlande partageait avec la Malaisie et l'Indonésie de nombreuses faiblesses structurelles de son économie, qui résultaient principalement de la nature prédatrice de l'État. Le manque relatif de compétence et de discipline de l'appareil d'État dans les trois économies était dû en partie à la continuité historique avec la structure du pouvoir dans ces sociétés et en partie au manque de l'impératif de survie induit par la rivalité géopolitique. L'abondance des ressources primaires dans ces sociétés a également peu contribué à créer le sentiment de crise de survie observé dans les NPI.

Conclusion

Dans ce chapitre, j'ai examiné les approches divergentes du développement économique des trois NPE d'Asie du Sud-est, la Malaisie, l'Indonésie et la Thaïlande. Tous les NPE ont montré une capacité de transformation de l'État pour le développement économique plus faible que les NPI, en grande partie en raison de la domination de la classe aristocratique traditionnelle dans l'appareil d'État post-colonial (ou post-monarchique). La relation patron-client est courante dans toute l'Asie du Sud-est, ce qui compromet la discipline de l'État. Cependant, dans ce schéma de grande similitude, les trois États ont adopté des approches très différentes d'un problème historique majeur auquel est confrontée leur société, à savoir le problème chinois. Alors que la Thaïlande a pratiquement éliminé le problème grâce à l'intégration sociale et politique, l'économie politique malaisienne repose toujours sur une division ethnique explicite du travail, gérée par une coopération au niveau de l'élite au sein d'une politique quasi parlementaire. En revanche, le Nouvel Ordre en Indonésie a recouru à la même tactique utilisée par la Thaïlande d'avant Sarit, qui était fondée sur une discrimination manifeste et une exploitation prédatrice déguisée. Les conséquences de ces politiques ont été évidentes: alors que la Thaïlande se rapproche le plus du corporatisme gouvernement-entreprise de type NPI, la Malaisie se retrouve piégée dans l'économie politique basée sur l'ethnicité. Enfin, la communauté chinoise en Indonésie a subi de plein fouet la violente réaction de cette économie pendant la crise économique de 1997–98, et le gouvernement post-Suharto était toujours aux prises avec les effets de plus d'un siècle d'hostilité ethnique.

CHAPITRE 5 : LA POLITIQUE DE LEADER AU JAPON

La «démocratie illibérale»

Dans les deux derniers chapitres sur le développement économique de l'Asie de l'Est, nous avons découvert de grandes variations à la fois entre les NPI et les NPE et entre les différentes économies nationales en termes de leur contexte politico-institutionnel de développement. Ces variations, qui ont eu lieu malgré les similitudes culturelles perçues, ont non seulement démenti la prédiction néo-orientaliste de l'émergence du «capitalisme asiatique», mais ont également souligné la centralité de la politique dans le développement économique.

L'influence de la perspective culturaliste ne se limite pas à l'étude du développement économique en Asie de l'Est; elle s'étend à l'étude du développement politique dans la région. Tout comme l'orientalisme économique prédit l'émergence d'un «capitalisme asiatique» à la japonaise en Asie de l'Est, l'orientalisme politique prédit l'arrivée d'une «démocratie asiatique» à la japonaise. La démocratie asiatique est interprétée comme étant essentiellement une démocratie non-libérale, caractérisée par le Japon, où les institutions démocratiques occidentales sont copiées dans le but de faire avancer les valeurs asiatiques non-libérales censées mettre en avant la communauté et le consensus au détriment des droits et libertés individuels. La domination du parti unique au Japon a été considérée comme le symbole de la démocratie non-libérale.

Dans ce chapitre, j'examinerai l'affirmation culturaliste selon laquelle le Japon d'après-guerre a été le pionnier de la forme de démocratie illibérale pour l'Asie de l'Est en examinant l'évolution historique du système politique japonais, les raisons et causes des faiblesses de sa démocratie. Ce faisant, je chercherai à faire valoir que ces faiblesses, qui constituent la base de la revendication culturaliste, sont mieux comprises en termes de configuration politique du pouvoir dans la société japonaise qu'en termes d'héritage confucéen du Japon. L'implication de notre argument pour l'étude du développement politique dans le reste de l'Asie de l'Est sera également prise en considération.

Je plaiderai ma cause en deux parties. Dans la première partie du chapitre, je discuterai brièvement du sens et des conditions de la démocratie, en mettant l'accent sur sa relation avec l'idéologie et la culture. Dans la deuxième partie, j'examinerai la trajectoire du développement politique au Japon, en mettant l'accent sur les facteurs qui façonnent l'origine, l'évolution et les caractéristiques uniques de la démocratie au Japon. Enfin, je conclurai en notant les facteurs politico-historiques qui ont façonné le développement politique japonais.

Le sens de la démocratie au Japon

Le mot «démocratie» est aussi controversé qu'ancien. Cependant, on peut soutenir que la controverse porte moins sur sa signification que sur l'objet auquel le concept est appliqué. En d'autres termes, alors que le sens de la démocratie peut être considéré comme assez cohérent au fil des siècles, ses conceptions, les idées divergentes sur la façon d'y parvenir et les jugements dissemblables qui en résultent, ont été contestés. Ainsi, dans la pratique, ce qui semble être des désaccords théoriques sur le sens de la démocratie se révèle souvent être des différences idéologiques sur les pouvoirs démocratiques d'un système politique actuel ou potentiel. Dans la plupart des cas, la controverse porte sur les conditions nécessaires pour qu'un régime politique puisse se qualifier de démocratie.

Le sens de la démocratie, « gouverner par le peuple », a son origine au Ve siècle avant J.C., lorsque l'historien grec Hérodote a combiné les deux mots: *dêmos*, signifiant «peuple» et *kratein*, signifiant «gouverner». Depuis lors, la démocratie a été fondamentalement conçue comme un système politique construit sur le principe du pouvoir par le peuple. L'opportunité d'une telle règle n'a été universellement acceptée qu'après la fin de la Première Guerre mondiale. Depuis lors, ce qui constitue la «vraie» démocratie a fait l'objet d'un débat idéologique acharné, qui a occupé une place importante dans la guerre froide, qui a dominé une grande partie du XXe siècle.

L'effondrement des régimes communistes dans le monde et la fin de la guerre froide qui l'accompagne dans la «révolution démocratique» de 1989 ont marqué le discrédit de la conception communiste de la démocratie, l'affirmation selon laquelle seul un État à parti unique communiste incarne une véritable démocratie. Cependant, l'étreinte universelle de la conception libérale de la démocratie, l'idée que la domination du peuple se réalise le mieux en limitant le pouvoir de l'État, ne signifie pas nécessairement la fin de la rivalité idéologique avec la démocratie. La poursuite de la rivalité est garantie par ce que Beetham[42] considère à juste titre comme la relation «profondément ambiguë» entre le libéralisme, la croyance en l'importance primordiale des droits et libertés individuels et la démocratie. En d'autres termes, il est théoriquement concevable que les désaccords, même entre démocrates libéraux, se poursuivent sur le mélange réel entre les éléments du libéralisme et de la démocratie.

La tension entre libéralisme et démocratie est une caractéristique intrinsèque de la démocratie représentative moderne, qui a émergé en Europe occidentale pendant la longue période formatrice de l'État-nation et du capitalisme. Contrairement à la démocratie grecque classique, qui était basée sur le gouvernement direct du peuple (c'est-à-dire les hommes adultes libres), la démocratie moderne s'appuie sur le mécanisme de médiation des élections pour réaliser le gouvernement par le peuple en grande partie en raison de problèmes liés à la taille du «peuple» et la complexité de la gouvernance d'une société industrielle. Cette création inévitable de la distinction entre le souverain et le gouverné soulève ainsi toute une série de questions concernant principalement l'écart entre le droit démocratique à la participation politique et la réalité de la participation. Un théoricien institutionnalist, formaliste ou minimaliste se sentira, par exemple, moins troublé par l'écart qu'un théoricien substantif ou maximaliste, dont la conception de la démocratie libérale implique des conditions plus que des institutions démocratiques telles que le suffrage universel, des élections régulières et équitables soutenues par des actions civiles et politiques libres, compétition électorale multipartite, etc. Elle considère la politique socio-économique de redistribution comme une condition essentielle pour réduire l'écart de participation et élargir la participation populaire. En bref, il n'est pas nécessaire d'être communiste pour monter un défi idéologique significatif à certaines conceptions de la démocratie libérale.

Dans le monde réel de la démocratie, il existe un éventail étonnant de configurations institutionnelles en termes de mélange entre l'égalité politique et l'égalité socio-économique, toutes incarnant des conceptions différentes de la démocratie libérale. Les différents systèmes et cadres de protection sociale de la démocratie industrielle en Occident ne sont que

---

[42]Beetham, D. (1992) 'Liberal democracy and the limits of democratisation', *Political Studies* 40 (special issue), *Prospects for Democracy*, pp 40–53.

deux des exemples illustrant ce point. Par conséquent, alors que les critères institutionnalistes nous fournissent un cadre utile pour identifier la démocratie de la non-démocratie, des critères de fond sont essentiels pour nous aider à comparer les démocraties pour découvrir les progrès qu'elles ont accomplis vers la vision audacieuse en constante évolution appelée démocratie. C'est l'approche que j'adopterai dans l'étude de la démocratie japonaise.

Culture et démocratie

Une controverse clé sur la démocratie japonaise concerne le milieu culturel dans lequel elle se situe. Cela découle du phénomène unique de domination ininterrompue d'un parti unique dans la politique japonaise de l'après-guerre. Pour les culturalistes, cela ne peut s'expliquer que par la culture confucéenne unique du Japon car le Japon était la seule démocratie capitaliste non-occidentale. L'effort apparent pour imiter le Japon dans les NPI et le phénomène similaire en Asie du Sud-est ont encore stimulé le discours sur la démocratie asiatique non-libérale dans l'étude du développement politique en Asie de l'Est. L'idée maîtresse du discours est essentiellement l'argument selon lequel une démocratie illibérale de style japonais asiatique émerge en Asie de l'Est en raison des valeurs culturelles similaires.

Le discours sur la démocratie asiatique est, bien sûr, la version moderne de la vision orientaliste séculaire, datant de la Grèce antique, qui dépeint la culture européenne comme essentiellement démocratique et l'orientale comme despotique. Dans le contexte de la démocratie libérale moderne, qui est enracinée dans une idéologie de l'individualisme, les cultures asiatiques sont considérées comme anti-démocratiques, parce qu'elles seraient profondément contraires aux droits et libertés individuels. La «démocratie confucéenne», comme le dit Huntington, «est une contradiction dans les termes». Le confucianisme, soutient-il, manquait d'une tradition de droits contre l'État. L'harmonie et la coopération étaient préférées aux désaccords et à la concurrence. Le maintien de l'ordre et le respect de la hiérarchie sont des valeurs centrales. Le conflit d'idées, de groupes et de partis était considéré comme dangereux et illégitime. Plus important encore, le confucianisme a fusionné la société et l'État et n'a fourni aucune légitimité aux institutions sociales autonomes au niveau national.

En raison de l'influence du confucianisme, a expliqué Pye,[43] le parti de

---

[43]Pye, L. W. (1985) *Asian Power and Politics: The Cultural Dimension of Authority*, Cambridge, MA: Harvard University Press.

longue date du Japon, le PLD, a gouverné le pays par consensus et a obtenu le monopole du pouvoir en agissant ainsi. Pye a écrit qu'il est impossible de comprendre la réticence d'une majorité parlementaire dans le Japon démocratique à écraser une minorité à moins que l'on ne puisse la voir comme une extension de l'attitude du père japonais envers le reste de la famille, une attitude qui souligne le consensus et traite les opinions minoritaires avec prudence. Dans ce qui suit, je chercherai à montrer à quel point cette analyse est trompeuse. Mais, à ce stade, quelques commentaires suffiront. Un problème majeur de cet argument culturaliste est sa conception apolitique du développement politique.

Dans le contexte du développement politique du Japon et de l'Asie de l'Est, cette conception implique que la «démocratie asiatique» bénéficie d'un large soutien social, alors qu'en réalité, ce n'est qu'une construction idéologique au service des intérêts du régime autoritaire. Dans le contexte du développement politique en Europe, cette conception conduit au déterminisme culturel car elle considère le christianisme comme la source culturelle principale de la démocratie. Fukuyama[44] expose cette faiblesse intellectuelle en observant que la démocratie en Europe n'est apparue qu'après une longue succession d'incarnations du christianisme hostiles à la tolérance libérale et à la contestation démocratique.

Le fait que la politique ait joué un rôle crucial dans la réconciliation du christianisme avec la démocratie libérale peut être vu à la fois dans l'histoire inégale du développement démocratique en Europe et dans le temps qu'il a fallu à la démocratie pour se consolider. Concernant le premier, Friedman[45] souligne que, historiquement, le catholicisme romain et le christianisme orthodoxe étaient considérés comme des barrières

---

[44] Dans *What is Goverment ?* Francis Fukuyama souligne le mauvais état des mesures empiriques de la qualité des États, c'est-à-dire des branches exécutives et de leurs bureaucraties. Une grande partie du problème est d'ordre conceptuel, car il y a très peu d'accord sur ce qui constitue un gouvernement de haute qualité. Fukuyama suggère quatre approches: (1) des mesures procédurales, telles que les critères wébériens de la modernité bureaucratique; (2) des mesures de capacité, qui incluent à la fois les ressources et le degré de professionnalisation; (3) mesures de la production; et (4) des mesures d'autonomie bureaucratique. Il rejette les mesures de la production et suggère un cadre bi-dimensionnel d'utilisation de la capacité et de l'autonomie comme mesure de la qualité du pouvoir exécutif. Ce cadre explique l'énigme de la raison pour laquelle il est conseillé aux pays à faible revenu de réduire l'autonomie bureaucratique alors que les pays à revenu élevé cherchent à l'augmenter
[45] Friedman, E. (1994) 'Introduction', in Friedman, E. (ed.), *The Politics of Democratization. Generalizing East Asian Experiences*, Boulder, CO: Westview Press.

culturelles à la démocratie en raison des difficultés rencontrées par les pays du sud de l'Europe pour consolider la démocratie. En ce qui concerne ce dernier, contrairement à l'affirmation eurocentrique sur la naissance harmonieuse programmée culturellement de la démocratie en Europe occidentale, la démocratie a connu à la fois une longue gestation et une naissance douloureuse. Même après sa naissance, elle a presque perdu la vie dans son enfance pendant les deux guerres mondiales. Ce n'est que pour la période après la Seconde Guerre mondiale que l'on peut parler d'un régime démocratique stable et étendu dans les pays industrialisés d'Europe occidentale et d'Amérique du Nord.

Maintenant que nous connaissons certaines des controverses clé concernant le sens et les conditions de la démocratie, nous allons analyser la démocratie japonaise de l'après-guerre.

L'histoire de la démocratie japonaise

La démocratie au Japon n'a commencé qu'après la Seconde Guerre mondiale. Mais comme la plupart des autres démocraties européennes, le Japon d'avant-guerre a connu une agitation démocratique, qui a semé les graines de la démocratisation du Japon. Le gouvernement constitutionnel a été introduit dans la Constitution Meiji de 1889, en vertu de laquelle le premier Parlement japonais, la Diète,[46] a été élu au suffrage limité en 1890. L'urbanisation croissante et l'influence des idées politiques de l'Occident ont conduit à des désirs croissants de réforme politique pendant la période des deux premières décennies environ du XXe siècle. Malgré une forte répression gouvernementale, cette période a vu l'émergence de partis politiques sous influence marxiste et beaucoup d'organisations contre-gouvernementales telles que les syndicats. Le suffrage universel masculin a été introduit en 1925, bien que les femmes aient dû attendre jusqu'en 1947. La montée du militarisme à la fin des années 1920 a conduit à l'écrasement des pousses vertes de la démocratie et, finalement, à la propre défaite militaire du Japon pendant la Seconde Guerre mondiale.

L'occupation américaine

L'occupation américaine du Japon à la fin de la guerre avait commencé

---

[46] La Diète nationale est la législature bicamérale du Japon. Elle est composée d'une chambre basse appelée Chambre des Représentants et d'une chambre Haute, appelée Chambre des conseillers. Les deux chambres de la Diète sont élues directement selon des systèmes de vote parallèles

avec de grands espoirs de changements radicaux dans la politique japonaise. Après l'adoption de la constitution écrite aux États-Unis en 1946, le Japon a poursuivi un programme de réforme radical visant à démocratiser, démilitariser et décentraliser le système politique. Les partis politiques de gauche, qui avaient été interdits pendant la guerre, ont été légalisés, le personnel de guerre a été expulsé de l'État et l'éducation, qui avait été une institution clé de l'endoctrinement impérial, a été décentralisée. De plus, la réforme agraire et l'éclatement du *zaibatsu* ont été menés pour disperser le pouvoir économique.

Cependant, tout cela s'est inversé au cours de la période 1947-1988 avec le début de la guerre froide, une évolution qui devait avoir un impact sur le développement politique japonais d'après-guerre. Préoccupée par la propagation du communisme en Asie, l'Occupation a désormais déplacé sa priorité politique de la transformation du Japon à la préservation de la stabilité au Japon, considérée comme un allié indispensable pour contenir le communisme en Asie. En conséquence, la plupart des programmes de réforme ont été soit interrompus, soit annulés. La plupart des militaires de droite ont été autorisés à rester au gouvernement et les droits des travailleurs du secteur public de s'organiser et de faire grève ont été sévèrement restreints. Les *zaibatsu* ont également été autorisés à réapparaître.

L'inverse a profondément façonné la configuration du pouvoir pendant les deux premières décennies de la politique japonaise d'après-guerre. Avant son introduction, les forces politiques japonaises étaient divisées en deux camps sur la question de la constitution écrite aux États-Unis. À droite, divers partis conservateurs ont ouvertement exprimé leur opposition, l'appelant dénigrement la «Constitution de MacArthur»,[47] après le général Douglas MacArthur, qui était le commandant suprême

---

[47] Le 3 mai 1947, la constitution japonaise d'après-guerre entrait en vigueur. La constitution progressiste accordait le suffrage universel, dépouillait l'empereur Hirohito de tout pouvoir sauf symbolique, stipulait une déclaration des droits, abolissait la pairie et interdisait le droit du Japon de faire la guerre. Le document était en grande partie l'œuvre du commandant suprême allié Douglas MacArthur et de son état-major d'occupation, qui avait préparé le projet en février 1946 après qu'une tentative japonaise fut jugée inacceptable. En tant que défenseur des Philippines de 1941 à 1942, et commandant des forces alliées dans la guerre du Pacifique Sud-Ouest de 1942 à 1945, Douglas MacArthur était le général américain le plus acclamé dans la guerre contre le Japon. Le 2 septembre 1945, à bord de l'USS Missouri dans la baie de Tokyo, il présida la reddition officielle du Japon. Selon les termes de la reddition, l'empereur Hirohito et le gouvernement japonais étaient soumis à l'autorité du commandant suprême des puissances alliées dans le Japon occupé, poste occupé par le général MacArthur.

des puissances alliées. Bien après la fin des années 1950, après la fin de l'occupation en 1952, le nouveau PLD, une organisation faîtière pour tous les conservateurs, a promis de renverser bon nombre des réformes démocratiques introduites pendant l'occupation, les dénonçant comme trop radicales et non-Japonais. La gauche, cependant, composée principalement du Parti Socialiste Japonais (PSJ) et des syndicats alliés, avait été un allié enthousiaste de l'Occupation américaine et de ses programmes de réforme pour le Japon.

Tout cela a changé avec la marche arrière. Alors que la gauche est restée attachée à la vision démocratique et pacifiste incarnée dans la constitution, elle est devenue un critique acharné des États-Unis et de sa politique étrangère. Les conservateurs, d'un autre côté, soutiennent maintenant à la fois les États-Unis et toutes les nouvelles politiques qu'ils ont introduites ou approuvées. Dans le climat international de l'aggravation de la guerre froide, la politique étrangère du Japon envers les États-Unis est devenue un facteur crucial déterminant la fortune électorale des partis politiques. Par conséquent, la marche arrière des États-Unis a politiquement divisée le Japon d'après-guerre, ce qui, paradoxalement, a contribué à la politique consensuelle dominée par le PLD.

L'émergence de la domination du PLD

Comme mentionné précédemment, les culturalistes voient la domination du PLD dans la politique japonaise d'après-guerre comme le symbole par excellence de la culture confucéenne japonaise. Mais cette vision facile ignore les circonstances hautement conflictuelles dans lesquelles le PLD a émergé comme le parti dominant. Au cours de la première décennie après la guerre, la politique japonaise a été divisée par une polarisation idéologique et politique amère entre les radicaux et les conservateurs. Le calme relatif n'a été atteint qu'au début des années 1960, et même au cours de la décennie, le PLD s'est davantage préoccupé de sa survie politique que de la domination de la politique japonaise. La domination d'un parti unique est apparue au Japon précisément en raison de l'absence de consensus et d'harmonie dans la société japonaise.

Jusqu'en 1955, la politique électorale était très volatile; la concurrence multipartite a donné lieu à des gouvernements de coalition successifs, dont un dirigé par le PSJ au cours de la période 1947-1988. Soutenu par la communauté intellectuelle, le PSJ à tendance marxiste a inspiré un mouvement ouvrier et étudiant radical et militant, activement engagé dans des manifestations parfois violentes contre les États-Unis et inversement. En octobre 1955, le PSJ s'est consolidé en fusionnant ses deux factions dans l'espoir de renforcer sa position électorale. En réponse, plusieurs partis conservateurs ont fusionné un mois plus tard, créant le PLD. Ce fut le début de ce qui est maintenant connu sous le nom du « système 55 », un terme inventé à l'origine pour décrire le système bipartite largement attendu à la suite de la réorganisation des deux côtés du spectre politique. Cependant, très peu de gens savaient à l'époque que ce terme ferait référence à la domination du PLD.

L'approfondissement de la guerre froide - la Chine communiste a été fondée en 1949 et à peine un an plus tard a rejoint la Corée du Nord pour envahir la Corée du Sud, déclenchant la tragique guerre de Corée de 3 ans - a accru l'importance de la politique de défense et de sécurité du Japon dans la politique intérieure et donc efficacement tué tout espoir d'un système bipartite. Étant la seule partie engagée à renforcer la défense du Japon et à respecter le traité de sécurité Japon-États-Unis de 1951, qui prévoyait une présence militaire américaine continue au Japon, le PLD semblait être un choix plus réaliste pour les électeurs japonais, malgré son engagement à inverser la tendance. Le PSJ, d'autre part, en appelant à la fois à la neutralité non-armée et à l'abrogation immédiate du traité de sécurité, a fait craindre à la majorité des électeurs que son accession au pouvoir compromettrait les relations entre le Japon et les États-Unis et déstabiliserait la sécurité japonaise. Le conflit sur la défense et la politique étrangère a ainsi été rendu presque inconciliable par la logique du souci géopolitique américain de contenir le communisme en Asie. En conséquence, le PLD a remporté les premières élections post-1955-1958.

Cependant, la crise politique allait bientôt suivre. La même année, le PSJ a réussi à forcer la défaite du projet de loi portant modification de la loi sur le régime des devoirs de la police, destiné à accroître les pouvoirs de la police pour contrôler les manifestations. Encouragé par son succès, le PSJ a lancé en 1960 une amère campagne d'opposition, tant à l'intérieur qu'à l'extérieur de la Diète, à la tentative du gouvernement Kishi de négocier avec les États-Unis une révision du Traité de sécurité de 1951. L'opposition d'un mois a déclenché la crise politique la plus grave au Japon depuis la fin de l'occupation, avec des manifestations, des grèves et des émeutes à grande échelle sans précédent. Le Premier ministre Kishi a finalement réussi à faire adopter par la Diète, dans les 15 minutes suivant l'ouverture de sa session, le Traité de sécurité révisé, en appelant la police à expulser physiquement les parlementaires obstructifs du PSJ. Cependant, ses tactiques lourdes ont suscité des craintes généralisées quant à la survie de la fragile démocratie japonaise, qui l'a forcé à démissionner 4 jours plus tard. Et cet épisode allait devenir un tournant important dans la politique japonaise d'après-guerre.

Le conservatisme créatif du PLD

Si le PLD a grandement été aidé par la logique de la guerre froide pour remporter ses premières élections, sa domination par la suite ininterrompue de la politique japonaise doit être attribuée à ce que Pempel[48] appelle la marque flexible du parti de «conservatisme créatif». La capacité du parti à s'adapter aux changements sociaux, à élargir sa coalition d'intérêts sociaux en ouvrant divers canaux d'influence à la coalition sociale d'opposition, était au centre de tout cela.

La crise de 1960 sur le traité de sécurité révisé a entraîné un changement fondamental dans la réflexion politique du PLD. Au cours de la prochaine décennie, le PLD a suivi ce que l'on appelle la «doctrine Yoshida»[49] pragmatique, qui a fait passer la priorité du gouvernement de l'inversion de la réforme de l'occupation à un ambitieux programme de développement économique. L'alliance de sécurité entre le Japon et les États-Unis a été présentée comme utile car, elle a permis au gouvernement PLD de poursuivre résolument la croissance économique en maintenant ses dépenses de défense à un niveau bas. Cette stratégie a connu un tel succès qu'en 1964, le Japon avait achevé sa reconstruction économique d'après-guerre et, 4 ans plus tard, il est devenu la deuxième plus grande économie du monde capitaliste. La réussite économique a sans aucun doute contribué au succès électoral du PLD. De plus, la modération de sa politique a conduit le parti à la position centriste, ce qui a également contribué à consolider son soutien populaire. Pendant les trois décennies suivantes, la domination électorale du PLD était le résultat d'une combinaison de cooptation politique, de manipulation flagrante et de corruption.

La capacité du PLD à coopter les intérêts sociaux a peut-être été mieux illustrée par le terme de «pluralisme structuré», inventé par Krauss et Muramatsu.[50] Il s'agit de la «Triade» des politiciens, des bureaucrates et

---

[48] Pempel, T. J. and Tsunekawa, K. (1979) 'Corporatism without labour?: The Japanese anomaly', in Lembruch, G. and Schmitter, P. (eds), *Trends Towards Corporatist Intermediation*, London: Sage

[49] La Politique du Premier ministre Yoshida Shigeru pour la reprise d'après-guerre du Japon était de concentrer les ressources du pays sur la production économique soutenue par des travailleurs bien formés tout en adoptant la position des États-Unis sur les questions de sécurité et de politique internationale. Cette politique a conduit à une croissance économique spectaculaire et a continué de guider les politiques économiques et étrangères du Japon pendant des décennies.

[50] Dans *Bureaucrats and Politicians in Policy making: The Case of Japan,* Krauss et Muramatsu examinent les perceptions du rôle des bureaucrates et des politiciens dans l'élaboration des politiques. La question de la relation entre les politiciens et les

des hommes d'affaires du PLD qui ont formé la classe dirigeante de l'élite japonaise au détriment de la participation populaire. Cependant, malgré les relations étroites et souvent corrompues entre le PLD et les grandes entreprises, l'élaboration des politiques au Japon n'est pas toujours dominée par les grandes entreprises. Dans son étude, Nakano[51] a trouvé deux types de processus politiques: l'hébergement des élites, dans lequel les grandes entreprises sont un acteur clé, et orienté vers le client, dans lequel les petites entreprises et autres groupes d'intérêt sont autorisés à accéder à divers canaux d'influence pour maximiser leur avantage. Le syndicat des agriculteurs Nokyo, l'Association Médicale Japonaise et divers groupes environnementaux et de consommateurs ne sont que quelques-uns des exemples les plus connus d'intérêts régulièrement consultés par le gouvernement PLD. La cooptation des groupes d'opposition en partisans fidèles en leur offrant des avantages en échange de leur soutien a été un facteur important pour assurer le long règne du PLD.

Mais la domination du PLD a rarement dérivé d'un mandat électoral écrasant. En fait, au cours de la période de 1955-1993 de sa domination, le PLD a remporté plus de 50% des suffrages en trois élections seulement (1958, 1960 et 1963) et, pendant le reste de cette période, plus de la moitié de la population n'a pas voté pour le PLD. De plus, le parti a en fait perdu des voix à chaque élection générale de la Chambre basse entre 1958 et 1976. Ce qui a sauvé le parti de la chute du pouvoir a été la fragmentation de l'opposition, résultant en partie du système électoral à vote unique non-transférable (SVNT) du Japon.

La SVNT avait tendance à travailler en faveur du PLD, non seulement parce qu'elle fragmentait l'opposition, mais aussi parce que le PLD était le seul parti disposant de ressources financières suffisantes pour mettre plusieurs candidats dans une seule circonscription. En outre, le PLD a également manipulé le système en sa faveur en omettant délibérément

---

bureaucrates et le rôle de chacun dans l'élaboration des politiques est particulièrement importante dans le cas du Japon, car les modèles dominants de la politique et de l'élaboration des politiques japonaises sont ceux de la «bureaucratie dominante» ou d'une «triade» dirigeante étroitement imbriquée entre la bureaucratie, les grandes entreprises et le Parti Libéral Démocrate au pouvoir.

[51] Dans *The Policy-making Process in Contemporary Japan*, Nakano traite du processus d'élaboration des politiques publiques dans le Japon contemporain et témoigne d'un nouveau dicton: «Les différentes phases du processus politique provoquent la politique». L'objectif analytique est triple: englober le processus d'élaboration des politiques au niveau national; les élections et le processus d'élaboration des politiques; et la politique régionale et la prise de décision. Ces analyses offrent un certain nombre de données originales et comparatives sur la politique japonaise.

d'ajuster les frontières électorales pour refléter les changements démographiques, ce qui a entraîné une mauvaise répartition grave en faveur des zones rurales, bastion traditionnel du PLD. Dans le pire des cas, il a fallu quatre à cinq fois plus de voix pour élire un représentant dans un district urbain que dans un district rural. Le PLD a également utilisé d'autres tactiques, telles que sa préférence alléguée pour un système électoral uninominal, pour bloquer les grandes réformes électorales, car les partis d'opposition craignaient de même que la réforme entraînerait la disparition de petits partis et augmenterait la domination du PLD.

La chute du PLD

Le système électoral, avec ses encouragements au factionalisme intra-parti, a également conduit à des campagnes électorales coûteuses centrées sur les candidats. La dépendance à l'égard du financement des grandes entreprises était donc essentielle pour la victoire électorale individuelle. C'est en partie pourquoi la corruption politique, ou «politique monétaire», comme les Japonais préfèrent l'appeler, a été un phénomène si répandu dans la politique japonaise d'après-guerre. La corruption prend généralement deux formes: les dons d'entreprises à grande échelle principalement, mais pas exclusivement, au PLD; et les ministres du gouvernement du PLD qui reçoivent des pots-de-vin de contrats de travaux publics, en particulier de la tristement célèbre industrie de la construction. Une fois au pouvoir, le PLD a poursuivi à la fois des politiques favorables aux entreprises et des lois anti-corruption laxistes, renforçant encore la «politique monétaire». L'une des principales réformes entreprises après la perte du PLD aux élections générales de 1993 a été la réforme électorale attendue depuis longtemps, suivie d'un durcissement des lois anti-corruption.

La corruption dans la politique japonaise d'après-guerre était de notoriété publique, et le seuil apparemment élevé de tolérance du public à son égard peut être largement expliqué par deux facteurs. Le premier était le remarquable bilan du PLD en matière de croissance économique rapide avec capitaux propres. Deuxièmement, l'opinion publique généralement faible des politiciens était quelque peu contrebalancée par le prestige et l'autorité élevés dont jouissaient les bureaucrates, qui étaient largement considérés comme des modèles de rectitude. Cependant, ces conditions ont commencé à s'effondrer dans les années précédant les élections générales de 1993 pour deux raisons. Premièrement, depuis les années 80, les scandales financiers impliquent de plus en plus de fonctionnaires, démontrant les limites politiques au maintien d'une île propre de la fonction publique entourée d'une mer polluée de politiciens corrompus. Et deuxièmement, la confiance du public dans la bureaucratie s'est encore affaiblie lorsque la bulle économique japonaise a éclaté au début des années 90. Le krach boursier de Tokyo en 1990 a mis fin à près de 5 ans de la manie financière la plus extrême de ce siècle, entraînant des faillites, des licenciements et du chômage sans précédent. Elle a également révélé l'ampleur spectaculaire de la mauvaise gestion gouvernementale de l'économie, due à la collusion corrompue entre les bureaucrates, les politiciens et les grandes entreprises. Le mécontentement croissant du public, combiné à la résistance persistante du PLD à la réforme électorale, a conduit à une scission au sein du PLD en 1993 peu avant les élections générales de juillet, ce qui a finalement mis fin au monopole de pouvoir du parti depuis près de quatre décennies.

La politique de réforme

Certes, peu de choses ont changé dans la politique japonaise depuis 1993, lorsque le PLD a perdu sa domination parlementaire pour la première fois depuis la Seconde Guerre mondiale. La réforme électorale tant attendue, qui a remplacé le système coûteux de la SVNT par un système mixte combinant le vote à la pluralité et la représentation proportionnelle, s'est avérée sans conséquence en privant le PLD de sa majorité électorale ou en réduisant la politique monétaire. Après avoir remporté la plus grande proportion des voix, le PLD est revenu au pouvoir lors de l'élection de la Chambre basse de 1996, la première élection tenue dans le cadre du nouveau système électoral. Depuis lors, non seulement le PLD a été fermement en charge, bien qu'avec divers partenaires de la coalition, mais il y a eu peu de signes de recul de la politique monétaire, montrant que l'argent et les groupes d'intérêts spéciaux ont maintenu leur emprise sur le parti. Plus tard, des investissements publics massifs ont été réalisés pour tenter de sortir le Japon de la récession. Cependant, les dépenses favorisent toujours le tristement célèbre secteur de la construction, l'épine dorsale financière du PLD malgré la faible confiance des consommateurs. Dans l'ensemble, ce manque de réforme politique était devenu un obstacle majeur à la relance économique du Japon.

La question à se poser, cependant, est de savoir si ces difficultés ont montré que le Japon est contraint par sa culture d'adopter une véritable démocratie de type «occidental», fondée sur un débat ouvert plutôt que sur une machination en coulisse. Conformément à notre analyse jusqu'à présent, qui a montré l'importance des questions de politique intérieure et des facteurs géopolitiques dans l'élaboration de la politique japonaise d'avant 1993, je continuerai de plaider pour une approche politique des développements futurs de la politique japonaise. De ce point de vue, l'absence d'un bouleversement politique radical dans la politique japonaise post-1993 peut s'expliquer principalement par les intérêts acquis bien établis qui constituent la base de soutien du PLD. Comme cela a été observé, le PLD a passé des décennies de croissance rapide à distribuer les richesses durement acquises du pays à une pléthore de groupes d'intérêt, à bâtir une base de soutien diversifiée qui, tout en étant progressivement érodée, reste extrêmement efficace pour conserver le pouvoir. En outre, la base de soutien est à la fois diversifiée et dans une certaine mesure bien justifiée, car elle se compose de personnes qui ont vraiment besoin d'aide politique, telles que celles des industries en déclin (par exemple l'agriculture), les personnes âgées et les commerçants, selon un politologue japonais. Par conséquent, comme dans la plupart des autres démocraties occidentales, ce sont des intérêts particuliers bien ancrés, justifiés ou non, et non la culture, qui empêchent la démocratie japonaise de progresser.

Comme dans de nombreuses démocraties occidentales, les carences de la démocratie japonaise génèrent également une désillusion croissante dans la politique japonaise. Par conséquent, contrairement à ce que le culturaliste voudrait nous faire croire, il n'y a guère de soutien sociétal répandu au système politique démocratique japonais déficient. La réforme de la politique japonaise en un système plus ouvert et libéral est largement souhaitée.

Conclusion

Peu d'aspects de la politique japonaise d'après-guerre suscitent autant de controverse que sa politique partisane. À cet égard, le Japon est, en effet, unique parmi les démocraties libérales pour son système politique ininterrompu et dominé par un parti unique. Cependant, à partir de notre analyse historique des divers facteurs structurels et politiques qui ont contribué à la domination du PLD, on peut conclure avec certitude qu'il y a peu de chose dans la culture japonaise qui ont prédéterminé cette situation. La politique consensuelle au Japon est née d'un amère fossé idéologique et politique, qui a été exacerbé par la géopolitique de la guerre froide. Sa consolidation ultérieure a été le résultat d'une combinaison de bonnes performances politiques, d'une cooptation politique judicieuse et de manipulations et de corruption flagrantes. Par conséquent, la difficulté que connaît le Japon à rompre radicalement avec son passé est mieux perçue comme une lutte politique de longue haleine que comme une éternité culturelle. Cette interprétation de la politique japonaise contient également des leçons analytiques pour l'étude du développement politique dans d'autres parties de l'Asie. La démocratie japonaise étant politiquement et non culturellement déficiente, il s'ensuit que toute attente d'évolutions politiques similaires dans d'autres pays d'Asie de l'Est, fondée sur l'hypothèse de valeurs culturelles similaires, ne manquera pas d'être déçue. Pour tester ce jugement, nous devons étudier le développement politique dans d'autres pays d'Asie de l'Est, tâche à laquelle je vais maintenant m'atteler.

CHAPITRE 6 : LA POLITIQUE DANS LES NOUVEAUX PAYS DEMOCRATISES

La démocratisation

Des décennies de développement économique rapide en Asie de l'Est ont conduit à un schéma diversifié de développement politique. Au lieu de s'orienter vers la soi-disant démocratie non-libérale de style japonais, des pays comme Taïwan, la Corée du Sud et la Thaïlande ont tous fait de grands progrès vers la démocratie libérale. En outre, la rhétorique confucéenne, qui était autrefois utilisée par les régimes autoritaires de Taïwan et de Corée du Sud pour justifier leur mode de décision, a également été rejetée par de nouvelles générations de politiciens et politiciennes attachés aux valeurs démocratiques. Dans le même temps, cependant, peu de progrès ont été accomplis dans la démocratisation à Singapour et en Malaisie. Au contraire, l'autoritarisme dans ces deux pays a en fait augmenté plutôt que diminué au cours des décennies de développement économique rapide. Enfin, la transition démocratique en Indonésie, précipitée par la crise financière de 1997-1998 qui a renversé le régime de Suharto, a été entachée par l'éruption de conflits ethniques qui ont depuis saisi le pays. Alors pourquoi un modèle de développement politique aussi varié dans la région?

Je cherche à répondre à cette question en deux chapitres, celui-ci et le suivant. Dans ce chapitre, je me concentrerai sur les trois pays qui ont parcouru un long chemin vers la démocratie. Nous voulons savoir pourquoi ces pays sont passés avec succès du régime autoritaire à la démocratie. En d'autres termes, qu'est-ce qui a conduit à l'essor de la démocratie dans ces pays?

J'aborde cette question dans une perspective théorique et comparative-historique. Dans la première partie du chapitre, je fournirai un bref aperçu des quatre grandes perspectives théoriques sur la démocratisation, à savoir la perspective socio-économique, la perspective stratégique, la perspective structurelle et la perspective culturelle. L'objet de ceci est d'énoncer un cadre théorique dynamique dans lequel mener mon étude comparative. Dans la deuxième partie du chapitre, je comparerai le processus de démocratisation des trois pays en situant chaque expérience nationale dans son contexte historique et politique. Enfin, je conclurai en notant les facteurs communs qui ont conduit à la démocratisation réussie de ces pays et en commentant l'impact de ces facteurs sur le développement démocratique futur des différentes trajectoires de transition des pays.

Entre 1974 et 1997, plus d'une trentaine de pays ont cherché à passer du régime autoritaire à la démocratie, bien que tous n'aient pas réussi leur transition. Cette vague de propagation mondiale de la démocratie conduit à un regain d'intérêt académique dans les conditions de la démocratisation et à l'émergence de quatre perspectives théoriques majeures sur la question : socio-économique, stratégique, structurelle et culturelle. Dans ce qui suit, j'examinerai brièvement les idées fondamentales de chaque perspective avant de formuler une approche intégrée et appropriée de la démocratisation en Asie de l'Est.

La socio-économie

La perspective socioéconomique de la démocratisation est ce qui est au cœur de la théorie de la modernisation. Essentiellement, elle considère la richesse d'une nation comme une condition favorisant l'émergence de la démocratie. Suivant l'exemple de Lipset et Dahl,[52] par exemple, qui ont estimé qu'il était indiscutable que plus le niveau socio-économique d'un pays était élevé, plus il était probable qu'il s'agirait d'une démocratie.

La richesse nationale aide la cause de la démocratie principalement de deux manières. Premièrement, elle conduit à l'essor général de l'alphabétisation et de l'éducation dans la société, ce qui permet à la fois aux citoyens de participer à la prise de décision politique et favorise les valeurs de tolérance. Deuxièmement, elle fournit les ressources nécessaires pour atténuer les tensions produites par les conflits politiques.

Cette perspective a parfois été critiquée à tort pour son présumé déterminisme économique, c'est-à-dire avoir considéré le développement économique comme la cause la plus importante de la démocratie. La critique est basée sur deux observations: que toutes les sociétés riches ne

---

[52] The Social Requisites of Democracy (1992).

sont pas des démocraties (comme de nombreux cheikhs du Moyen-Orient) et que certains pays pauvres, comme l'Inde, ont maintenu un système démocratique, relativement stable. Bien que ces observations soient sans aucun doute vraies, elles n'invalident pas la thèse socioéconomique, car elle ne dépeint pas une relation causale entre le développement socioéconomique et la démocratie. Au contraire, en attirant l'attention des chercheurs sur la forte corrélation entre le niveau de développement économique et la démocratie, cette perspective considère les pays plus riches comme offrant de meilleures opportunités pour la démocratie sans préciser pourquoi certains pays ne saisissent pas cette opportunité. Cette lacune explicative est comblée par la perspective stratégique, qui met l'accent sur l'action humaine.

La stratégie

Le point clé de cette perspective est que la démocratie ne tombe pas du ciel; c'est le produit d'un conflit social dont la résolution nécessite des initiatives humaines. Comme le fait valoir Rustow, un peuple qui n'est pas en conflit sur des questions plutôt fondamentales n'aurait guère besoin d'élaborer des règles par la démocratie pour la résolution des conflits. De ce point de vue, le rôle crucial du développement capitaliste dans la stimulation de la démocratie n'est pas la création de richesse, mais le déclenchement des conflits sociaux graves et prolongés, qui obligent les acteurs sociaux à négocier entre eux pour leur solution pacifique.

Comme la négociation implique principalement deux parties, l'élite dirigeante et les impuissants, qui ont été exclus de toute influence politique pendant le régime autoritaire, le calcul stratégique par les deux parties est crucial pour déterminer la transition vers la démocratie. Il est très rare que le début d'une démocratie soit possible si le nouveau système envisagé est susceptible d'entraîner la défaite complète et totale des élites dirigeantes. La démocratisation n'est possible que s'il existe des institutions qui prévoient raisonnablement que les intérêts des principales forces politiques ne seront pas affectés de manière très défavorable par la concurrence démocratique. En d'autres termes, l'ingéniosité et les compromis des deux côtés du conflit sont nécessaires pour une transition réussie vers la démocratie. La force de la perspective stratégique sur la démocratisation est principalement double: l'accent mis sur le choix humain pour instaurer la démocratie et la mise en évidence du caractère presque nécessairement limité de la transition initiale vers la démocratie résultant d'un accord stratégique conservateur. Ces idées indiquent la nature contingente du processus de démocratisation en fonction du conflit plutôt que de la richesse.

La structure

Cependant, la perspective stratégique a été critiquée à juste titre pour son insistance excessive sur l'action humaine au détriment de la prise en compte des changements structurels dans la société qui restreignent ou améliorent les choix de décision disponibles pour les acteurs sociaux. Selon la perspective structurelle, les acteurs ne peuvent faire aucun choix dans une situation donnée; ils sont limités par les structures, les groupes sociaux ou les classes qui se sont formés pendant une longue période de l'histoire du pays. Le développement capitaliste entraîne des changements dans les relations entre ces classes, et la perspective d'une société pour la démocratie est fondamentalement façonnée par l'équilibre du pouvoir de classe.

Cinq structures de pouvoir ou classes sont identifiées comme les principaux protagonistes de la lutte pour la démocratie dans une société capitaliste. Ce sont: les grands propriétaires, la paysannerie (y compris les travailleurs ruraux et les agriculteurs indépendants), la classe ouvrière urbaine, la bourgeoisie urbaine (propriétaires ou employeurs d'entreprises engagées dans l'industrie, le commerce et le commerce) et la classe moyenne salariée et professionnelle. Sur les cinq classes, seulement deux ont été historiquement connues pour leur orientation sans ambiguïté vers la démocratie. Alors que les grands propriétaires fonciers sont farouchement anti-démocratiques de peur de perdre de gros profits provenant d'une main-d'œuvre bon marché, la classe ouvrière urbaine est constamment pro-démocratique dans sa poussée pour l'extension du suffrage universel, des syndicats et d'autres multiples droits démocratiques. Cependant, la position des trois autres classes est moins claire et varie souvent d'un pays à l'autre, selon l'alignement des autres classes, la position et le pouvoir de l'État et des facteurs externes. Deux points généraux résument la perspective structurelle. Premièrement, aucune classe n'est suffisamment forte à elle seule pour empêcher ou pousser à la démocratie. Deuxièmement, parce que l'alliance de classe est cruciale pour le développement politique, différentes alliances de classe peuvent se produire dans différents pays, ce qui peut être de façon significative plus ou moins favorable à la démocratisation.

La perspective structurelle est également la seule perspective qui examine le rôle de l'État dans la démocratisation en faisant valoir qu'un État jouissant d'une certaine autonomie par rapport à toutes les classes sociales est le plus propice à la démocratisation. Historiquement, le développement capitaliste a conduit à l'émergence d'une société civile plus dense, l'espace public indépendant dans lequel les organisations sociales bénévoles tentent régulièrement et collectivement d'influencer l'exercice du pouvoir de l'État, comme contre-poids au pouvoir de l'État. En responsabilisant les classes précédemment exclues, la société civile améliore ainsi les chances de démocratisation.

Enfin, la perspective structurelle montre également la manière dont les facteurs externes peuvent affecter les alignements de classe ainsi que la nature et la forme du pouvoir de l'État. Par exemple, la dépendance économique d'un pays à l'égard d'un autre peut retarder l'industrialisation et empêcher ainsi la petite classe ouvrière d'exercer une puissante influence pro-démocratisation. De même, la dépendance géopolitique peut également retarder la démocratisation, car une aide militaire et économique massive renforce l'appareil d'État vis-à-vis des classes sociales. Ainsi, le relâchement des tensions internationales peut améliorer les perspectives de démocratie.

La force de la perspective structurelle de la démocratisation est évidente. En mettant l'accent sur le choix structuré disponible pour les acteurs sociaux dans différents pays ayant des histoires et des positions internationales différentes, les structuralistes mettent en évidence le processus dynamique de démocratisation selon lequel la structure et le choix se façonnent mutuellement. De ce point de vue, ni la richesse économique ni les initiatives humaines stratégiques ne sont à elles seules des conditions suffisantes pour la démocratie; il s'agit plutôt d'un produit de l'interaction entre les deux ensembles de facteurs. C'est effectivement l'approche que j'adopterai dans mon étude de la démocratisation dans les trois pays de Taïwan, la Corée du Sud et la Thaïlande. Mais avant de passer à la partie suivante du chapitre, il est nécessaire d'examiner brièvement la perspective culturelle de la démocratisation.

La culture

Comme indiqué dans le chapitre 5, la perspective culturelle influe particulièrement sur le développement politique en Asie de l'Est. Le point central de cette perspective est l'idée que certaines cultures sont un obstacle à la démocratie tandis que d'autres en sont une condition préalable importante. Des exemples du premier incluent le confucianisme et l'islam et du second, le christianisme. Bien qu'il puisse sembler plausible de traiter la thèse culturelle de la même manière que la thèse socio-économique, à savoir de ne voir les deux perspectives que comme l'identification des conditions structurelles de la démocratie, il y a en fait peu de justification intellectuelle pour la perspective culturelle. Cela est principalement dû au problème posé par ce que Keesing[53] décrit comme

---

[53] Keesing, R. M. (1991) 'Asian cultures?', *Asian Studies Review* 15 (2): 43–50.

la conception de la culture des «récifs coralliens», qui suppose un degré substantiel de partage, de délimitation et de cohérence d'un mode de vie localement cumulé. Une telle conception statique et insulaire de la culture voit inévitablement l'impact de la culture sur le développement politique en termes déterministes plutôt que probables.

C'est pourquoi la perspective culturelle est rejetée à la fois par les perspectives stratégiques et structurelles. Le défi de la démocratisation, comme le soutiennent Schmitter et Karl,[54] n'est pas de trouver un ensemble d'objectifs qui suscitent un large consensus, mais de trouver un ensemble de règles qui incarnent un consentement conditionnel. Un tel consensus ne peut apparaître qu'après une longue période de fonctionnement des institutions démocratiques, qui habituent la société à leurs règles et valeurs sous-jacentes. C'est dire que les valeurs qui soutiennent la démocratie sont une conséquence et non une cause de la pratique de la démocratie elle-même.

Après avoir examiné de manière critique les différentes perspectives théoriques sur la démocratisation et exposé notre approche du développement politique en Asie de l'Est, je vais maintenant passer à la partie suivante du chapitre dans laquelle je cherche à situer les expériences de démocratisation de Taïwan, de la Corée du Sud et de la Thaïlande dans les deux contextes théoriques et historiques.

Comparaison avec la démocratisation

La démocratisation dans les trois pays de Taïwan, de Corée du Sud et de Thaïlande a suivi des trajectoires très différentes. Si elle était relativement fluide à Taïwan et en Corée du Sud, elle a été longue et tortueuse en Thaïlande, qui, jusqu'en 1992, a vu des oscillations apparemment interminables entre le régime militaire et la démocratie parlementaire. Le développement capitaliste dans les trois pays a généré des structures et des forces similaires cherchant à influencer le pouvoir de l'État. Cependant, l'histoire nationale, les institutions politiques et les dynamiques géopolitiques différentes ont médiatisé ces forces, entraînant des schémas de démocratisation distincts.

Parmi les trois pays, Taïwan et la Corée du Sud partagent plus de similitudes que la Thaïlande. Historiquement, les deux pays ont été

---

[54] Philippe C. Schmitter, Terry Lynn Karl. *What Democracy Is . . . and Is Not*, Journal of Democracy, Volume 2, Number 3, Summer 1991, pp. 75-88

influencés par la culture confucéenne et sont tombés sous la domination coloniale japonaise jusqu'à la fin de la Seconde Guerre mondiale. La politique de la guerre froide a également vu les deux pays divisés, ce qui a favorisé leur dépendance géopolitique à l'égard des États-Unis (la Corée du Sud accueille toujours les troupes américaines aujourd'hui). Ces deux facteurs de la domination coloniale japonaise et de la dépendance géopolitique à l'égard des États-Unis ont tous deux contribué à renforcer l'appareil d'État des deux pays, en particulier dans les premières années de leur développement économique (chapitre 3). En outre, la menace commune du communisme de la part de leurs frères ennemis et voisins a fortement dissuadé la démocratisation. Cela expliquerait en partie pourquoi la démocratisation dans les deux pays, qui a commencé à la fin des années 80, a coïncidé avec le relâchement des tensions internationales.

Taïwan, une transition dirigée

La démocratisation à Taïwan, comme celle de la Corée du Sud et de la Thaïlande, bien que favorisée par le développement capitaliste, n'a jamais été une simple excroissance de la richesse économique. Sa force motrice a longtemps précédé le développement économique de Taïwan, et son déroulement à chaque étape historique cruciale a reflété l'ingéniosité des principaux acteurs sociaux, conscients des contraintes structurelles changeantes et des opportunités tant au pays qu'à l'étranger. Plus précisément, la transition de Taïwan vers la démocratie a été profondément influencée par un contexte global: son statut international unique en tant qu'État de facto pour le demi-siècle précédent, dont la souveraineté a été (et est toujours) contestée par la République Populaire de Chine (RPC) à Beijing. Le voyant comme une province «renégate» de la RPC, le régime de Beijing a promis de reprendre Taïwan dans la «patrie», par la force si nécessaire. Cette incertitude sur l'identité politique de Taïwan a été à la fois la source de la force motrice de Taïwan pour la démocratie et sa plus grande contrainte structurelle. La gestion des relations du détroit est donc un élément important de la démocratisation de Taïwan.

La lutte de Taïwan pour la démocratie a commencé presque immédiatement après l'atterrissage du KMT sur l'île à la fin de la Seconde Guerre mondiale. Le règne de l'inepte a suscité un ressentiment généralisé envers les «étrangers» du continent de la part des Taïwanais natifs et a contribué à forger le nationalisme naissant de Taïwan. La répression brutale du «soulèvement de Taïwan» du 28 février 1947, suivie de l'imposition de la loi martiale, qui devait durer jusqu'en 1987, a plongé le mouvement nationaliste dans la clandestinité, mais a également marqué le début de la lutte nationaliste-démocratique à Taïwan.

La perte de la Chine continentale par le KMT au profit du Parti Communiste Chinois dans la guerre civile, qui a forcé ses partisans à fuir à Taïwan en 1949, a fondamentalement façonné sa pratique au pouvoir à Taïwan. Bien qu'un régime autoritaire ait été jugé vital dans une situation de menaces extérieures à la sécurité et d'instabilité interne, le KMT a pratiqué une nouvelle marque d'autoritarisme décrite par Rigger[55] comme un «autoritarisme mobilisateur». Basé sur *Sanminzhuyi*, «les trois principes du peuple»,[56] l'autoritarisme mobilisateur avait trois ingrédients politiques clés: le développement économique, l'égalité sociale (obtenue en partie grâce à la réforme agraire largement admirée) et une participation politique contrôlée et limitée. Ces politiques ont été conçues pour mobiliser toute la population taïwanaise derrière le KMT dans sa volonté de lancer finalement une campagne militaire pour réunifier et gouverner la Chine.

La structure de parti très centralisée du KMT, avec sa hiérarchie parallèle à tous les niveaux des institutions publiques et des établissements

---

[55] Rigger, S. (1996) 'Mobilisational authoritarianism and political opposition in Taïwan', in Rodan, G. (ed.), *Political Oppositions in Industrialising Asia*, London: Routledge

[56] Trois principes du peuple, également appelés trois grands principes, en chinois SanminZhuyi est la base idéologique du programme politique du leader nationaliste Chinois Sun Yat-sen (1866–1925), défendant les principes du nationalisme, de la démocratie et du socialisme. Les principes ont été initialement formulés comme des slogans pour le groupe étudiant révolutionnaire de Sun, la Ligue unie, l'une des principales forces derrière la révolution républicaine de 1911, qui a mis fin au règne de la dynastie Qing en Chine. Après l'échec de cette révolution à établir la démocratie en Chine, Sun a formé un nouveau parti, le Parti Nationaliste (Kuomintang), utilisant ses principes comme doctrine fondamentale. En 1922, les nationalistes formèrent une alliance avec le Parti Communiste Chinois. À partir de l'hiver suivant, Sun, en réponse aux demandes communistes pour une idéologie plus formelle du parti, a donné une série de conférences dans lesquelles il a affiné et défini ses trois principes. Le premier principe, minzu zhuyi, ou «nationalisme», signifiait auparavant l'opposition à la dynastie Qing (mandchoue) et à l'impérialisme étranger; maintenant, Sun a expliqué que l'expression dénotait l'autodétermination pour le peuple Chinois dans son ensemble et aussi pour les groupes minoritaires en Chine. Le deuxième principe, minquan, ou «droits du peuple», parfois traduit par «démocratie», pourrait être atteint, a expliqué Sun, en permettant au peuple Chinois de contrôler son propre gouvernement par des dispositifs tels que les élections, l'initiative, le référendum et rappel. Le dernier principe était le minsheng, ou «moyen de subsistance des gens», qui est souvent traduit par «socialisme». C'était le plus vague des trois principes, mais Sun semblait avoir à l'esprit l'idée de l'égalisation de la propriété foncière grâce à un système juste d'imposition.

d'enseignement, était l'instrument idéal pour une telle mobilisation autoritaire. La combinaison de la cooptation corporatiste d'intérêts sociaux indépendants et de l'ouverture contrôlée de la politique locale à la contestation politique a considérablement renforcé la légitimité du régime et empêché l'émergence d'une société civile indépendante. Alors que les intérêts sociaux ont commencé à proliférer à partir des années 1950, une série de groupes d'intérêt affiliés au gouvernement ont été créés. Des élites et des citoyens locaux ambitieux, pour la plupart taïwanais, ont également été canalisés dans la politique électorale locale dominée par le KMT.

En comparaison avec la Corée du Sud, l'autoritarisme mobilisateur a rendu la politique de Taïwan beaucoup plus stable et sous contrôle; l'application systématique de la coercition militaire et policière n'était donc pas nécessaire. Grâce au succès économique rapide, le régime a rencontré peu d'opposition politique jusqu'aux années 1970.

Tout cela a commencé à changer au début des années 1970, lorsque Taïwan a perdu son adhésion aux Nations Unies (ONU) au profit de la Chine continentale à la suite d'un rapprochement diplomatique américain avec cette dernière. Cet événement remettait en cause la légitimité non seulement d'un régime qui prétendait représenter toute la Chine, mais aussi de l'ensemble du projet de réunification, qui avait jusqu'à présent été utilisé comme une justification majeure d'un régime autoritaire. Ainsi, à partir du début des années 1970, alors que le projet militaire de réunification devenait de plus en plus irréaliste, les forces d'opposition ont commencé à se mobiliser pour une vision alternative de la politique, qui placerait l'intérêt de la majorité taïwanaise au-dessus de celui des continentaux minoritaires dirigés par le KMT. La demande populaire d'abandonner le prétexte de souveraineté sur la Chine continentale pour permettre à Taïwan de suivre un cours indépendant de développement démocratique est ainsi devenue le cri de ralliement du mouvement démocratique à Taïwan.

Au cours des années 1970, le mouvement d'opposition au régime était principalement dirigé par des intellectuels nationalistes taïwanais qui, à travers des revues politiques et la contestation des élections locales et provinciales, ont appelé à des réformes politiques et à la justice ethnique, c'est-à-dire à l'égalité des droits politiques pour la majorité des taïwanais d'origine. Plus précisément, ils ont appelé à mettre fin à des politiques officielles telles que forcer les groupes d'opposition à se présenter aux élections en tant qu' «indépendants» ou *dangwai* (étrangers du parti) plutôt que membres des partis d'opposition, et à la pratique de geler les élections directes à l'échelle de Taïwan aux organes législatifs nationaux, qui ont été constitués pour la dernière fois en 1947 sur la Chine. En 1977, les candidats *dangwai* ont stupéfait le KMT en remportant vingt et un des soixante-dix-sept sièges aux élections de l'Assemblée provinciale de Taïwan. Deux ans plus tard, l'incident de Kaohsiung s'est produit lorsque des rassemblements de l'opposition dans la ville de Kaohsiung ont éclaté en violence qui a conduit à l'arrestation de dizaines de militants de l'opposition.

Alors que Taïwan entrait dans les années 80, une confluence de changements nationaux et internationaux a contribué à accélérer sa transition vers la démocratie. Avec un taux de croissance annuel de 9,2% en moyenne entre 1950 et 1980, Taïwan devenait rapidement une société bien éduquée, industrialisée et urbanisée. À la fin des années 80, trois adultes sur quatre se considéraient comme des classes moyennes. Avec la prise de plus en plus importante de postes électoraux par *dangwai* et la prolifération des mouvements sociaux, couvrant des questions telles que les droits des femmes, les droits des travailleurs et la protection de l'environnement, exigeant tous l'ouverture de la société civile, l'autoritarisme mobilisateur a eu de plus en plus de mal à co-coopérer, à intégrer ces forces sociales dans le giron de l'État.

Depuis la fin des années 1970, la « taïwanisation » de la politique a également stimulé le mouvement nationaliste-démocratique. En partie à cause du décès de la vieille garde continentale et en partie à cause de la politique gouvernementale de Taïwanisation en réponse à la pression des *dangwai*, les positions du parti et de l'État étaient de plus en plus occupées par les Taïwanais. À la fin des années 80, la majorité des membres du KMT et des représentants de l'État étaient taïwanais. En 1988, Lee Tenghui est devenu le premier Taïwanais à occuper à la fois la présidence du KMT et la présidence de l'État après la mort de Chiang Chingkuo, son prédécesseur sur le continent. Comme beaucoup de Taïwanais n'avaient jamais mis le pied sur la Chine continentale, ils étaient beaucoup moins sympathiques et attachés à la politique officielle d'une seule Chine de l'État du KMT.

Une ouverture à la démocratie à Taïwan s'est produite en 1986, lorsque le *dangwai a* défié la loi martiale en formant le premier parti d'opposition, le Parti Progressiste Démocratique (PPD). Cela a conduit à la levée de la loi martiale et à une série de lois garantissant les droits politiques du peuple à l'association, à l'opposition et à une presse libre. La libéralisation politique a mis Taïwan fermement sur la voie de la démocratie à mesure que de nouveaux partis politiques émergeaient et que les mouvements sociaux proliféraient.

La période initiale de démocratisation a été largement éclipsée par la question de l'identité politique de Taïwan, qui a limité le développement à part entière des droits civils et politiques. Le KMT a clairement indiqué que tout plaidoyer en faveur de la violence, du communisme et de l'indépendance de Taïwan vis-à-vis de la Chine ne serait pas toléré. Cependant, comme le nationalisme taïwanais était l'âme de son mouvement pour la démocratie, le KMT a progressivement commencé à adopter une approche plus pragmatique à son égard, incarnée par l'affirmation du président Chiang selon laquelle «je suis Chinois et je suis aussi Taïwanais». Cela indiquait la volonté du KMT d'admettre la distinction politique de Taïwan, tout en reconnaissant son affinité culturelle avec la Chine continentale. Ce pragmatisme de la part du KMT a assuré la transition ordonnée de Taïwan vers la démocratie.

Après la mort de Chiang Chingkuo en 1988, la démocratisation a rapidement progressé. Dans le cadre des réformes politiques post-Chiang, le KMT, sous le nouveau Président Lee Tenghui, a suivi une voie largement électorale vers la démocratie. Des élections directes à l'échelle de Taïwan ont eu lieu non seulement pour les organes législatifs, l'Assemblée Nationale et le Yuan législatif, mettant fin au « long Parlement », mais aussi pour le gouvernement provincial et les mairies de Taipei et Kaohsiung, deux des plus grandes villes du Taïwan. Le processus a été achevé par la première élection directe du président, tenue en 1996. Ces élections, promues par le KMT comme l'expression de l'émergence de la «nouvelle identité taïwanaise», fondée sur l'unité entre les natifs taïwanais et les continentaux, ont marqué non seulement le début de la politique démocratique du régime de Taipei, mais aussi sa renonciation tacite à toute prétention à la souveraineté de l'ensemble de la Chine. Ils ont exprimé le consensus selon lequel Taïwan doit passer de son passé gelé non-démocratique à un nouveau type de politique qui exprime le choix collectif de la population taïwanaise. La détermination du peuple taïwanais à défendre ses droits démocratiques durement acquis a été démontrée lors de l'élection présidentielle de 1996, qui s'est déroulée au milieu de graves menaces militaires proférées par Beijing.

La revendication territoriale de Beijing sur Taïwan continue de jeter une ombre sur la démocratie de l'île. Sinon, il ne fait aucun doute que Taïwan est aujourd'hui l'une des démocraties les plus dynamiques d'Asie de l'Est. L'année 2000 a marqué un autre jalon dans la transition démocratique de Taïwan. Lors de la deuxième élection présidentielle tenue en mars, le KMT au pouvoir a finalement perdu la présidence au profit de son adversaire de longue date, le PPD. Bien que le PPD soit né du mouvement indépendantiste Taïwanais, son leadership est habilement passé à une politique pragmatique de la Chine basée sur un dialogue et des négociations continus, montrant la maturité politique croissante du parti pour diriger la nouvelle démocratie de Taïwan.

La démocratisation réussie de Taïwan a brisé le mythe culturaliste de l'incompatibilité présumée du confucianisme avec la démocratie libérale. La démocratisation à Taïwan est le produit de l'interaction dynamique entre les structures changeantes du pouvoir - au niveau national et international - avec le courage politique et l'ingéniosité des individus, parmi lesquels figuraient les présidents de *Dangwai* /PPD, Chiang Chingkuo et Li Tenghui. En bref, tous les facteurs suivants ont contribué à la lutte de Taïwan pour la démocratie: développement capitaliste, diversification de la structure sociale, émergence de la société civile, disparition de grands propriétaires terriens à la suite de la réforme agraire et apaisement des tensions trans-détroit dans les années 80, provoquée en partie par la transition de la Chine continentale vers une réforme des marchés, qui exigeait un environnement international et régional pacifique.

Corée du Sud, une démocratie de la protestation

Contrairement à la transition relativement pacifique de Taïwan dans laquelle les élites - intellectuels et dirigeants politiques - ont joué un rôle important, la démocratisation en Corée du Sud a été motivée par des protestations populaires menées par des étudiants, des travailleurs industriels et, plus tard, la classe moyenne urbaine. Le cercle vicieux d'opposition et de répression très visible était quelque chose d'invisible à Taïwan autoritaire. Ce modèle ascendant de démocratisation est le résultat d'alliances et de dynamiques géopolitiques nationales très différentes.

Contrairement à Taïwan, la période initiale après la création de la Corée du Sud (en 1948) a été marquée par la domination d'un gouvernement démocratiquement élu. Cependant, la division de la péninsule coréenne, suivie de la tragique guerre de Corée, allait bientôt avoir un effet dévastateur sur le développement politique sud-coréen. En raison de la perception bien justifiée d'une menace beaucoup plus grave de la Corée du Nord communiste, le premier gouvernement démocratiquement élu sous le président très autoritaire Syngman Rhee s'est rapidement tourné vers l'autoritarisme. L'armée et la police ont été érigées en grandes institutions publiques. Le règne de Rhee (1948-1960) a été caractérisé par une répression politique musclée, des assassinats, une corruption généralisée et une mauvaise gestion économique.

En 1960, après que Rhee eut remporté la quatrième élection grâce à un truquage de votes flagrant, des manifestations et des émeutes massives d'étudiants éclatèrent et ils furent rapidement rejoints par la société dans son ensemble. Rhee a été contraint de démissionner. Pendant les 26 années suivantes, la Corée a été effectivement dirigée par deux militaires, Park Chung Hee (1961-1979) et Chun Doo Hwan (1977-1980), tous deux arrivés au pouvoir par des coups d'État. Au cours de ces années autoritaires, l'État s'est appuyé sur un vaste appareil de sécurité et de police pour réprimer tout défi perçu à son autorité. En vertu de lois draconiennes, telles que la loi sur la sécurité nationale de 1948, des agents de contrôle, allant des troupes anti-émeutes aux agents secrets du renseignement, ont été déployés pour déstabiliser et affaiblir la capacité organisationnelle de groupes existants tels que les syndicats et autres. Dans l'intervalle, les relations étroites entre le gouvernement et les *chaebols* signifiaient que les scandales financiers et les corruptions impliquant des hauts fonctionnaires étaient monnaie courante, attisant le mécontentement populaire.

Tout au long des années 1960 et 1970, les manifestations populaires de démocratisation ont été menées principalement par des étudiants et des travailleurs, le plus souvent isolés les uns des autres en raison de l'appareil d'État très répressif. Dans les années 80, cependant, plusieurs événements ont convergé pour rapprocher les deux forces. Il s'agit notamment du suicide d'un ouvrier d'usine en 1970 pour protester contre le déni des droits des travailleurs par le régime et le massacre de Kwangju de mai 1980, au cours duquel environ 200 personnes impliquées dans des manifestations violentes contre le régime ont été tuées par la police.

Comme à Taïwan, l'industrialisation rapide a également créé une classe moyenne articulée, qui comprenait principalement des cols blancs des secteurs public et privé de l'économie, y compris des intellectuels, des professionnels des médias et des travailleurs indépendants. Depuis le début des années 80, la classe moyenne avait de plus en plus rejoint les étudiants et les travailleurs dans le cadre de la large alliance de protestation en plein essor connue sous le nom de mouvement *minjung*. Le régime de Chun, tout en faisant semblant de tolérer un certain degré de concurrence politique ouverte en permettant à certains partis d'opposition mineurs de concurrencer son Parti de la Justice Démocratique (PJD) dominant, a renforcé l'appareil de sécurité et de surveillance et resserré les contrôles sur la presse et les militants de plus en plus organisés en mouvements ouvriers.

La lutte pour la démocratie a pris de l'ampleur en 1985, lorsque tous les partis d'opposition se sont réunis pour former le Parti Démocratique de la Nouvelle-Corée (PDNC) et ont remporté 67 des 187 sièges électifs du Parlement. Le parti est immédiatement allé se battre avec le gouvernement au Parlement en appelant à une réforme constitutionnelle pour prévoir des élections présidentielles directes au début de 1988. Dans les rues et les campus, la lutte a été reprise par les travailleurs, les étudiants et la classe moyenne, dont l'alliance a été précipitée par la torture et la mort d'un étudiant militant aux mains de la police en janvier 1987.

Les premiers mois de 1987 ont vu en Corée du Sud certains des plus grands rassemblements de masse pour la démocratie dans l'histoire, résultat de l'annonce par le gouvernement Chun de la suspension temporaire du débat sur la réforme constitutionnelle. En juin 1987, la violence était à la fois généralisée et croissante, les quartiers de Séoul, la capitale, ressemblant à des zones de guerre. Face au choix entre suppression totale et concession substantielle, le régime est divisé et l'impasse n'est rompue que lorsque le général Rho Tae Woo, candidat officiel à la présidentielle du parti au pouvoir, déclare en juin 1987 son intention d'organiser des élections présidentielles directes et d'engager toutes les réformes démocratiques exigées par le public. Cela a marqué la fin du violent «printemps du mécontentement» et le début du processus démocratique en Corée du Sud.

Les résultats immédiats du début de la démocratie en Corée ont été la levée des restrictions sur les activités politiques et la libération des prisonniers politiques de l'opposition, parmi lesquels M. Kim Dae Jung, le chef de l'opposition chevronné et qui par la suite deviendra president. En octobre 1987, une nouvelle constitution a été approuvée par référendum national, qui prévoyait l'élection directe du président pour un mandat de 5 ans non- renouvelable ainsi qu'un système politique mixte combinant des éléments présidentiels et parlementaires. Deux mois plus tard, la première élection présidentielle a eu lieu en vertu de la nouvelle constitution. Rho a gagné avec seulement 36,6 %du total des suffrages exprimés en raison d'une scission entre les partis d'opposition. Lors des élections à l'Assemblée nationale, tenues en avril 1988, le parti du président Rho n'a pas atteint la majorité globale pour la première fois depuis la formation du parti en 1980. Les efforts ultérieurs pour imiter la domination du parti unique à la japonaise en construisant une grande coalition conservatrice, sous la forme du Parti Libéral Démocrate, ont échoué, en grande partie à cause de la suspicion publique des intentions antidémocratiques des politiciens impliqués. Au lieu de cela, un gouvernement divisé de style américain, dans lequel différents partis contrôlent la Présidence et le Parlement, est devenu quelque peu la norme dans la politique coréenne depuis les années 1990.

Probablement plus que Taïwan, la jeune démocratie coréenne n'a pas encore surmonté bon nombre des héritages d'un régime autoritaire. Comme à Taïwan, le relâchement de la tension entre les deux

Corées sera également un facteur important pour l'approfondissement de la démocratie coréenne. Depuis sa transition, la Corée du Sud a également vu une société civile florissante, préoccupée par les questions liées à la justice sociale, telles que les faveurs du gouvernement au *chaebol*, le système fiscal inéquitable, la sous-prestation de la protection sociale, l'inégalité entre les sexes et la protection de l'environnement.

Cependant, avec l'arrivée de la démocratie, la solidarité entre la classe ouvrière et la classe moyenne, qui était au cœur du début démocratique de la Corée, s'est largement dissipée. Au lieu de cela, l'explosion du radicalisme ouvrier qui a suivi la démocratisation a rendu la classe moyenne de plus en plus préoccupée par son impact potentiellement négatif sur la santé économique de la Corée du Sud. Il existe donc aujourd'hui un agenda politique beaucoup plus large ouvert à la contestation publique dans la politique sud-coréenne.

Thaïlande, une révolution capitaliste

Parmi les trois pays qui ont réussi à passer à la démocratie, la Thaïlande a commencé la démocratisation au milieu des années 70 à un niveau de développement socio-économique beaucoup plus faible et avec un degré plus élevé d'inégalités socio-économiques. Aujourd'hui encore, plus des deux tiers de sa population vivent à la campagne et plus de la moitié de sa main-d'œuvre est engagée dans l'agriculture. La majeure partie de l'activité industrielle et commerciale du pays est également concentrée à Bangkok et ses environs. Ce niveau bas et ce schéma de développement socio-économique très inégalitaire ont donc considérablement sapé la qualité de la démocratie thaïlandaise et entravé son développement.

Le caractère limité de la démocratie thaïlandaise est en grande partie un produit du rôle dominant de la classe capitaliste dans l'instauration de la démocratie. Plus qu'à Taïwan et en Corée du Sud, la démocratisation en Thaïlande a été façonnée par la révolution capitaliste, qui a commencé à la fin des années 50 et s'est accélérée dans les années 80. La classe commerciale thaïlandaise, qui a été l'agent du miracle économique thaïlandais, d'abord en collaborant avec l'État bureaucratique et autoritaire à domination militaire, puis en pénétrant l'État lui-même pendant la transition de la Thaïlande vers le corporatisme libéral, a également été la force clé derrière le passage de la Thaïlande à la démocratie. Cela, cependant, ne suggère pas un engagement normatif plus fort envers la démocratie de la part de la classe capitaliste thaïlandaise. Loin de là, son soutien largement instrumental à la démocratie, un soutien motivé par des intérêts particuliers, est à la fois le résultat du modèle de laisser-faire du développement économique de la Thaïlande et une contrainte majeure à l'approfondissement de sa démocratie.

La première tentative d'instaurer la démocratie en Thaïlande a commencé avec le coup d'État militaire de 1932, qui, cependant, n'a pas atteint ses objectifs, mais a plutôt inauguré un régime bureaucratique à dominante militaire. Deux décennies de dérive économique et politique ont conduit à la montée de l'homme fort militaire Sarit Thannarat à la fin des années 1950, qui a lancé l'industrialisation de la Thaïlande, basée sur une collaboration productive, quoique corrompue, entre le gouvernement militaire et les capitalistes Chinois. Au cours des deux décennies suivantes, le régime militaire a été consolidé et l'économie a prospéré. L'émergence d'une insurrection communiste menaçante dans le nord et le nord-est du pays et le soutien américain à la position anticommuniste robuste de l'État ont tous deux contribué à tenir à distance les demandes populaires occasionnelles de démocratie.

Les années 1970 ont marqué un tournant important dans le développement politique thaïlandais. L'année 1973 a vu les plus grandes manifestations de travailleurs et d'étudiants réclamer une réforme démocratique. Le retour à un régime civil qui a suivi a produit la constitution jusqu'à présent la plus démocratique de l'histoire de la Thaïlande, qui a permis aux citoyens ordinaires de participer à la politique pour la première fois. Cependant, la polarisation idéologique et sociale, en partie accentuée par la perception de la menace communiste croissante des pays voisins, a conduit à une autre prise de pouvoir militaire en 1976 par le coup d'État le plus sanglant de l'histoire thaïlandaise.

Mais la politique après 1976 ne devait plus être la même. La participation démocratique, bien que brève, a suscité les attentes du public et, pendant les deux décennies suivantes, la politique thaïlandaise a été dominée par la lutte pour le pouvoir entre bureaucrates et officiers, d'une part, et politiciens, d'autre part. En partie à cause des dissensions au sein de l'armée et en partie à cause de l'opposition au régime militaire exprimée par la monarchie, une institution thaïlandaise vénérée, la Thaïlande s'est engagée dans une transition vers la semi-démocratie au cours de la période 1976-1991. Pendant cette période, la presse a été libérée et des élections régulières ont eu lieu. Sous la direction du Premier ministre de Prem Tinsulanond (1980-1988), un général, l'armée était contrainte et le pouvoir législatif dirigé par les civils se voyait confier une plus grande responsabilité pour les politiques intérieures. Quand Prem a refusé de remplir un nouveau mandat en 1988 malgré sa popularité, pour la première fois depuis 1976, la Thaïlande a élu un membre civil du Parlement comme Premier ministre.

Une caractéristique majeure de cette période de semi-démocratie a été l'évolution de l'État thaïlandais de l'autoritarisme bureaucratique au corporatisme libéral dominé par les entreprises. Alors que la main-d'œuvre est restée politiquement faible, les entreprises sont devenues de plus en plus bien organisées et impliquées dans la politique. Il est devenu courant pour les riches chefs d'entreprise de gagner les élections parlementaires et de devenir membres du cabinet. La pénétration croissante de l'État par la classe capitaliste devait plus tard s'avérer un facteur crucial pour la démocratie limitée de la Thaïlande, caractérisée par la politique monétaire et l'achat de votes effréné.

Lorsque le coup d'État militaire de 1991 a renversé le gouvernement civil, il n'y avait guère d'objection de la part des capitalistes et les classes moyennes, jusqu'alors des alliés fidèles dans leur effort de démocratisation. Cependant, comme l'explique Hewison,[57] leur silence était compréhensible pour deux raisons. Premièrement, le coup d'État n'était pas une tentative d'attaquer l'État capitaliste; il entendait plutôt freiner la démocratie - la «dictature parlementaire» - en limitant l'espace politique qui avait été ouvert aux politiciens civils et au mouvement social. En d'autres termes, il ne représentait qu'une reconfiguration du pouvoir de l'État en le déposant des mains des politiciens civils dans les mains des officiers militaires et bureaucratiques. Deuxièmement, les entreprises et les classes moyennes ont toutes deux partagé avec les militaires ses inquiétudes concernant la corruption et la politique monétaire, des questions qui, selon les militaires, justifient une démocratie limitée.

Mais un an plus tard, la révolte populaire la plus massive contre l'armée dans l'histoire thaïlandaise a éclaté, conduisant aux événements tragiques du «Black May»,[58] au cours desquels des centaines de civils ont été tués ou blessés. Cependant, cela s'est avéré être un tournant dans l'évolution de la Thaïlande vers la démocratie, et depuis lors, d'importantes réformes constitutionnelles ont été mises en œuvre et l'armée semble avoir été fermement subordonnée au régime civil. Comment expliquer cette

---

[57] Rodan, G., Hewison, K. and Robison, R. (eds) *The Political Economy of South-East Asia*

[58] Black May, est un nom commun pour la manifestation populaire du 17 au 20 mai 1992 à Bangkok contre le gouvernement du général Suchinda Kraprayoon et la répression militaire qui a suivi. Jusqu'à 200000 personnes ont manifesté dans le centre de Bangkok au plus fort des manifestations. La répression militaire a entraîné 52 décès confirmés par le gouvernement, des centaines de blessés dont des journalistes, plus de 3500 arrestations, des centaines de disparitions et des rapports de témoins oculaires sur un camion rempli de corps quittant la ville. Un grand nombre des personnes arrêtées auraient été torturées.

tournure dramatique des événements?

Ce qui a déclenché les manifestations, ce sont les élections militaires de Mars 1992 au cours desquelles les partis «diaboliques» (pro-militaires) ont gagné et le chef du coup d'État de 1991, Suchinda Kraprayoon, est devenu Premier Ministre de la Thaïlande. Les manifestations se sont intensifiées après la nomination de Suchinda à son cabinet de nombreux politiciens exceptionnellement riches, qui avaient fait l'objet d'une enquête par un groupe anti-corruption, créé par lui-même après le coup d'État. Cette décision a démenti l'affirmation des dirigeants du coup d'État selon laquelle leur objectif en renversant le gouvernement civil était de réduire la corruption. Elle a également fait comprendre aux entreprises et aux classes moyennes que l'armée n'était pas meilleure que les politiciens civils lorsqu'il s'agissait d'étendre sa propre base économique. La domination militaire était considérée comme un danger particulier pour la nouvelle classe affaires, dont le succès dépendait moins du favoritisme politique que de l'accès aux opportunités internationales. Avec l'intervention critique du roi, Suchinda a été forcée de démissionner en Mai et lors d'une autre élection générale tenue 4 mois plus tard, les «partis du diable» ont finalement été vaincus par les «partis anges (anti-militaires)». Un gouvernement de coalition à cinq partis a ensuite été formé sous la direction du Premier Ministre de Chuan Leekpai, un dirigeant de longue date du Parti Démocrate, le plus ancien parti politique de Thaïlande, et un homme célèbre pour son honnêteté et son approche modérée de la politique.

Depuis 1992, la démocratisation en Thaïlande a fait de grands progrès et le rôle des militaires dans la politique passe de plus en plus de celui de contrôle direct à celui d'influence. La base démocratique de la Thaïlande a été élargie en janvier 1995, lorsque Chuan a réussi à obtenir l'approbation de l'Assemblée nationale pour une série de réformes constitutionnelles. Les réformes démocratiques ont atteint un point culminant en septembre 1997, lorsque l'Assemblée nationale a approuvé une nouvelle constitution destinée à placer la démocratie thaïlandaise sur une voie plus stable et plus claire.

Les nouvelles réformes démocratiques ont rencontré leur premier test crucial lors de la crise financière de 1997–98, qui a commencé en Thaïlande. À la suite des programmes d'austérité imposés par le FMI, des manifestations de masse ont éclaté contre le gouvernement, qui était considéré comme corrompu et incompétent. En fin de compte, les spéculations sur une autre répression de 1992 se sont révélées infondées et le gouvernement a démissionné, effectuant le premier transfert pacifique du pouvoir en vertu de la nouvelle constitution.

La démocratie en Thaïlande est toujours confrontée à de nombreux problèmes, dont le plus important est celui de l'achat de voix, qui prend de nombreuses formes et afflige toutes les élections, y compris les deux premières élections tenues en vertu de la constitution de 1997. Il s'agit de l'élection à la Chambre Haute, au Sénat, tenue en mars 2000, et de la première élection à la Chambre Basse, la Chambre des représentants, tenue en janvier 2001. L'achat de votes est particulièrement répandu dans les zones rurales, où plus de 65% de la population vit toujours et la relation patron-client reste importante. Dans un contexte d'inégalités croissantes entre les populations urbaines et rurales, l'achat de votes est devenu un moyen pervers par lequel les revenus ont été transférés à la paysannerie thaïlandaise, ne serait-ce que pendant la période de campagne officielle! Les campagnes gouvernementales exhortant le peuple à ne pas «vendre sa liberté» doivent au mieux sembler creuses et aux pires sinistres dans un pays où les grandes entreprises et la politique sont si étroitement liées.

Plus encore qu'au Japon, l'interpénétration structurelle entre les grandes entreprises et la politique est la principale cause de la politique monétaire, une caractéristique qui, malheureusement, s'était encore plus enracinée avec l'élection au poste de Premier Ministre de Thaksin Shinawatra, un ancien magnat et l'homme le plus riche en Thaïlande à l'époque. L'arrivée au pouvoir de Thaksin était généralement considérée comme de mauvais augure pour la future démocratie de la Thaïlande, car elle était susceptible de conduire à une fusion à part entière entre la politique et les grandes entreprises. Ayant remporté les dernières élections à la Chambre Basse, de nombreux candidats de son parti, dont lui-même, ont fait l'objet d'une enquête pour corruption par la Commission Nationale de Lutte contre la Corruption et la Commission Électorale. L'expérience thaïlandaise de démocratisation a ainsi illustré la manière dont la démocratie est limitée par un État capturé par la classe capitaliste et par un faible niveau de développement socio-économique.

Conclusion

Ici, j'ai analysé les différentes trajectoires de démocratisation à Taïwan, en Corée du Sud et en Thaïlande, trois des pays nouvellement démocratisés d'Asie. Contrairement à la prédiction culturaliste, aucun des pays n'a adopté un système de parti dominant similaire à celui du Japon malgré leurs larges similitudes culturelles. Il est peu probable qu'ils en développent un à l'avenir, étant donné les institutions et pratiques politiques très différentes. Alors que la Corée du Sud a échoué dans sa tentative explicite d'imiter le Japon à cet égard, le KMT de longue date de Taïwan a perdu son emprise sur le pouvoir lors de la deuxième élection présidentielle directe du pays en Mars 2000. La Thaïlande, d'autre part, n'a jamais connu de système de parti unique dominant depuis son passage à la démocratie à la fin des années 1970. Le schéma diversifié du développement démocratique suggère que la culture est un facteur beaucoup moins influent sur la démocratisation.

En ce qui concerne les autres perspectives théoriques sur la démocratisation que j'ai brièvement examinées au début du chapitre, les expériences des trois pays semblent fournir un soutien écrasant à une approche dynamique de la démocratisation qui met l'accent sur l'interaction entre les changements structurels de la société provoqués par le capitalisme et les choix humains faits en réponse à ces changements, à leurs opportunités et à leurs contraintes. Comme je l'ai noté, le développement capitaliste dans les trois pays a généré des pressions pour un changement démocratique, mais ce changement s'est produit à différents niveaux de richesse nationale, sous différentes configurations d'alliance de classe et avec des conséquences différentes pour l'approfondissement de la démocratie. À des moments historiques clés, des personnalités dominantes dans les trois pays, Chiang Chingkuo de Taïwan, Rho Tae Woo de Corée du Sud et le roi thaïlandais Bhumibol Adulyadej, ont également joué un rôle essentiel dans l'organisation des événements. En bref, le passage réussi à la démocratie dans ces trois pays a montré que la lutte pour la démocratie est finalement gagnée par des personnes qui prennent activement des initiatives dans un temps et un espace particulier plutôt que d'être prédéterminés par des préceptes statiques de la culture.

CHAPITRE 7 : LA POLITIQUE DANS LES PAYS NON-DEMOCRATISES

Une démocratisation assiégée

Après avoir analysé les différentes forces qui ont convergé pour instaurer la démocratie à Taïwan, en Corée du Sud et en Thaïlande, je vais déplacer l'accent dans ce chapitre de l'autre côté de la médaille, à savoir les forces qui avaient réussi à bloquer la démocratisation en Malaisie, à Singapour et l'Indonésie. En utilisant une approche similaire, à savoir l'historique comparé, j'organiserai néanmoins cette étude sur le thème de la légitimité. En projetant notre préoccupation à travers la lentille conceptuelle de la légitimité du régime, je chercherai à comparer la relation dynamique entre le défi social de la légitimité du régime et les tentatives de l'État pour gérer le défi. Ce faisant, je montrerai que si les trois sociétés du Sud-est asiatique ont subi des pressions structurelles similaires pour la démocratie, déclenchées par le développement capitaliste, l'échec de la démocratisation peut être largement expliqué par des manœuvres politiques plus ou moins réussies de l'État qui a émoussé le bord de l'impulsion pour la démocratie.

J'avancerai cet argument en deux parties. Dans la première partie du chapitre, je présenterai le concept de légitimité et sa relation avec la démocratisation. Ensuite, dans la deuxième partie, je comparerai la manière dont les trois régimes ont réussi à maintenir leur légitimité et donc à bloquer la démocratisation. Je soutiendrai que, bien qu'ils aient tous utilisé la rhétorique de la culture et la pratique de l'électoralisme et du développementalisme pour maintenir la légitimité, ils ont néanmoins produit différents degrés de réussite et de résultats politiques. Je terminerai en discutant des perspectives de démocratie dans ces pays.

Démocratisation et légitimité des régimes

Comme tous les étudiants en politique le savent, la légitimité, à savoir la mesure dans laquelle un système politique est généralement accepté par ses citoyens, est fondamentale pour la survie d'un régime. Un régime qui perd sa légitimité perd le consentement du citoyen à son «droit de gouverner», déclenchant une crise du pouvoir de l'État et ouvrant la voie à un changement politique. D'un point de vue empirique, un régime peut jouir de différents degrés de légitimité, allant du moral au pragmatique. Alors que la légitimité morale fait référence au soutien actif des citoyens fondé sur sa croyance en un ensemble de principes normatifs cohérents, tels que les droits ou la justice, la légitimité pragmatique fait référence à l'acquiescement passif du citoyen à l'exercice du pouvoir par l'État pour des raisons instrumentales ou pragmatiques (c'est-à-dire la croyance qu'obéir à l'État peut être le meilleur moyen d'atteindre la stabilité et l'harmonie sociale ou qu'il n'y a aucune chance réaliste de contester avec succès le pouvoir de l'État). Sans aucun doute, un régime est plus stable lorsqu'il jouit d'une légitimité morale, tandis que son effondrement indique la perte, même minimale, par l'État du consentement populaire à son droit de gouverner.

Vue sous cet angle, la démocratisation marque l'effondrement des régimes autoritaires et la transformation de la base du pouvoir de l'État, de ce que Max Weber a identifié comme tradition et charisme personnel à des règles et procédures uniformément appliquées, c'est-à-dire l'État de droit démocratique. La question à laquelle nous sommes confrontés maintenant est de savoir pourquoi la démocratisation dans ces trois pays d'Asie du Sud-est n'a pas eu lieu. En d'autres termes, qu'est-ce qui a empêché leur passage à la démocratie ? En outre, nous devons également examiner si les expériences de ces pays ont invalidé notre conclusion sur la démocratisation, à savoir qu'elle est le résultat de l'interaction de changements structurels et d'initiatives humaines, et non un phénomène déterminé par la culture. Ce sont ces questions que j'aborde maintenant.

Une démocratie de façade

En comparaison avec Taïwan autoritaire, la Corée du Sud et la Thaïlande, la Malaisie, Singapour et l'Indonésie avaient une chose en commun, qui était leur appareil démocratique de façade, héritage de leur passé colonial. Bien qu'ils aient opéré différentes formes et degrés de régime autoritaire, allant de la «semi-démocratie» ethnique de la Malaisie, à l'État du parti très centralisé de style léniniste de Singapour, et au régime militaire impitoyable de l'Indonésie, tous les trois régimes du Sud-est asiatique se sont donnés beaucoup de mal pour maintenir un front parlementaire. Dans ces régimes, les partis politiques n'étaient autorisés à se constituer que pour être strictement réglementés et contrôlés; des élections ont eu lieu régulièrement et les votes ont été comptés équitablement, mais seul le parti au pouvoir a été autorisé à gagner. Il n'est pas étonnant que le Parlement soit entre les mains du gouvernement plutôt qu'un articulateur des intérêts sociaux. Cependant, je soutiendrai que la démocratie de façade, en mettant l'accent sur l'électoralisme, la pratique consistant à n'utiliser les élections que comme un symbole de légitimité du régime, a néanmoins généré sa propre dynamique de légitimation du régime en tenant simultanément la promesse de la participation populaire et en la marginalisant. Je montrerai les différents mécanismes par lesquels cette «fiction utile» de l'électoralisme a été maintenue dans les trois sociétés et ses limites croissantes dans le contexte du développement capitaliste.

La montée de l'électoralisme

Comme la plupart des États post-coloniaux, la Malaisie, Singapour et l'Indonésie ont expérimenté la démocratie après l'indépendance nationale. Les crises nationales ont cependant tôt ou tard conduit à l'échec des expériences et à la montée du régime autoritaire. En conséquence, les trois États ont conservé l'enveloppe institutionnelle de la démocratie parlementaire, en particulier les signes extérieurs des élections, tout en adoptant des pratiques autoritaires à différents degrés et sous différentes formes. Alors que la Malaisie a réussi à maintenir sa réputation de «semi-démocratie», l'Indonésie et Singapour étaient au mieux des pseudo-démocraties dominées respectivement par l'armée et un parti politique de style léniniste. Au fil des ans, le développement économique et la stabilité politique ont non seulement soutenu l'autoritarisme ethnique, relativement doux de la Malaisie et l'autoritarisme légaliste et méritocratique de Singapour, mais ont également permis aux dirigeants des deux régimes de prétendre que leur propre système est l'exemple de la démocratie asiatique.

D'un autre côté, cependant, le régime militaire très répressif en Indonésie a été renversé par la révolte populaire de la crise financière de 1997–98. Après son effondrement et la mise en place d'un gouvernement démocratiquement élu, le monde retenait toujours son souffle sur l'avenir d'un pays en proie à la violence ethnique. Par conséquent, bien que la Malaisie et Singapour soient confrontés à des défis croissants quant à leur légitimité, leur relative stabilité vis-à-vis de l'Indonésie suggère des dynamiques différentes de régime autoritaire.

Le recul de la démocratie a été déclenché par différentes crises nationales, qui ont également eu un effet durable sur le développement politique ultérieur dans les trois pays. Des trois sociétés, la démocratie en Indonésie a été la plus éphémère en raison d'une confluence de crises économiques, ethniques et politiques, dont beaucoup étaient l'héritage de la domination coloniale néerlandaise. Après une brève expérience du fédéralisme, imposée par les Hollandais, l'Indonésie a adopté un système parlementaire en 1950, mais n'a pas réussi à consolider son autorité sur l'immense archipel pour les sept prochaines années. De petits partis représentant des intérêts religieux, de classe et régionaux concurrents ont formé des gouvernements de coalition éphémères tandis que l'économie était dominée par les capitaux néerlandais et chinois. Pendant ce temps, l'émergence d'empires politico-économiques construits par des aristocrates Javanais devenus bureaucrates et politiciens a aggravé les inégalités économiques et alimenté les sentiments séparatistes et les révoltes dans l'ouest de Java et Aceh dans le nord de Sumatra.

Face à la détérioration des crises économiques, sociales et politiques, le Président considérablement nationaliste Sukarno[59] a remplacé la démocratie constitutionnelle par sa «démocratie dirigée» et autoritaire en 1957, où le Parlement a été suspendu, les partis d'opposition dissous et les élections interdites. La démocratie occidentale, rejetée, a été amèrement attaquée pour avoir amené la division et les conflits, plutôt que l'harmonie, en Indonésie. La démocratie guidée, formulée sur les «cinq principes» de la *pancasila* (croyance en un seul Dieu, unité nationale, humanitarisme, souveraineté du peuple, justice sociale et prospérité), a été promue comme une forme de démocratie indigène la mieux adaptée à apporter «l'unité dans la diversité» en Indonésie.

Mais la démocratie guidée ne s'est pas révélée meilleure que la démocratie parlementaire dans l'édification de la nation indonésienne et la réalisation du développement économique. L'accord tacite conclu entre Sukarno et l'armée pour maintenir une Indonésie géographiquement et politiquement stable est devenu de plus en plus tendu alors que Sukarno se dirigeait vers le Parti Communiste Indonésien (PCI) en adoptant une politique économique de nationalisation et une politique étrangère de

---

[59] Sukarno (6 juin 1901 - 21 juin 1970) a été le premier dirigeant de l'Indonésie indépendante. Né à Java alors que l'île faisait partie des Indes orientales néerlandaises, Sukarno accéda au pouvoir en 1949. Plutôt que de soutenir le système parlementaire d'origine indonésienne, il créa une «démocratie guidée» qu'il contrôlait. Sukarno a été déposé par un coup d'État militaire en 1965 et est mort en résidence surveillée en 1970.

confrontation avec la Fédération de Malaisie. Les pourparlers sur un axe Pékin – Jakarta contre le «néo-impérialisme» occidental ont également incité les États-Unis à canaliser leur aide financière vers l'armée, la police et les grands partis islamiques afin de saper l'influence du PCI. En fin de compte, la montée en flèche de l'inflation et l'augmentation des troubles sociaux ont conduit à la disparition de Sukarno et à l'arrivée au pouvoir du régime militaire du Nouvel Ordre du général Suharto en 1968, qui a été érigé sur la vie de centaines de milliers de membres réels ou présumés du PCI. Le chaos social et la stagnation économique associés à cette période d'expérimentation démocratique et semi-démocratique devaient, pendant longtemps, conditionner la nation en faveur du développement et de la stabilité, qui figuraient tous deux en bonne place dans l'idéologie du Nouvel Ordre.

En revanche, la période immédiate de la démocratie post-coloniale en Malaisie a connu peu de bouleversements. La transition pacifiquement négociée de la domination coloniale britannique à l'indépendance nationale en 1957 a créé deux conditions importantes pour la stabilité politique, qui étaient toutes deux absentes de l'Indonésie, qui a été contrainte de mener une guerre d'indépendance de 4 ans. Ces deux conditions étaient la défaite du mouvement communiste avant l'indépendance et l'accord entre l'élite politique malaise et le gouvernement britannique sortant sur l'importance de préserver la division ethnique du travail comme moyen de maintenir la domination politique malaise.

Ce dernier aspect équivalait à une réduction effective du suffrage universel, présageant la centralité de l'ethnicité dans la politique malaisienne après l'indépendance. La création en 1946 du parti politique Organisation Nationale Malaisienne Unie (ONMU) était non seulement le reflet de la relative cohésion de l'élite politique malaise, encore une fois un contraste avec l'élite politique indonésienne divisée au moment de son indépendance, mais a également jeté les bases de l'ethnie malaisienne établie sur la «démocratie étatique». Jusqu'en 1969, la «démocratie étatiste» a relativement bien servi la Malaisie. Alors que les Malais dominaient la politique nationale à travers l'ONMU, les Chinois se sont retrouvés avec un monopole sur presque toute l'économie. Avec la création du Parti de l'Alliance (PA), composée de l'ONMU, de l'Association Chinoise de Malaisie (ACM) et du Congrès Indien de Malaisie (CIM), les deux derniers représentant environ 30% des Chinois malaisiens et 10% des Indiens de Malaisie respectivement, l'hébergement ethnique a été officiellement institutionnalisé dans la politique malaisienne. Jusqu'en 1969, le Parti de l'Alliance a remporté toutes les élections libres avec une majorité des deux tiers au Parlement. Mais la perte de sa majorité lors des élections de 1969 a provoqué une émeute communautaire, qui a fait près de deux cents morts et a inauguré la période d'«autoritarisme ethnique» qui perdure aujourd'hui.

À strictement parler, Singapour n'a pas connu de bouleversements politiques similaires à ceux observés en Malaisie et en Indonésie post-coloniales. Le Parti d'Action Populaire (PAP) nationaliste, qui a remporté la première élection parlementaire un an après que Singapour a obtenu le pouvoir de la Grande-Bretagne en 1958, a toujours maintenu la nécessité d'adapter et d'accommoder la pratique démocratique occidentale à la culture indigène. Cependant, l'indépendance forcée de Singapour en 1965, qui a engendré un véritable sentiment de crise de survie nationale, a donné au PAP à la fois une bonne occasion de mettre ses opinions en pratique et une grande légitimité pour restreindre la démocratie au nom de l'édification de la nation. Par conséquent, comme en Malaisie et en Indonésie, le dépouillement de la démocratie pour mettre à nu l'électoralisme a constitué une partie importante des années formatrices du développement politique de Singapour.

Le Développementalisme et L'autoritarisme

L'électoralisme n'est que l'un des ingrédients de la stabilité du régime dont jouissent la Malaisie, Singapour et l'Indonésie. Comme à Taïwan, en Corée du Sud et en Thaïlande, le Développementalisme, à savoir l'engagement officiel en faveur du développement économique, a constitué un autre pilier de la légitimité du régime en Asie du Sud-est. La croissance économique rapide a non seulement réduit la pauvreté absolue, mais a également facilité la cooptation par le gouvernement d'intérêts sociaux potentiellement perturbateurs. En Malaisie et en Indonésie, où la relation patron-client était courante, en particulier dans les zones rurales, la croissance économique a également considérablement amélioré la capacité du gouvernement à acheter du soutien électoral. Les gouvernements de Malaisie et de Singapour étaient habitués à faire des menaces à peine voilées concernant le retrait des fonds de développement ou de certains services publics des circonscriptions qui ont voté dans le mauvais sens. Le développementalisme a ainsi renforcé l'électoralisme, faisant des élections un moyen de cooptation politique pour le gouvernement et un moyen de récolter des récompenses matérielles pour les partisans du gouvernement. Ces deux tendances ont contribué à empêcher l'émergence d'une participation populaire de base, aidant les trois pays à consolider leur régime autoritaire.

Après avoir pris le pouvoir, Suharto a lancé un «Nouvel Ordre» qui devait rester la vision officielle de l'Indonésie jusqu'à sa chute ignominieuse en mai 1998. Combinant pensée politique occidentale et culture indigène, l'idéologie du «Nouvel Ordre» comprenait ces cinq principes: 1. l'adhérence à *pancasila*;[60] 2. l'anti- communisme; 3. la double fonction de l'armée, c'est-à-dire que l'armée est responsable à la fois de la défense et de la supervision de la politique et de l'administration intérieures; 4. le principe de la «masse flottante», selon lequel le peuple doit être libéré du fardeau de participer à la politique organisée sauf pendant les élections; 5. s'efforcer de développer l'économie pour atteindre l'autosuffisance et la notoriété internationale.

Toutes les organisations en Indonésie, y compris la fonction publique et les partis d'opposition, étaient tenues de faire allégeance à cette idéologie, en particulier la « démocratie *pancasila* », qui ne reconnaît aucun conflit d'intérêts entre l'État et la société ou entre différents groupes de la société.

Pendant 32 ans sous Suharto, des élections directes ont eu lieu tous les 5 ans pour le Parlement, le Conseil de Représentation du Peuple (CRP), qui était composé de 400 membres élus et de 100 militaires. Le CRP s'est réuni chaque année et a dû approuver toutes les lois proposées, y compris le budget du gouvernement. Le président a été élu, également tous les 5 ans, par un super-Parlement, l'Assemblée Consultative du Peuple (ACP), qui se composait de tous les membres du CRP plus 500 autres personnes nommées, dont la plupart ont été sélectionnées par l'armée, et le parti du gouvernement. Il n'est donc pas surprenant que Suharto ait «remporté» toutes les élections présidentielles après 1968, y compris son septième mandat en mars 1998. Le parti de Suharto, Golkar, avait également la garantie de remporter toutes les élections législatives, remportant bien plus des deux tiers des voix chaque élection. Au lieu d'être un parti politique, Golkar était le visage électoral de la bureaucratie civile et des

---

[60] Pancasila, les cinq principes, était la philosophie de l'État indonésien, formulée par le leader nationaliste indonésien Sukarno. Elle a été articulée pour la première fois le 1er juin 1945, dans un discours prononcé par Sukarno devant le comité préparatoire à l'indépendance de l'Indonésie, parrainé par les Japonais pendant leur occupation de la Seconde Guerre mondiale. Sukarno a fait valoir que le futur État indonésien devrait être basé sur les cinq principes: le nationalisme indonésien; internationalisme ou humanisme; consentement ou démocratie; prospérité sociale; et la croyance en un seul Dieu. La déclaration n'a pas été bien accueillie par les autorités japonaises, mais les préparatifs d'indépendance de l'Indonésie se sont poursuivis. Cependant, avant la proclamation de l'indépendance de l'Indonésie, les Japonais s'étaient rendus et la Grande-Bretagne avait pris le contrôle du pays.

forces armées, mobilisées tous les cinq ans pour obtenir le vote du groupe à la tête du pays dirigé par Suharto. Dans le faux système de partis, les activités de l'opposition étaient si sévèrement restreintes avant et pendant la période de campagne qu'elles pouvaient difficilement défier le gouvernement. Depuis 1973, seuls deux partis politiques ont été autorisés à concurrencer Golkar, et tous deux ont été créés et effectivement soutenus par le gouvernement dans le cadre des signes extérieurs de la démocratie. Non seulement leurs dirigeants ont été approuvés et parfois choisis par le gouvernement, mais la majeure partie du financement de leur parti provenait également du gouvernement.

Derrière la démocratie indonésienne, il y avait un système élaboré de patronage avec Suharto à son apogée. Alors que peu de gens croyaient probablement à la légitimité démocratique du régime, le développement économique accordait néanmoins à la fois une légitimité de performance au régime et le rendait matériellement gratifiant pour la majorité des électeurs ruraux, qui votaient par le biais de puissants mécènes locaux tels que les chefs de village.

La consolidation du régime autoritaire dans la Malaisie après 1969 s'est concentrée sur deux innovations politiques majeures - l'introduction de la Nouvelle Politique Économique (NPE) et l'élargissement de la coalition au pouvoir des partis - qui visaient tous deux à ancrer l'autoritarisme ethnique. En raison de la discrimination institutionnalisée de la NPE contre la population non-malaise, en particulier les Chinois, le gouvernement s'est fortement appuyé sur trois textes législatifs pour restreindre les libertés civiles au nom de l'harmonie raciale en plus de son contrôle presque total des médias (journaux et télévision et stations de radio). Il s'agit de la loi sur la sécurité intérieure, de la loi sur les sociétés et de la loi sur les secrets officiels, qui ont toutes pour but d'interdire ou de restreindre sévèrement toute forme de discussion ou de mobilisation publique sur les questions relatives aux droits spéciaux malais, la prééminence de la langue malaise et le statut de l'islam et des dirigeants malais.

Parallèlement à ces mesures coercitives, il y a eu l'élargissement de la cooptation gouvernementale, sous la forme du Barisan National (BN) ou Front National, qui était une version remaniée du Parti de l'Alliance (PA). Dominé par l'UNMU, comme le PA, le BN contient désormais plusieurs autres partis, dont les anciens ACM et CIM. La coalition élargie visait principalement à accroître l'influence des groupes islamiques au détriment des groupes non-malais, en particulier le ACM. En se soutenant mutuellement dans des circonscriptions différentes, le BN a, depuis le début des années 1970, remporté toutes les élections avec une majorité des deux tiers au Parlement. Cette démocratie de style malaisien, fondée sur un équilibre ethnique soigneux et une restriction des droits civils, était justifiée en termes de maintien d'un consensus ancré dans les valeurs culturelles malaisiennes asiatiques.

Bien que les élections en Malaisie aient permis un plus grand degré de participation du public et de contestation politique qu'en Indonésie, la restriction des libertés civiles et politiques signifiait que les élections servaient souvent à mesurer et redynamiser les niveaux de soutien de masse de l'UNMU plutôt que présentant de réelles opportunités de déloger le gouvernement. Cependant, parce que le gouvernement se donne pour tâche non seulement de remporter les élections, mais aussi de remporter au moins les deux tiers des sièges parlementaires, une position qui lui permettrait de modifier la constitution, les élections jouent un rôle important rôle en Malaisie pour rendre le gouvernement sensible aux pressions sociales.

À Singapour, la consolidation du régime autoritaire après 1965 présentait de nombreuses similitudes avec le Nouvel Ordre en Indonésie et la Malaisie après 1969. Au fil des ans, une combinaison d'une idéologie nationale fondée sur la culture mettant l'accent sur le collectivisme et le consensus, une restriction des libertés civiles et une large cooptation politique sous l'égide du PAP de style léniniste, ainsi qu'un développement économique rapide, a rendu le règlement du PAP pratiquement inattaquable. Jusqu'en 1980, le PAP était le seul parti au Parlement.

À l'instar de l'Indonésie et de la Malaisie, les dirigeants du PAP se méfient profondément de la démocratie de style occidental, estimant que la notion libérale de l'opposition comme une force importante pour obliger le gouvernement à rendre des comptes est au mieux hors de propos et au pire préjudiciable dans la société sociale singapourienne - et donc asiatique. Par conséquent, l'opposition politique à Singapour est étroitement contrôlée par un large éventail de moyens, souvent avec des prétentions légalistes. Les dirigeants politiques de l'opposition sont souvent surveillés de près, menacés de poursuites, harcelés et parfois arrêtés. Sauf pendant la période précédant les élections, peu d'activités politiques sont autorisées. Dans le même temps, les partisans de l'opposition sont souvent intimidés par les avertissements du gouvernement concernant la réduction des dépenses et des services publics dans les districts qui votent «à l'envers». Le lien entre la fonction publique et le résultat du vote est comme un test de loyauté politique, par conséquent, comme en Indonésie, l'existence de partis d'opposition à Singapour indique peu de véritable concurrence politique.

Une manière typique de Singapour de faire taire les dirigeants de l'opposition et les détracteurs du gouvernement est de porter des accusations contre eux pour «abus de la liberté d'expression». Le PAP a régulièrement remporté des prix en diffamation de plusieurs millions de dollars contre des opposants politiques. La condamnation, l'amende et l'interdiction de la politique au cours des années 80 et 90 de J.B. Jeyaretnam[61] et Tang Liang Hong, deux des dirigeants du Parti des Travailleurs (PT), ne sont que deux des cas les plus connus. Cette méthode a également été étendue aux non-Singapouriens, comme le montre la très médiatisée « affaire Lingle »de 1994, dans laquelle le professeur Christopher Lingle, économiste américain, alors enseignant à l'Université nationale de Singapour, a été accusé de «diffamation criminelle» devant les tribunaux de Singapour pour un article qu'il avait écrit dans l'*International Herald Tribune*.

Ce qui a émergé dans les trois nations d'Asie du Sud-est était donc un modèle presque commun de régime très autoritaire déguisé en démocratie. Immédiatement après les crises nationales, le régime autoritaire a été consolidé avec un large assentiment public, sinon un soutien actif. L'épanouissement de l'économie qui a suivi dans les trois sociétés a encore renforcé la légitimité du régime. Au fil des ans, cependant, le développement capitaliste a également généré des changements structurels similaires dans les trois sociétés, sapant progressivement la même structure de pouvoir autoritaire. Pourtant, contrairement aux Nouveaux Pays Democratisés asiatiques, la Malaisie et Singapour ont réussi à maintenir leur semi-ou pseudo-démocratie

---

[61] Joshua Benjamin Jeyaretnam (5 janvier 1926 - 30 septembre 2008; [1] plus connu sous le nom de J. B. Jeyaretnam ou J.B.J.) était un homme politique et avocat singapourien. Il a été le chef du Parti des travailleurs de 1971 à 2001. En 1981, il est devenu le premier homme politique de l'opposition depuis l'indépendance de Singapour en 1965 à remporter un siège au Parlement, après avoir battu le candidat du Parti d'Action Populaire au pouvoir (PAP) lors d'une élection partielle dans la circonscription d'Anson. Il a été réélu aux élections générales de 1984, mais a perdu son siège au Parlement en 1986 à la suite d'une condamnation pour avoir faussement comptabilisé les fonds du parti (une condamnation qui a ensuite été annulée par le Conseil privé du Royaume-Uni, qui a qualifié la condamnation de grave injustice). Il est revenu au Parlement après les élections générales de 1997 en tant que membre du Parlement hors circonscription. Cependant, il a été déchu de son siège en 2001 lorsqu'il a été déclaré en faillite après avoir omis de payer les dommages-intérêts dus aux dirigeants du PAP à la suite d'une poursuite en diffamation. Il a quitté son parti plus tard cette année-là. Il a été acquité de en 2007 et a fondé le Parti Réformiste en juin 2008. Il est mort d'une insuffisance cardiaque en septembre 2008, trois mois après avoir fondé le Parti Réformiste qui est maintenant dirigé par son fils Kenneth Jeyaretnam.

autoritaire, alors que l'Indonésie a été contrainte d'abandonner son régime militaire en 1998.

Alors, quelle était la raison de la relative stabilité de l'autoritarisme dans les trois pays du Sud-est asiatiques? Quelles perspectives y a-t-il pour la démocratie dans la région?

Défis d'un régime autoritaire

Dans les trois régimes, le développementalisme était une arme à double tranchant; il a aidé à la fois à consolider un régime autoritaire et à saper les fondements de ce régime. Un mécanisme important par lequel des défis à l'autoritarisme ont surgi avec le développement a été l'émergence de nouveaux problèmes sociaux et de classes souhaitant avoir un mot à dire dans la prise de décision gouvernementale. Cependant, la manière dont ce défi a été géré différait considérablement dans les trois pays, entraînant des conséquences différentes pour la stabilité du régime.

En Indonésie, la coalition d'intérêts sociaux qui a porté au pouvoir le régime du Nouvel Ordre de Suharto était dès le début un partenariat difficile malgré son soutien commun à la position anti-communiste du régime et à sa promesse de développement économique et de stabilité politique, toutes ces choses que Sukarno n'aimait pas. L'alliance a commencé à s'effriter au début des années 1970 lorsque les entreprises locales, notamment islamiques, ont protesté contre leur marginalisation croissante par l'afflux de capitaux étrangers et les inégalités croissantes malgré la croissance économique. Tout au long de la décennie, les étudiants ont mené la protestation contre les abus de pouvoir des militaires et l'alliance corrompue entre les capitaux étrangers, les magnats des affaires Chinois et les bureaucrates du gouvernement. En 1980, cinquante éminents intellectuels se sont joints aux étudiants dans leur appel à une plus grande justice sociale, une distribution équitable des fruits de la croissance économique et un système politique plus ouvert. Ils ont rédigé la fameuse «Pétition des Cinquante»,[62] critiquant la *pancasila* et la politique du gouvernement de simplement augmenter le PNB (produit national brut). Bien que le gouvernement ait réagi en licenciant les cinquante signataires de leurs emplois et en restreignant plus sévèrement

---

[62] La pétition des cinquante était un document protestant contre l'utilisation par le président Suharto de la philosophie d'État «Pancasila» contre les opposants politiques. Publié le 5 mai 1980, elle a été signée par cinquante éminents indonésiens, dont l'ancien chef d'état-major de l'armée Nasution, l'ancien gouverneur de Jakarta Ali Sadikin et les anciens premiers ministres Burhanuddin Harahap et Mohammad Natsir.

la liberté d'expression, l'islam a commencé à se développer rapidement en tant que voix vocale contre le régime militaire.

Le passage de l'Indonésie à la déclaration d'intérêt et à la libéralisation économique dans les années 80 a conduit à une vague de patrimonialisme. Suharto dirigeait de plus en plus le pays comme s'il s'agissait de ses propres biens personnels, toujours disponibles pour le parrainage. La croissance résultante du népotisme rampant et de la corruption, comme en témoigne l'importance croissante des familles politico-commerciales notables, a ajouté l'urgence à l'appel au contrôle démocratique du gouvernement.

Dans les années 1990, la transformation sociale qui était le résultat du développement capitaliste, a considérablement élargi la base sociale de l'opposition et renforcé son organisation. La croissance simultanée de la classe moyenne urbaine et de la classe ouvrière a conduit à une mobilisation de masse pour les droits des travailleurs et la réforme démocratique. Le début des années 1990 a vu à la fois une explosion des grèves appuyées par la classe moyenne et une prolifération d'organisations non-gouvernementales (ONG) de la classe moyenne travaillant sur un large éventail de questions, y compris les droits de l'homme, la génération de revenus pour les pauvres et l'environnement. En l'absence de toute opposition significative des partis politiques, les ONG sont devenues les véhicules les plus importants pour les opposants de la classe moyenne au régime et ont constitué une société civile naissante d'Indonésie, repoussant constamment les frontières de l'opposition.

Le régime de Suharto a répondu à l'augmentation des protestations sociales par une grande répression et une cooptation plus étendue. L'arrestation et le harcèlement de travailleurs, d'étudiants et de journalistes ont été accompagnés de la nomination d'un nombre croissant de musulmans de la classe moyenne au gouvernement et dans l'armée.

Jusqu'à la crise financière de 1997–98, qui a durement frappé l'Indonésie, cette stratégie à deux volets avait soutenu le régime principalement en raison de la fragmentation du mouvement d'opposition. Car la montée croissante de l'influence islamique avait provoqué de graves préoccupations partagées par les militaires et les critiques laïques et libérales du régime, permettant au régime corrompu de s'accrocher au pouvoir.

Cependant, la crise, en particulier la manière dont le Président s'en est occupé, a balayé tout vernis de légitimité dont le régime aurait pu jouir jusque-là et le public ne pouvait plus tolérer un dictateur déterminé à mettre sa richesse familiale avant le sort de la nation. La colère populaire qui a suivi a non seulement renversé le régime du Nouvel Ordre mais a également laissé peu de choses sur lesquelles le nouveau régime pourrait s'appuyer. Poursuite de la violence ethnique, montée des tendances séparatistes, rôle dominant de l'armée, radicalisme islamique, émergence de nouveaux pauvres à la suite de la crise financière - tout cela a mis à rude épreuve le gouvernement Wahid, formé en novembre 1999, jetant une ombre sur les perspectives de démocratisation de l'Indonésie.

En Malaisie, trois décennies de croissance économique ont également créé une grande classe moyenne ainsi que la classe ouvrière. Comme en Indonésie, le souci de la «dimension spirituelle du développement» a conduit à une renaissance de l'islam radical, représenté par le Parti Islamique pan-malaisien (PIM). Dans le même temps, un certain nombre de mouvements sociaux ont commencé à lutter pour influencer le gouvernement sur des questions allant des droits des travailleurs et des consommateurs à la protection de l'environnement. Cependant, l'alliance de classe pour une plus grande démocratie a été considérablement affaiblie à la fois par la centralité persistante de l'ethnicité et par la manière étatique de réaliser le développement économique. Divisée selon des critères ethniques, la classe ouvrière est à la fois structurellement et organisationnellement faible dans sa lutte avec l'État pour les droits des travailleurs. La classe moyenne, en revanche, bien que divisée de manière similaire, trouve son mécontentement soit canalisé par le mécanisme électoral assez efficace (pour les Malais et les non-Malais), soit insuffisamment fort - dans le cas de la classe moyenne musulmane - pour secouer le bateau du régime. Ainsi, lorsque les membres de cette classe font un semblant de participation ou sont piégés dans des mécanismes électoraux, leur capacité et leur désir de démocratisation sont limités. La faiblesse structurelle de la classe moyenne malaisienne est peut-être mieux illustrée par la montée et la chute des élections du parti Semangat 46, qui a été créé à la suite de la scission au sein de l'ONMU en 1987, dans le contexte d'un grave ralentissement économique et d'une croissance critique de la corruption et du style de leadership autoritaire du Premier Ministre Mahathir.

Lors des élections générales de 1990, malgré les espoirs de voir le parti briser le moule de l'autoritarisme ethnique de la Malaisie, la stratégie de Semangat de former une alliance électorale multi-ethnique avec d'autres partis d'opposition a trébuché sur la question d'un État islamique, qui a divisé deux autres partis, le PAS et le Parti d'Action Démocratique laïque, largement basé en Chine. En l'occurrence, le BN a facilement remporté sa majorité des deux tiers au Parlement. Avec la reprise de l'économie, qui a renforcé la capacité du parti au pouvoir à offrir du patronage, un flux régulier de membres Semangat a été ramené dans l'ONMU, précipitant sa disparition. Un an avant les élections fatidiques de 1995, Semangat a décidé d'abandonner sa position multi-ethnique et de se mobiliser sur les questions sectionnelles malaises. Cette décision, cependant, n'a fait que faire apparaître le parti comme extrémiste vis-à-vis du BN qui était multiculturel et a donc conduit à sa disparition électorale. L'épisode de Semangat montre ainsi comment la pression pour une réforme démocratique en Malaisie a été diluée par les canaux de représentation ethnique et par la combinaison dynamique de coercition et de cooptation.

Après avoir remporté les élections de 1995, le gouvernement du Dr Mahathir n'a pas tardé à répondre à certaines des préoccupations exprimées par l'opposition dans une tentative de coopter davantage la classe moyenne malaise. Le programme de privatisation de 1994–95 a été lancé en partie avec cet objectif en tête. Le gouvernement a également montré une certaine volonté de travailler avec des organisations de la société civile modérées, qui menaçaient moins sa domination. Depuis les années 1990, un nouvel agenda nationaliste s'est poursuivi sous la forme de la rhétorique forte du Dr Mahathir contre le bilan occidental de la démocratie et des droits de l'homme, qui a détourné l'attention des organisations sociales vers la dénonciation de l'Occident. Reflétant en partie cette humeur anti-occidentale, qui a augmenté au cours de la crise financière de 1997-1998, le BN a de nouveau remporté les élections générales, tenues en novembre 1999, mais avec une part de voix réduite, à 56% contre 65 % en 1995. Un défi majeur auquel était confronté le BN est l'attrait électoral croissant du PAS islamique, qui est devenu depuis les années 1990 un parti d'opposition de premier plan en concurrence avec l'ONMU pour le vote des classes moyennes malaises.

À Singapour, le premier signe visible de contestation de l'État du PAP s'est produit en 1981, lorsque le Parti des travailleurs a remporté une élection partielle, brisant pour la première fois depuis 1959 le monopole du PAP sur les sièges parlementaires. Cette élection a également été la première percée psychologique dans la politique de Singapour, où la population a réalisé qu'il était possible de voter pour les partis d'opposition sans mettre en danger les perspectives de survie du pays. Trois ans plus tard, le soutien du PAP est tombé à son niveau le plus bas depuis l'indépendance, passant de 84% du vote national en 1968 à 62%, une tendance favorisée par la récession de la menace communiste tant au niveau international que dans la région.

Bien qu'il ne s'agisse pas d'une débâcle électorale selon la plupart des normes internationales, la perte du vote populaire par le PAP en 1984 a déclenché une avalanche de réformes politiques visant à rendre le parti plus réactif aux préoccupations populaires sans déplacer le pays vers la démocratie libérale. Pour prévenir l'émergence d'une société civile autonome, l'État PAP a élargi son réseau d'institutions gouvernementales par des moyens parlementaires et extraparlementaires, conduisant à un contrôle et une gestion sociale plus stricts. Dans le même temps, toutes les réformes ont été légitimées par une idéologie élaborée de l'élitisme qui est devenue si profondément ancrée dans la structure sociale de Singapour et si dominante dans sa culture politique qu'elle a dépolitiser efficacement la politique et en faire une simple affaire administrative.

Dans l'arène parlementaire, trois mesures cooptives ont été adoptées pour élargir la représentation du public sans mettre en danger la domination du PAP. Il s'agit notamment d'envoyer au Parlement des députés non-votants des partis de l'opposition, de nommer des députés d'entreprises, de syndicats, d'organisations féminines et ethniques pour aider le PAP à élaborer de «meilleures» politiques et de créer des circonscriptions de représentation de groupe, dans lesquelles les électeurs choisissent une équipe de candidats, dont au moins un doit être Indien ou Malais. L'accent mis sur l'éducation formelle et les qualifications techniques pour ces nominations signifie que les réformes institutionnelles visent moins à rendre la politique plus représentative qu'à la rendre plus méritocratique.

En dehors du Parlement, une plus grande participation du public est encouragée par l'ouverture de canaux de rétro-action parrainés par le gouvernement. Il s'agit notamment des comités de résidents, des comités consultatifs de citoyens et de l'unité de rétro-action du ministère du Développement Communautaire, qui tient régulièrement des discussions à huis clos avec des membres du public invités. En outre, le gouvernement a également mis en place un certain nombre d'institutions ethniques afin de lutter contre les inégalités croissantes dans la société. En confinant la question de l'inégalité au sein de chaque communauté ethnique, le gouvernement cherche à l'empêcher de se transformer en un problème de classe.

Ces réformes politiques, en faisant obstacle à la formation de groupes d'intérêt et donc en coupant les bases sociales potentielles des partis d'opposition, ont jusqu'à présent réussi à empêcher Singapour de passer de l'électoralisme à une démocratie libérale. Ils ont renforcé la domination du PAP en fournissant des canaux institutionnels par lesquels il peut surveiller de près l'opinion publique, façonner sa formation et limiter l'expression de la dissidence politique au processus politique formel. En bref, le réseau étendu de cooptation a façonné la forme et le caractère de la politique d'opposition à Singapour en faveur du PAP.

Lors des élections générales tenues en janvier 1997, le PAP a fait passer sa part des voix de 61% à 65% et a remporté 81 sièges parlementaires sur un total de 83. Immédiatement après la victoire, le Premier ministre Goh Chok Tong a affirmé que le résultat montrait que les électeurs de Singapour avaient rejeté le «libéralisme à l'occidentale» en faveur de la démocratie asiatique. La réalité, cependant, est plus complexe que ce qu'il a suggéré. Alors que de nombreux Singapouriens soutiennent sans aucun doute le PAP, étant donné son caractère autoritaire, relativement bienveillant et son image compétente et propre, de nombreux autres, en particulier les professionnels bien éduqués, trouvent intolérable de vivre dans un régime paternaliste cherchant à réglementer tous les aspects de la vie de ses citoyens. En «votant avec leurs pieds», c'est-à-dire en émigrant, ils ont contribué au grave problème de «fuite des cerveaux» auquel Singapour est confronté. De nombreux Singapouriens vivant à l'étranger expriment ouvertement des critiques à l'égard du régime.

Conclusion

À l'instar des Pays Nouvellement Democratisés d'Asie de l'Est, comme Taïwan, la Corée du Sud et la Thaïlande, les trois pays d'Asie du Sud-est encore à démocratiser diffèrent à la fois par leur niveau de développement socio-économique et par leur patrimoine historique et culturel. Leur manque de progrès dans la transition vers la démocratie est donc autant une justification d'une approche dynamique de la démocratisation que la démocratisation réussie des Pays Nouvellement Democratisés. Car ce qui bloque ou fait avancer la démocratisation, ce n'est ni l'histoire, ni la culture ou l'économie, ni un groupe ou une classe historique unique; c'est plutôt l'interaction dynamique de tous ces facteurs à un moment donné. Le développement capitaliste, bien que vital pour générer des conflits sociaux qui fournissent le contexte de la lutte humaine pour la démocratie, n'est pas déterminant pour une transition douce ou linéaire vers la démocratie. L'électoralisme, une promesse de façade pour la démocratie, comme nous l'avons vu en Asie du Sud-est, a longtemps été utilisé avec plus ou moins de succès pour empêcher le plein développement de la démocratie. Le type de légitimité dont ces régimes jouissaient (et continuent de jouir en Malaisie et à Singapour) est donc plus subordonné à leur performance en matière de développement qu'à leur prétention à l'équité procédurale, exigence minimale de la démocratie. En d'autres termes, ces démocraties de façade sont intrinsèquement vulnérables à des revers de performance qui pourraient mettre en danger leur légitimité fragile, l'effondrement du Nouvel Ordre en Indonésie en étant un bon exemple. Bien que cela ne signifie nullement que la démocratisation en Asie du Sud-est ne pourrait être provoquée que par des désastres de performance, cela indique les grandes difficultés de maintenir un régime autoritaire dans les sociétés diverses et modernes.

CHAPITRE 8 : L'ETAT SOCIAL EN ASIE DE L'EST

Après avoir examiné la politique de développement économique et politique en Asie de l'Est dans les chapitres précédents, je passe maintenant au développement social de la région. En Occident, le développement social est étroitement associé à la création de l'État-providence, qui a eu lieu après la Seconde Guerre mondiale. Le terme «État-providence» n'a pas de sens précis et est souvent chargé idéologiquement. Cependant, il se réfère à un État démocratique libéral, dont le rôle se développe considérablement dans une économie capitaliste avec l'objectif de fournir à ses citoyens un niveau de vie plus ou moins généreux mais garanti, englobant des aspects tels que la santé, l'éducation, le logement et le maintien du revenu. Un tel modèle de développement social en Occident, étayé par la notion de droit social, est largement interprété comme l'aboutissement presque inévitable de plus de deux siècles de droits civils et politiques. D'où la devise du point de vue de la convergence, qui considère l'industrialisation et la démocratie comme les facteurs clés susceptibles de conduire à l'émergence de l'État-providence de type occidental dans d'autres parties du monde.

Le développement social en Asie de l'Est, bien qu'il diffère beaucoup d'un pays à l'autre, comme en Occident, tant en termes de politiques que de résultats, a néanmoins affiché des différences communes vis-à-vis de l'Occident. Ces différences, identifiées pour la première fois au Japon et plus tard dans les NPI, ont éclairé la perspective culturelle du développement social, qui met l'accent sur le rôle clé des cultures locales dans l'élaboration de la politique sociale. En désignant le confucianisme comme le déterminant clé de la politique sociale au Japon et dans les NPI, «l'orientalisme du bien-être», comme White et Goodman[63] décrivent cette perspective, prétend non seulement expliquer ces différences, mais cherche également à affirmer la supériorité du modèle «asiatique» de prestation sociale sur le modèle «occidental».

Dans ce chapitre, j'examinerai les schémas de politique sociale en Asie de L'Est en vue d'identifier et d'expliquer les similitudes et les différences. En situant la politique sociale dans son contexte national-historique, et en montrant la tendance à l'augmentation de la divergence transnationale dans la politique sociale dans la région, je chercherai à mettre en évidence la centralité de la dynamique de la politique nationale plutôt que la culture. En particulier, je soutiendrai que si la logique politique de l'État Développementaliste, c'est-à-dire le double besoin de promouvoir la croissance économique et de légitimer le régime, a été le moteur de l'évolution de la politique sociale dans tous les États d'Asie de l'Est, des politiques transnationales divergentes, le développement commence à générer des approches de la politique sociale. L'engagement rhétorique plus ou moins vivement exprimé en faveur de «l'orientalisme du bien-être» dans toute la région, je le soutiendrai plus loin, reflète davantage l'ascension mondiale du néolibéralisme que des «valeurs asiatiques».

Je vais diviser le chapitre en trois parties. Dans la première partie, je présenterai les circonstances politico-idéologiques dans lesquelles l'orientalisme du bien-être a émergé en soulignant certaines des caractéristiques communes de la politique sociale en Asie de l'Est qui éclairent le discours orientaliste. Dans la deuxième partie, je réaliserai un profil détaillé des politiques sociales dans la région en les situant dans leur contexte historique et national respectif. Les principaux programmes sociaux dans chaque pays seront identifiés. Dans la troisième partie, je chercherai à expliquer les similitudes transnationales et les différences croissantes en mettant en évidence le contexte politique changeant dans lequel la politique sociale est élaborée. Je terminerai en notant la nature idéologique de l'orientalisme social.

L'Orientalisme du bien-être

La politique sociale en Asie de l'Est n'a pas suscité beaucoup d'intérêt pour la recherche en Occident jusqu'aux années 1980, lorsque la région

---

[63] *The East Asian Welfare Model: Welfare Orientalism and the State* (1998).

est devenue une rivale économique. Jusque-là, la littérature occidentale sur la politique sociale avait été dominée par deux grandes perspectives théoriques, la socio-économique et la politique, mettant respectivement l'accent sur les niveaux de développement socio-économique et un éventail de facteurs politiques en tant que déterminants clés de la politique sociale.Cependant, l'essor économique de l'Asie de l'Est et la prise de conscience de l'approche apparemment différente de la protection sociale de la région vis-à-vis de l'Occident, ont conduit à une troisième perspective, l'orientalisme du bien-être, qui considère le confucianisme, les valeurs asiatiques comme le déterminant clé du développement social de la région.

L'orientalisme du bien-être a gagné en popularité à un moment où l'État-providence occidental était sévèrement attaqué par des intellectuels et des politiciens principalement néolibéraux pour avoir prétendument sapé l'efficacité économique, l'éthique du travail, la famille et la communauté. Le dynamisme économique contrasté et la cohésion sociale apparente manifestés en Asie de l'Est ont donc été décrits comme le produit d'une région dotée des vertus confucéennes et asiatiques uniques de responsabilité individuelle, de solidarité familiale et de soutien de groupe. En promouvant les prestations sociales comme étant la responsabilité première de l'individu, de la famille et de la communauté, soutient l'orientaliste du bien-être, les États d'Asie de l'Est ont aidé leurs sociétés à échapper à la «maladie occidentale» de la dépendance et de la dégradation sociale.

La base de l'orientalisme du bien-être provient de trois modèles identifiables et similaires de développement social dans toute l'Asie de l'Est. Le premier est le niveau relativement élevé de développement social dans la région, du Japon à l'Indonésie. Comme je l'ai montré, des organisations internationales telles que la Banque Mondiale ont distingué ces économies très performantes pour leur remarquable bilan en matière de «croissance partagée». De plus, ces pays se sont constamment classés en bonne place dans le *Rapport sur le développement humain*, qui est publié chaque année depuis 1990 par le Programme des Nations Unies pour le Développement. L'Indice de Développement Humain, un indicateur clé du développement social d'un pays utilisé par le rapport, est établi en mesurant trois domaines: la longévité, les connaissances et le niveau de vie. Il comprend des indicateurs tels que l'espérance de vie à la naissance, le taux d'alphabétisation des adultes, les taux de scolarisation dans l'enseignement primaire, secondaire et supérieur et le PIB par habitant ajusté en fonction du coût de la vie locale.

La deuxième caractéristique commune du développement social en

Asie de l'Est concerne les modèles de dépenses publiques, qui se reflètent sous deux aspects. Premièrement, la région est bien connue pour ses dépenses publiques, relativement modestes en politique sociale. Alors que le Japon et les NPI dépensent tous beaucoup moins de leur PIB en programmes sociaux que leurs homologues industriels en Occident, les NPE affichent également une tendance similaire à celle des pays du monde en développement, c'est-à-dire d'Amérique latine, avec des niveaux de développement économique similaires. En outre, la priorité des dépenses semble également différer entre l'Asie de l'Est et l'Occident. Alors que la sécurité sociale prend la part du lion des dépenses publiques dans toutes les sociétés occidentales, l'éducation est la première priorité des dépenses publiques dans toutes les sociétés d'Asie de l'Est (à l'exception du Japon), suivie de la santé ou du logement, la sécurité sociale recevant la plus petite ou la deuxième plus petite part des dépenses publiques. Ce modèle a donné lieu à la principale affirmation orientaliste de l'aide sociale selon laquelle l'Asie de l'Est offre une méthode alternative moins coûteuse et plus efficace de fourniture de l'aide sociale à l'État-providence de style occidental.

Et, enfin, la philosophie sous-jacente de la politique sociale apparaît très différente entre l'Asie de l'Est et l'Occident. La rhétorique retentissante des droits sociaux n'est prédominante que par son absence en Asie de l'Est, où la responsabilité individuelle et la coopération communautaire sont les maîtres-mots, même dans des sociétés qui ont évolué vers des services sociaux de type occidental. Dans la section suivante, je ferai donc un examen plus détaillé de l'évolution de la politique sociale dans la région en vue d'identifier les facteurs historico-nationaux qui ont contribué à ces similitudes ainsi qu'aux divergences émergentes.

Les systèmes de bien-être

Toute étude du développement social en Asie de l'Est doit partir du contexte politico-institutionnel, fondamentalement différent dans lequel la politique sociale a été ou est élaborée. Contrairement à l'Ouest de l'après-Seconde Guerre mondiale, dans lequel la politique sociale est principalement une réponse démocratique aux pressions sociétales organisées autour de la classe, du sexe et de la race, l'Asie de l'Est a vu le lancement de la plupart des politiques sociales par un État Développementaliste autoritaire. La position dominante de l'État dans la politique sociale signifiait qu'il était moins conçu pour la protection sociale que pour le développement économique et la légitimation du régime. D'où l'orientation « productiviste » largement reconnue de la politique sociale dans la région, à savoir la tendance à utiliser la politique sociale comme un instrument de développement économique sur lequel le régime a mis sa légitimité. Mais, comme nous le verrons, la démocratisation dans la région commence déjà à transformer la politique sociale malgré la rhétorique officielle des valeurs asiatiques. Cela est particulièrement évident dans les nouveaux pays démocratisés en Corée du Sud, à Taïwan et en Thaïlande, qui, comme le Japon, se sont tournées vers les régimes d'assurance sociale comme principaux instruments de maintien du revenu ou de fourniture de services. Les pays moins démocratisés, en revanche, comme Singapour, la Malaisie et l'Indonésie, ont eu tendance à s'appuyer sur des régimes de fonds de prévoyance, qui n'opèrent aucun mécanisme de partage financier.

Le Japon, fondateur du « bien-être confucéen»

En tant que premier pays à s'industrialiser en Asie, le Japon a naturellement été le premier à mettre en place un régime de protection sociale pour répondre aux besoins sociaux de sa population. La découverte à la fin des années 1970, lorsque la politique sociale comparative a commencé à émerger en tant que champ d'enquête universitaire à la suite de la crise budgétaire induite par la crise pétrolière à laquelle les États-providence occidentaux ont été confrontés, que le Japon ne fonctionnait pas à l'occidentale, la fiscalité, le système de protection sociale à dépenses élevées, malgré son immense richesse nationale, a conduit à sa qualification d'État-providence «confucéen». Cela a marqué le début du discours orientaliste du bien-être sur le développement social en Asie de l'Est et au-delà. L'essence du système de protection sociale confucéen du Japon a été décrite comme ayant la capacité d'offrir «une sécurité sans droit». Les écrivains et les hommes politiques japonais, en revanche, préféraient l'appeler «société de bien-être» ou «superpuissance de l'aide sociale», indiquant à la fois sa distinction et sa supériorité par rapport au système occidental.

Comme le révèle le discours sur la politique sociale du gouvernement japonais, l'accent mis sur la «société» par opposition à «d'État» exprime la croyance du gouvernement en une approche centrée sur la société de la protection sociale. La réticence générale de l'État à assumer la responsabilité, notamment financière, des prestations sociales signifie que le Japon a joui de la réputation au sein de l'OCDE d'une nation produisant « la prospérité sans les équipements », en raison de la mauvaise qualité des logements, des routes et des équipements de loisirs publics. Au sein de l'OCDE, le Japon a toujours été l'une des sociétés industrielles les moins imposées et les moins dépensières. Les dispositions sociales dans des domaines tels que les services sociaux personnels, les allocations de chômage et l'aide publique aux familles pauvres sont particulièrement insuffisantes. On attend souvent des membres de la famille et de la communauté qu'ils assument les responsabilités.

Cependant, malgré la rhétorique officielle contre l'occidentalisation dans la fourniture sociale, le Japon, en comparaison avec d'autres régimes de protection sociale orientaux tardifs tels que Singapour, la Malaisie et l'Indonésie, semble encore beaucoup plus occidentalisé qu'il ne veut l'admettre. Ce n'est pas seulement parce que les dépenses sociales du Japon en pourcentage du PIB sont de loin les plus importantes de la région ce qui est quelque peu attendu étant donné son économie beaucoup plus avancée, Singapour, dont le PIB par habitant n'est pas loin de celui du Japon, consacre moins de la moitié des dépenses du Japon à la politique sociale. Plus important encore, l'éthique générale du système de protection sociale japonais, telle qu'incarnée dans les programmes sociaux mis en œuvre, semble différente.

Plutôt que d'être basé sur des régimes de prévoyance, comme à Singapour, en Malaisie et en Indonésie, le régime de protection sociale du Japon est centré sur le principe de l'assurance sociale pour les soins de santé et les pensions. Contrairement à la caisse de prévoyance, qui est en fait un régime d'épargne obligatoire sans mécanisme intégré de redistribution financière entre les membres et sans garantie de base du niveau des prestations, la sécurité sociale est un régime de prestations prédéfinies conçu pour mettre en commun les contributions financières. Si l'État joue un rôle limité dans les régimes de prévoyance, fonctionnant principalement en tant qu'administrateur financier et régulateur, il fonctionne invariablement comme un contributeur financier plus ou moins important dans les régimes d'assurance sociale. C'est pourquoi, depuis 1970, malgré les efforts soutenus du gouvernement pour contrôler les dépenses sociales, le Japon, comme d'autres États-providence occidentaux, a vu ses dépenses de santé en proportion du PIB doubler et ses dépenses de sécurité sociale tripler, ce qui a conduit à un article dans *The Economist* du 12 mai 2001 soulignant le grave dilemme politique auquel le Japon est confronté. Pour financer ses «normes européennes de protection sociale», soutient l'article, le Japon doit augmenter ses «niveaux américains de taxes», ce que le gouvernement tente d'éviter de peur de nuire à la compétitivité économique du Japon. L'évolution des tendances démographiques au Japon, comme le vieillissement, l'augmentation du nombre de ménages de personnes seules et âgées et une baisse des taux de fécondité, associée à une hausse du chômage, ne fera qu'exercer davantage de pression sur l'État pour qu'il étende les prestations sociales (ministère de la Santé, du Travail et Bien-être social 2000).

La Corée du Sud et Taïwan, la démocratisation et l'expansion du bien-être

Le passage du Japon, quoique à contrecœur, d'un système de protection sociale confucéen à un système de sécurité sociale est suivi en Corée du Sud et à Taïwan. Dans les deux sociétés, la démocratisation a ouvert la voie vers un système de protection sociale basé sur la sécurité sociale, dans lequel l'État étend son rôle de régulateur financier à celui de contributeur partiel. Le nouveau contexte politico-institutionnel de la politique sociale transforme ainsi la nature productiviste de la politique de bien-être dans les deux sociétés, mettant l'État sous une pression croissante pour étendre et universaliser l'offre sociale.

En outre, la politique démocratique a également fait de la politique sociale une question de plus en plus contestée, sujette à l'opinion et aux pressions publiques. Des groupes sociaux tels que les femmes ont commencé à remettre en question à la fois l'adéquation et l'équité des systèmes de protection sociale dans les deux sociétés.

Des trois NPI, la Corée est la moins riche en termes de PIB par habitant, mais elle a le niveau de dépenses sociales le plus élevé en termes de part du PIB. La plupart des programmes sociaux en vigueur aujourd'hui ont évolué à partir de ceux mis en place par le régime militaire, cherchant à légitimer son régime impopulaire et à stimuler le développement économique. Il s'agit notamment de l'assurance contre les accidents du travail, financée uniquement par les employeurs, de l'Assurance Maladie Nationale (AMN), du Programme National de Pension (PNP) et du Programme d'Assistance Publique aux Pauvres sous conditions de ressources. Le dernier ajout au système de protection sociale est l'assurance-emploi, qui a été introduite en 1995 pour fournir des prestations de chômage.

Comme au Japon, les services sociaux en Corée, tels que ceux destinés aux personnes âgées, sont basiques et inadéquats; on s'attend à ce que la famille et la communauté les fournissent plutôt que l'État. De même, le discours sur la protection sociale fondé sur le confucianisme, qui stigmatise l'aide aux pauvres fournie par l'État, a conduit à une très faible utilisation de l'aide publique. On estime que près de la moitié des personnes vivant dans la pauvreté ne reçoivent aucune prestation d'aide sociale en raison de critères d'admissibilité rigoureux.

L'AMN est devenu un programme obligatoire en 1977 après une période d'essai infructueuse de 10 ans en tant que programme volontaire. Cela a commencé avec les grandes entreprises, puis s'est déplacé pour inclure les employés du secteur public et les enseignants des écoles privées. En 1987, la plupart des employés des secteurs industriels avaient accès aux soins de santé dans le cadre des programmes AMN. La couverture est devenue universelle en 1989, lorsque l'État a pris la responsabilité financière des agriculteurs et des travailleurs indépendants en payant la moitié de leur contribution et a mis en place un programme d'assistance sanitaire non-contributif pour les pauvres. Cette décision signifie que l'État est maintenant devenu un financier partiel, par opposition à un simple régulateur, des soins de santé. Au cours de la période 1990–97, l'État a consacré 2% de son PIB à la santé, chiffre inférieur à Taïwan mais supérieur à Singapour. Cependant, comme son homologue japonais, la Corée souffre d'un problème similaire de fragmentation et d'inégalité financière, car des fonds d'assurance distincts pour différents groupes de personnes empêchent le partage des risques et la redistribution financière entre eux.

Le PNP constitue l'autre pilier du système de sécurité sociale coréen. Il est principalement financé par les cotisations payées par les salariés et leurs employeurs. Le gouvernement est uniquement responsable des frais administratifs. Le programme ne couvre pas les fonctionnaires, les enseignants des écoles privées ou les militaires, qui ont tous leur propre régime de retraite professionnelle financé par l'État. En grande partie en raison de son stade précoce de développement, dans lequel plus de personnes contribuent que n'en réclament des avantages, le fonds PNP enregistre à cette époque un énorme excédent, représentant près de 8% du PIB.

La nature divisée des régimes de retraite publics coréens reflète l'héritage du système de protection sociale productiviste mis en place à l'époque autoritaire. En effet, le PNP a évolué à partir des régimes de retraite des fonctionnaires, professeurs et enseignants qui ont été introduits dans les années 60 et 70 dans le cadre de l'engagement du régime militaire en faveur du développement économique. Ces groupes de personnel, ainsi que l'armée, ont été jugés essentiels à la campagne de développement du gouvernement. Comme nous le verrons, cette distinction claire entre les secteurs public et privé est encore une caractéristique dominante des systèmes de protection sociale d'Asie du Sud-est.

Le déclenchement de la crise financière de 1997–98, qui a conduit à une montée en flèche du chômage en Corée, a vu à la fois une expansion du bien-être de l'État et une acceptation explicite des droits sociaux par le gouvernement nouvellement élu sous le président Kim Dae Jung. Sur la base de l'idée de «bien-être productif», l'assurance-emploi et le programme d'aide publique ont été élargis dans le cadre de l'obligation du gouvernement de faciliter l'autosuffisance en fournissant une aide sociale dont l'accès est une question de droits individuels.

À l'instar de la Corée, le premier système de protection sociale de Taïwan était généralement étatiste et productiviste, n'offrant une protection sociale qu'à certains groupes de population jugés vitaux pour le développement économique et la sécurité militaire de Taïwan. Pas plus tard qu'en 1991, 74,9% des dépenses totales de protection sociale du gouvernement central allaient aux militaires, aux employés du gouvernement, aux enseignants, aux anciens combattants et aux parlementaires à la retraite, ce qui reflétait un fort biais en faveur des groupes sociaux privilégiés. La décision stratégique du gouvernement du KMT d'enrichir économiquement et de renforcer militairement l'île dans le but de reprendre la Chine continentale signifiait qu'une grande partie de la société était laissée à son propre bien-être.

Cependant, le mouvement démocratique dirigé par les nationalistes a changé le contexte de la politique sociale. Les mouvements sociaux émergents, représentant des questions allant de l'environnement aux droits des défavorisés, ont commencé à exiger une extension de la protection sociale des groupes déjà privilégiés aux femmes, aux ouvriers, aux agriculteurs, aux handicapés et aux sans-abris. Ils ont appelé à mettre fin à l'utilisation de la réunification comme excuse pour négliger le développement social de Taïwan. La politique sociale en est venue à se politiser, devenant partie intégrante de la politique identitaire contestée entre le KMT pro-réunification et le parti indépendantiste pro-Taïwan. En d'autres termes, le bien-être en est venu à être considéré à la fois comme pro-démocratie et pro-Taïwan.

Cette pression populaire pour l'expansion du bien-être a remporté une victoire importante en 1995 lorsque le Programme National d'Assurance-Maladie (PNAM) a été introduit, garantissant pour la première fois l'accès universel aux soins de santé. En intégrant tous les programmes d'assurance- maladie en un seul régime dans lequel l'État participe aux contributions financières, le programme a marqué une nette rupture avec les orientations de politique sociale passées. Non seulement l'État joue un rôle financier important dans les soins de santé du pays, mais il n'y a pas de discrimination dans le niveau de service reçu quel que soit le montant de la cotisation versée par l'assuré. Les soins de santé à Taïwan sont donc plus égaux que ceux du Japon ou de la Corée du Sud, bien que les trois pays offrent une couverture universelle.

Bien que de grands progrès aient été accomplis vers l'égalité de citoyenneté dans le domaine des soins de santé, Taïwan n'a pas encore étendu le même principe à d'autres domaines de la protection sociale. Par rapport à la Corée du Sud, Taïwan reste un État-providence limité en termes d'orientations politiques et de programmes. Les valeurs familiales, les ressources privées et la vitalité économique sont les points forts du Département des Affaires Sociales dans sa réflexion politique. Par conséquent, les programmes sociaux essentiels sont absents, y compris la pension nationale, l'assurance-chômage et les allocations familiales. Les services sociaux sont particulièrement insuffisants à Taïwan, laissant la famille, en particulier les femmes, assumer la responsabilité principale des soins avec peu d'aide de l'État. En outre, le programme d'aide publique soumis à des conditions de ressources est à la fois limité et stigmatisant. Étant le plus gros dépensier public en éducation parmi les NPI, Taïwan maintient sa priorité politique pour l'éducation comme moyen de maintenir sa vitalité économique.

L'élection d'un nouveau président en mars 2001 semble avoir insufflé un nouvel élan à la politique sociale en raison de l'identification historique de son parti avec le nationalisme et le développement social taïwanais. La discussion sur un programme national de pension, qui a été lancée en 1994 par le gouvernement du KMT de l'époque, mais qui a ensuite perdu son élan en partie en raison des difficultés financières croissantes auxquelles le programme de l'Assurance Nationale de Santé est confronté, avait été relancée. L'une des premières priorités de la nouvelle administration dirigée par le président Chen Shui-bian sera de mettre en œuvre sa politique de protection sociale dite « 333 » (pensions de 3000 NT $ par mois pour les personnes âgées, traitement médical gratuit pour les enfants de moins de 3 et des prêts à faible taux d'intérêt de 3% pour les accédants à la propriété), auxquels le président s'est engagé pendant sa campagne électorale.

Singapour, une société sous contrôle

Étant le deuxième pays le plus riche d'Asie de l'Est à l'époque, avec un revenu par habitant juste derrière le Japon, Singapour était et est toujours un système sociale «confucéen» par excellence. Contrairement à la Corée du Sud et à Taïwan, où la pression démocratique oblige de plus en plus l'État à jouer un rôle plus important et plus égal en matière de protection sociale, l'État à parti unique de Singapour subit peu de pression. Bien que dominant dans le développement social de Singapour, l'État du PAP n'a pas l'intention de déplacer Singapour vers la Corée du Sud et Taïwan. En recourant régulièrement à l'orientalisme du bien-être, l'État du PAP continue d'utiliser la politique sociale comme un instrument de développement économique et de contrôle politique et social.

Le système de protection sociale de Singapour repose sur une institution faîtière, la Caisse Centrale de Prévoyance (CCP). Créé en 1953 par le gouvernement colonial britannique en tant que plan d'épargne obligatoire pour la retraite des travailleurs du secteur privé, le CCP a évolué vers un régime de protection sociale élaboré couvrant des domaines tels que le logement, les soins médicaux, l'éducation et les retraites. Les fonctionnaires, qui bénéficiaient depuis longtemps de régimes de retraite financés par l'État avant l'introduction du CCP, cotisent désormais également à la CCP à un taux réduit. Seuls les hauts fonctionnaires de la fonction publique, des forces armées, de la justice et de la législature ont droit à une pension publique. On estime qu'environ 75% de la main-d'œuvre est couverte par la CCP, à l'exclusion des travailleurs étrangers, occasionnels, à temps partiel et de certains contractuels.

A la différence de l'assurance sociale, qui mutualise plus ou moins les risques entre les assurés et offre des prestations prédéfinies en tant que droit, la CCP ne fait ni l'un ni l'autre. En tant que plan d'épargne obligatoire, elle est entièrement financée par les salariés et leurs employeurs; l'État ne finance que les frais administratifs. Au lieu de cotiser à un fonds commun, tous les cotisants versent sur leur compte individuel, d'où ils tirent ensuite des prestations. Par conséquent, il n'existe aucun mécanisme de redistribution financière entre les membres du CCP. Le niveau des prestations varie selon les individus, en fonction du montant de la cotisation qu'ils ont versée tout au long de leur vie active. Une personne qui n'a fait qu'une petite contribution en raison d'une longue période de chômage ou de maladie doit se contenter d'un faible niveau de prestations.

Actuellement, chaque membre du CCP dispose de trois comptes personnels à des fins différentes: le compte ordinaire pour l'achat d'un logement et l'investissement approuvé; le compte Medisave pour les frais d'hospitalisation; et le compte spécial pour les pensions de vieillesse et les éventualités. Depuis 1992, la plupart des indépendants sont inscrits au compte Medisave du CCP. Tout comme il n'y a pas de transfert financier entre les membres individuels du CPP, il n'y a pas non plus de partage financier entre les différents comptes. La majeure partie des contributions étant acheminée vers le compte ordinaire, qui est à son tour principalement utilisé pour l'achat d'une maison, Singapour a obtenu l'un des taux d'accession à la propriété les plus élevés au monde. Près de 90% des Singapouriens vivent et possèdent des appartements publics fournis par le gouvernement.

Au cours des dernières décennies, la CCP autofinancé a été un instrument puissant entre les mains de l'État pour la protection sociale et la régulation économique, sociale et politique. Sur le plan économique, le Fonds remplit deux fonctions importantes: il est une source de capitaux bon marché pour les investissements liés au développement, comme l'infrastructure du pays, et un outil de gestion macroéconomique. En 1996, le CCP comptait 2,74 millions de membres, avec une économie totale de 73,8 milliards de dollars singapouriens, soit 55,6 %du PIB de cette année-là. Politiquement, l'expansion progressive du programme dans d'autres domaines sociaux, une sorte de privatisation en vigueur, comme la santé (Medisave) et l'éducation (Edusave), renforce l'engagement explicite du gouvernement en faveur de « l'anti-welfarisme ». Singapour consacre systématiquement moins de son PIB que la Corée du Sud et Taïwan à l'éducation et à la santé, et considérablement moins à la santé.

En tant qu'élément majeur du système de protection sociale de type singapourien, le logement public est un instrument clé de contrôle social et politique ainsi que de fourniture sociale. En s'impliquant directement dans l'attribution des appartements publics, l'État, par le biais de son conseil statutaire, le Conseil de Développement du Logement (CDL), utilise le système pour empêcher la concentration d'enclaves ethniques et, ce faisant, empêche également tout homme politique, en particulier ceux de Malais et d'origine indienne, en tirant avantage électoral des circonscriptions par ailleurs ethniquement concentrées. En outre, le logement public est également un moyen efficace de promouvoir les «valeurs asiatiques» et le comportement social acceptable associé. La peur de perdre son principal actif et ses économies oblige tous les résidents des logements sociaux à se conformer aux réglementations détaillées sur le comportement social acceptable établies par le CDL, qui est habilité à expulser les résidents non- conformes sans compensation. Pendant ce temps, l'État propose des programmes de logement spéciaux pour encourager les familles à revenu moyen à avoir plus d'enfants et des subventions aux ménages de plusieurs générations afin de soutenir les soins familiaux aux personnes âgées.

Depuis le début des années 1980, le déclin du soutien électoral a conduit l'État du PAP à utiliser de plus en plus le logement public comme une arme pour menacer les électeurs dissidents potentiels. Une menace explicite est souvent faite de retirer les services gouvernementaux dans la modernisation des appartements CDL des circonscriptions électorales de l'opposition, accompagnée de promesses de mesures «d'amélioration des actifs» pour les circonscriptions «fidèles».

Ce que nous avons vu à Singapour est un système de protection sociale qui est non distributif, paternaliste et autoritaire. Il s'agit autant de régulation économique et de contrôle social et politique que de protection sociale. Au fil des ans, ce système a généré des taux élevés d'épargne nationale et d'investissement économique, qui ont servi de tremplin idéologique puissant à un individualisme robuste dans la politique sociale et fourni une arène efficace dans laquelle la moralité sociale a été modelée par des valeurs officiellement définies. L'adhésion idéologique de l'État à l'orientalisme de la protection sociale a soulevé des problèmes majeurs concernant l'adéquation, l'accessibilité et l'équité du système de protection sociale. Les travailleurs pauvres, les chômeurs, les femmes et les handicapés sont les principaux perdants du système.

Les NPE, entre la sécurité sociale et la privatisation de l'aide sociale

L'intérêt occidental pour les systèmes de protection sociale des trois NPE est à un stade précoce en raison de leur récent développement. Les travaux de Ramesh[64] sont la seule étude comparative approfondie de l'époque de la politique sociale dans la région. Par conséquent, la discussion suivante sur la région est basée principalement sur cette étude.

La raison pour laquelle on étudie les trois pays en tant que groupe est principalement due à leurs niveaux similaires de développement économique. Pourtant, au-delà de cela, les NPE ont peu de points communs dans leurs approches de la politique sociale, sauf sous deux aspects: leur accent commun sur l'éducation, un domaine politique qui reçoit de loin la plus grande part du PIB dans les trois pays; et la division de leurs systèmes de protection sociale entre les travailleurs des secteurs public et privé. Les trois gouvernements comptent sur les recettes générales pour financer de généreuses prestations de maintien du revenu pour leurs employés civils et militaires tout en recourant à une pléthore de programmes sociaux obligatoires et facultatifs pour couvrir les travailleurs du secteur privé.

Les différences entre les systèmes de protection sociale des trois NPE sont doubles: quantitatives et qualitatives. Alors que le niveau de développement économique, mesuré par le PIB par habitant, correspond mieux dans les NPE que dans les NPI avec le niveau des dépenses

---

[64] Ramesh, M. (2000) *Welfare Capitalism in Southeast Asia*, London: Macmillan.

publiques de politique sociale en proportion du PIB, la Malaisie étant le plus gros dépensier, suivie par la Thaïlande et l'Indonésie, les dépenses élevées de la Malaisie dépassent de loin ce que l'on attend d'un pays en développement. En fait, la Malaisie est le deuxième plus grand dépensier social en Asie de l'Est, juste derrière le Japon, dépensant plus de deux fois plus que Taïwan avec un PIB par habitant un peu plus d'un tiers de celui de Taïwan. Cependant, la principale différence entre les trois NPE réside dans leurs orientations de politique sociale sous-jacentes. Alors que la Malaisie et l'Indonésie préfèrent toutes deux les régimes de prévoyance pour les prestations sociales, la Thaïlande est le seul pays de la région à avoir mis en place un régime de sécurité sociale complet couvrant un certain nombre de risques.

La Malaisie et l'Indonésie ont lancé leurs programmes de protection sociale pour les travailleurs du secteur privé avant la Thaïlande. En Malaisie, la Caisse de Prévoyance des Employés (CPE), créée en 1951, est le principal programme social pour les travailleurs. Initialement un régime d'épargne obligatoire pour la retraite, il a été élargi au fil des ans pour remplir une série d'objectifs, mais pas autant que son homologue à Singapour. Il existe actuellement trois comptes individuels, couvrant les pensions (60 % des cotisations), l'achat ou la rénovation du logement (30 pour-cent) et une partie des frais médicaux (10 %). Tous les travailleurs, à l'exception des employés de maison, des travailleurs occasionnels et agricoles et de certains groupes de fonctionnaires, sont obligatoirement inclus dans le régime. En 1996, l'épargne totale du Fonds s'élevait à 5,5 % du PIB. Malgré l'augmentation du nombre de membres, le régime ne couvre encore qu'environ la moitié de la population active. Étant donné la nature non-distributive du régime, les cotisants à faible revenu, principalement des Malais et des Indiens, et ceux dont l'espérance de vie est supérieure à la moyenne, en particulier les femmes, sont susceptibles de toucher des prestations insuffisantes à la retraite.

En plus de la caisse de prévoyance, la Malaisie fournit également des prestations d'accident du travail et d'invalidité en vertu de la loi de 1969 sur la sécurité sociale des employés, communément appelée Socso. Il se compose de deux régimes distincts: le régime des accidents du travail, entièrement financé par les employeurs, et le régime de pension d'invalidité, financé conjointement par les salariés et les employeurs. Les régimes de retraite professionnelle volontaires sont également encouragés par le gouvernement.

En Indonésie, les travailleurs du secteur privé sont couverts par un fonds de prévoyance obligatoire appelé Jamsostek, et des régimes de retraite volontaires parrainés par l'employeur. Créée en 1992, Jamsostek propose une assurance contre les accidents du travail, une caisse de prévoyance pour les pensions, l'assurance décès et l'assurance-maladie. Les employeurs sont entièrement responsables des contributions aux indemnités d'accident du travail et de décès. D'autres composantes sont financées conjointement par les employés et les employeurs. Les taux de cotisation sont faibles en raison de l'opposition politique des employeurs. Par conséquent, les prestations sont faibles et totalement insuffisantes; un retraité moyen en vertu du régime ne recevra qu'un remplacement de salaire de 10 % en fonction de ses cotisations actuelles et du rendement passé de ses placements. Les coûts administratifs élevés et les faibles rendements sont également des raisons importantes pour les faibles avantages. L'épargne totale ne représentait que 0,2 % du PIB en 1996. Selon Ramesh, les membres feraient probablement mieux en déposant simplement leurs contributions dans un compte d'épargne normal auprès d'une banque. En tout état de cause, le régime ne couvre que 10 % la main-d'œuvre indonésienne.

En plus de Jamsostek, de nombreuses grandes entreprises publiques gèrent également des régimes de retraite de type fonds de prévoyance parrainés par l'employeur sur une base volontaire, mais elles bénéficient d'avantages fiscaux sur leurs cotisations.

Bien que tardive, la Thaïlande a rapidement progressé depuis le début des années 90 dans la mise en place d'un système de protection sociale, fondé sur l'assurance sociale plutôt que sur le principe de la caisse de prévoyance pour les travailleurs du secteur privé. La loi sur la Sécurité Sociale (LSS), promulguée en septembre 1990 et modifiée en 1994, couvre les soins de santé, la maternité, l'invalidité, les pensions et les allocations familiales, et est financée par trois parties: les employés, les employeurs et l'État. Il s'agit d'un système par répartition, dans lequel les revenus annuels provenant des contributions et des investissements doivent être suffisants pour couvrir les dépenses courantes. Le gouvernement soutient que les taux de cotisation actuels sont suffisants pour couvrir les prestations actuelles pour les 50 prochaines années. Ce programme couvre désormais tous les salariés des entreprises privées employant au moins dix personnes, mais en 2001, le régime a étendu à tous les salariés des entreprises employant au moins cinq personnes. Les travailleurs indépendants ont été inclus sur une base volontaire en 1995. En 1997, la loi couvrait environ 18% de la population active; ce chiffre devrait passer à 21% d'ici 2025.

La composante pension de retraite a été mise en œuvre en janvier 1999 et l'exigence d'une période minimale de cotisation de 15 ans signifie que personne n'avait droit à une pension complète jusqu'en 2014. Selon la formule de prestation, après 35 ans de cotisation, un participant reçoit une pension mensuelle équivalente à 35% du salaire moyen au cours des 5 dernières années d'emploi.

Outre la sécurité sociale, le gouvernement a également mis en place des fonds de prévoyance pour les travailleurs du secteur privé et, depuis 1997, les travailleurs des entreprises publiques. Le fonds accumulé dans le compte d'un membre ne peut être retiré qu'au moment de la retraite ou de la cessation d'emploi. Si la participation au régime est facultative pour les salariés, les employeurs doivent au moins égaler les cotisations des salariés. En 1996, le programme couvrait environ 13% de la population active.

Ce qui est apparu dans les systèmes de protection sociale naissants d'Asie du Sud-est est donc un choix clair entre deux approches très différentes de la prestation sociale: l'une basée sur le principe de la caisse de prévoyance d'un individualisme robuste et l'autre sur le principe de l'assurance sociale du partage des risques. Cependant, comme Ramesh le fait valoir à juste titre, la faible couverture des programmes sociaux dans les NPE suggère qu'aucune des deux approches n'est peut-être la plus appropriée pour ces sociétés. Étant donné qu'une grande partie de la main-d'œuvre de ces sociétés travaille dans le secteur informel ou non salarié - 38,1% en Malaisie, 69,2% en Indonésie et 74,9% en Thaïlande - ni la caisse de prévoyance ni l'assurance sociale ne peuvent protéger ces personnes parce que de tels arrangements reposent sur la masse salariale pour le recouvrement des cotisations. L'absence de protection sociale pour les travailleurs non salariés, en particulier ceux des zones rurales, est l'une des principales raisons de la répartition disproportionnée de la pauvreté dans cette partie de la population. La voie à suivre peut résider en partie dans la poursuite de l'industrialisation et de l'urbanisation.

L'une des raisons pour lesquelles la région se distingue comme une réussite en matière de développement économique et social est l'effort gouvernemental en matière d'éducation et de santé (chapitres 4 et 5). Cependant, ces dernières années, il y a eu une tendance dans les trois pays à s'orienter vers l'offre privée dans les deux domaines, une tendance qui est susceptible d'exacerber les inégalités sociales, qui sont déjà en augmentation depuis le passage à la libéralisation économique à la fin des années 1980. Le déclenchement de la crise financière de 1997–98 a frappé le plus durement les NPE, renversant des décennies de réalisations sociales durement acquises et imposant des contraintes financières considérables à l'État malgré l'assouplissement des organisations internationales sur les règles de dépenses sociales dans la région.

Comparaison de la politique sociale

La politique sociale en Asie de l'Est différait en détail, en fonction des contingences politiques nationales, plutôt que des philosophies sous-jacentes, qui mettaient l'accent sur la responsabilité individuelle, la solidarité familiale et le soutien communautaire. Cela peut s'expliquer en grande partie par le contexte commun de l'État développementaliste autoritaire dans lequel la politique sociale a été élaborée. Cependant, la démocratisation transforme le contexte de la politique sociale, conduisant à des approches de plus en plus divergentes du développement social. D'une manière générale, la politique sociale dans les NPE de Taïwan, de Corée du Sud et de Thaïlande, comme celle du Japon, est de plus en plus guidée par le pragmatisme par opposition à l'orientalisme de l'aide sociale, malgré une rhétorique officielle forte contre l'expansion de l'aide sociale, en particulier dans des domaines tels que les services sociaux et l'assistance publique. En conséquence, ces pays s'appuient de plus en plus sur le principe de l'assurance sociale pour organiser leur système de protection sociale. Dans les régimes autoritaires ou semi-autoritaires tels que Singapour, la Malaisie et l'Indonésie, cependant, la politique sociale reste la prérogative de l'État, qui continue de recourir à l'orientalisme du bien-être pour amener les pays vers la privatisation plutôt que vers la socialisation du bien-être. Par conséquent, les régimes de fonds de prévoyance sont le moyen privilégié de fourniture de l'aide sociale.

Les trajectoires du développement social en Asie de l'Est démontrent l'importance de la politique nationale et de l'influence internationale. Pour ce qui est du premier, la logique de l'État Développementaliste autoritaire était le déterminant clé de l'origine productiviste du régime de protection sociale de l'Asie de l'Est, qui a émergé dans des circonstances politiques très différentes de celles entourant la création de l'État-providence en Occident. L'absence de politique puissante de la classe ouvrière, sous la forme de mouvements syndicaux indépendants et de partis politiques sociaux-démocrates, signifiait que, contrairement à l'Occident, le système de protection sociale a été initié par l'État Développementaliste autoritaire à la fois comme une grève préventive pour compenser ses déficits de légitimité et comme instrument de développement économique. Par conséquent, ils faisaient partie intégrante de l'État Développementaliste dans sa volonté de croissance économique et de stabilité sociale, de politique sociale en Asie de l'Est, autrement dit, était un instrument indispensable de l'Etat dans la création du pro-entreprise de développement du système de protection sociale.

Bien que la politique sociale soit guidée par la logique politique de l'État Développementaliste, cette tendance a été renforcée par l'environnement mondial plus large. Deux facteurs particuliers se sont démarqués. L'un était le facteur de la guerre froide, qui limitait sévèrement le développement de la politique syndicale de gauche dans toutes les sociétés, donnant à l'État développementaliste autoritaire une grande autonomie pour mettre en œuvre sa politique sociale productiviste. Le deuxième facteur était l'influence croissante du welfarisme anti-étatique néolibéral, qui a commencé à émerger en Occident dans les années 1970. En attaquant l'État-providence pour l'inefficacité économique présumée et les maux sociaux de l'Occident, le néolibéralisme a également renforcé le conservatisme inné du welfarisme développemental de l'Asie de l'Est, servant d'avertissement commode contre l'occidentalisation.

Nulle part cela n'a été illustré plus clairement qu'au Japon. Avant d'adopter « l'orientalisme du bien-être », le gouvernement, inquiet de l'affaissement de son soutien électoral et confronté à des demandes croissantes de la population pour améliorer la qualité de vie des citoyens, a déclaré l'année 1973 comme « l'Année de l'ère du bien-être » au Japon. L'intention était d'élargir l'État-providence japonais pour rattraper l'État-providence occidental. La malheureuse coïncidence de cette politique avec la crise pétrolière, qui a fait grimper les dépenses sociales du Japon à la suite de la récession mondiale, a déclenché une réaction politique contre l'idée d'État providence, conduisant à un revirement de politique. Pour justifier le changement, le Premier Ministre Ohira a développé l'idée d'une « société de bien-être à la Japonaise » dans laquelle les individus, la famille et la communauté, et non l'État, devraient assumer la responsabilité principale du bien-être social.

L'impact du néolibéralisme sur la politique sociale en Asie du Sud-est est tout aussi évident. Cela ne se reflète pas seulement dans le ciblage stratégique de la protection sociale; les dépenses publiques étant limitées aux couches privilégiées de la population et aux domaines productifs tels que l'éducation et la santé.

Cela se reflète également dans l'évolution de la région vers la privatisation de l'éducation et de la santé. En outre, pendant la période de régime autoritaire, alors que la Malaisie et l'Indonésie comptaient principalement sur des régimes de fonds de prévoyance pour la protection sociale, la Thaïlande a adopté une approche de quasi-laissez-faire de la protection sociale pour ses travailleurs du secteur privé.

Le fait que l'expansion de l'aide sociale dans les NPE ne soit pas assimilée à une augmentation automatique de la responsabilité financière de l'État peut être attribué à l'influence mondiale du néolibéralisme. Dans un environnement mondial de réduction du bien-être et de dissensions universitaires sur la relation entre le niveau des dépenses publiques et la compétitivité économique, l'intensification de la mondialisation (voir chapitre 9) est devenue une justification puissante, à tort ou à raison, pour des dépenses sociales limitées. Par conséquent, il serait simpliste que la démocratie coïncide avec le bien-être étatisme. Le pragmatisme, la nécessité de faire appel à l'électorat, de gagner et de rester au pouvoir, est peut-être le meilleur prédicteur du changement de politique sociale à l'avenir.

Enfin, après avoir soutenu que la politique nationale, influencée par des facteurs mondiaux, joue un rôle déterminant dans la politique sociale en Asie de l'Est, il convient de commenter brièvement la perspective socio-économique de la politique sociale que j'ai présentée dans la première partie du chapitre. Si la structure des dépenses dans la région, comme en Occident, milite clairement contre toute équation facile entre le niveau de développement économique et le niveau de dépenses sociales, le développement économique compte néanmoins pour la qualité globale de la couverture sociale. Singapour ne consacre peut-être pas autant de son PIB à la politique sociale que la Malaisie de son PIB, mais son niveau de développement économique beaucoup plus élevé signifie que la couverture sociale est à la fois plus étendue et de meilleure qualité. En effet, comme nous l'avons déjà vu, le niveau de développement économique plus faible des NPE par rapport aux NPI est une raison majeure de leur couverture sociale limitée, qu'il s'agisse de régimes d'assurance sociale ou de fonds de prévoyance. Par conséquent, le développement économique est une condition nécessaire mais non-suffisante du développement social.

Conclusion

Le développement social en Asie de l'Est prend des voies de plus en plus divergentes, en grande partie en raison de l'évolution de la dynamique politique intérieure.

La démocratisation, bien que ne conduisant pas à une augmentation rapide de l'étatisme-providence, réduit néanmoins le discours de l'orientalisme providence à une simple signification rhétorique prête à céder la place à la logique de la contestation démocratique. Dans les pays qui connaissent peu de changements démocratiques, l'orientalisme de la protection sociale est renforcé par l'ascension mondiale du néolibéralisme, qui prône des dépenses sociales limitées. Dans les deux cas, l'orientalisme du bien-être n'est qu'une idéologie officielle cherchant à maintenir l'orientation productiviste de la politique sociale, tendance plus facile à justifier sous la mondialisation économique et sous l'influence dominante du néolibéralisme.

S'il n'est pas facile de prédire l'avenir de la politique sociale en Asie de l'Est, l'évolution du système de protection sociale japonais peut néanmoins mettre en évidence certains défis communs auxquels toutes les sociétés de la région seront tôt ou tard confrontées. Le Japon peut être un exemple instructif, car il maintient toujours sa rhétorique officielle de l'orientalisme du bien-être tout en évoluant dans la pratique vers un système de protection sociale de type occidental. Bien que la démocratie ait joué un rôle, dans cette compétition électorale qui a forcé le gouvernement à répondre à la demande populaire d'expansion de l'aide sociale, les facteurs économiques et démographiques ont été tout aussi importants en forçant l'État à mettre l'idéologie officielle en attente à la recherche de solutions pratiques aux problèmes sociaux apportés par une croissance plus lente, inévitable à mesure que l'économie mûrit, une population vieillissante et un taux de natalité en baisse. Déjà, des problèmes similaires tels que le vieillissement et la baisse des taux de natalité sont prévus pour les NPI et les NPE à un moment donné dans le futur. En outre, l'éclatement de la crise financière de 1997–8 a vu plusieurs des pays les plus touchés, y compris le Japon, étendre leurs prestations sociales. Par conséquent, il est probablement prudent de dire que la politique de légitimité continuera à être le facteur décisif du développement social en Asie de l'Est.

CHAPITRE 9 : LA CRISE FINANCIERE ASIATIQUE

La mondialisation et la crise de 1997

L'année 1997 a marqué un tournant dans l'histoire du développement de l'Asie de l'Est. Cet été a vu le déclenchement de la crise financière asiatique désormais bien connue, qui a mis fin au «miracle asiatique» qui avait dominé la presse internationale et la recherche universitaire au cours des deux décennies précédentes. Ce qui a commencé comme une crise monétaire en Thaïlande s'est rapidement transformé en crise financière et économique et s'est propagé à d'autres économies comme une contagion. En raison d'attaques spéculatives soutenues, toutes les devises de la région, à l'exception du nouveau dollar de Taïwan et du dollar de Singapour, ont beaucoup perdu face au dollar américain, et alors que les capitaux internationaux cherchaient à se retirer de ces économies, les prix sur leurs marchés boursiers ont également chuté. Pour éviter un effondrement financier total, les pays les plus touchés, la Thaïlande, l'Indonésie et la Corée du Sud, ont tous été contraints d'emprunter au FMI et d'accepter en retour des conditionnalités strictes à la réforme structurelle de leur économie.

Si toutes les économies ont été sur la voie de la reprise depuis 1999, après 2 ans de contraction, le débat théorique et politique sur la nature et la cause de la crise s'est poursuivit. L'affirmation se concentre sur deux interprétations larges, encapsulées dans l'imagerie désormais bien médiatisée des «spéculateurs voyous», d'une part, et du «capitalisme de copinage», d'autre part. Dans cette dernière perspective, représentée principalement par les économistes néoclassiques, la crise a non seulement marqué la fin de l'État Développementaliste de l'Asie de l'Est, mais a également marqué le début de la convergence de la région avec l'Occident. Un responsable Sud-coréen a été largement cité comme disant: «le modèle est maintenant clair. Ce n'est pas le Japon, c'est l'Occident».

Dans ce chapitre, j'examinerai de près la nature et la cause de la crise en vue d'explorer ses implications théoriques et politiques pour le développement. Je présenterai le point de vue selon lequel, bien que la forme historique de l'État développementaliste d'Asie de l'Est ait effectivement pris fin en raison de l'évolution du contexte national et international du développement, l'État Développementaliste en tant que modèle théorique d'économie politique reste néanmoins pertinent dans le contexte contemporain. En particulier, je soutiendrai que les deux points de vue sur la crise souffrent des angles morts découlant de leur surveillance du contexte politique changeant du développement.

Le chapitre se compose de deux parties. La première partie donne un bref historique de la crise et de ses deux interprétations dominantes. La deuxième partie cherche à expliquer les différentes expériences de crise des pays en examinant la manière dont la mondialisation financière affecte le rôle de développement de l'État dans l'économie. Contrairement à l'argument simpliste selon lequel la libéralisation a sapé le rôle de l'État dans ces économies, l'objectif est de démontrer comment la libéralisation a amplifié l'effet néfaste du «capitalisme de copinage», partie intégrante de plusieurs États en développement de la région. Enfin, le chapitre se termine par une réflexion sur le rôle de l'État et de la démocratie à l'ère de la libéralisation économique.

Les explications de la crise

Ce que l'on appelle désormais commodément la crise financière asiatique de 1997 a consisté dans la pratique en une série de crises monétaires et financières, qui ont affecté un certain nombre d'économies tigres de la région entre le milieu de 1997 et le début de 1998. La crise a commencé en Thaïlande en mai 1997, lorsque sa monnaie, le Baht, a subi plusieurs vagues d'attaques spéculatives soutenues sur les marchés financiers internationaux. Le gouvernement a d'abord répondu en cherchant à défendre sa valeur avec ses réserves de change. Cependant, les réserves étant rapidement épuisées, le gouvernement a été contraint d'abandonner le taux de change fixe entre le baht et le dollar américain en juillet, entraînant une forte dévaluation du baht. La baisse du baht, à son tour, a déclenché l'effondrement du marché boursier thaïlandais alors que les investisseurs internationaux se sont précipités pour se retirer de l'économie thaïlandaise dans une «réaction de troupeau». Entre juillet 1997 et janvier 1998, le baht a perdu 54,6 % de sa valeur par rapport au dollar des États-Unis et la valeur du marché boursier thaïlandais en janvier 1998 a chuté de 59 % par rapport à l'année précédente. Le gouvernement a ensuite été contraint de rechercher un plan de sauvetage du FMI, qui a été annoncé en août. En échange du prêt de 17,2 milliards de dollars du FMI, les autorités thaïlandaises ont accepté de mettre en œuvre des programmes de réformes à court et à long terme.

Immédiatement après la dévaluation thaïlandaise, une crise similaire s'est rapidement étendue à d'autres parties de la région comme une contagion. En janvier 1998, le Ringgit malais avait chuté de 44,9 % par rapport au dollar des États-Unis, la Roupie indonésienne de 83,6 % et la Roupie sud-coréenne de 49,1%. Les systèmes financiers de ces pays ont été encore affaiblis par la chute consécutive de leurs marchés boursiers respectifs. En janvier 1998, la valeur du marché boursier par rapport à l'année précédente avait chuté de 61% en Malaisie, 53% en Indonésie, 53% à Singapour et 42% en Corée du Sud. Alors que l'Indonésie et la Corée du Sud ont toutes deux recouru aux plans de sauvetage du FMI d'une valeur de 43 milliards de dollars et 57 milliards de dollars respectivement, la Malaisie a introduit des contrôles stricts sur les mouvements de capitaux pour tenter d'empêcher la fuite des capitaux du pays.

Malgré sa reprise après le ralentissement économique induit par la crise, la région était toujours aux prises avec les conséquences sociales, telles que la montée du chômage et la pauvreté croissante, particulièrement importantes dans les sociétés les plus touchées de l'Indonésie, de la Thaïlande et de la Corée du Sud. Au fur et à mesure que la crise se déroulait, deux perspectives opposées ont commencé à émerger, cherchant à l'expliquer. La première a été articulé par le Premier ministre malaisien, le Dr Mahathir, qui a imputé carrément la responsabilité aux financiers internationaux qu'il a qualifié de « spéculateurs voyous ». Bien que la plupart des autres n'adoptent pas le ton délibérément provocateur du Dr Mahathir, ils partagent son analyse de base de la crise, c'est-à-dire qu'elle était en grande partie le produit d'une mondialisation financière débridée. Higgot[65] l'a décrit comme la «première crise de la mondialisation».

Cependant, l'analyse économique néoclassique, telle qu'exprimée par

---

[65] Higgott, R. (2000a) 'The international relations of the Asian economic crisis: A study in the politics of resentment', in Robison, R., Beeson, M., Jayasuriya, K. and Kim, H.-R. (eds), *Politics and Markets in the Wake of the Asian Crisis*, London: Routledge

le FMI, est opposée à ce point de vue, selon lequel le «capitalisme de copinage» est au cœur de la crise. Bien qu'il ait été inventé pour la première fois pour décrire l'économie philippine en proie à la corruption sous Ferdinand Marcos,[66] ce terme est maintenant appliqué à toutes les économies «miracles», y compris le Japon, en grande partie pour désigner le manque de transparence des politiques dans l'intervention du gouvernement dans l'économie. Selon ce point de vue, comme toutes les économies du monde sont confrontées à des environnements externes similaires, les différences de performance ne peuvent s'expliquer qu'en termes de politiques nationales et de la manière dont les facteurs externes sont traités. Une fiche d'information publiée par le FMI le 17 janvier 1999, intitulée *La réponse du FMI à la crise asiatique,* indique que si les emprunts excessifs du secteur privé ont déclenché la crise, ils «ont été aggravés par des problèmes de gouvernance, notamment l'implication du gouvernement dans le secteur privé et le manque de transparence dans la comptabilité d'entreprise et fiscale et la fourniture de données financières et économiques».

Bien que les deux perspectives contiennent une part de vérité, aucune ne donne une image complète des événements. Dans la perspective de la crise de la mondialisation, la difficulté majeure est son incapacité à rendre compte des différents degrés de perturbation que la crise a apportés aux économies individuelles. Comme nous l'avons vu, toutes les économies n'ont pas été affectées de la même manière et avec le même degré de gravité. Si la Malaisie a été aussi durement touchée que la Corée du Sud en termes de perte qu'elle a subie de sa monnaie et de sa valeur boursière, elle a néanmoins échappé à l'humiliation de mendier les médicaments du FMI. Dans le même temps, Singapour et Taïwan n'ont pratiquement pas été touchés par la crise, mis à part le ralentissement économique dû à la contraction d'autres économies asiatiques. Aucune des deux sociétés n'a connu les faillites et les mises à pied généralisées observées dans d'autres économies. Par conséquent, pour tenir compte de cette grande variation dans l'expérience nationale, il est nécessaire d'explorer la dimension intérieure de la crise.

L'explication du capitalisme de copinage semble combler cette lacune en se concentrant sur les fondamentaux nationaux en relation avec les questions de gouvernance. Cependant, il souffre de ses propres

---

[66] Ferdinand Edralin Marcos, (né le 11 septembre 1917 à Sarrat, Philippines - décédé le 28 septembre 1989 à Honolulu, Hawaï, États-Unis), avocat et homme politique philippin qui, en tant que chef d'État de 1966 à 1986, a créé un régime autoritaire aux Philippines qui a été critiqué pour corruption et pour sa suppression des processus démocratiques.

omissions. De nombreux détracteurs de l'analyse néoclassique ont souligné à juste titre la manière abrupte avec laquelle le FMI a modifié son discours sur le développement de l'Asie de l'Est pendant la crise. Le passage du jour au lendemain de l'Asie «miracle» à l'Asie «copine» s'est fait comme si ces économies n'avaient jamais été qualifiées de succès, encore moins de modèle de développement Comme l'a commenté Jeffrey Sachs, cité dans *Taming the tigers: The IMF and the Asian crisis'*[67] «le FMI est arrivé en Thaïlande en juillet avec des déclarations ostentatoires que tout allait mal et qu'une intervention chirurgicale fondamentale était nécessaire alors qu'en fait l'encre n'était même pas sèche sur le rapport annuel 1997 du FMI, qui a donné à la Thaïlande et à ses voisins des notes élevées en matière de gestion économique»!

Selon Sachs, en septembre 1997, le FMI avait dit ce qui suit à propos de la Thaïlande dans son rapport annuel: «Les administrateurs ont vivement félicité la remarquable performance économique de la Thaïlande et le bilan des autorités en matière de politiques macroéconomiques saines». Au sujet de la Corée, il a déclaré: « Les administrateurs se sont félicités des grandes performances macro-économiques, toujours impressionnantes de la Corée [et] ont félicité les autorités pour leur bilan budgétaire enviable ». De même, Bullard et cie.[68] citent la Banque Mondiale quelques mois avant que la crise indonésienne n'éclate, disant qu'une grande partie de son dynamisme économique « peut être attribuée au programme de réforme du gouvernement qui a libéralisé le commerce et la finance et encouragé l'investissement étranger et la déréglementation ». La question qu'il faut se poser à propos de l'analyse néolibérale est donc de savoir pourquoi aucune alarme n'a été soulevée même à la veille de la crise alors que tout le ton de l'analyse post-crise est devenu celui du «je vous l'avais dit».

Dans la partie suivante du chapitre, je chercherai à répondre aux questions soulevées sur les deux perspectives en situant la cause de la crise dans le contexte de la politique internationale et nationale de mondialisation et de libéralisation financière. Le moment de la crise, je dirai, suggère que le copinage systémique et la libéralisation sont finalement incompatibles et préjudiciables à l'économie. Cependant, j'irai plus loin en affirmant que les conseillers néolibéraux internationaux (c'est-à-dire occidentaux) en matière de développement sont également responsables de permettre aux deux de se développer en tandem grâce à

---

[67] Bullard, N., Bello, W. and Mallhotra, K., (1998) 'Taming the tigers: The IMF and the Asian crisis', Third World Quarterly 19 (3): 505–55.
[68] Bullard, N., Bello, W. and Mallhotra, K., (1998) 'Taming the tigers: The IMF and the Asian crisis', Third World Quarterly 19 (3): 505–55.

leur approche résolument technocratique du développement économique.

Comment comprendre la crise

Dans toutes les économies touchées, la crise financière s'est manifestée par un problème de liquidité, c'est-à-dire un crédit insuffisant pour rembourser la dette extérieure, résultant du surendettement des institutions du secteur privé, principalement des banques en Thaïlande et en Indonésie et des *chaebols* en Corée du Sud. La majeure partie de la dette était constituée de prêts à court terme consentis par des banques commerciales, étrangères à rembourser en moins de 12 mois.

Selon *The Economist*,[69] le problème, cependant, a été aggravé par un certain nombre de faiblesses économiques qui l'ont précédé, limitant considérablement les options politiques disponibles pour les gouvernements. Celles-ci comprenaient un ralentissement marqué des taux de croissance des exportations en 1995–96 et la baisse consécutive des taux de croissance du PIB des économies. La détérioration des résultats à l'exportation a également contribué à l'aggravation du déficit de la balance courante, qui n'a été exacerbée que par l'afflux massif de fonds étrangers. En Malaisie et en Thaïlande, dont les économies souffraient d'une surchauffe considérable, la plupart des fonds étrangers sont allés à des secteurs fortement protégés, tels que le développement immobilier et la construction, plutôt qu'au secteur d'exportation dynamique. Par conséquent, lorsque les spéculations sur les devises ont commencé, les gouvernements de ces économies ont été confrontés à un dilemme difficile. D'une part, ils ont été contraints de conserver le taux de change indexé par rapport au dollar américain sachant que la dévaluation ne pouvait qu'accroître le fardeau de leur dette. D'un autre côté, cependant, un taux de change élevé artificiellement maintenu ne faisait que nuire à leurs industries exportatrices déjà en détérioration, qui auraient souhaité une baisse de leur valeur monétaire.

Bien qu'il soit clair que la crise était le produit d'une combinaison de facteurs artisanaux et externes, la question centrale à expliquer est la suivante: qu'est-ce qui conduit au surendettement sur les prêts ? La question de l'emprunt est d'autant plus déconcertante que toutes les économies qui se sont lancées dans des emprunts imprudents avaient des niveaux élevés d'épargne intérieure, représentant en moyenne environ 30% du PIB. La réponse à cela réside dans la mondialisation financière, un processus soutenu à la fois par la politique nationale et internationale.

---

[69] *The Economist*, du 1er mars 1999

Il ne fait aucun doute que la mondialisation financière a joué un rôle dans la crise asiatique; ce qui est en litige, c'est la nature de son rôle. Alors que les néolibéraux blâment l'incompétence du gouvernement dans sa gestion, leurs détracteurs accusent la nature anarchique du système financier mondial d'avoir provoqué des prêts excessifs et un retrait de panique en raison d'un comportement individuel «rationnel». En d'autres termes, alors que les néolibéraux voient la crise comme étant causée par l'échec technique des gouvernements à établir un marché financier efficace à la suite d'une intervention injustifiée et corrompue, leurs détracteurs ont tendance à voir ces gouvernements comme étant à la merci de financiers internationaux au détriment de minimiser l'importance du copinage. Il est donc évident que les deux perspectives ignorent les initiatives politiques à l'origine de la crise. Dans la section suivante, j'aborderai la faiblesse de la perspective néolibérale en examinant la politique internationale de la mondialisation.

Le «consensus de Washington»[70] et la mondialisation

Depuis les années 80, il existe un corpus de littérature en expansion

---

[70] Consensus de Washington, un ensemble de recommandations de politique économique pour les pays en développement, et l'Amérique latine en particulier, qui est devenu populaire dans les années 80. Le terme Consensus de Washington fait généralement référence au niveau d'accord entre le Fonds monétaire international (FMI), la Banque mondiale et le Département américain du Trésor sur ces recommandations politiques. Tous partageaient l'opinion, généralement qualifiée de néolibérale, selon laquelle le fonctionnement du marché libre et la réduction de la participation de l'État étaient cruciaux pour le développement dans le Sud.
Avec le début d'une crise de la dette dans les pays en développement au début des années 80, les grandes puissances occidentales, et les États-Unis en particulier, ont décidé que la Banque mondiale et le FMI devraient jouer un rôle important dans la gestion de cette dette et dans la politique de développement mondial plus largement. Lorsque l'économiste britannique John Williamson, qui a travaillé plus tard pour la Banque mondiale, a utilisé pour la première fois le terme Consensus de Washington en 1989, il a affirmé qu'il faisait en fait référence à une liste de réformes qui, selon lui, pourraient tous convenir que les acteurs clés à Washington étaient nécessaires en Amérique Latine. Cependant, à sa grande consternation, le terme est devenu plus tard largement utilisé de manière péjorative pour décrire l'harmonisation croissante des politiques recommandées par ces institutions. Il fait souvent référence à une croyance dogmatique selon laquelle les pays en développement devraient adopter des stratégies de développement axées sur le marché qui se traduiront par une croissance économique qui «se répercutera» au profit de tous.
La Banque mondiale et le FMI ont pu promouvoir ce point de vue dans le monde en développement en liant des conditions politiques, appelées programmes de stabilisation et d'ajustement structurel, aux prêts qu'ils ont consentis. En termes très

rapide sur la mondialisation dans l'étude de l'économie politique internationale. La mondialisation fait référence à l'intégration croissante des économies nationales dans un système capitaliste mondial unique et aux conséquences qui en résultent pour l'économie, la société et la politique nationales. Des termes tels que «économie sans frontières», «interdépendance» et «village planétaire», pour n'en citer que quelques-uns, sont maintenant devenus des descriptions courantes de ce processus. Bien que les auteurs ne soient pas d'accord sur la période précise pendant laquelle la mondialisation a eu lieu, il existe un accord général sur le fait que la tendance s'accélère depuis les années 1970, encouragée par les innovations technologiques dans les transports et les communications. Bretherton[71] soutient que les affaires mondiales d'aujourd'hui sont caractérisées par une intensification significative de la connectivité mondiale et une conscience de cette intensification, avec une diminution correspondante de l'importance des frontières territoriales et des structures étatiques.

La mondialisation réduit l'emprise et l'impact des circonstances locales sur la vie des gens. Dans le domaine économique, non seulement la production et la consommation de matières premières sont organisées au niveau mondial, dans le but principal de garantir le rendement maximal

---

généraux, le Consensus de Washington reflétait l'ensemble des politiques qui sont devenues leur ensemble standard de conseils liés aux prêts. Le premier élément était un ensemble de politiques conçues pour créer la stabilité économique en contrôlant l'inflation et en réduisant les déficits budgétaires de l'État. De nombreux pays en développement, en particulier en Amérique latine, ont souffert d'hyperinflation dans les années 80. Par conséquent, une approche monétariste a été recommandée, selon laquelle les dépenses publiques seraient réduites et les taux d'intérêt seraient relevés pour réduire la masse monétaire. La deuxième étape était la réforme des politiques commerciales et de taux de change afin que le pays puisse être intégré dans l'économie mondiale. Cela impliquait la levée des restrictions étatiques sur les importations et les exportations et incluait souvent la dévaluation de la monnaie. La dernière étape consistait à permettre aux forces du marché d'opérer librement en supprimant les subventions et les contrôles de l'État et en s'engageant dans un programme de privatisation.

À la fin des années 90, il devenait clair que les résultats du consensus de Washington étaient loin d'être optimaux. De plus en plus de critiques ont conduit à un changement d'approche qui a détourné l'attention d'une vision du développement comme une simple croissance économique pour se tourner vers la réduction de la pauvreté et la nécessité d'une participation des gouvernements des pays en développement et de la société civile. Ce changement d'orientation est devenu connu sous le nom de Consensus post-Washington.

[71] Bretherton, C. (1996) 'Introduction: Global politics in the 1990s', in Bretherton, C. and Poynter, G. (eds), Global Politics, Oxford: Blackwell.

du capital, les transactions financières transcendent également les frontières nationales et les délais, avec les principales places financières du monde - Londres, New York, Tokyo - se succédant 24 heures sur 24. On estime qu'à présent plus de la moitié des biens et services mondiaux sont produits dans le contexte de stratégies et de réseaux mondiaux de production et de commercialisation, coordonnés par les multinationales.

Cependant, pour de nombreux observateurs, la véritable distinction de la phase de la mondialisation de la fin du XXe siècle est l'intégration globale du marché financier, qui présage la «fin de la géographie». En 1989, les seuls échanges de devises dans les centres financiers mondiaux s'élevaient déjà en moyenne à environ 500 milliards de dollars par jour, soit quarante fois le volume des échanges réels pour la même période. Cette mobilité rapide des capitaux dépendante de la technologie signifie que, peu de pays ou des régions du monde peuvent rester à l'abri des chocs ou des changements financiers, où qu'ils se produisent.

Pendant un certain temps, l'étude de l'origine et des conséquences de la mondialisation a été dominée par les économistes et les sociologues, qui ont surestimé le changement économique et technologique aux dépens de la politique, ce que Susan Strange[72] appelle lucidement « l'élément de pouvoir ». Parce qu'elle est perçue comme motivée par la technologie et le désir rationnel des consommateurs d'avoir accès aux produits les meilleurs et les moins chers, la mondialisation est souvent décrite comme un processus de convergence, une force d'homogénéisation cela conduit inexorablement à la fin de l'État-nation et de l'économie nationale. À la place de l'État très affaibli, il y a quelque chose que l'on appelle vaguement «gouvernance mondiale», une alternative évolutive au système mondial interétatique existant qui régule les affaires mondiales.

Une telle représentation apolitique de la mondialisation est de plus en plus contestée par les politologues qui ne sont pas satisfaits du sentiment de déterminisme économique et technologique qui imprègne une grande partie de l'analyse. La mondialisation, écrivaient Ruigrok et van Tulder,[73] «semble être autant une exagération qu'une idéologie et un concept analytique». La focalisation sur la base idéologique de la mondialisation conduit à mettre en lumière l'«élément de pouvoir», jusqu'ici absent, impliqué dans le processus de mondialisation. Plus précisément, le rôle central et très important du gouvernement américain dans la promotion d'une vision particulière du système mondial, fondée sur le «consensus de

---

[72] Strange, S. (1996) The Retreat of the State, Cambridge: Cambridge University Press.
[73] Ruigrok, W. and van Tulder, R. (1993) The Logic of International Restructuring, Routledge: London.

Washington», est examiné de près.

Le «consensus de Washington» fait référence à l'idéologie largement d'origine américaine du néolibéralisme, qui, depuis les années 1980, a été le moteur de la mondialisation. Bien qu'il soit originaire des États-Unis, une combinaison de facteurs internationaux et d'initiatives du gouvernement américain a contribué à son ascension au niveau mondial. Pendant la guerre froide, le dynamisme économique des économies tigres asiatiques pro-américaines a été présenté par les agences internationales dominées par les États-Unis comme le meilleur exemple d'économies de marché «ouvertes» surpassant les économies socialistes stagnantes. L'effondrement ultérieur des régimes socialistes et leur adhésion à l'économie de marché ont été présentés comme une preuve supplémentaire, décisive et fondamentale de la sagesse du néolibéralisme. Cependant, comme Ruggie[74] l'a souligné, pendant une grande partie de la période de la guerre froide, l'ordre économique dans le monde capitaliste a été soutenu par un «libéralisme enraciné» plutôt que par un libéralisme de laisser-faire. Les Etats, au lieu de laisser libre cours au marché, ont freiné la concurrence du marché dans l'intérêt de la stabilité sociale et de la sécurité militaire. D'où l'émergence de l'État providence en Europe et de l'État Développementaliste en Asie de l'Est. En outre, les États-Unis ont joué un rôle crucial en soutenant le libéralisme enraciné en Europe et en Asie de l'Est en gardant ouvert leur propre marché sans exiger la réciprocité et en soutenant les régimes autoritaires en Asie de l'Est. Au milieu des années 1980, l'assouplissement des tensions internationales entre les deux camps idéologiques et le déclin relatif de l'économie américaine, en raison de la montée en puissance du Japon, de l'Allemagne de l'Ouest et d'une Europe émergente, ont conduit les États-Unis à exiger des «règles du jeu équitables» dans l'économie mondiale en faisant pression sur ces économies jusqu'ici «free-riding» pour qu'elles se libéralisent et s'ouvrent aux entreprises américaines. Les organisations internationales dominées par les États-Unis telles que le FMI, la Banque Mondiale et l'Accord Général sur les tarifs Douaniers et le Commerce (GATT) et l'Organisation Mondiale du Commerce (OMC) sont devenues les vecteurs par lesquels cette demande a été formulée.

L'ancrage du consensus de Washington dans l'Économie Politique Internationale de l'après-guerre froide marque sans aucun doute l'évolution du contexte international du développement. Mais, comme on

---

[74] Ruggie, J. (1982) 'International regimes, transactions and change: Embedded liberalism in the postwar economic order', International Organization 36 (2): 379–415.

le voit, l'évolution vers la mondialisation et la libéralisation est autant alimentée par le progrès et les avancées technologiques que motivée par l'intérêt national américain. Contrairement à l'argument de la fin de l'État, l'État américain joue un rôle déterminant dans la formation de l'ordre libéral mondial émergent. De même, la doctrine néolibérale promue par les organisations internationales, qui assimile la libéralisation à l'introduction d'une concurrence accrue sur le marché basée sur la réduction ou l'élimination des réglementations gouvernementales, est non seulement aveugle, mais également ouverte à l'accusation de servir l'intérêt national américain. Wade et Veneroso,[75] entre autres, ont identifié le complexe «Wall Street – Trésor américain – FMI» comme le principal coupable de la crise asiatique.

La politique de libéralisation financière

Dans ce contexte politique de mondialisation économique en général, rien n'illustre mieux que la mondialisation financière la perspicacité de la perspective réaliste de l'Économie Politique Internationale. Dans cette optique, l'organisation internationale est avant tout un outil de gouvernement national, un instrument de poursuite de l'intérêt national par d'autres moyens. Vu sous cet angle, le dernier changement structurel dans les économies de l'Occident industriel (Japon inclus), des États-Unis en particulier, de l'industrie manufacturière à l'industrie des services, a été un puissant moteur de pression concertée de l'Occident, exercée par le biais du FMI et du OMC, pour la libéralisation financière mondiale qui donne à leurs capitaux la libre circulation dans le monde entier. Cela explique en partie pourquoi les économies tigres d'Asie de l'Est ont procédé à des réformes de libéralisation après la fin des années 80, qui ont abouti à une déréglementation financière et à l'ouverture de leurs marchés financiers aux opérations étrangères malgré leur taux d'épargne intérieure élevé.

Cela explique également l'approche manifestement technocratique des organisations internationales dans leurs conseils sur la libéralisation en Asie de L'Est. Ce dernier point est d'une importance particulière, car il suggère que cette approche technocratique n'était rien de plus qu'un prétexte pour masquer leur programme caché de servir les intérêts des gouvernements et des capitaux occidentaux.

---

[75] Wade, R. and Veneroso, F. (1998a) 'The gathering world slump and the battle over capital control', New Left Review 231 (September/October): 13–41.

Les preuves, historiques ou contemporaines, ne manquent pas pour soutenir l'argument selon lequel l'Occident a été un complice indispensable du «capitalisme de copinage» de l'Asie de l'Est. Son soutien aux régimes autoritaires de la région pendant la guerre froide est bien documenté. Dès le début des années 90, de nombreux problèmes liés à la libéralisation financière de la région, qui devaient plus tard être soudainement découverts et critiqués comme du «copinage», étaient également bien connus. Il s'agissait particulièrement du manque de supervision gouvernementale, des faillites bancaires, de la fraude financière, de l'accumulation à grande échelle de prêts improductifs et de la corruption pure et simple.[76] Au cours des premiers mois de 1997, la Corée du Sud et la Thaïlande avaient déjà vu plusieurs de leurs sociétés et institutions financières menacées de problèmes de liquidité en raison de surendettements.

Il était donc tout simplement faux de blâmer les économies déchues de la région pour avoir causé des prêts excessifs en ne fournissant pas suffisamment d'informations sur leurs économies. Comme le fait valoir Wade, il s'agissait moins d'un cas de manque d'informations pertinentes qu'un cas de refus de voir qui a conduit au sur-prêt. De la même manière que les capitalistes nationaux politiquement connectés en Asie de l'Est avaient bénéficié du capitalisme de copinage, les prêteurs étrangers s'attendaient à ce que les gouvernements corrompus les renflouent en cas de problèmes. Donc, étant donné l'implication longue et profonde de l'Occident dans le soutien du capitalisme de copinage en Asie de l'Est sous le prétexte du néolibéralisme, il est difficile d'être en désaccord avec le Dr Mahathir lorsqu'il a répondu à l'accusation de copinage en disant: «Nous avons fait la même chose pendant tout ce temps.» Jusqu'à présent, j'ai mis en évidence le manque de sincérité avec lequel la critique du capitalisme de copinage est adressée aux économies de l'Asie de l'Est par l'Occident. L'argument est que l'Occident avait sciemment fait partie du système même qu'il a attaqué plus tard pour son propre intérêt national. Bien qu'il ne s'agisse pas d'une critique de la conduite des relations internationales fondée sur la défense de l'intérêt national, un sujet qui dépasse la portée de ce livre, il s'agit certainement d'une tentative de mettre en évidence les conséquences mondiales dommageables de la tentative de l'Occident de séparer l'économie de la politique en son interaction avec l'Asie de l'Est. C'est en ce sens que je plaide pour la responsabilité de l'Occident dans la crise asiatique.

---

[76] Islam, I. and Chowdhury, A. (1997) Asia-Pacific Economies: A Survey, London: Routledge.

Le copinage et la politique nationale

Bien que la mondialisation financière ait fourni le contexte commun dans lequel la crise asiatique a éclaté, les différents degrés de perturbation soutenue par différentes économies suggèrent la dynamique de la politique intérieure dans la détermination de son effet. Dans la section précédente, j'ai montré la source externe de la libéralisation financière en Asie de l'Est, qui vient de l'Occident, c'est-à-dire des États-Unis en particulier. Cependant, à part montrer la manière dont l'Occident doit être blâmé pour la crise asiatique, je n'ai pas analysé le rôle joué par la politique intérieure dans la crise. Dans cette section, je cherche donc à montrer à la fois la source politique intérieure de la libéralisation financière et sa relation avec le copinage dans le déclenchement de la crise.

Parmi les critiques de la perspective néolibérale de la crise asiatique, il y a une tendance soit à sous-estimer l'importance du capitalisme de copinage soit à blâmer les réformes de libéralisation imprudentes pour saper la capacité de l'État. Si le premier a du mal à expliquer les expériences divergentes de la crise entre les économies, le second a du mal à expliquer pourquoi de telles erreurs politiques ont été commises. Le fait est que ni le copinage ni les erreurs politiques ne se sont produits dans des vides historiques et politiques.

Dans le jargon néolibéral, le copinage en Asie de l'Est est un euphémisme déguisé pour l'intervention du gouvernement dans l'économie. Cependant, tant avant qu'après, et surtout après, la crise, il était évident que l'intervention gouvernementale n'avait pas de relation causale directe avec le copinage, au sens d'enrichissement privé mutuel entre les détenteurs du pouvoir économique et politique. D'ailleurs, la libéralisation économique n'a pas non plus réduit le copinage, comme le supposaient les idéologues néolibéraux. En fait, il y avait des preuves solides pour suggérer qu'en Asie de l'Est, le copinage a pris de l'ampleur avec la libéralisation, ce qui a entraîné des faiblesses économiques et finalement la crise financière.

Dans l'ensemble, les NPE d'Asie du Sud-est ont subi des pertes plus importantes du fait de la crise que les NPI d'Asie de l'Est. Cela peut être largement attribué à la persistance des faiblesses structurelles de ces économies en raison en grande partie de leur capacité étatique plus faible par rapport aux NPI (voir chapitre 4). La libéralisation économique, qui s'est accélérée après le milieu des années 80 dans le cadre de leur transition concertée vers une industrialisation orientée vers l'exportation, a entraîné des taux de croissance impressionnants, atteignant en moyenne plus de 8% entre le milieu des années 80 et le milieu des années 90. Cependant, cela n'a guère amélioré leur structure économique. Aucune des caractéristiques bien connues du «capitalisme du ersatz», telles que la double structure économique, le comportement prédateur des «administocrates», la pénurie de compétences et le goulot d'étranglement des infrastructures, n'a été abordée dans le cadre de la libéralisation.

Les faiblesses structurelles chroniques ont été exacerbées par la portée élargie du copinage rendue possible par la libéralisation. Au lieu d'apporter une «bonne gouvernance», comme prévu par la Banque Mondiale et le FMI, la libéralisation s'était avérée être un excellent moyen de récompenser les amis politiques et familiaux, qui avaient désormais un accès presque illimité aux fonds étrangers. Dans le même temps, l'apparition du «libre pour tous» (il était bien sûr plus gratuit pour les politiquement connectés qui avaient des informations d'initiés), généré par une régulation lente des marchés financiers locaux, a également contribué à un grand sentiment de libération sur les une partie de beaucoup de nouveaux entrepreneurs, qui considéraient une économie ouverte plutôt qu'un lien politique comme essentielle à leur réussite commerciale. Pour ces nouveaux hommes d'affaires, qui étaient en grande partie le produit de la libéralisation économique plutôt que d'un lien politique, le marché financier non réglementé était un moyen important d'échapper à l'emprise financière de l'ancienne élite économique, qui était principalement composée de Chinois et de leurs mécènes politiques. Par conséquent, il est apparu que le copinage et la libéralisation ont apaisé les sections clés de la population sur le soutien desquelles les gouvernements comptaient pour leur légitimité.

Une conséquence directe de la combinaison du laxisme réglementaire et du copinage était une économie galopante dans toutes les NPE avant la crise. De gros bénéfices ont été réalisés, non pas dans le secteur dynamique des exportations, mais dans le secteur intérieur hautement protégé, alimentant les importations et les déficits commerciaux, qui à leur tour ont entraîné des emprunts à court terme pour leur financement. Entre-temps, la dévaluation du yuan chinois en 1994 et l'appréciation du dollar américain par rapport au yen japonais à partir de 1995 ont porté un autre coup à la détérioration des résultats des exportations et des déficits commerciaux. Alors que les premiers ont réduit la compétitivité internationale des produits de ces économies, les seconds ont réduit leur compétitivité spécifiquement sur les marchés japonais et européen en raison de l'ancrage effectif de leurs monnaies au dollar américain. En principe, ces économies auraient dû être en mesure de se remettre de leurs pertes temporaires résultant des fluctuations monétaires. En réalité, ils avaient perdu leur compétitivité au profit d'économies émergentes telles que la Chine et le Viêtnam en raison de leur négligence à long terme en matière d'investissement dans le capital humain et les infrastructures physiques. En d'autres termes, leur manque de compétitivité était cumulatif et structurel plutôt que temporaire. Sans exportations suffisantes pour payer les dettes extérieures croissantes, le boom économique est devenu insoutenable.

La crise en Asie du Sud-est révèle ainsi que la libéralisation financière a été moins marquée par les objectifs de développement d'amélioration des performances économiques et de correction des faiblesses structurelles qu'en enrichissant les copains et en apaisant la nouvelle classe d'affaires montante. Bien que les institutions de régulation étatiques faibles soient un héritage des traditions étatiques faibles caractéristiques de ces économies, dans une économie de plus en plus mondialisée, les institutions faibles minées par le copinage ne font qu'aggraver les vulnérabilités nationales à un environnement international en évolution rapide. Comme le fait valoir Jomo, «des récentes crises monétaires et financières suggèrent que le boom économique de l'Asie du Sud-est a été construit sur des fondations fragiles et insoutenables».

En tant qu'une autre victime directe de la crise de 1997–98, la Corée du Sud partageait avec les NPE certains problèmes économiques similaires d'avant la crise, tels que la détérioration des résultats à l'exportation, un déficit de la balance courante en plein essor et une augmentation des emprunts à court terme. Cependant, contrairement aux NPE, l'affaiblissement de la capacité de l'État à gérer la phase libéralisée du développement économique n'était pas un héritage historique. Au contraire, la Corée du Sud avait été présentée comme l'État Développementaliste par excellence dans la littérature d'État Développementaliste pour ses relations étroites entre le gouvernement et les entreprises, qui étaient dominées par le premier. Certes, la corruption faisait partie intégrante de l'État Développementaliste. Cependant, la Corée du Sud se distinguait de l'«ersatz capitalisme» d'Asie du Sud-est en raison de la stricte discipline de performance que le gouvernement était en mesure d'imposer aux *chaebols* ciblés pour recevoir des fonds publics (voir chapitre 3). Alors, qu'est-ce qui n'a pas marché ?

De nombreux auteurs ont retracé l'origine de la chute de la Corée du Sud au début des années 1990, lorsque le gouvernement a introduit un programme précipité de libéralisation économique en partie à cause de la pression américaine et en partie pour tenter de faire une demande d'adhésion à l'OCDE. On a fait valoir que, tandis que le gouvernement était occupé à démanteler les anciennes institutions publiques clés telles que le Conseil de Planification Économique, il n'a pas réussi à mettre en place de nouvelles institutions de surveillance et de réglementation pour surveiller efficacement les puissants *chaebols,* qui ont été autorisés à accéder directement aux capitaux étrangers via le marché financier libéralisé. En conséquence, les *chaebols* ont eu les mains libres pour se lancer dans des emprunts imprudents et une sur-expansion afin de compenser leur perte croissante de compétitivité sur le marché mondial. En 1996, les vingt *chaebols les plus* cotés ne gagnaient que 3% sur les actifs, tandis que le coût moyen d'emprunt s'élevait à 8,2%. En novembre 1997, huit des trente plus grands *chaebols* sud-coréens ont fait faillite ou ont été confrontés à de graves tensions financières. À la fin du mois, confrontée à l'obligation de rembourser quelque 66 milliards de dollars sur une dette extérieure totale de 120 milliards de dollars en un an, la Corée du Sud a été contrainte de demander un renflouement du FMI.

La question clé soulevée par le cas de la Corée du Sud semble donc être celle de la perte de capacité de l'État dans le cadre de la libéralisation. Cependant, comme dans les NPE, la cause sous-jacente de la faiblesse de l'État était en grande partie d'origine politique, reflétant des changements plus profonds du pouvoir politique et social provoqués par des décennies de développement économique et l'arrivée de politiques démocratiques ainsi que des pressions extérieures. Plus précisément, deux développements particuliers au cours de la décennie précédant la crise ont joué un rôle déterminant dans la crise. Premièrement, les *chaebols* ont été transformés en multinationales après la fin des années 80 en réponse à l'offensive commerciale américaine contre la Corée et à l'appréciation de la monnaie coréenne par rapport au dollar américain. L'autonomie croissante des *chaebols* a ainsi inversé leur relation avec le gouvernement sous la période autoritaire, leur donnant un pouvoir politique croissant pour exiger plus de libéralisation. Deuxièmement, la position du gouvernement a été encore affaiblie par l'arrivée de la politique démocratique, dans laquelle la disposition anti-gouvernementale croissante dans les classes moyennes et ouvrières a conduit à un renforcement de la dépendance du gouvernement à l'égard de la classe capitaliste pour le soutien politique et économique, qui était donné en échange d'une nouvelle déréglementation économique. Ces deux développements signifiaient que l'ancienne pratique du copinage, c'est-à-dire l'attribution de crédit basée sur des liens politiques, avait généré des conséquences désastreuses à l'ère de la mondialisation, car elle conduisait à un assouplissement du contrôle gouvernemental et de la supervision des *chaebols* actifs au niveau mondial, qui ont recouru à l'expansion des affaires et à des investissements douteux plutôt qu'à la recherche et au développement pour compenser leur rentabilité en baisse. Par conséquent, l'échec du gouvernement en Corée du Sud, comme celui des

NPE, était avant tout un échec politique plutôt que technique, c'est-à-dire un échec dans la mise en place d'institutions compétentes de contrôle. Comme dans les NPE, la pression en faveur de la libéralisation économique est venue autant de l'extérieur que de l'intérieur de la société.

L'expérience coréenne de la crise suggère l'obsolescence de l'État développement autoritaire en raison du changement de contexte international et national de développement. À l'ère de la mondialisation et de la démocratisation, des relations étroites entre le gouvernement et les entreprises, fondées sur des relations opaques plutôt que sur l'État de droit, non seulement affaiblissent la position du gouvernement vis-à-vis des entreprises, mais renforcent également les coalitions sociales anti-gouvernementales plus larges, sapant encore davantage la capacité du gouvernement à coordonner la politique.

L'argument selon lequel le copinage à la coréenne mine la capacité de l'État à l'ère de la mondialisation et de la démocratisation peut être avancé en comparant la Corée avec Taïwan et Singapour, deux des économies les moins touchées par la crise en partie à cause de leurs fondamentaux économiques solides à l'époque. Ce sont les deux seules économies à avoir un faible niveau de dette extérieure, d'importantes réserves de change et des excédents commerciaux constants. En outre, le fait qu'aucun des deux pays n'ait jamais institué de relations gouvernement-entreprises à la coréenne signifiait que la rigidité institutionnelle avait moins de chances de se développer dans la nouvelle ère du développement.

Cependant, comme le souligne à juste titre Cotton (2000),[77] la bonne fortune, pour ainsi dire, de Taïwan et de Singapour était moins liée à la «bonne gouvernance», au sens d'une politique responsable et transparente, qu'à des choix politiques historiquement déterminés. La nécessité d'attirer des entreprises internationales a conduit Singapour à appliquer des lois anti-corruption strictes, ce qui lui a valu la réputation d'être l'un des gouvernements les plus propres du monde.

La comparaison peut sembler ironique, car elle paraît montrer peu de corrélation positive entre démocratie et gouvernement propre. En effet, la politique monétaire s'est en fait développée dans les Nouveaux Pays Démocratisés de Thaïlande, de Corée du Sud et de Taïwan (après l'introduction des élections locales dans les années 1950) ainsi que dans les régimes autoritaires et semi-autoritaires d'Indonésie et de Malaisie, peut-être avec Singapour comme seule exception. Si ce phénomène soulève certainement de nombreuses questions de recherche importantes

---

[77] Cotton, J. (1989) 'From authoritarianism to democracy in South Korea', Political Studies 37 (2): 244–59.

sur la relation entre la démocratie et la corruption publique, un sujet qui ne peut être traité de manière adéquate ici, deux points spécifiques concernant la conceptualisation de la démocratie méritent d'être examinés dans le contexte du développement de l'Asie de l'Est.

Le premier est la nécessité de faire la distinction entre l'électoralisme et la démocratie (voir chapitre 7). Bien que les élections soient un élément essentiel d'un processus démocratique, elles ne sont en aucun cas une démocratie en soi. En effet, les études comparatives sont parsemées d'incidents de régimes de démocratisation, voyant les élections aller de pair avec la politique monétaire d'achat de voix et de trafic d'influence, la machine politique américaine de la fin du XIXe siècle étant peut-être la plus connue. À cet égard, il est important de se souvenir de l'expérience relativement récente de la démocratie en Asie de l'Est. Le deuxième point est la nécessité d'apprécier l'État de droit comme un élément clé de la démocratie. Il s'agit en fait d'un plaidoyer pour la forme libérale de la démocratie contre la soi-disant forme asiatique de démocratie. Ce n'est qu'en ancrant légalement les droits de la société sur ceux de l'État et, dans le premier, les droits de l'individu sur ceux du collectif, que les responsabilités peuvent être identifiées et tenues de rendre des comptes. Ce n'est peut-être pas un hasard si parmi les vingt gouvernements les plus propres du monde, tous sauf Singapour sont des démocraties libérales. Ainsi, Singapour est l'exception plutôt que la norme. Je partage le jugement de Phongpaichit et Piriyarangsan[78] selon lequel un système parlementaire avec des politiciens corrompus est préférable à une dictature honnête, car du moins dans un cadre démocratique, il y a la possibilité de développer une société civile avec la volonté de contrôler la corruption.

Conclusion

La crise financière asiatique de 1997–98 a éclaté dans le contexte de profonds changements dans la politique nationale et internationale. La libéralisation financière, qui a été le déclencheur évident de la crise, était néanmoins le produit à la fois de la pression internationale et de l'évolution des relations de pouvoir sociales et politiques dans le pays. D'une manière générale, les pays dans lesquels le copinage s'est multiplié sous la libéralisation économique ont subi les pertes les plus

---

[78] Phongpaichit, P. and Piriyarangsan, S. (1994) Corruption and Democracy in Thailand, The Political Economy Centre, Chulalongkorn University, Bangkok.

graves pendant la crise. Le « moment » de la crise suggère donc les conséquences dévastatrices de la combinaison de la libéralisation économique et de la corruption systémique. Cependant, dans la mesure où cela a pu se développer sous l'égide du FMI et de la Banque Mondiale, la crise a également été une mise en accusation accablante de l'approche dépolitisée du développement économique adoptée par l'idéologue néolibéral.

La démocratisation en Asie de l'Est, au lieu d'être un frein à la corruption, faisait partie du problème en raison de la demande croissante d'argent rendue nécessaire par la politique électorale. Cependant, comme je l'ai suggéré, cela pourrait bien être une phase transitoire de démocratisation en raison du sous-développement de l'État de droit dans ces pays nouvellement démocratisés. À long terme, la démocratie offre le meilleur contrôle institutionnalisé de la corruption publique grâce à la fois à une société civile dynamique et à des mécanismes juridiques de responsabilité publique.

L'Asie de l'Est est sans aucun doute arrivée à un tournant historique dans sa quête de développement. Ce qui est devenu obsolète, c'est la «vieille méthode» du capitalisme de copinage plutôt que l'intervention de l'État dans l'économie. Une économie de plus en plus mondialisée ne prospérera pas sous le copinage, mais doit s'appuyer sur l'autorité de légitimation et l'infrastructure juridique fournies par l'État-nation pour fonctionner efficacement. Le défi pour l'avenir est donc d'évoluer vers une gouvernance démocratique et l'État de droit.

CHAPITRE 10 : L'INTEGRATION REGIONALE DANS LES ANNEES 80-90

Visions et réalités diverses

Outre la remise en question des systèmes politiques des nombreuses économies jusqu'ici prospères de l'Asie de l'Est, une autre conséquence majeure de la crise de 1997–98 a été la montée de ce que l'on appelle le régionalisme de l'Asie de l'Est, à savoir la croissance des initiatives gouvernementales visant à promouvoir l'économie régionale. Bien que les dirigeants politiques d'Asie de l'Est aient depuis longtemps appelé à une coopération économique plus étroite en Asie de l'Est, l'idée n'a semblé décoller qu'après 1997, en partie alimentée par ce que Higgott[79] a décrit comme « la politique du ressentiment ». La gestion de la crise financière par l'Occident, les États-Unis en particulier, a été largement perçue comme un exemple de l'Occident cherchant à tirer parti des vulnérabilités de la région. Par conséquent, la coopération régionale a été présentée comme un moyen important de contrebalancer la domination mondiale de l'Occident.

L'émergence du régionalisme en Asie de l'Est fait à la fois partie d'un phénomène mondial plus large de régionalisation, à savoir le processus d'intégration économique régionale croissante, et reflète le modèle de développement des «oies volantes» dirigé par le Japon (voir le chapitre 2). L'argument a été avancé que la proéminence croissante de l'Asie de l'Est en tant que région signale non seulement l'arrivée d'un système international tripartite dominé par l'Union européenne, l'Amérique du

---

[79] Higgott, R. (2000a) 'The international relations of the Asian economic crisis: A study in the politics of resentment', in Robison, R., Beeson, M., Jayasuriya, K. and Kim, H.-R. (eds), Politics and Markets in the Wake of the Asian Crisis , London: Routledge.

Nord et l'Asie de l'Est en évolution, mais aussi l'émergence d'une troisième forme de capitalisme dirigée par le Japon en concurrence avec les deux autres formes régionales de l'économie mondiale.

Cependant, le Japon n'était pas le seul acteur dominant dans le développement régional de l'Asie de l'Est. La longue implication des États-Unis dans les affaires économiques, politiques et de sécurité de la région reflète à la fois les motivations géopolitiques complexes de la coopération régionale et a conduit à des visions contestées du régionalisme, caractérisées par le débat en cours sur la délimitation géographique de la région Asie-Pacifique ou Asie de l'Est? En outre, les changements dans la politique nationale ont également commencé à soumettre certaines des questions relatives au développement régional à une contestation politique.

Compte tenu de la nature embryonnaire du régionalisme est-asiatique de l'époque, le but de ce chapitre n'est pas de prédire son avenir. Je chercherai plutôt à analyser la nature contestée du développement régional en Asie de l'Est en le situant dans le contexte de l'interaction complexe entre la géopolitique internationale et l'évolution de la politique nationale de l'époque. Ce faisant, je m'efforcerai de mettre en évidence les problèmes intellectuels et politiques de la notion de régionalisme Est-asiatique sous-tendu par un capitalisme à la Japonaise ou asiatique. Nous insistons principalement sur la nature politiquement contestée et donc contingente du développement régional en Asie de l'Est.

Le chapitre est divisé en trois parties. La première partie donne une brève introduction au lien intellectuel entre les concepts de régionalisme, de mondialisation et de formes de capitalisme. La deuxième partie examine l'origine historique et l'évolution de la base du soutien politique pour les deux visions opposées du régionalisme en Asie de l'Est, à savoir le régionalisme Asie-Pacifique et le régionalisme Est-asiatique. La troisième partie est une évaluation critique des perspectives d'un régionalisme est-asiatique dirigé par le Japon, basée sur une analyse de l'évolution de la politique nationale et des problèmes intellectuels et politiques associés au rôle de leadership régional du Japon. Je conclus en notant l'évolution de la base normative de l'identification régionale.

Régionalisme et les formes de capitalisme

Depuis la fin des années 80, il y a eu une augmentation spectaculaire du nombre de blocs économiques régionaux dans l'économie mondiale, tous visant à libéraliser le commerce entre les États membres afin de promouvoir le développement économique national. Les trois méga-régions, l'Europe, l'Amérique du Nord et l'Asie Pacifique, dans lesquelles une part disproportionnée de la production, du commerce et des investissements mondiaux est concentrée, ont été décrites comme la «triade mondiale» qui domine l'économie mondiale. Contrairement au vieux régionalisme, caractérisé par la Communauté Européenne (CE), qui a eu lieu dans le contexte du libéralisme intégré induit par la guerre froide et soutenu par une assistance économique et militaire américaine active, le «nouveau régionalisme» l'ère de la mondialisation intensifiée de l'après-guerre froide caractérisée par une interdépendance non-hégémonique. Il s'agit principalement d'un produit de la nouvelle politique économique étrangère des États-Unis conçue pour favoriser des «règles du jeu équitables» dans le commerce et l'investissement internationaux, à savoir une économie mondiale ouverte avec un minimum de barrières commerciales.

Cependant, l'économie mondiale mal réglementée, qui a le pouvoir de perturber gravement les économies nationales, signifie que le régionalisme est promu par les gouvernements nationaux aux motivations mixtes, à la fois comme une défense contre la mondialisation et comme un moyen d'en tirer parti. De plus en plus, la régionalisation est considérée comme offrant l'espace optimal dans lequel les économies nationales peuvent se combiner pour libéraliser les transactions économiques intra-régionales et atténuer les effets déstabilisateurs de la mondialisation.

De nombreux écrivains voient dans cette ambiguïté le potentiel des blocs économiques régionaux à développer des formes distinctives de capitalisme basées sur les idées de leurs dirigeants régionaux respectifs. En d'autres termes, les hypothèses normatives du dirigeant régional sur le capitalisme et le développement humain devraient modeler les caractéristiques de ses économies voisines, conduisant à des formes régionales distinctes de capitalisme et à des modes d'intégration régionale. Alors que l'Allemagne et les États-Unis seraient respectivement les leaders de l'Europe et de l'Amérique du Nord, le Japon était considéré comme un tel leader en Asie du Pacifique en raison de la pénétration profonde de son capital industriel dans la région. En bref, l'Économie Politique Internationale de l'après-guerre froide est de plus en plus considérée comme caractérisée par une combinaison dynamique de coopération et de conflit entre les trois formes concurrentes de capitalisme incarnées dans les trois méga-blocs régionaux. Pour notre propos, nous devons examiner à la fois la nature du régionalisme émergent de l'Asie du Pacifique et la mesure dans laquelle il est garanti par un capitalisme asiatique, prétendument distinctif dirigé par le Japon, un sujet sur lequel je vais maintenant m'appesantir.

Le régionalisme en Asie pacifique

Les trois régions de l'économie mondiale sont en constante évolution. Alors que l'Union Européenne (UE) est engagée dans son expansion tumultueuse vers l'est, on parle en Amérique du Nord d'élargir l'Accord de Libre-Échange Nord-Américain (ALENA) à l'ensemble des Amériques. Il a même été proposé qu'un accord de libre-échange transatlantique, soit établi entre l'ALENA et l'UE.

Cependant, par rapport aux deux autres régions, le développement régional en Asie du Pacifique souffrait d'un déficit institutionnel relatif, bien que la situation ait évolué depuis 1997. Les acteurs du secteur privé plutôt que les initiatives gouvernementales ont été le principal moteur de l'intégration économique régionale. En conséquence, il existait peu d'institutions régionales pour la collaboration intergouvernementale. Les deux exceptions était le forum de Coopération Économique Transpacifique Asie-Pacifique (APEC), qui a été créé en 1989, et la Zone de Libre-Échange (AFTA) de l'ASEAN (Association des Nations de l'Asie du Sud-est), créée en 1992 par les six pays membres de l'ASEAN, de la Malaisie, de Singapour, du Brunei, de l'Indonésie, de la Thaïlande et des Philippines, et qui comprenait désormais quatre autres nouveaux membres: le Viêtnam, le Cambodge, la République Démocratique Populaire Lao et le Myanmar. Cependant, les progrès vers la libéralisation des échanges ont été douloureusement lents au sein du forum de l'APEC, tandis que ceux de l'AFTA se sont accélérés (chapitre 2). De plus, il y a eu un mouvement vers une plus grande collaboration inter-gouvernementale en Asie du Pacifique depuis 1997, un mouvement qui doit encore surmonter de nombreux obstacles à venir. Alors que l'histoire jette encore une longue ombre sur le régionalisme de l'Asie du Pacifique, de nouveaux problèmes géostratégiques et politiques sont également apparus en raison de la modification de l'équilibre des pouvoirs entre et au sein des nations.

Des visions concurrentes

Le développement régional en Asie du Pacifique avait toujours été façonné par l'interaction étroite entre les deux puissances dominantes de la région, les États-Unis et le Japon. Presqu'au moment où un vague sentiment «d'asianité» commençait à se développer parmi les élites politiques et intellectuelles de la région au début du XXe siècle, une sensibilité largement nourrie du traumatisme des incursions occidentales, une idée régionaliste « pan-pacifique » également a commencé à émerger, basé sur l'interdépendance et les échanges culturels entre l'Asie Pacifique et l'Amérique du Nord. Ce dernier a vu la création d'organisations d'avant-guerre telles que l'Institut Gouvernemental des Relations avec le Pacifique, auquel ont participé de nombreux universitaires et personnalités éminentes des deux côtés du Pacifique. La tentative du Japon de créer par la force militaire une sphère de coprospérité de la Grande Asie du Pacifique pendant la Seconde Guerre mondiale était la première fois que le régionalisme de l'Asie du Pacifique était invoqué de manière contradictoire contre le régionalisme transpacifique. En conséquence, il a tué les deux et semé les graines de la profonde méfiance à l'égard du Japon ressentie par toutes les nations asiatiques sous occupation japonaise.

L'ère de la guerre froide a vu l'approfondissement de l'implication des États-Unis en Asie du Pacifique dans les affaires militaires et économiques alors qu'il cherchait à contenir le communisme dans la région. Il s'agissait non seulement du plus grand marché de la région, mais aussi de son pivot de sécurité, garantissant la sécurité militaire et la stabilité politique en Asie du Nord-est et du Sud-est grâce à une série de traités de sécurité bilatéraux. Alors que cela tendait à favoriser une perspective transpacifique dans la coopération régionale, la coopération économique et militaire était considérée par les deux côtés du Pacifique comme essentielle à l'impératif de contenir le communisme et de promouvoir le développement économique.

Cependant, l'essor du Japon et la fin de la guerre froide ont conduit à une intégration rapide des économies d'Asie de l'Est sous la direction du Japon. Ce que le Japon n'a pas fait par des moyens militaires a commencé à paraître réalisable par des moyens économiques. L'Accord Plaza de 1985, initié par les États-Unis, qui a forcé une appréciation spectaculaire du Yen japonais par rapport au dollar américain, et le protectionnisme commercial croissant des États-Unis ont forcé les industries manufacturières japonaises à se délocaliser, d'abord vers les NPI, puis vers les NPE, alors qu'elles cherchaient à maintenir leur compétitivité manufacturière sur le marché mondial. Cet afflux massif d'IDE japonais en Asie du Pacifique a abouti à la mise en place de réseaux de production étroits centrés sur le capital japonais, la technologie et l'expertise de gestion, conduisant à une intégration économique de facto, par opposition à une intégration économique *de jure* de type européen dans la région. Pour leur part, tous les gouvernements d'Asie du Pacifique ont montré leur volonté de laisser le besoin pragmatique de développement économique écarter les animosités historiques.

C'est là que réside l'essence des relations entre le Japon et ses voisins de l'Asie du Pacifique: l'interdépendance économique coexiste avec une méfiance mutuelle dans d'autres domaines, militaires en particulier. Par conséquent, malgré sa forte présence économique dans la région, le Japon n'a jamais pris l'initiative politique de promouvoir la coopération intergouvernementale. En outre, la dépendance économique continue du marché américain, à la fois par le Japon et ses voisins asiatiques, ainsi que d'autres facteurs géostratégiques et politiques (à discuter plus tard), signifie que les deux courants du régionalisme ont leurs adhérents en Asie du Pacifique. Rien n'était plus instructif à ce sujet que les circonstances entourant la création de l'APEC.

Régionalisme APEC et Asie-Pacifique

Bien que l'APEC soit la seule institution transpacifique, elle était le fruit d'une initiative australienne. Un facteur majeur derrière cette initiative était l'inquiétude de l'Australie concernant la tendance au protectionnisme commercial dans la région du Pacifique, à laquelle elle s'identifiait de plus en plus. Cette préoccupation découlait des négociations hésitantes du GATT sur le commerce mondial et de la transition apparente des États-Unis du multilatéralisme du GATT,[80] c'est-à-dire de la mise en œuvre de la libéralisation des échanges par tous les membres du GATT sous la supervision du GATT, au régionalisme dans une tentative d'exercer une pression plus forte sur l'UE et l'Asie de l'Est pour libéraliser le commerce. En 1988, les États-Unis ont signé avec le Canada l'Accord de libre-échange entre le Canada et les États-Unis, qui est devenu par la suite un élément important de l'ALENA. Sentant clairement le besoin d'une position de repli sous la forme d'une

---

[80] L'Accord général sur les tarifs douaniers et le commerce (GATT), est l'ensemble d'accords commerciaux multilatéraux visant à abolir les contingents et à réduire les droits de douane entre les nations contractantes. Lorsque le GATT a été conclu par 23 pays à Genève, en 1947 (pour prendre effet le 1er janvier 1948), il a été considéré comme un arrangement provisoire en attendant la formation d'une agence des Nations Unies pour le remplacer. Lorsqu'une telle agence n'a pas vu le jour, le GATT a été amplifié et élargi encore lors de plusieurs négociations successives. Il s'est avéré par la suite l'instrument le plus efficace de la libéralisation du commerce mondial, jouant un rôle majeur dans l'expansion massive du commerce mondial dans la seconde moitié du XXe siècle. Au moment où le GATT a été remplacé par l'Organisation mondiale du commerce (OMC) en 1995, 125 pays étaient signataires de ses accords, qui étaient devenus un code de conduite régissant 90 pour-centdu commerce mondial.

coopération trans-pacifique plus étroite, le gouvernement australien a inventé tout le concept du régionalisme Asie-Pacifique sous la forme institutionnelle de l'APEC.

La proposition a obtenu le soutien immédiat des deux côtés du Pacifique, à l'exception notable de la Malaisie, dont le Premier ministre, le Dr Mahathir, a proposé une institution exclusivement asiatique qu'il a appelée le Groupement Économique de l'Asie de l'Est (EAEG), pour être distincte de l'APEC. Plusieurs raisons justifiaient le soutien de l'APEC, principalement liées aux réalités économiques et sécuritaires de la région. Du point de vue du Japon, qui était la cible principale de l'offensive commerciale unilatérale agressive des États-Unis, une APEC faiblement associée répondait à ses besoins. Faire participer les États-Unis aux problèmes régionaux a contribué à maintenir leur engagement en Asie et à promouvoir l'économie de la région. Cela pourrait même aider à contraindre le comportement des États-Unis en empêchant son recours à l'unilatéralisme, c'est-à-dire la demande que le Japon procède à des réformes fondamentales de son système économique pour supprimer les «obstacles structurels» aux exportations américaines. De plus, on pensait que le caractère non-contraignant de l'APEC empêchait les États-Unis d'imposer leurs propres règles de comportement économique à d'autres membres.

D'autres petits pays d'Asie de l'Est partageaient les vues du Japon en plus de craindre la domination de l'une des trois grandes puissances de la région: le Japon, les États-Unis et la Chine. Compte tenu de la situation sécuritaire précaire de la région, l'APEC a également été considérée comme ayant le potentiel de jouer un rôle positif dans la sécurité de la région. La plupart des membres de l'APEC y voyaient un bon moyen de maintenir un rôle actif des États-Unis dans les questions de sécurité régionale en augmentant leur participation à l'économie régionale sous les auspices de l'APEC.

Plus important encore, l'initiative de l'APEC a également bénéficié du soutien des États-Unis pour deux raisons. Premièrement, il a donné aux États-Unis un pied-à-terre dans la région du Pacifique d'où ils pourraient les empêcher de glisser vers un régionalisme «forteresse», c'est-à-dire des politiques commerciales protectionnistes. Deuxièmement, il a donné aux États-Unis un forum régional pour promouvoir la démocratisation et les droits civils et politiques. Les États-Unis considéraient comme un élément important de leur politique étrangère d'aider à construire une communauté de nations du Pacifique fondée sur une force, une prospérité et un engagement partagé envers les valeurs démocratiques ainsi que les approches régionales des problèmes mondiaux. Cependant, c'est le domaine qui a généré un désaccord entre certains membres de l'Asie de l'Est, en particulier ceux dont les politiciens critiquent les notions «occidentales» de démocratie et de droits de l'homme. Ils accusent les États-Unis d'«impérialisme culturel», de chercher à imposer des valeurs «occidentales» aux cultures asiatiques.

Ce qui s'est produit, c'est un solide soutien au régionalisme Asie-Pacifique en Asie de l'Est en raison d'un haut degré d'intérêt économique et militaire partagé entre les deux côtés du Pacifique. En termes d'intérêt économique, les États-Unis restent le plus grand marché d'exportation pour la plupart des économies de la région. En ce qui concerne la sécurité, la plupart des membres d'Asie de l'Est font plus confiance aux États-Unis qu'à leurs voisins. La récente montée en puissance de la Chine et son implication dans des différends territoriaux avec un certain nombre de pays d'Asie du Sud-est sur plusieurs îles de la mer de Chine méridionale ont ravivé et renforcé la méfiance à l'égard du pouvoir historique de la région. Bien qu'il y ait des différends entre les États-Unis et plusieurs de leurs alliés asiatiques sur la répartition des coûts de la fourniture de la sécurité, le désir irrésistible en Asie de l'Est est que les États-Unis s'engagent activement dans la région. Cette volonté est encore renforcée par les incertitudes sécuritaires créées par les deux Corées et les deux Chine. En bref, le régionalisme de l'APEC bénéficie d'un solide soutien pragmatique et stratégique.

Régionalisme de l'Asie de l'Est

Comme le régionalisme transpacifique, le régionalisme Est-asiatique s'est d'abord réaffirmé après la guerre froide, en réponse à l'initiative de l'APEC, pour être plus précis. Comme indiqué précédemment, la Malaisie a répondu à la proposition de l'APEC en présentant un plan rival fondé sur une adhésion asiatique exclusive. Cependant, en raison de la forte opposition des États-Unis, qui se méfiait de la tendance protectionniste du Dr Mahathir, de l'ambivalence du Japon, qui tenait à engager les États-Unis dans l'économie et la sécurité asiatiques, et d'un accueil froid de la plupart des autres pays d'Asie de l'Est, Mahathir plan a été dilué. Au lieu d'un EAEG séparé, un Caucus Économique de l'Asie de l'Est (EAEC) au sein de l'APEC a été mis en place, composé de tous les membres asiatiques.

Cependant, la crise financière de 1997 a été considérée comme un tournant dans le régionalisme Est-asiatique. Depuis lors, un certain nombre de mesures décisives ont été prises, qui déplacent de plus en plus la région dans la direction initialement tracée par le Dr Mahathir. Plus particulièrement, un EAEG efficace commence à prendre forme sous la forme de ce que l'on appelle «ASEAN+3», composé des dix pays de l'ASEAN et des trois pays d'Asie du Nord-est que sont la Chine, le Japon et la Corée du Sud. La coordination des politiques financières et commerciales est désormais à l'ordre du jour régional. Selon Bergsten,[81] «L'ASEAN+3» est devenu le groupement régional le plus actif hors d'Europe », bénéficiant d'une structure institutionnelle de plus en plus proche du G7 et déjà plus sophistiquée que l'ALENA.

Poussé par la volonté d'éviter une crise similaire à celle de 1997, le régionalisme progresse rapidement sur la coopération financière. Les initiatives adoptées comprennent un système régional d'échange de devises pour aider les membres à faire face aux futures crises financières, un mécanisme de surveillance utilisant des indicateurs d'alerte précoce au sein de l'ASEAN pour essayer d'anticiper et de prévenir les crises futures, ainsi que le suivi mutuel et le partage d'informations sur les mouvements de capitaux à terme dans les pays d'Asie du Nord-est. On parle aussi beaucoup de paniers de monnaie commune et d'accords d'intervention conjointe, pour remplacer à la fois les ancrages du dollar discrédités du passé et les flottants coûteux imposés par la crise.

Ces développements, suggère Dieter,[82] marquent le début du «régionalisme monétaire» en Asie de l'Est, une idée née (à nouveau) de la Malaisie, qui, lors de la crise financière de 1997–98, a suggéré la mise en place d'un pays asiatique dirigé par le Japon, un Fonds Monétaire Asiatique (AMF) pour permettre à la région de faire face à la crise financière alors en développement et à venir. Cela a également été envisagé comme une rupture importante avec la domination des institutions financières occidentales telles que le FMI. C'est précisément à cause de cela que les États-Unis se sont vigoureusement opposés à la proposition, qui a finalement été mise de côté en grande partie en raison de trois facteurs: le refus du Japon de s'affirmer; la «grande dose d'orgueil à la «manière asiatique» qui l'accompagne, et sa nature mal pensée. La relance du plan à peine 3 ans plus tard, cette fois sous une direction japonaise beaucoup plus active et avec le soutien positif de la Chine, fait valoir Dieter, démontre une détermination de la part du Japon et de la région dans son ensemble à avoir une voix indépendante dans l'économie mondiale, une détermination renforcée par la perception largement répandue de la mauvaise gestion par le FMI de la crise financière de 1997–98. Depuis 1997, il y a également eu une vague d'activités de coopération

---

[81] Bergsten, F. (2000) 'Towards a tripartite world', The Economist, 15 July 2000.
[82] Dieter, H. (2000) 'The 5th column: Asia's monetary regionalism', FEER online, 6 July 2000 www.feer.com/_0007_06/p30.html.

commerciale, même si cela ne se limite pas aux pays d'Asie de l'Est. Un nombre croissant d'accords sous - régionaux étaient en cours de négociation, tant entre les économies d'Asie de l'Est que le long de la rive du Pacifique, entre le Japon, la Corée du Sud, Singapour, le Mexique, le Canada, l'Australie et la Nouvelle-Zélande. Cependant, ce qui est remarquable, c'est le mouvement naissant signalant l'émergence d'une zone de libre-échange de l'Asie de l'Est qui couvre l'ensemble de l'Asie du Pacifique, couvrant l'Asie du Nord-est et du Sud-est. La base de cette spéculation est le fait que les trois pays, à savoir la Chine, le Japon et la Corée du Sud, étudiaient le projet d'une zone de libre-échange en Asie du Nord-est, composée de ces pays, et sa possible fusion avec l'AFTA.

Il semble que depuis la crise de 1997–98, les dirigeants politiques d'Asie de l'Est aient fait preuve d'une plus grande volonté politique de s'engager dans une coopération régionale plus étroite, une volonté stimulée en partie par leur mécontentement face à la lente évolution mondiale et régionale vers la libéralisation du commerce sur laquelle la région comptait pour sa reprise économique post-crise, et en partie par leur ressentiment à l'égard de ce qui est perçu comme la domination occidentale de l'économie mondiale. Par conséquent, l'intégration régionale en Asie de l'Est se caractérisait désormais par trois dimensions: un mouvement naissant vers ce que Dieter appelle le «régionalisme monétaire», centré sur un Fond Monétaire Asiatique piloté par le Japon, une multiplication de pactes commerciaux bilatéraux et plurilatéraux tant au sein de la région qu'entre les pays membres d'Asie de l'Est et autres membres régionaux, et un réseau de production régional étroitement intégré centré sur les multinationales japonaises. Mais dans quelle mesure, le cas échéant, ce développement régional est-il soutenu par une forme asiatique de capitalisme basée au Japon en conflit avec l'Occident?

Analyser le régionalisme de l'Asie Pacifique

L'évolution vers le régionalisme de l'Asie de l'Est a été modérée et restait à un stade précoce. Son développement futur dépendra autant des facteurs internationaux que des dynamiques régionales et nationales. Comme le dit Bergsten, toute flambée de protectionnisme américain ou européen pourrait servir de poussée supplémentaire au régionalisme de l'Asie de l'Est. S'il était difficile, voire impossible, de prédire la forme future du régionalisme Est-asiatique, il était néanmoins instructif de mettre en évidence les principaux problèmes auxquels son développement était confronté. Pour notre propos, je me concentre sur les deux éléments suivants: la question du leadership intellectuel et politique japonais, et l'évolution du contexte politique national dans lequel la «voie asiatique» est définie et la communauté asiatique imaginée.

Le leadership japonais

En tant que puissance économique dominante de la région, responsable des deux tiers de sa production, le Japon était longtemps censé être la principale force derrière le régionalisme de l'Asie de l'Est. En effet, c'était principalement le modèle japonais du capitalisme, avec son ancrage social profond, qui a été salué comme le fondement normatif de la troisième forme émergente de capitalisme, c'est-à-dire asiatique. L'intégration régionale de l'Asie de l'Est est donc effectivement considérée comme la régionalisation de la forme japonaise de capitalisme.

Cette perspective n'est exacte que dans la mesure où la production régionale est concernée et dans la plupart des autres domaines économiques, le rôle de chef de file du Japon n'est pas encore apparu. Cela a moins à voir avec la faible position militaire du Japon résultant de sa «constitution de paix» d'après-guerre, qui empêche le Japon de devenir une puissance militaire régionale, qu'avec son incapacité à se débarrasser de sa mentalité mercantiliste tournée vers l'intérieur et à s'adapter à un monde changé. Sa longue stagnation économique, son immobilisme politique et sa profonde implication dans la crise financière asiatique ne sont que deux des signes les plus remarquables du leadership intellectuel et politique jusqu'ici limité du Japon dans le développement régional de l'Asie de l'Est.

Comme indiqué précédemment, l'intégration régionale en Asie de l'Est était allée plus loin sous la forme des réseaux de production centrés sur les multinationales japonaises. La coopération intergouvernementale, en revanche, n'est prépondérante que par son absence. Le noter, cependant, est différent de dire que le gouvernement japonais n'a joué aucun rôle dans l'intégration régionale de l'Asie de l'Est. Au contraire, Pyle[83] a démontré de manière convaincante comment, à la fin des années 80, le gouvernement japonais a conçu cette forme particulière d'intégration régionale en coordonnant les IDE japonais, le commerce et l'aide officielle comme «les trois côtés d'un même corps» pour assurer la pénétration financière et industrielle du Japon en Asie Pacifique. Par conséquent, ce qui nous préoccupe n'est pas le manque de leadership politique en soi qui caractérise le rôle du Japon dans la régionalisation de l'Asie de l'Est, mais

---

[83] Pye, L. W. (1985) Asian Power and Politics: The Cultural Dimension of Authority, Cambridge, MA: Harvard University Press.

la nature et la forme que ce rôle de leadership a pris.

À l'instar de la promotion américaine du libéralisme mondial et du régionalisme de l'APEC, qui est en partie motivée par l'intérêt national, la promotion active par le Japon de la régionalisation japonaise tirée en Asie de l'Est est motivée par des considérations similaires. La différence est que le Japon définit son intérêt national en termes mercantilistes plutôt que libéraux, une approche qui est devenue de plus en plus insoutenable après la fin de la guerre froide et son «libéralisme intégré» associé dans l'économie mondiale. Lorsque les États-Unis ont intensifié leurs pressions sur le Japon pour libéraliser son économie afin d'ouvrir son marché au commerce extérieur et aux investissements, le PLD s'est retrouvé immobilisé par la coalition anti-libérale, qu'il avait longtemps nourrie pour sa survie électorale. L'éclatement de sa bulle économique au début des années 90, qui a accaparé de nombreuses banques japonaises de créances douteuses, situation similaire à celle de la Thaïlande, de l'Indonésie et de la Corée du Sud qui a déclenché la crise financière de 1997–98, a encore renforcé le dilemme dans lequel le gouvernement japonais s'est retrouvé. Dans une tentative pour aider le Japon à s'échapper, retarder ou alléger la douleur de la réforme intérieure, le gouvernement japonais a trouvé dans la délocalisation régionale des entreprises japonaises une excellente solution à son immobilisme politique intérieure. D'où son approche «trinitaire» de l'intégration régionale de l'Asie de l'Est basée sur la coordination de l'IDE japonais, du commerce et de l'aide dans la région.

Une conséquence majeure de l'approche mercantiliste du Japon à l'égard de l'intégration régionale en Asie de l'Est est la génération de conflits économiques entre le Japon et ses partenaires économiques et la méfiance croissante entre les deux parties, un sentiment peu propice à la collaboration intergouvernementale. Les multinationales japonaises, par exemple, ont été fortement critiquées par leurs gouvernements hôtes pour avoir fait avancer les intérêts japonais au détriment des économies locales. Le problème est souvent lié à l'incapacité de ces entreprises à «localiser» leur gestion, car elles ont tendance à redéployer un grand nombre d'employés japonais excédentaires vers les filiales asiatiques afin d'atténuer les problèmes d'emploi au Japon. Un autre différend concerne le commerce entre le Japon et ses partenaires d'Asie de l'Est, qui ont collectivement remplacé les États-Unis en tant que plus grand marché d'exportation pour les produits japonais depuis 1991. Ce changement dans la configuration commerciale du Japon s'est accompagné d'une répétition de différends commerciaux similaires entre le Japon et les États-Unis; depuis 1993, l'Asie de l'Est a remplacé les États-Unis en tant que plus grande source d'excédent commercial du Japon, tout en restant largement dépendante du marché américain pour ses produits manufacturés. En fait, le marché américain a joué un rôle crucial dans la reprise des exportations de la région après 1997. Tout cela a ajouté de nouvelles dimensions à la méfiance entre le Japon et ses partenaires asiatiques, empêchant le Japon d'exercer un rôle de chef de file dans le régionalisme Est-asiatique.

Les limites de l'approche mercantiliste du Japon à l'égard de la régionalisation de l'Asie de l'Est ont été pleinement exposées pendant et après la crise financière asiatique de 1997–98. Comme l'a noté Higgott[84], le Japon a joué un rôle central dans la crise en créant une surcapacité dans la région sans jouer le rôle d'un marché de dernier recours pour l'absorber. En outre, lorsque la crise financière s'est transformée en crise économique, le Japon n'était pas non plus en mesure d'aider la reprise économique de ses voisins, car il cherchait lui-même à exporter hors de sa récession de dix ans. Cela a rendu la stratégie de reprise similaire de l'Asie de l'Est beaucoup plus difficile. Il est donc ironique que le capitalisme japonais ait été présenté en Asie Pacifique et au-delà comme la base normative du régionalisme Est-asiatique à un moment où ses faiblesses fondamentales ont été pleinement exposées par la crise de 1997–98.

La base normative de la «voie asiatique»

La limite à la régionalisation du capitalisme japonais en Asie de l'Est est encore renforcée par les trajectoires de développement national de plus en plus divergentes dans la région. La «voie asiatique» tant vantée, qui a longtemps fourni aux dirigeants politiques de la région un manteau pour habiller leurs politiques autoritaires au nom de la culture, a de plus en plus fait l'objet d'interprétations contestées grâce à la démocratisation et à l'expérience traumatisante de la culture de la crise financière de 1997–98. Par conséquent, le modèle japonais d'économie politique et les nombreux aspects de la «voie asiatique» officiellement définie ont été remis en question.

Les approches divergentes de la coopération régionale entre les pays en voie de démocratisation et les autres ont été clairement identifiables pendant la crise de 1997–98. Dans toutes les sociétés touchées (et même en Occident), il y avait un mécontentement généralisé quant à la manière

---

[84] Higgott, R. (2000a) 'The international relations of the Asian economic crisis: A study in the politics of resentment', in Robison, R., Beeson, M., Jayasuriya, K. and Kim, H.-R. (eds), Politics and Markets in the Wake of the Asian Crisis, London: Routledge.

dont le FMI a mal géré la crise en exigeant des réductions des dépenses publiques, alors que la cause de la crise résidait dans la dette privée plutôt que dans la dette publique. Cependant, peu de pays sont allés aussi loin que la Malaisie en faisant appel à la «voie asiatique» à la fois pour justifier le copinage domestique et pour promouvoir le régionalisme Est-asiatique. En fait, tant la Corée du Sud que la Thaïlande ont adopté des approches opposées dans leurs efforts pour faire face à la crise et évoluer vers une coopération régionale. En Corée du Sud, le président Kim Dae Jung (1998), qui a pris ses fonctions pendant la crise, a ouvertement dénoncé les liens collusoires entre les entreprises et les politiciens comme étant à l'origine de la crise et a engagé sans équivoque son pays en faveur de la démocratie et d'un marché libre.

De même, depuis 1997, la Thaïlande, avec Singapour, a joué un rôle déterminant au sein du forum de l'ASEAN en éloignant l'organisation de sa «méthode ASEAN» traditionnelle de coopération régionale pour une «interaction renforcée». La caractéristique clé de la «voie de l'ASEAN» est son accent sur l'importance primordiale de la souveraineté nationale et de la non-ingérence dans les affaires intérieures des membres. Par conséquent, la coopération régionale au sein de l'ASEAN se caractérise par une préférence pour le dialogue et les contacts personnels informels par rapport à l'institutionnalisation formelle. En revanche, «une interaction renforcée» considère qu'une plus grande transparence de l'ASEAN en ce qui concerne les données économiques et financières de ses membres est essentielle pour renforcer la capacité de la région à faire face aux problèmes économiques futurs. Un exemple concret de cela est l'approbation par les ministres des Finances en octobre 1998 d'un examen par les pairs et d'un échange d'informations dans des domaines tels que les taux d'intérêt et de change ainsi que les flux de capitaux. Comme l'explique Haacke, cela signifie dans la pratique que les ministres des Finances de l'ASEAN sont désormais appelés à mettre en évidence les risques économiques dans les économies des États membres, à recommander des réponses politiques et à encourager une action rapide sur ces points. Par conséquent, une «interaction renforcée» marque presque certainement le début d'une nouvelle vision de la coopération régionale, fondée sur des institutions formelles plutôt que sur des interactions personnelles.

Ce qui émerge en Asie de l'Est, c'est donc plus d'une voix sur l'identité politique et culturelle de la région, grâce à la diffusion de la démocratie et à la nécessité d'établir de nouvelles formes de capacité étatique à l'ère de la mondialisation et de la libéralisation. Il est révolu le temps où l'État monopolisait la prise de décision politique nationale et régionale sous le masque de la «voie asiatique». Non seulement le modèle japonais d'économie politique a perdu son attrait politique et intellectuel en tant que base normative du régionalisme Est-asiatique, mais la notion même de «voie asiatique» a fait l'objet d'une contestation démocratique croissante et a fait l'objet de nouvelles interprétations. Par conséquent, la question «quelle sorte de région dans quel genre de monde»? pour emprunter à Buzan, sera de plus en plus tranchée par les peuples d'Asie de l'Est en partenariat avec leurs gouvernements plutôt que par les seuls gouvernements. Un nombre croissant de dirigeants politiques de la région ont maintenant compris que la quête de l'égalité régionale dans le système international n'est réalisable qu'en accordant la même égalité à leur propre peuple dans la politique nationale.

Conclusion

Le développement régional en Asie de l'Est a historiquement été soumis à deux influences contradictoires: l'une basée sur le sentiment collectif d'humiliation de la région subi par l'Occident et son désir qui en résulte d'être indépendant et égal à l'Occident dans la communauté internationale; l'autre basé sur la coopération transpacifique et des valeurs démocratiques libérales partagées.

Pendant la guerre froide, l'Asie de l'Est a émergé comme l'une des régions tripartites qui dominaient l'économie mondiale dans le contexte d'un «libéralisme intégré» sanctionné par les États-Unis. Cependant, la force économique croissante a conduit à l'orgueil «à la manière asiatique», qui revendiquait la supériorité du capitalisme Est-asiatique ou japonais sur le capitalisme «occidental». Malgré l'imbrication complexe de la région entre les intérêts économiques, sécuritaires et géostratégiques nationaux, qui a conduit au développement parallèle des deux volets du régionalisme, les abonnés de la « voie asiatique » ont revendiqué la prédominance du régionalisme de l'Asie de l'Est supposé étayé par le mercantilisme japonais.

La fin de la guerre froide et la crise financière de 1997–98 ont profondément transformé les contextes internationaux et nationaux de la politique, dont l'interaction façonne le développement régional. Au niveau international, malgré la domination continue de la notion d'intérêt national dans la poursuite de la politique étrangère par l'État-nation, l'importance croissante des valeurs démocratiques libérales dans les affaires internationales a conduit à une demande de libéralisation politique et économique. La notion de souveraineté nationale, qui a longtemps été le principe primordial de la politique internationale et donc jalousement gardée par les gouvernements nationaux, s'érode, quoique lentement. Les différends sur des questions telles que la démocratie et les droits de l'homme, en grande partie entre les États-Unis et certains dirigeants politiques d'Asie de l'Est en Asie du Pacifique, témoignent de cette réalité changeante.

Cependant, il serait tout à fait erroné de déduire de ce qui précède qu'il existe un plus grand potentiel pour l'Asie de l'Est de développer un régionalisme basé sur des valeurs illibérales telles que la soi-disant «voie asiatique». La fin de la guerre froide a non seulement rétabli les valeurs démocratiques libérales au niveau de la politique internationale, mais a également donné aux gens ordinaires de l'Asie du Pacifique la possibilité de participer à la politique nationale. La démocratisation, qui résulte en partie du nouveau contexte international de la politique de l'époque et en partie du changement de l'équilibre des pouvoirs intérieur apporté par des décennies de développement économique soutenu, a fondamentalement transformé le contexte politique national dans lequel l'intérêt national est défini. Le déclenchement de la crise financière de 1997–98 dans la région a encore renforcé cette évolution. Plutôt que de partager la vision de leurs dirigeants nationaux d'une région gouvernée par les valeurs illibérales incarnées à la « manière asiatique », les peuples de l'Asie du Pacifique se sont de plus en plus rendu compte que la meilleure façon de promouvoir leur intérêt national est d'adopter la démocratie libérale tant au niveau national que régional. Nulle part cela n'est mieux illustré qu'au Japon, où la longue adhésion à l'illibéralisme économique et politique a entraîné la perte de son leadership politique en Asie du Pacifique contrairement à l'anticipation très médiatisée. En bref, les visions contestées du régionalisme en Asie du Pacifique de l'époque ont été de plus en plus combattues en termes idéologiques plutôt que culturels.

CONCLUSION GENERALE

Depuis la décolonisation dans les parties non-européennes de la planète après la Deuxième Guerre mondiale, l'Asie de l'Est est la seule région à avoir réalisé le rêve de développement grâce à des décennies de croissance économique soutenue. Cette réalisation remarquable et impressionnante a non seulement sorti des millions de personnes de la région de la pauvreté, mais a également déclenché un débat international sur les enseignements, tant positifs que négatifs, qui peuvent être tirés de l'expérience de développement de la région. Ce livre fait partie de ce débat sur la nature et les implications du développement économique, social et politique de l'après-guerre en Asie de l'Est.

J'ai commencé cette étude en notant la nature contestée du concept de développement, suggérant que le processus de développement et sa perception sont inévitablement influencés par la contestation politique et les différences idéologiques. Sur la base de cette compréhension, j'ai concentré mon attention sur la nature idéologique du discours culturel, nouveau orientaliste, l'une des perspectives influentes sur le développement en Asie de l'Est. Tout au long de l'étude, j'ai cherché à démontrer comment, en Asie de l'Est, le nouvel orientalisme était utilisé par les dirigeants politiques comme une idéologie puissante pour justifier des politiques de développement rendues nécessaires par des impératifs nationaux souvent très différents. L'ascension du nouvel orientalisme en Asie de l'Est, ai-je suggéré, faisait partie du mouvement mondial vers le libéralisme économique et le conservatisme social, qui était symptomatique de la réaction contre l'État-providence libéral d'après-guerre qui a été établi en Occident. C'est dans cette perspective que j'ai également cherché à analyser le discours émergent sur le régionalisme est-asiatique, qui revendiquait le fondement normatif de ce dernier sur le capitalisme asiatique ou japonais. Je soutenais que la crise financière asiatique de 1997–98 avait mis à profit ce vœu pieux culturel conçu de manière apolitique ainsi que l'État autoritaire de développement, qui avait prospéré à une époque de libéralisme intégré induit par la guerre froide.

La perspective culturaliste n'est pas la seule perspective qui a fait l'objet d'un examen critique dans ce livre. L'accent que nous mettons sur la politique du développement a également conduit à remettre en question l'autre perspective majeure du développement en Asie de l'Est, qui est également déficiente en raison de sa conceptualisation apolitique du développement. Il s'agit de la perspective économique et politique néoclassique, qui tend à considérer la construction d'une économie de marché comme un processus technique, par opposition à un processus politique, qui nécessite peu de légitimation par l'État.

Le développement économique en Asie de l'Est, qui a jeté les bases du développement social et politique de la région, comme nous l'avons vu, a démontré, à la fois par la diversité et les similitudes des expériences nationales de la région, le rôle crucial de l'État dans la formation de développement. Bien que toutes les économies aient décollé sous les auspices d'un État autoritaire, une situation encouragée par la guerre froide, la manière dont les différents États exerçaient un contrôle sur leurs sociétés respectives différait beaucoup néanmoins, comme en témoignent leurs différentes capacités institutionnelles de travailler avec la société. À bien des égards, ces différences étaient elles-mêmes un héritage de l'histoire et de la structure sociale uniques de la nation, qui limitaient les options politiques de l'État. D'où la différence entre les États largement méritocratiques des Nouveaux Pays Industrialisés (NPI) asiatiques ethniquement homogènes d'une part, et les États « administocratiques » des Nouveaux Pays Exportateurs (NPE) multiethniques d'Asie du Sud-est d'autre part.

Les États au sein de chaque groupe différaient également pour des raisons similaires, allant de «l'État ethnique» sans vergogne à l'État patrimonial indonésien, qui était économiquement complice des Chinois et les excluait politiquement; de l'État quasi-léniniste à dominance continentale de Taïwan, qui tenait à distance les industries dominées par les Taïwanais, à l'État *chaebol* de Corée du Sud, caractérisé par son alliance stratégique avec les *chaebols*; de l'État léniniste à parti unique de Singapour, qui s'est allié avec des capitaux étrangers, à l'État bureaucratique de la Thaïlande, qui a cherché à assimiler les Chinois dans la société et la politique thaïlandaises. Comme je l'ai montré, ces différences ont eu un impact profond sur le développement politique et social et économique de chaque nation. En d'autres termes, les États d'Asie de l'Est, à travers leurs rôles clés, bien que différents dans le développement économique, ont été une force politique majeure pour façonner le développement national de la région.

L'essor de l'Asie de l'Est au sein de la communauté internationale a sans aucun doute soulevé de nombreuses questions qui continueront d'être débattues par les historiens, les économistes, les sociologues et les politologues pendant de nombreuses années à venir. Cependant, alors que la recherche intellectuelle et politique se poursuit pour trouver des solutions au fléau de la pauvreté, qui sévit toujours dans la majorité de la population mondiale, la seconde moitié du XXe siècle pourrait bien être vue comme une période de l'histoire au cours de laquelle le peuple d'Asie du Pacifique a dû endurer le fardeau du développement sous des gouvernements autoritaires, qui ont néanmoins harmonisé l'effort dans un environnement international favorable. C'était aussi une période qui a vu l'émancipation des populations par le développement; ils ont ensuite remis en question non seulement la version de leurs dirigeants politiques de l'héritage culturel et de l'avenir politique de leur nation, mais aussi leur monopole sur le pouvoir.

Pour les leaders d'opinion et les décideurs politiques occidentaux, qui ont travaillé dans des agences internationales chargées d'aider au développement du Tiers-monde, la leçon la plus difficile du développement de l'Asie de l'Est doit être la prise de conscience que l'économie de marché, qui avait jusqu'à présent prouvé être le système le plus efficace de génération de richesse, a besoin d'un coup de main de l'État à la fois pour sa construction et son bon fonctionnement et pour l'utilisation de ses fruits pour le développement social et démocratique, sans lequel la croissance économique ne peut que provoquer des conflits et de l'instabilité plutôt que le développement. Et l'exemple le plus illustratif du développement dirigé par l'État est certainement celui de la Chine du XXIème, le nouveau géant d'Asie qui a supplanté le Japon comme deuxième économie mondiale et a sorti plus de 850 millions de chinois de l'extrême pauvreté en l'espace seulement de trois décennies. Cette brillante performance de la Chine se situe au-delà des compétences de ce livre.

Conclusion générale

APPENDICE

Chronologie des événements clés des pays étudiés

Japon

1853 - La flotte américaine oblige le Japon à s'ouvrir à l'influence étrangère après plus de 200 ans d'isolement auto-imposé.

1868 - Fin des siècles de règne de la caste militaire shogun, proclamé l'Empire du Japon, et le pays entre dans une période d'industrialisation rapide et de domination commerciale sur l'Asie de l'Est.

1894-95 - Le Japon entre en guerre avec la Chine et ses forces mieux équipées remportent la victoire en neuf mois seulement. La Chine cède Taïwan et autorise le Japon à faire du commerce sur le continent.

1904 - Le Japon devient le premier pays asiatique des temps modernes à vaincre une puissance européenne lorsqu'il met la Russie en déroute en Mandchourie.

1910 - Le Japon annexe la Corée après trois ans de combats, devenant l'une des principales puissances mondiales.

1914 - Le Japon rejoint la Première Guerre mondiale aux côtés de la Grande-Bretagne et de ses alliés, gagnant des îles du Pacifique à l'Allemagne à la fin de la guerre.

1918-1922 - Le Japon tente d'établir une zone tampon contre le régime bolchevique dans les provinces du Pacifique de la Russie, chassé par la pression diplomatique britannique et américaine et l'opposition intérieure.

1923 - Le tremblement de terre dans la région de Tokyo tue plus de 100 000 personnes.

L'Empire britannique met fin à 21 ans d'alliance avec le Japon, signalant l'appréhension occidentale et américaine de la puissance croissante du Japon en Asie de l'Est.

1925 - Le suffrage universel masculin est institué. L'électorat est multiplié par cinq.

Fin des années 1920 - Le nationalisme extrême commence à s'installer au Japon alors que la dépression économique mondiale frappe. L'accent est mis sur la préservation des valeurs traditionnelles japonaises et le rejet de l'influence «occidentale».

1931 - L'armée japonaise envahit la province chinoise de Mandchourie, installe un régime fantoche.

1932 - Le Premier ministre Inukai Tsuyoshi est tué lors d'un coup d'État manqué par des officiers de l'armée nationaliste. L'armée a une influence croissante dans le pays.

1936 - Le Japon signe une alliance avec l'Allemagne nazie.

1937 - Le Japon entre en guerre avec la Chine, capturant Shanghai, Pékin et Nanjing au milieu d'atrocités comme le «viol de Nanjing», au cours duquel jusqu'à 300 000 civils chinois ont été tués.

1939 - Déclenchement de la Seconde Guerre mondiale en Europe. Avec la chute de la France en 1940, le Japon se déplace pour occuper l'Indochine française.

Attaque sur Pearl Harbor

1941 - Le Japon lance une attaque surprise contre la flotte américaine du Pacifique à Pearl Harbor, à Hawaï. Les États-Unis et les principaux alliés déclarent la guerre au Japon.

1942 - Le Japon occupe une succession de pays, dont les Philippines, les Indes néerlandaises, la Birmanie et la Malaisie. En juin, les porte-avions américains battent les Japonais à la bataille de Midway. Les États-Unis commencent une stratégie de «saut d'île en île», coupant les lignes de soutien japonaises à mesure que leurs forces avancent.

1944 - Les forces américaines sont suffisamment proches du Japon pour lancer des bombardements sur les villes japonaises.

Hiroshima et Nagasaki

1945 - Des avions américains larguent deux bombes atomiques sur Hiroshima et Nagasaki en août. L'empereur Hirohito se rend et renonce à son statut divin. Le Japon est placé sous le gouvernement militaire américain. Toutes les forces militaires et navales japonaises sont dissoutes.

1947 - La nouvelle constitution entre en vigueur, établit un système parlementaire avec tous les adultes ayant le droit de voter. Le Japon renonce à la guerre et s'engage à ne pas maintenir de forces terrestres, navales ou aériennes à cette fin. L'empereur a obtenu le statut de cérémonie.

1951 - Le Japon signe un traité de paix avec les États-Unis et d'autres nations. À ce jour, il n'y a pas de traité de paix avec la Russie, en tant que successeur légal de l'Union soviétique.

1952 - Le Japon retrouve son indépendance. Les États-Unis conservent plusieurs îles à des fins militaires, dont Okinawa.

1955 - Formation du Parti libéral démocrate (LDP). En dehors de brefs intermèdes, le parti gouverne jusqu'au 21e siècle.

1956 - Le Japon rejoint les Nations Unies.

1964 - Jeux Olympiques tenus à Tokyo.

1972 - Le Premier ministre japonais visite la Chine et les relations diplomatiques normales reprennent. Le Japon ferme ensuite son ambassade à Taiwan.

Okinawa est revenue à la souveraineté japonaise, mais les États-Unis y conservent des bases.

1982 - Le constructeur automobile japonais Honda ouvre sa première usine aux États-Unis.

1989 - L'empereur Hirohito meurt, succédé par Akihito.

1993 Juillet - Des élections organisées sur fond de scandales de corruption et de déclin économique voient le LDP évincé pour la première fois depuis 1955. Une coalition de sept partis prend le pouvoir.

1993 Août - Le gouvernement publie une « déclaration de Kono » historique pour s'excuser de l'utilisation d'esclaves sexuels par l'armée japonaise pendant la guerre.

1994 - La coalition anti-LDP s'effondre. Une administration soutenue par le PLD et les socialistes prend le relais.

Catastrophes naturelles et causées par l'homme

1995 Janvier - Un tremblement de terre frappe le centre du Japon, tuant des milliers de personnes et causant des dégâts considérables. La ville de Kobe est la plus durement touchée.

1995 Mars - Une secte religieuse, Aum Shinrikyo, libère le gaz neurotoxique mortel sarin sur le réseau de métro de Tokyo. Douze personnes sont tuées et des milliers sont blessées.

Le viol d'une écolière locale par des militaires américains basés à Okinawa déclenche des manifestations de masse demandant le retrait des forces américaines de l'île.

1997 - L'économie entre dans une grave récession.

2001 Mars - Un tribunal japonais annule l'ordonnance d'indemnisation des Coréennes contraintes de travailler comme esclaves sexuelles pendant la Seconde Guerre mondiale.

2001 Avril - Junichiro Koizumi devient le nouveau chef du PLD et Premier ministre.

2001 Avril - Différend commercial avec la Chine après que le Japon impose des droits d'importation sur les produits agricoles chinois. La Chine riposte avec des taxes à l'importation sur les véhicules japonais et autres produits manufacturés.

2001 Août - Koizumi rend hommage au sanctuaire Yasukuni dédié aux morts de guerre du pays, provoquant les protestations des voisins du Japon. Le mémorial rend également hommage aux criminels de guerre.

2001 Octobre - Koizumi se rend à Séoul et présente des excuses pour les souffrances endurées par la Corée du Sud sous le régime colonial de son pays.

2002 Septembre - Koizumi devient le premier dirigeant japonais à visiter la Corée du Nord. Le dirigeant nord-coréen Kim Jong-il s'excuse pour les enlèvements de citoyens japonais dans les années 1970 et 1980 et confirme que huit d'entre eux sont morts. Cinq ressortissants japonais rentrent chez eux.

2003 Décembre - Le gouvernement annonce la décision d'installer un bouclier antimissile «purement défensif» de fabrication américaine.

Déploiement en Irak

2004 Février - Des soldats non combattants arrivent en Irak lors du premier déploiement japonais en zone de combat depuis la Seconde Guerre mondiale.

2005 Septembre - Le Premier ministre Koizumi remporte une victoire écrasante aux élections générales anticipées.

2006 Juillet - Le dernier contingent de troupes japonaises quitte l'Irak.

Abe prend le relais

2006 Septembre - Shinzo Abe succède à Junichiro Koizumi au poste de Premier ministre.

2006 Décembre - Le Parlement approuve la création d'un ministère de la Défense à part entière, le premier depuis la Seconde Guerre mondiale.

2007 Avril - Wen Jiabao devient le premier Premier ministre chinois à s'adresser au parlement japonais. M. Wen dit que les deux parties ont réussi à réchauffer les relations.

2007 août - À l'occasion du 62e anniversaire de la reddition du Japon pendant la Seconde Guerre mondiale, presque tout le cabinet reste à l'écart du sanctuaire Yasukuni. Le Premier ministre Abe a déclaré qu'il n'avait pas l'intention de visiter le sanctuaire tant que la question continuera d'être un problème diplomatique.

2007 Septembre - Le Premier ministre Shinzo Abe démissionne, est remplacé par Yasuo Fukuda.

2008 Juin - Le Japon et la Chine concluent un accord pour le développement conjoint d'un champ de gaz dans la mer de Chine orientale, résolvant un différend vieux de quatre ans.

2008 Septembre - Le Premier ministre Yasuo Fukuda démissionne. L'ancien ministre des Affaires étrangères Taro Aso est nommé nouveau premier ministre.

2008 Novembre - Le général Toshio Tamogami, chef de l'armée de l'air japonaise, perd son emploi après avoir écrit un essai cherchant à justifier le rôle du Japon dans la seconde guerre mondiale.

2009 Février - Le ministre de l'Économie, Kaoru Yosano, déclare que le Japon est confronté à la pire crise économique depuis la Seconde Guerre mondiale, après que les chiffres montrent que son économie a reculé de 3,3% au dernier trimestre.

2009 Août - Le Parti démocratique d'opposition du Japon (DPJ) remporte les élections générales par un glissement de terrain, mettant fin à plus de 50 ans de régime presque ininterrompu par le Parti libéral démocrate.

2009 Septembre - Le chef du DPJ, Yukio Hatoyama, élu Premier ministre à la tête de la coalition avec le Parti social-démocrate et le Nouveau parti du peuple.

2010 Juin - Le Premier ministre Hatoyama démissionne suite à l'échec de la fermeture de la base militaire américaine d'Okinawa. Le ministre des Finances Naoto Kan prend le relais.

2010 Juillet - La coalition au pouvoir perd la majorité aux élections à la chambre haute du parlement.

Malheurs économiques

2011 Février - Le Japon est dépassé par la Chine en tant que deuxième économie mondiale.

2011 Mars - Un énorme tremblement de terre en mer et le tsunami qui a suivi dévastent des kilomètres de rivages. Les dommages à la centrale nucléaire de Fukushima provoquent une fuite de rayonnement qui laisse de vastes zones inhabitables et contamine les approvisionnements alimentaires.

2011 Août - Suite à de sévères critiques sur sa gestion des suites de la crise nucléaire de Fukushima, le Premier ministre Naoto Kan démissionne. Il est remplacé par Yoshihiko Noda.

2011 Décembre - Le gouvernement annonce un assouplissement de l'interdiction auto-imposée par le Japon sur les exportations d'armes. Il dit que cette décision permettra au pays de fournir du matériel militaire pour les missions humanitaires.

2012 Juin - La chambre basse du parlement approuve un projet de loi visant à doubler la taxe de vente, afin de compenser le déficit d'impôt sur le revenu causé par le vieillissement de la population. Le Parti démocrate au pouvoir se divise, mais conserve sa majorité à la chambre basse.

2012 Juillet - Le Japon redémarre le réacteur nucléaire d'Ohi, le premier depuis l'effondrement de la centrale de Fukushima l'année dernière, au milieu des manifestations locales.

2012 Août - La croissance économique du Japon ralentit à 0,3% contre 1% au deuxième trimestre alors que la crise de la zone euro frappe les exportations et la consommation intérieure.

Le Japon rappelle son ambassadeur à Séoul en signe de protestation lors d'une visite aux Rocks Liancourt par le président sud - coréen Lee Myung - bak. Les deux pays revendiquent les îlots, que le Japon appelle Takeshima et la Corée du Sud appelle Dokdo.

2012 Septembre - La Chine annule les cérémonies marquant le 40e anniversaire du rétablissement des relations diplomatiques avec le Japon en raison d'une flambée publique dans un différend sur la propriété d'un groupe d'îles de la mer de Chine orientale administré par le Japon sous le nom d'îles Senkaku et revendiqué par la Chine comme les îles Diaoyu. Taiwan revendique également les îles.

2012 Décembre - Le Parti libéral-démocrate conservateur de l'opposition remporte un glissement de terrain lors d'élections législatives anticipées. L'ancien Premier ministre Shinzo Abe forme le gouvernement sur la promesse de stimuler la croissance économique.

2013 Mai - Les exportations augmentent de 10,1% - le taux annuel le plus rapide depuis 2010 - grâce à la faiblesse du yen, stimulant le plan de relance économique du Premier ministre Abe.

2013 Juillet - La coalition du Premier ministre Abe remporte les élections à la chambre haute, lui donnant le contrôle des deux chambres du parlement - une première pour un Premier ministre en six ans.

Septembre 2013 - Tokyo est choisie pour accueillir les Jeux olympiques de 2020.

Nouvelle stratégie de sécurité

2013 Décembre - Le Japon approuve le déménagement d'une base aérienne militaire américaine sur son île méridionale d'Okinawa. La base, qui abrite plus de 25 000 soldats américains, sera relocalisée dans une partie moins densément peuplée de l'île.

Le cabinet japonais approuve une nouvelle stratégie de sécurité nationale et une augmentation des dépenses de défense dans une mesure largement considérée comme visant la Chine.

Juillet 2014 - Le gouvernement japonais approuve un changement historique de politique de sécurité, ouvrant la voie à ses militaires pour combattre à l'étranger.

Un panel judiciaire recommande que trois anciens dirigeants du service

Appendice

public TEPCO - qui gère la centrale nucléaire endommagée de Fukushima - soient inculpés de poursuites pénales pour leur rôle dans la catastrophe de 2011.

2014 Décembre - Le gouvernement dirigé par le LDP conserve sa large majorité parlementaire lors d'élections anticipées appelées par le Premier ministre Shinzo Abe à demander un nouveau mandat pour ses politiques économiques, après que l'économie japonaise soit revenue en récession en milieu d'année.

2015 Février - L'économie sort de la récession au dernier trimestre de 2014, même si la croissance reste atone.

2015 Juillet - La Chambre basse du Parlement soutient les projets de loi permettant aux troupes de combattre à l'étranger pour la première fois depuis la Seconde Guerre mondiale, provoquant des manifestations dans le pays et des critiques de la Chine.

2015 Août - Le Japon redémarre le premier réacteur nucléaire de la centrale de Sendai, conformément aux nouvelles règles de sécurité après la catastrophe de Fukushima en 2011.

Avril 2016 - Au moins 44 personnes meurent et plus de 1000 sont blessées à la suite de deux tremblements de terre majeurs sur l'île méridionale de Kyushu.

Ces répliques et les répliques majeures laissent également au moins 100 000 personnes déplacées.

Août 2016 - L'empereur Akihito indique sa volonté d'abdiquer dans un rare message vidéo adressé au public.

2017 Juin - Le Parlement adopte un projet de loi historique permettant à l'empereur Akihito d'abdiquer.

Octobre 2017 - Le parti du Premier ministre Abe et son partenaire de coalition remportent des élections anticipées.

Novembre 2017 - Le Japon va étendre sa base militaire à Djibouti, une décision qui, selon les observateurs, pourrait contrebalancer l'influence internationale croissante de la Chine.

2019 Avril - L'empereur Akihito abdique en faveur de son fils, le prince héritier Naruhito.

2020 septembre - Shinzo Abe démissionne de son poste de Premier ministre pour des raisons de santé, succède au secrétaire en chef du cabinet Yoshihide Suga.

Indonésie

1670-1900 - Les colons hollandais ramènent l'ensemble de ce qui est aujourd'hui l'Indonésie sous un seul gouvernement sous le nom des Indes orientales néerlandaises.

1883 - L'éruption volcanique de l'île de Krakatoa (Krakatau) provoque un tsunami dévastateur.

1928 - Une conférence de jeunes s'engage à travailler pour "une nation, une langue, un peuple" pour l'Indonésie.

1942 - Le Japon envahit les Indes néerlandaises.

1945 - Après la capitulation japonaise, le leader nationaliste Sukarno revient de son exil interne et déclare son indépendance.

1949 - Les Néerlandais reconnaissent l'indépendance de l'Indonésie après quatre ans de guérilla.

1950 - Maluku (Moluques) déclare son indépendance de l'Indonésie et mène une guerre séparatiste infructueuse

1962 - La Nouvelle-Guinée occidentale, ou Papouasie occidentale, détenue par les Pays-Bas, est placée sous l'administration de l'ONU et occupée par la suite par les forces indonésiennes. L'opposition à la domination indonésienne éclate.

Suharto arrive au pouvoir

1965 - Coup d'État raté: Dans la foulée, des centaines de milliers de communistes présumés sont tués dans une purge de gauchistes qui sombrent dans le vigilantisme.

1966 - Sukarno remet les pouvoirs d'urgence au général Suharto, qui devient président en mars 1967.

1969 - La Papouasie occidentale est officiellement incorporée à l'Indonésie, devenant la province d'Irian Jaya.

1975 - Le Portugal accorde l'indépendance du Timor oriental. L'Indonésie envahit l'année suivante et l'annexe en tant que province.

1997 - Crise économique asiatique: la valeur de la roupie indonésienne chute. Les protestations et les émeutes renversent Suharto.

1999 - Des élections libres ont lieu en Indonésie.

Le Timor oriental vote pour l'indépendance, les milices pro-indonésiennes se déchaînent. Le Timor oriental relève de l'administration des Nations Unies. Abdurrahman Wahid (Gus Dur) devient président.

2000 - Deux scandales financiers harcèlent l'administration Wahid: Buloggate (détournement de fonds de l'agence de logistique de l'État) et Bruneigate (manque de fonds d'aide humanitaire du sultan de Brunei).

2001 Juillet - Le Parlement révoque le président Wahid pour des allégations de corruption et d'incompétence. La vice-présidente Megawati Sukarnoputri est assermentée.

2002 Janvier - La province d'Irian Jaya a obtenu une plus grande autonomie par Jakarta, autorisée à adopter le nom de Papouasie.

2002 Octobre - Un attentat à la bombe djihadiste sur le quartier de la discothèque Kuta Beach à Bali fait 202 morts, la plupart des touristes.

2004 Octobre - L'ancien général Susilo Bambang Yudhoyono remporte le deuxième tour des élections présidentielles, renversant Megawati Sukarnoputri.

2004 Décembre - Plus de 220 000 personnes sont mortes ou portées disparues rien qu'en Indonésie après un puissant tremblement de terre sous-marin au large de Sumatra qui a généré d'énormes raz-de-marée. Les vagues ravagent des communautés de l'océan Indien aussi loin que la Thaïlande, l'Inde, le Sri Lanka et la Somalie.

2006 Décembre - Premières élections directes tenues dans la province d'Aceh, consolidant l'accord de paix d'août 2005. L'ancien chef rebelle séparatiste Irwandi Yusuf a été élu gouverneur.

2009 Septembre - La police abat le militant islamiste le plus recherché d'Indonésie, Noordin Mohammad Top, qui serait responsable d'une série d'attaques meurtrières à travers l'archipel.

2011 Février - Deux églises sont incendiées dans le centre de Java lors d'une manifestation de centaines de musulmans contre le blasphème.

Trois membres de la secte Ahmadiyah, un groupe musulman minoritaire, sont matraqués à mort lors d'une attaque de foule dans l'ouest de Java.

Les radicaux au tribunal

2011 Juin - Le religieux radical Abu Bakar Ba'asyir est condamné à 15 ans de prison pour avoir soutenu un camp d'entraînement de militants islamistes.

Juin 2012 - Le tribunal de Jakarta condamne le fabricant de bombes Umar Patek à 20 ans de prison pour son rôle dans les attentats de 2002 à Bali. Il a été extradé du Pakistan en 2011. La condamnation met fin aux dix ans d'enquête sur les attentats à la bombe.

Présidence Widodo

Juillet 2014 - Joko Widodo est déclaré vainqueur de l'élection présidentielle.

Mai 2017 - Le maire chrétien de Jakarta, Basuki Tjahaja Purnama, est emprisonné pendant deux ans pour blasphème.

Juin 2017 - Le groupe État islamique s'est étendu à presque toutes les provinces du pays, selon le chef militaire, le général Gatot Nurmantyo.

Mai 2018 - Vague d'attentats à la bombe dans la deuxième ville de Surabaya, perpétrés par des familles de kamikazes, y compris leurs enfants.

2018 Septembre - Un séisme majeur et un tsunami tuent plus de 1000 personnes sur l'île de Sulawesi, autour de la ville de Palu.

Octobre 2018 - Un nouvel avion Boeing 737 Max 8 exploité par l'Indonésien Lion Air s'écrase dans la mer de Java, tuant les 189 personnes à bord. Un crash similaire en Éthiopie le mois de mars suivant conduit à l'échouement du 737 Max 8 dans le monde entier dans l'attente d'enquêtes.

2019 Avril - Élections présidentielles et législatives tenues simultanément pour la première fois. Plus de 192 millions de citoyens s'inscrivent pour voter pour un président et les législateurs pour 20 500 sièges dans l'exercice gigantesque.

Malaisie

14ème siècle - La conversion des Malais à l'Islam commence.

1826 - Les colonies britanniques de Malacca, Penang et Singapour se combinent pour former la colonie des colonies des détroits, d'où les Britanniques étendent leur influence en établissant des protectorats sur les sultanats malais de la péninsule.

1942-45 - Occupation japonaise.

1948-60 - État d'urgence pour contrer l'insurrection communiste locale.

1957 - La Fédération de Malaisie devient indépendante de la Grande-Bretagne avec Tunku Abdul Rahman comme Premier ministre.

1963 - Les colonies britanniques de Sabah, Sarawak et Singapour rejoignent la Fédération de Malaisie pour former la Fédération de Malaisie.

1965 - Singapour se retire de la Malaisie, qui est réduite à 13 États; l'insurrection communiste commence au Sarawak.

Discrimination positive pour les Malais

1971 - Le gouvernement introduit des quotas minimaux pour les Malais dans les affaires, l'enseignement et la fonction publique.

1981 - Mahathir Mohamad devient Premier ministre.

1989-90 - Les insurgés communistes locaux signent un accord de paix avec le gouvernement.

1998 - Mahathir Mohamad limoge son adjoint et successeur présumé, Anwar Ibrahim, pour inconduite sexuelle, sur fond de divergences entre les deux hommes sur la politique économique.

2000 - Ibrahim est reconnu coupable de sodomie et condamné à neuf ans de prison. Cela s'ajoute à la peine d'emprisonnement de six ans qui lui a été infligée en 1999 après avoir été reconnu coupable de corruption à l'issue d'un procès controversé.

2001 - Des dizaines de personnes arrêtées lors des pires affrontements ethniques depuis des décennies entre Malais et Indiens de souche.

Mahathir tire sa révérence

2003 Octobre - Abdullah Ahmad Badawi prend le poste de Premier ministre alors que Mahathir Mohamad démissionne après 22 ans de mandat.

2004 - Anwar Ibrahim libéré après que le tribunal a annulé sa condamnation pour sodomie.

2006 - La Malaisie suspend la construction d'un pont controversé vers Singapour.

2009 - Badawi démissionne de ses fonctions de Premier ministre et est remplacé par son adjoint, Najib Abdul Razak.

Mars 2014 - Le gouvernement et Malaysia Airlines font face à des critiques internationales concernant la gestion du vol MH370, qui disparaît en route vers la Chine dans des circonstances inexpliquées.

Juillet 2014 - Le vol MH17 de Malaysian Airlines reliant Amsterdam à Kuala Lumpur s'écrase dans l'est de l'Ukraine après avoir été abattu par des séparatistes soutenus par la Russie, entraînant la perte des 298 personnes à bord.

2015 Février - Le chef de l'opposition Anwar Ibrahim est emprisonné pendant cinq ans après avoir échoué à gagner un appel contre une condamnation pour sodomie.

Scandale de corruption

2015 Juin - Le Wall Street Journal allègue que près de 700 millions de dollars (490 millions de livres sterling) du fonds souverain 1MDB ont été déposés sur le compte bancaire personnel du Premier ministre Najib Razak.

Novembre 2016 - Des milliers de manifestants antigouvernementaux descendent dans les rues de Kuala Lumpur pour exiger la démission du Premier ministre Najib en raison de ses liens présumés avec un scandale de corruption.

2017 Février - Kim Jong - Nam, le frère du chef aliéné nord - coréen Kim Jong-un, est tué avec un agent neurotoxique dans un aéroport malaisien.

Mai 2018 - Mahathir Mohamad redevient Premier ministre à la tête d'une coalition quadripartite, battant son ancien protégé Najib Razak.

2020 mars - Muhyiddin Yassin forme le gouvernement avec l'UMNO, l'ancien parti de Najib Razak, après l'effondrement surprise de la coalition de Mahathir Mohamad.

Singapour

1819 - Sir Stamford Raffles de la British East India Company établit un poste de traite sur l'île de Singapour.

1826 - Singapour, Malacca et Penang deviennent la colonie britannique des établissements des détroits.

1832 - Singapour devient la capitale des établissements des détroits. Le port attire des milliers de migrants de Chine, d'Inde et d'autres régions d'Asie.

1867 - Les établissements des détroits deviennent la colonie de la couronne de l'Empire britannique.

1869 - Ouverture du canal de Suez, essor du commerce.

1922 - Singapour devient la principale base navale britannique en Asie de l'Est.

1941 - Seconde Guerre mondiale. Le Japon bombarde Singapour.

1942 - Singapour tombe aux mains du Japon, qui le rebaptise Syonan (Lumière du Sud).

1945 - Le Japon vaincu. Singapour sous administration militaire britannique.

Indépendance

1946 - Singapour devient une colonie de la Couronne distincte.

1959 - L'autonomie gouvernementale est atteinte avec Lee Kuan Yew comme premier ministre.

1963 - Singapour rejoint la Fédération de Malaisie, Sabah (Bornéo du Nord) et Sarawak dans la Fédération de Malaisie.

1965 - Singapour se retire de la Fédération de Malaisie, à l'invitation de la Malaisie, au milieu de tensions politiques et ethniques. Le territoire devient une république indépendante et rejoint les Nations Unies.

1967 - Singapour, membre fondateur de l'Association des nations de l'Asie du Sud-Est (Asean).

1971 - Les dernières forces militaires britanniques se retirent.

Fin d'une époque

1984 - Deux députés de l'opposition sont élus au parlement pour la première fois.

1990 - Le Premier ministre Lee Kuan Yew démissionne après 31 ans mais continue d'exercer une influence significative en tant que ministre principal. Goh Chok Tong devient le nouveau Premier ministre.

1993 - Ong Teng Cheong devient le premier président élu au suffrage direct.

1994 - La bastonnade de l'adolescent américain Michael Fay pour avoir vandalisé des voitures fait la une des journaux.

1995 - Les transactions désastreuses de Nick Leeson sur la bourse de Singapour conduisent à l'effondrement de la plus ancienne banque d'affaires britannique, Barings. Il est reconnu coupable à Singapour et condamné à six ans et demi de prison.

1997 - Un avion de ligne singapourien SilkAir s'écrase sur une rivière dans le sud de Sumatra, entraînant la perte des 104 passagers et membres d'équipage.

1998 - Singapour entre en récession pour la première fois en 13 ans pendant la crise financière asiatique.

La Malaisie interdit aux avions militaires et de sauvetage de Singapour de son espace aérien, après que les mémoires de Lee Kuan Yew aient accusé la Malaisie de `` harcèlement '' dans les années 1960.

1999 - SR Nathan devient président sans élection après avoir été déclaré seul candidat éligible.

Nick Leeson a été libéré tôt de la prison de Singapour pour bonne conduite.

2000 Novembre - Un avion de ligne 747 de Singapore Airlines s'écrase alors qu'il décolle par grand vent à l'aéroport de Taipei, tuant 81 passagers et membres d'équipage.

2001 - Rassemblement anti-gouvernemental sans précédent - la première manifestation légale en dehors de la campagne électorale. Des centaines de personnes se rassemblent pour soutenir le chef de l'opposition vétéran JB Jeyaretnam, qui fait face à la faillite et à l'expulsion du Parlement. La Malaisie et Singapour conviennent de mettre fin aux différends de longue date, de construire un nouveau pont et un tunnel. Victoire écrasante aux élections générales pour le Parti d'action populaire au pouvoir, qui obtient tous les 84 sièges sauf deux.

2002 Janvier - Le Japon et Singapour signent un accord de libre-échange.

2003 - Éclosion du virus Sars de type pneumonie ; Le Premier ministre Goh Chok Tong a déclaré que l'épidémie était la pire crise que le pays ait connue. Singapour devient le premier pays asiatique à signer un accord de libre-échange avec les États-Unis.

2004 août - Lee Hsien Loong, fils aîné de l'ancien Premier ministre Lee Kuan Yew, est assermenté comme Premier ministre.

2005 - Singapour et la Malaisie règlent un différend amer sur les travaux de remise en état des terres dans les eaux frontalières. Le gouvernement approuve un plan controversé pour légaliser les jeux de casino, ouvrant la voie à la construction de deux complexes de casino de plusieurs milliards de dollars. Le président SR Nathan entame son deuxième mandat après avoir remporté des élections dont ses rivaux ont été disqualifiés. L'exécution d'un Australien pour trafic de drogue, malgré des appels à la clémence de haut niveau, est condamnée par le procureur général d'Australie comme barbare.

2006 Mai - Le Parti d'action populaire au pouvoir de Lee Hsien Loong remporte les élections générales qui sont considérées comme le premier véritable test de la popularité du Premier ministre.

2007 Janvier - Deux hommes africains sont exécutés pour trafic de drogue malgré les appels internationaux à la clémence. Le Parlement vote contre une proposition de dépénalisation des relations sexuelles entre hommes.

2008 Février - Mas Selamat Kastari, chef présumé du groupe militant islamiste Jemaah Islamia, s'échappe de prison. Les forces de sécurité organisent une chasse à l'homme massive.

Récupération

2009 - Singapour semble sortir de sa pire récession jamais enregistrée après que l'économie se développe à un taux annualisé de 20,4% entre avril et juin.

2010 Novembre - L'auteur britannique Alan Shadrake condamné pour insulte à la justice de Singapour dans un livre sur la peine de mort.

2011 - Le Parti d'action populaire (PAP) au pouvoir remporte tous les sièges sauf six au parlement, mais les partis d'opposition réalisent des gains sans précédent dans ce que le Premier ministre Lee Hsien Loong appelle une «élection décisive». Tony Tan est élu président, lors de la première élection du genre depuis 18 ans.

2012 Janvier - Un comité nommé par le gouvernement recommande des réductions de salaire massives pour les ministres, dont le Premier ministre et le président.

2012 Mai - Le Parti des travailleurs de l'opposition remporte des élections partielles très disputées, conservant son siège laissé vide après l'expulsion du député par le parti en février.

2012 Novembre - Singapour connaît sa première grève depuis les années 1980. Les chauffeurs de bus chinois sortent en se plaignant que leur salaire est inférieur à celui des chauffeurs locaux ou malais.

2013 Mai - Les manifestants organisent un rassemblement inhabituellement important pour protester contre les plans du gouvernement visant à augmenter la population, principalement avec des travailleurs étrangers.

2013 Décembre - Une émeute impliquant quelque 400 travailleurs étrangers éclate à la suite du décès d'un travailleur migrant indien renversé par un bus. Il s'agit de la première émeute à Singapour depuis plus de 30 ans.

Mars 2014 - Singapour devient le deuxième pays au monde après les États-Unis à réglementer les monnaies virtuelles telles que les bitcoins, dans le but de prévenir le blanchiment d'argent.

Appendice

2015 Janvier - Le Premier ministre Lee Hsien Loong dévoile des mesures plus strictes contre la corruption après un certain nombre de scandales de corruption très médiatisés au cours des deux dernières années.

Mars 2015 - Le père fondateur de Singapour, Lee Kuan Yew, décède à l'âge de 91 ans. Des dizaines de milliers de personnes parcourent les rues pour assister à sa procession funéraire.

2015 Août - Singapour célèbre le 50e anniversaire de l'indépendance de la Malaisie.

2015 Septembre - Le Parti d'action populaire au pouvoir remporte une élection anticipée pour prolonger son emprise de 50 ans au pouvoir.

Un tribunal de Singapour condamne une infirmière philippine à quatre mois de prison pour avoir publié des commentaires incendiaires sur la ville-état sur Facebook.

Novembre 2015 - Le gouvernement réduit le nombre de publications interdites de 250 à 17 seulement pour refléter les «changements de société».

Décembre 2015 - Les États-Unis annoncent qu'ils déploient un avion spécialisé de surveillance maritime à Singapour en réponse apparente à la poursuite par la Chine de revendications territoriales dans la mer de Chine méridionale.

Mai 2016 - Singapour et le Bangladesh arrêtent un groupe d'hommes bangladais soupçonnés d'être des militants islamiques extrémistes. Singapour a déclaré avoir détenu huit hommes qui prévoyaient de renverser le gouvernement du Bangladesh et d'établir un régime radical aligné sur le soi-disant État islamique.

Singapour déclare qu'il dépensera plus de 1,5 milliard de dollars pour étendre la capacité de ses bases d'entraînement militaire en Australie dans le cadre d'un accord de 25 ans.

Août 2016 - Le Parlement approuve une nouvelle loi sur l'outrage qui pourrait voir les délinquants emprisonnés jusqu'à trois ans. Human Rights Watch affirme que la loi pourrait entraver davantage la liberté d'expression et conduire les médias à l'autocensure.

Le premier service de taxi sans conducteur au monde est lancé à Singapour.

2017 Mars - Un adolescent blogueur obtient l'asile aux États-Unis. Un juge a déclaré qu'Amos Yee avait été persécuté pour ses opinions politiques.

Juillet 2017 - Le Premier ministre Lee Hsien Loong et ses frères et sœurs se disputent publiquement la volonté de leur défunt père, l'ancien Premier ministre Lee Kuan Yew.

Septembre 2017 - Des centaines de personnes protestent contre la proclamation incontestée d'Halimah Yacob à la présidence, affirmant que cette décision était antidémocratique.

Corée du Sud

1945 - Après la Seconde Guerre mondiale, l'occupation japonaise prend fin avec les troupes soviétiques occupant la zone au nord du 38e parallèle et les troupes américaines au sud.
1948 - proclamation de la République de Corée.
1950 - Le Sud déclare son indépendance, déclenchant l'invasion nord-coréenne.
1953 - L'armistice met fin à la guerre de Corée, qui a coûté la vie à deux millions de personnes.
Années 1950 - Sud soutenu par un soutien militaire, économique et politique crucial des États-Unis.
1960 - Le président Syngman Ree démissionne après les manifestations étudiantes contre la fraude électorale. La nouvelle constitution forme la Seconde République, mais la liberté politique reste limitée.
Coup
1961 - met du coup d'Etat militaire le général Park Chung- hee au pouvoir.
1963 - General Park rétablit une certaine liberté politique et proclame la Troisième République. Début du grand programme de développement industriel.
1972 - Loi martiale. Park augmente ses pouvoirs avec des changements constitutionnels.
Après des pourparlers secrets Nord-Sud, les deux parties cherchent à développer un dialogue visant à l'unification.
1979 - Park assassiné. Général Chun doo- hwan prend le pouvoir l'année suivante.
1980 - La loi martiale est déclarée après des manifestations étudiantes. Dans la ville de Gwangju, l'armée tue au moins 200 personnes. Cinquième république et nouvelle constitution.
1981 - Chun est élu indirectement pour un mandat de sept ans. La loi martiale prend fin, mais le gouvernement continue d'avoir de puissants pouvoirs pour empêcher la dissidence.
1986 - La Constitution est modifiée pour permettre l'élection directe du président.
Retour à la démocratie
Années 1980 - Changement croissant vers l'industrie de la haute

technologie et de l'informatique.

1987 - Le président Chun est démis de ses fonctions en raison des troubles étudiants et de la pression internationale lors de la préparation de la sixième Constitution. Le général Roh Tae-woo succède au président Chun, accorde un plus grand degré de libéralisation politique et lance une campagne anti-corruption.

1988 - Jeux olympiques à Séoul. Premières élections parlementaires libres.

1991 - La Corée du Nord et la Corée du Sud rejoignent les Nations Unies.

1993 - Le président Roh succède à Kim Young Sam, un ancien opposant au régime et le premier président civil librement élu.

1996 - La Corée du Sud est admise à l'Organisation de coopération et de développement économiques.

Politique d'ensoleillement

1998 - Kim Dae-jung a prêté serment en tant que président et poursuit la «politique du soleil» consistant à offrir une aide économique et humanitaire inconditionnelle à la Corée du Nord.

2000 juin - Sommet à Pyongyang entre Kim Jong-il et le président sud-coréen Kim Dae-jung. Le Nord arrête les émissions de propagande contre le Sud.

2000 août - Les bureaux de liaison frontaliers rouvrent au village de la trêve de Panmunjom. La Corée du Sud accorde une amnistie à plus de 3 500 prisonniers. Une centaine de Nord-Coréens rencontrent leurs proches dans le Sud dans une réunion très chargée et émotionnelle. Kim Dae-jung reçoit le prix Nobel de la paix.

2001 - Ouverture de l'aéroport international d'Incheon, construit sur les terres marémotrices au large du port d'Incheon.

2002 Mars - Un groupe de 25 Nord-Coréens fait défection vers la Corée du Sud via l'ambassade d'Espagne à Pékin, mettant en évidence le sort de dizaines de milliers de personnes qui se cachent en Chine après avoir fui la famine et la répression dans le Nord.

2002 Juin - La bataille entre les navires sud-coréens et nord-coréens le long de leur frontière maritime contestée fait quatre morts et 19 blessés parmi les Sud-Coréens. On pense que trente Nord-Coréens ont été tués.

2002 Décembre - Roh Moo- hyun, du Parti démocratique du millénaire au pouvoir, remporte des élections présidentielles très disputées.

2003 Octobre - La plus grande traversée de masse de la zone démilitarisée depuis la guerre de Corée: des centaines de Sud-Coréens se rendent à Pyongyang pour l'ouverture du gymnase financé par le conglomérat Hyundai du Sud.

2004 Février - Le Parlement approuve l'envoi controversé de 3 000 soldats en Irak.

2004 Juin - Les États-Unis proposent de réduire d'un tiers leur présence de troupes. L'opposition soulève des craintes en matière de sécurité à propos du plan.

2005 Juin - Kim Woo- choong, l'ancien chef fugitif de Daewoo, revient et est arrêté pour son rôle dans l'effondrement du géant industriel de plus de 70 milliards de dollars. En mai 2006, il est condamné à 10 ans de prison.

2005 Décembre - Les Sud-Coréens sont choqués par les révélations selon lesquelles le scientifique du clonage et héros national, le Dr Hwang Woo- suk, a simulé une recherche historique sur la recherche sur les cellules souches. 2006 Octobre - Le ministre des Affaires étrangères Ban Ki-moon est nommé nouveau secrétaire général de l'ONU. Il prend ses fonctions en janvier 2007.

2007 Février - La Corée du Sud et la Corée du Nord conviennent de reprendre les pourparlers de haut niveau suspendus depuis juillet 2006 à la suite de l'essai nucléaire de North.

Le chef du plus grand constructeur automobile sud-coréen, Hyundai, est emprisonné pendant trois ans pour détournement de fonds.

2007 Avril - La Corée du Sud et les États-Unis s'accordent sur un accord de libre-échange après 10 mois de négociations, bien que le Congrès américain ne l'ait ratifié qu'en 2011.

2007 Mai - Les trains de voyageurs franchissent la frontière Nord-Sud pour la première fois en 56 ans.

2007 Décembre - conservateur Lee Myung - bak remporte une victoire écrasante à l'élection présidentielle.

2008 Février - Le plus grand trésor culturel du pays, la porte Namdaemun, est détruit par un incendie.

2008 Octobre - Le gouvernement annonce de sauvetage financier de $130 milliards pour consolider le système bancaire et stabiliser les marchés de la MUAS crise financière mondiale.

2009 Janvier - La Corée du Nord déclare qu'elle abandonne tous les accords militaires et politiques avec le Sud.

2009 août - Décès de l'ancien président Sud-coréen Kim Dae-jung ; La Corée du Nord envoie une délégation de haut niveau à Séoul pour lui rendre hommage.

2009 Octobre - La Corée du Nord exprime son «regret» d'avoir libéré l'eau du barrage qui a noyé six campeurs en aval en Corée du Sud en septembre. Les deux parties tiennent des pourparlers visant à empêcher les inondations sur la rivière Imjin qui enjambe leur frontière militarisée.

2009 Novembre - Des navires de guerre sud-coréens et nord-coréens échangent des tirs à travers une frontière maritime contestée, puis à nouveau en janvier.

2010 Janvier - Le Nord accepte une offre d'aide alimentaire du Sud, la première aide de ce type en deux ans.

Naufrage du navire de guerre

2010 Mai - La Corée du Sud interrompt tout commerce avec le Nord après que le navire de guerre Cheonan ait été coulé par une torpille nord-coréenne en mars. Pyongyang décrit les résultats comme une "fabrication" et coupe toutes les relations diplomatiques avec Séoul.

2010 Novembre - Un affrontement transfrontalier près de la frontière maritime contestée entraîne la mort de deux marines Sud-coréens. La Corée du Sud place son armée en état d'alerte la plus élevée en dehors de la guerre après que des obus ont atterri sur l'île de Yeonpyeong. Nouvel échange de tirs en août.

2012 Juillet - La Corée du Sud commence le déménagement de la plupart des ministères dans la «mini-capitale» à Sejong City, à 120 km au sud de Séoul. Les principaux ministères resteront à Séoul.

2012 Août - Lee Myung - bak devient le premier président à visiter les roches Liancourt, que le Japon a également revendications. Tokyo rappelle son ambassadeur en signe de protestation.

2012 Octobre - La Corée du Sud conclut un accord avec les États-Unis pour presque tripler la portée de son système de missiles balistiques à 800 km en réponse au test de la Corée du Nord d'une fusée à longue portée en avril.

2012 Décembre - La Corée du Sud élit sa première femme présidente, Park Geun-hye, du parti conservateur Saenuri. Elle prend ses fonctions en février.

2013 Janvier - La Corée du Sud lance pour la première fois un satellite en orbite à l'aide d'une fusée lancée depuis son propre sol. Vient des semaines après qu'une fusée nord-coréenne a placé un satellite en orbite.

Mars 2013 - La Corée du Sud accuse North d'une cyber-attaque qui arrête temporairement les systèmes informatiques des banques et des diffuseurs.

2013 Septembre - La Corée du Nord et la Corée du Sud rouvrent le complexe industriel commun et la hotline de Kaesong.

2013 Décembre - La Corée du Sud annonce l'expansion de la zone de défense aérienne, deux semaines après que la Chine a annoncé unilatéralement sa propre zone de défense aérienne étendue dans la mer de Chine orientale pour inclure la controversée Socotra Rock.

Mars 2014 - La Corée du Nord et la Corée du Sud échangent des tirs en mer à travers la frontière maritime occidentale contestée lors du plus grand exercice d'entraînement militaire sud-américain dans la région depuis 20 ans.

Avril 2014 - Le ferry de Sewol coule au large de la côte ouest, tuant au moins 281 personnes, principalement des lycéens.

Octobre 2014 - La Corée du Nord et la Corée du Sud s'engagent dans de rares échanges de tirs à travers leur frontière terrestre alors que des militants sud-coréens lancent des ballons contenant des tracts condamnant le dirigeant nord-coréen Kim Jong-un. Des tirs d'armes à feu ont également été échangés lorsque le navire de patrouille du Nord a traversé la frontière maritime ouest contestée.

Les Etats-Unis et la Corée du Sud reportent à nouveau le transfert du contrôle des troupes dans le Sud en cas de guerre avec le Nord, invoquant une "menace croissante" de Pyongyang. Transfert dû en 2012 et retardé jusqu'en 2015. Aucune nouvelle date fixée.

2014 Décembre - La Cour constitutionnelle interdit le Parti progressiste unifié de gauche, accusé d'être pro-nord-coréen.

Le président Park demande que la cybersécurité des installations clés soit renforcée après la fuite de données sur ses réacteurs nucléaires.

Mars 2015 - La Corée du Nord tire des missiles sol-air à courte portée dans la mer dans une apparente démonstration de force contre des exercices militaires annuels entre la Corée du Sud et les États-Unis.

2015 Novembre-Décembre - Manifestations de masse à Séoul contre la politique économique du gouvernement et insistance pour que les écoles utilisent des livres d'histoire approuvés par l'État.

Octobre 2016 - La présidente Park Geun-Hye est en proie à une crise politique suite à des révélations selon lesquelles elle a permis à un ami personnel, sans poste gouvernemental, de se mêler des affaires de l'État. Elle est plus tard mise en accusation.

Décembre 2016 - L'armée sud-coréenne affirme que son cyber-commandement a été attaqué par des pirates informatiques nord-coréens.

Mai 2017 - Le candidat de centre gauche Moon Jae-in est élu président dans un glissement de terrain et s'engage à résoudre la crise nord-coréenne par des moyens diplomatiques.

Janvier 2018 - La Corée du Nord et la Corée du Sud conviennent de marcher sous le même drapeau aux Jeux olympiques d'hiver du mois prochain en Corée du Sud dans un dégel des relations.

Avril 2018 - Kim Jong-un devient le premier dirigeant nord-coréen à entrer dans le sud lorsqu'il rencontre le président Moon Jae-in pour des entretiens au poste-frontière de Panmunjom. Ils conviennent de mettre

Taiwan

1683 - La dynastie chinoise Qing annexe formellement Taiwan, qui avait jusqu'ici été divisée entre les royaumes aborigènes et les colons chinois et européens, surtout les Néerlandais.
1895 - La Chine cède Taiwan parmi d'autres territoires au Japon après avoir perdu la première guerre sino-japonaise.
1915 - L'incident de Tapani incite le Japon à réformer son administration de la population sédentaire, qui se transforme en activité civique et politique. Le traitement japonais de la population autochtone reste sévère.
1930 - Les troupes écrasent le dernier soulèvement autochtone majeur, la rébellion de Wushe.
1942 - Le gouvernement chinois du Kuomintang renonce à tous les traités avec le Japon et exige le retour de Taiwan dans le cadre de tout règlement d'après-guerre, qui est approuvé par les Alliés dans la Déclaration du Caire l'année suivante.
1945 - Les Alliés placent Taiwan sous contrôle administratif chinois après la capitulation du Japon.
1947 - Le mécontentement à l'égard du régime centralisé des habitants du Kuomintang déborde dans 228 Incident. Les autorités chinoises imposent la loi martiale, tuent un grand nombre de manifestants réclamant des élections libres et un gouvernement propre, et interdisent à des milliers d'autres toute activité politique.
1949 - La victoire des communistes dans la guerre civile chinoise conduit à l'évacuation du gouvernement du Kuomintang vers Taiwan, avec environ deux millions de réfugiés. Les Continentaux dominent l'île jusqu'à la fin de la loi martiale en 1987.
Le gouvernement de la République de Chine, basé à Taiwan, conserve la reconnaissance de l'ONU et de l'Occident en tant que gouvernement légitime de toute la Chine jusqu'aux années 1970.
Années 1950-1960 - Développement industriel rapide stimulé par une politique orientée vers l'exportation et l'aide économique américaine, tandis que le Kuomintang justifie le régime d'un parti unique en s'opposant à toute menace communiste.
1971 - L'ONU reconnaît la Chine communiste comme le seul gouvernement de tout le pays après que le chef vétéran du Kuomintang,

Chiang Kai-shek, ait refusé l'accord de double représentation. La République populaire prend le siège du Conseil de sécurité de l'ONU en Chine.

1975 - Décès de Chiang Kai-shek. Son fils Chiang Ching - kuo commence la politique prudente de la libéralisation, y compris la promotion des Taïwanais plus autochtones à des postes d'autorité.

1977 - Première percée de l'opposition aux élections législatives par le groupe Tangwai (Hors Parti).

1979 - Incident de Kaohsiung, au cours duquel la police tue des manifestants pro-démocratie et arrête tous les dirigeants de l'opposition disponibles. L'attention internationale attirée sur le régime répressif du Kuomintang.

1980 - Les chefs de l'opposition sont condamnés à de longues peines de prison pour l'incident de Kaohsiung.

1986 - Les autorités n'empêchent pas le Parti démocratique progressiste de s'organiser, malgré l'interdiction nominale des partis d'opposition. Les candidats se présentent aux élections sous la bannière Tangwai.

1987 - Chiang Ching- kuo abolit la loi martiale, permet des visites familiales à la partie continentale.

1988 - Chiang meurt. Son successeur choisi, Lee Teng-hui, né à Taiwan, lance une politique de « taiwanisation » pour démanteler de nombreuses structures restées de 1949 et assouplit les restrictions sur la langue et la culture natives.

1996 - Des élections libres, où Lee bat Peng Min- du Parti progressiste démocratique Ming. La Chine communiste tente de perturber les élections avec des tests de missiles, accélérés par l'envoi américain de porte-avions dans la région.

2000 Mars - Chen Shui-bian remporte les élections présidentielles, mettant fin au monopole du pouvoir du parti Kuomintang depuis 50 ans.

2000 Mai - Chen Shui-bian dit dans son discours inaugural qu'il ne déclarera pas son indépendance tant que la Chine n'attaquera pas. Il dit qu'il n'appellera pas à un référendum sur l'indépendance, ni n'abolira le plan officiel de Taipei pour une éventuelle réunion avec la Chine continentale.

La Chine répond en l'accusant de manque de sincérité et en disant qu'il a éludé la question clé de savoir s'il considérait Taiwan comme faisant partie de la Chine.

2000 Août - Le président Chen Shui-bian s'arrête brièvement aux États-Unis avant d'entamer une tournée de deux semaines en Amérique centrale et en Afrique. Il ne reçoit aucun accueil officiel.

Appendice

2000 Octobre - Le gouvernement arrête les travaux de construction d'une centrale nucléaire, déclenchant une grande dispute politique. Il soutient que l'installation - approuvée et lancée sous le gouvernement précédent - ne serait pas une source d'énergie sûre.

2000 Octobre - Chang Chun-hsiung a prêté serment comme Premier ministre. Il remplace Tang Fei, du principal parti nationaliste d'opposition, qui a démissionné au milieu de différends avec le président Chen, sur des questions telles que la mise au rebut de la centrale nucléaire.

2001 Avril - Le chef spirituel tibétain exilé, le Dalaï Lama, rencontre le président Chen lors d'une visite qui suscite une forte opposition de la Chine.

2001 Avril - Les États-Unis déclarent qu'ils continueront de vendre des sous-marins, des navires de guerre et des avions anti-sous-marins, mais pas le système radar de combat naval demandé Aegis. Les protestations de la Chine et le président George W Bush s'engage à aider Taiwan si la Chine envahit.

Cliquetis de sabre

2001 Juin - Taiwan teste le système de défense antimissile Patriot acheté aux États-Unis, alors que la Chine effectue des exercices militaires simulant l'invasion d'une île.

2001 Novembre - Taipei lève une interdiction de 50 ans du commerce et des investissements directs avec la Chine.

2001 Décembre - Le parti nationaliste Kuomintang (KMT) perd sa majorité parlementaire pour la première fois.

2002 Janvier - Taiwan entre officiellement dans l'Organisation mondiale du commerce, quelques semaines seulement après la Chine.

2003 Mai - Augmentation spectaculaire des cas du virus Sars de type pneumonie.

2003 Juillet - Taïwan est le dernier pays à être retiré de la liste de l'OMS des pays gravement touchés par le virus Sars.

2003 Novembre - Taïwan dévoile le bâtiment Taipei 101 de 508 mètres, qui, selon lui, est le plus haut du monde.

2003 Novembre - Le Parlement approuve le projet de loi autorisant un référendum sur la déclaration d'indépendance en cas d'attaque de la Chine. Les référendums sur la souveraineté et le changement de nom du pays ne sont pas sanctionnés.

Deuxième mandat pour Chen

2004 Mars - Le président Chen Shui-bian remporte un second mandat par une mince marge. Sa victoire fait suite à une tentative d'assassinat contre lui à la veille des élections.

2004 Novembre - La Cour rejette la contestation de l'opposition selon laquelle le président Chen Shui-bian a remporté injustement l'élection présidentielle de mars.

2005 Janvier - Les avions affrétés pour les vacances du Nouvel An lunaire effectuent les premiers vols directs entre Taiwan et la Chine depuis 1949.

2005 Mars - Taiwan condamne une nouvelle loi chinoise donnant à Pékin le droit légal de recourir à la force si Taipei déclare son indépendance formelle.

2005 Avril - Le chef du Parti national (KMT), Lien Chan, visite la Chine pour la première rencontre entre les dirigeants du Parti nationaliste et communiste depuis 1949.

2005 Juin - La réforme exigeant que les futurs amendements constitutionnels soient soumis à un référendum suscite la crainte de la Chine qu'il soit plus facile pour les militants de promouvoir des mouvements vers l'indépendance.

2005 Juillet - Le Parti national (KMT) élit le maire de Taipei Ma Ying Jeou comme son nouveau chef.

Président sous pression

2005 Décembre - Le KMT de l'opposition triomphe aux élections municipales. Le résultat est interprété comme un vote de défiance à mi-parcours envers le président Chen Shui-bian.

2006 Février - Taïwan abandonne le Conseil national d'unification, un organisme mis en place pour traiter de la réunification avec le continent. La Chine affirme que cette décision pourrait entraîner un "désastre".

2006 Juin - Sous la pression d'allégations de corruption contre un membre de la famille, le président Chen cède certains de ses pouvoirs au Premier ministre.

2006 Octobre - Le président Chen survit à une tentative du parlement de forcer un référendum sur son règne - le deuxième en quatre mois. Ses opposants et partisans descendent dans la rue.

2006 Décembre - Un tremblement de terre au large de Taiwan coupe les câbles sous-marins, coupant ou limitant les télécommunications dans la région.

La Chine met en évidence Taiwan comme une menace pour la sécurité dans ses projets de modernisation militaire.

2007 Janvier - Taiwan défend les manuels d'histoire de l'école qui font référence à la Chine. Pékin accuse Taipei d'introduire des idéologies indépendantistes dans la classe.

2007 Mars - Un journal rapporte que Taiwan a testé un missile de croisière capable de frapper Shanghai ou Hong Kong.

2007 Mars - Le gouvernement taïwanais commence à retirer la statue de Chiang Kai-shek de Kaohsiung, déclenchant des manifestations.

2007 Avril - La Chine et Taiwan s'affrontent sur le parcours du relais de la flamme olympique avant les Jeux de 2008 à Beijing.

2007 Août - Le pays tente de rejoindre l'ONU pour la première fois sous le nom de Taiwan, plutôt que sous le titre officiel de République de Chine. La demande est rejetée.

2008 Janvier - Le KMT de l'opposition remporte une victoire écrasante aux élections législatives, battant le Parti démocratique progressiste (DPP) du président Chen Shui-bian. M. Chen démissionne de son poste de président du DPP.

Les nationalistes de retour au pouvoir

2008 Mars - Élections présidentielles. Ma Ying jeou de l'opposition du Parti Kuomintang est élu président.

2008 Juin - Premiers pourparlers officiels avec la Chine depuis la suspension du dialogue en 1999.

2008 Juillet - Le président Ma s'excuse pour le meurtre et l'emprisonnement de dizaines de milliers de dissidents politiques dans les années 50 et 60 - une période connue sous le nom de terreur blanche. La violence a eu lieu lorsque la loi martiale a été imposée par le parti Kuomintang après la fuite de ses dirigeants sur l'île en 1949 à la fin de la guerre civile chinoise.

2008 novembre - Le plus haut responsable chinois à visiter Taiwan depuis plus d'un demi-siècle s'entretient à Taipei sur l'amélioration des relations. La visite de Chen Yunlin, le principal négociateur de la Chine à Taiwan, a suscité des protestations de la part des partisans indépendantistes.

L'ancien président Chen Shui-bian a été arrêté et accusé de blanchiment d'argent, de corruption et de détournement de fonds gouvernementaux. M. Chen a déclaré que les allégations étaient politiquement motivées.

2008 Décembre - Le don de deux pandas géants par la Chine est perçu comme une nouvelle amélioration des relations.

Détente transversale

2009 Mars - L'ancien président Chen Shui-bian est jugé pour avoir accepté des pots-de-vin, blanchiment d'argent et extorsion.

2009 Avril - La Chine abandonne les objections de longue date à la participation de Taiwan à l'Organisation mondiale de la santé. Taiwan dit qu'il lèvera l'interdiction des investissements en provenance de Chine.

2009 Mai - Le président chinois Hu Jintao et le président du parti au pouvoir du Kuomintang (KMT), Wu Po-hsiung, d'accord aux pourparlers sur un accord commercial de grande envergure.

2009 Juillet - Les dirigeants chinois et taïwanais échangent des messages directs pour la première fois depuis plus de 60 ans, en signe de réchauffement des relations.

Le président Ma Ying jeou est élu chef du parti au pouvoir, le Kuomintang.

2009 Août - Le typhon Morakot frappe le sud de Taiwan, faisant des centaines de morts dans des inondations et des coulées de boue. En Septembre, le premier ministre Liu Chao- Shiuan Démission critique de la réponse du gouvernement.

2010 Janvier - Les États-Unis approuvent la vente de missiles de défense aérienne à Taiwan dans le cadre d'un projet d'armement de 6,7 milliards de dollars. La Chine suspend les contacts militaires avec les États-Unis, impose des sanctions aux entreprises américaines impliquées.

Pacte commercial

2010 Juin - Taïwan et la Chine signent un pacte de libre-échange historique, considéré comme l'accord le plus important en 60 ans de séparation.

2011 Février - Un officier supérieur de l'armée est arrêté, soupçonné d'espionnage pour la Chine.

2011 Mars - Cinq meurtriers condamnés sont exécutés, le deuxième recours à la peine de mort au cours de l'année écoulée.

2012 Janvier - Le président Ma Ying jeou remporte un deuxième mandat.

2012 Juillet - L'économie taïwanaise se contracte en trois mois jusqu'à fin juin, le ralentissement mondial pesant sur les pays dépendants des exportations. L'économie s'est contractée de 0,16% par rapport à l'année précédente.

2012 Août - La Chine et Taiwan signent un accord de protection des investissements qui met en place des canaux formels de règlement des différends. Il détaille les droits des investisseurs taïwanais s'ils sont détenus par les autorités chinoises et vice versa. La Chine est le plus grand partenaire commercial de Taïwan, avec un commerce bilatéral d'une valeur de 110 milliards de dollars (70 milliards de livres sterling) par an.

2013 Janvier - Le Japon retourne un petit bateau taïwanais des îles de la mer de Chine orientale revendiquées par la Chine et Taiwan. La dispute a laissé les liens entre Tokyo et Pékin très tendus. Quatre navires des garde-côtes taïwanais ont escorté le bateau. Les îles sont appelées Senkaku au Japon, Diaoyutai à Taiwan et Diaoyu en Chine.

2013 Avril - Taiwan tient ses premiers exercices de tir réel en cinq ans, après que le président Ma Ying jeou met en garde contre les investissements militaires croissante de la Chine.

2013 Mai - Un conflit diplomatique majeur éclate entre Taiwan et les Philippines après que les garde-côtes philippins ont tué un pêcheur taïwanais dans des eaux contestées.

2013 Juin - Taïwan et la Chine signent un accord commercial de services inter-détroit, qui permet aux deux parties d'investir beaucoup plus librement sur le marché des services l'une de l'autre.

2013 Octobre - L'accord sur le commerce des services signé avec la Chine en juin est bloqué au parlement taïwanais par les députés de l'opposition, craignant qu'il ne nuise à l'industrie et aux petites entreprises.

2014 Février - La Chine et Taiwan tiennent leurs premiers pourparlers de gouvernement à gouvernement depuis l'arrivée au pouvoir des communistes en 1949. Le ministre du gouvernement taïwanais en charge de la politique chinoise de l'île rencontre son homologue du continent dans la ville orientale de Nanjing.

Mars 2014 - Les partisans de l'opposition occupent le parlement pour protester contre l'accord commercial de services inter-détroit, qui, selon eux, permettrait au continent une influence excessive sur l'économie taïwanaise en libérant les règles d'investissement direct. Le Parlement ne l'a pas encore ratifié.

2014 Avril - Le chef de l'Agence américaine de protection de l'environnement se rend à Taiwan, la première visite d'un fonctionnaire américain au niveau du cabinet depuis 14 ans.

2014 Juin - Le plus haut responsable chinois chargé des relations avec Taiwan se rend sur l'île, au milieu d'une controverse sur un projet de pacte commercial.

2014 Août - Des dizaines de morts et des centaines de blessés après qu'une fuite de gaz a provoqué d'énormes explosions dans la deuxième plus grande ville de Taiwan, Kaohsiung.

Octobre 2014 - Taïwan interdit à ses hauts fonctionnaires des études supérieures en Chine continentale, invoquant des raisons de sécurité nationale.

2014 Décembre - Le président Ma Ying jeou démissionne en tant que président du parti au pouvoir du Kuomintang après sa défaite aux élections locales. Les sondages ont été considérés comme un référendum sur la politique pro-chinoise de M. Ma.

2015 Janvier - L'ancien président Chen Shui-bian est libéré de prison pour raison médicale après avoir purgé six ans d'une peine de 20 ans pour corruption.

2015 Janvier - Le maire de New Taipei Eric Chu est élu président du parti au pouvoir, le Kuomintang (KMT).

2015 Février - Les procureurs accusent 118 personnes d'infractions liées à l'occupation du parlement de l'île et des bureaux du gouvernement en 2014, surnommé le «mouvement du tournesol», pour protester contre un projet de pacte commercial avec la Chine.

Mars 2015 - La Chine reporte le lancement de quatre nouvelles routes aériennes près de Taïwan après une violente réaction des autorités de l'île à propos du plan.

Octobre 2015 - Le parti au pouvoir du Kuomintang (KMT) abandonne Hung Hsiu-chu en tant que candidat à la présidentielle à la suite d'une série de mauvaises notes dans les sondages d'opinion. Elle avait été la première femme candidate du parti au poste.

2015 Novembre - Le président Ma Ying Taiwan jeou et le président chinois Xi Jinping tenir des pourparlers historiques à Singapour, la première rencontre depuis la guerre civile chinoise terminée et les nations divisées en 1949.

Victoire pro-indépendance

2016 Janvier - Tsai Ing-wen, candidat du Parti démocrate progressiste pro-indépendance, remporte l'élection présidentielle et prend ses fonctions en mai.

2017 Juin - Le Panama transfère la reconnaissance diplomatique de Taiwan à la Chine, dans un coup d'État majeur pour cette dernière. Sao Tomé-et-Principe a fait de même en décembre 2016, laissant Taiwan pour entretenir des relations diplomatiques complètes avec seulement 20 autres pays.

2017 Décembre - Le Parlement vote pour supprimer les symboles du passé autoritaire de l'île - y compris les références à l'ancien dirigeant, Chiang Kai-shek.

Thaïlande

7e-10e siècle après JC - La culture hindoue et bouddhiste Dvaravati, considérée comme appartenant à l'ethnie Mon, prédomine.

10e-14e siècle - Le sud de la Thaïlande est gouverné par le royaume principalement Mon Lavo, mais avec une influence croissante de l'empire voisin khmer. (Cambodge moderne). Le peuple Tai - les antécédents des Thaïlandais modernes - commence à se déplacer vers le sud dans la région.

1238-1448 - Le royaume de Sukhothai de langue thaïlandaise étend sa domination plus au sud, en venant dominer une grande partie de la Thaïlande moderne, avant d'être éclipsé par un royaume thaïlandais rival dans le sud, Ayutthaya.

1350-1767 - Le royaume d'Ayutthaya met progressivement la

Thaïlande sous son contrôle et devient une puissance majeure en Asie du Sud-Est. À son apogée vers 1600, il règne sur certaines parties du Cambodge, du Laos et de la Birmanie modernes.

1448 - Le roi Ramesuan rejoint Ayutthaya et Sukhothai en union personnelle.

1590-1605 - Règne de Naresuan. Considéré comme le plus grand roi d'Ayutthaya, il met fin à une période de suzeraineté birmane et conquiert brièvement le Cambodge et certaines parties du sud de la Birmanie.

1767 - Les forces d'invasion birmanes saccagent la capitale, Ayutthaya, mettant fin au royaume.

1768-1782 - Sous Taksin le Grand, un Chinois d'origine thaïlandaise, le royaume de Thonburi, de courte durée, rétablit le contrôle thaïlandais. Taksin est renversé par un coup d'État lancé par le général Chao Phraya Chakri, qui fonde une nouvelle dynastie centrée sur Bangkok.

1782 - Début de la dynastie Chakri sous le roi Rama Ier, qui règne à ce jour. Le pays est connu sous le nom de Siam. Nouvelle capitale de Bangkok fondée.

1804-1868 - Règne du roi Mongkut (Rama IV), qui embrasse les innovations occidentales et initie la modernisation de la Thaïlande.

1868-1910 - Règne du roi Chulalongkorn. Emploi de conseillers occidentaux pour moderniser l'administration et le commerce du Siam. Développement du réseau ferroviaire.

1917 - Le Siam devient allié de la Grande-Bretagne pendant la Première Guerre mondiale.

1932 - Coup d'État sans effusion de sang contre le monarque absolu, le roi Prajadhipok. Monarchie constitutionnelle introduite avec le gouvernement parlementaire.

1939 - Siam change son nom en Thaïlande ("Terre des libres").

1941 - Les forces japonaises débarquent. Après les négociations, la Thaïlande permet aux Japonais d'avancer vers la péninsule malaise sous contrôle britannique, Singapour et la Birmanie.

1942 - La Thaïlande déclare la guerre à la Grande-Bretagne et aux États-Unis, mais l'ambassadeur thaïlandais à Washington refuse de faire une déclaration au gouvernement américain.

1945 - Fin de la Seconde Guerre mondiale. La Thaïlande a été contrainte de restituer le territoire qu'elle avait saisi au Laos, au Cambodge et à la Malaisie. Le roi exilé Ananda revient.

1946 - Le roi Ananda meurt dans un mystérieux incident de tir.

1947 - Coup d'État militaire en temps de guerre, le leader pro-japonais Phibun Songkhram. Les militaires conservent le pouvoir jusqu'en 1973.

À partir de 1965 - La Thaïlande autorise les États-Unis à utiliser des bases là-bas pendant la guerre du Vietnam. Les troupes thaïlandaises combattent au Sud-Vietnam.

1973 - Les émeutes étudiantes à Bangkok provoquent la chute du gouvernement militaire. Des élections libres ont lieu mais les gouvernements qui en résultent manquent de stabilité.

1976 - L'armée reprend le dessus.

1978 - Nouvelle constitution promulguée.

1991 - Coup d'État militaire, le 17 depuis 1932. Un civil, Anand Panyarachun, est installé comme Premier ministre.

1992 - Les élections de septembre voient Chuan Leekpai, chef du Parti démocrate, choisi comme Premier ministre.

1995 - Le gouvernement s'effondre. Banharn Silpa-archa, du parti Thai Nation, élu Premier ministre.

1996 - Le gouvernement de Banharn démissionne, accusé de corruption. Chavalit Yongchaiyudh du parti New Aspiration remporte les élections.

1997 - Crise financière asiatique: la monnaie du baht baisse fortement par rapport au dollar, entraînant des faillites et du chômage. Le FMI intervient. Chuan Leekpai devient Premier ministre.

1998 - Des dizaines de milliers de travailleurs migrants sont renvoyés dans leur pays d'origine. Le Premier ministre Chuan implique l'opposition dans son gouvernement afin de faire avancer les réformes économiques.

Le Premier ministre thaïlandais salue le succès de la guerre contre la drogue

2001 Janvier - Le nouveau parti Thai Love Thai remporte les élections. Thaksin Shinawatra forme un gouvernement de coalition.

2004 Janvier-mars - La loi martiale est imposée dans le sud largement musulman après plus de 100 tués dans une vague d'attaques imputées aux séparatistes ethniques malais.

2004 Décembre - Des milliers de personnes meurent lorsqu'un tsunami massif, déclenché par un tremblement de terre sous-marin au large de la côte de Sumatra, dévaste des communautés sur la côte sud-ouest, y compris la station balnéaire de Phuket.

2006 Septembre-octobre - Des chefs militaires organisent un coup d'État sans effusion de sang pendant que le Premier ministre Thaksin Shinawatra est à l'Assemblée générale des Nations Unies. Le général retraité Surayud Chulanont est nommé Premier ministre par intérim.

2007 Août - Les électeurs approuvent une nouvelle constitution rédigée par l'armée lors d'un référendum.

2008 Février - Retour au régime civil après les élections de décembre. Samak Sundaravej du Parti du pouvoir populaire (PPP) lié à Thaksin est assermenté en tant que Premier ministre. Le premier ministre déchu Thaksin Shinawatra revient d'exil.

2008 Août - Thaksin s'enfuit en Grande-Bretagne avec sa famille après avoir omis de comparaître devant le tribunal pour faire face à des accusations de corruption.

2010 Mars-Mai - Des dizaines de milliers de partisans de Thaksin - en chemises rouges de marque - paralysent des parties du centre de Bangkok avec des manifestations de plusieurs mois appelant à des élections anticipées. Les troupes ont fini par prendre d'assaut les barricades des manifestants, faisant 91 morts.

2011 Juillet - Le parti pro-Thaksin Pheu Thai remporte une victoire écrasante aux élections. Yingluck Shinawatra - la sœur de M. Thaksin Shinawatra - devient Premier ministre.

2013 Février - Le gouvernement et les séparatistes du sud signent le tout premier accord de pourparlers de paix.

2014 Mai - La Cour constitutionnelle ordonne la démission du Premier ministre Yingluck Shinawatra et de plusieurs ministres en raison d'irrégularités présumées dans la nomination du conseiller à la sécurité. L'armée prend le pouvoir lors d'un coup d'État.

Août 2016 - Les électeurs approuvent une nouvelle constitution donnant à l'armée une influence continue sur la vie politique du pays.

Décès du roi Bhumibol Adulyadej

Octobre 2016 - Le roi Bhumibol Adulyadej, le plus ancien monarque régnant au monde, meurt à l'âge de 88 ans après 70 ans sur le trône.

2016 - Décembre - Le prince héritier Vajiralongkorn est proclamé roi.

Avril 2017 - Le roi Vajiralongkorn signe la nouvelle constitution rédigée par l'armée qui ouvre la voie au retour à la démocratie.

2019 Mars - Les élections générales voient l'ancien général Prayut Chan-o-cha revenir au pouvoir en tant que Premier ministre.

2019 Novembre - Des séparatistes présumés tuent au moins 15 personnes dans le sud de la Thaïlande, dans l'une des pires attaques du pays depuis des années.

BIBLIGRAPHIE

Adema, W., Tergeist, P. and Torres, R. (2000) 'Korea: better social policies for a stronger economy', *OECD Observer*, 9 November 2000, www.oecdobserver.org/ news/fullstory.php/aid/372.

Alam, M. (1989) Governments and Markets in Economic Development Strategies: Lessons from Korea, Taïwan and Japan, New York: Praeger.

Alatas, S. (1977) *The Myth of the Lazy Native*, London: Frank Cass.

Almond, G. and Powell, B. (1966) *Comparative Politics: A Developmental Approach*, Boston: Little, Brown.

Amin, S. (1976) *Unequal Development*, Hassocks: Harvester.

Amsden, A. H. (1985) 'The state and Taïwan's economic development', in Evans, P., Rueschemeyer, D. and Skocpol, T. (eds), *Bringing the State Back In*, Cambridge: Cambridge University Press.

Anek, L. (1992) Business Associations and the New Political Economy of Thailand: From Bureaucratic Polity to Liberal Corporatism, Singapore: Institute of Southeast Asian Studies.

Angel, David. Environmental rationalities and the development state in East Asia: Prospects for a sustainability transition. *Technological Forecasting and Social Change* 76,.

APEC (2000) *APEC Economic Outlook 2000*, www.apecsec.org.sg.

Appelbaum, R. P. and Henderson, J. (eds) (1992) *States and Development in the Asian Pacific Rim*, London: Sage Publications.

Ariff, M. and Hill, H. (1985) *Export-Oriented Industrialisation: The ASEAN Experience*, London: Allen & Unwin.

Asian Development Bank (1998) *Asian Development Outlook 1998*, Oxford: Oxford University Press.

Aspalter, C. The East Asian welfare model. *International Journal of Social Welfare* 15, 290–301 (2006).

Aspinall, Edward. Local Machines and Vote Brokerage in the Philippines. *Contemporary Southeast Asia: A Journal of International and Strategic Affairs* 38, 191–196.

Baker, J. & Milne, S. Dirty Money States: Illicit Economies and the State in Southeast Asia. *Critical Asian Studies* 47, 151–176 (2015).

Balassa, B. (1991) *Economic Policies in the Pacific Area Developing Countries*, New York: New York University Press.

Banfield, E. C. and Wilson, J. Q. (1963) *City Politics*, Cambridge, MA: Harvard University Press and the MIT Press.

BBC World Monitoring (2001) 'Indonesia press anger over Borneo', 27 February 2001, news.bbc.co.uk/hi/english/world/monitoring/media_reports/newsid_1192000/1192865.stm.

Beasley, W. G. *Japanese imperialism, 1894-1945*. (Clarendon, 1987).

Beeson, M. and Jayasuriya, K. (1998) 'The political rationalities of regionalism: APEC and the EU in comparative perspective', *The Pacific Review* 11 (3): 311–36.

Beeson, M. The coming of environmental authoritarianism. *Environmental Politics* 19, 276–294 (2010).

Beeson, Mark. Developmental states in east asia: a comparison of the japanese and chinese experiences. *Asian Perspective* 33, 5–39.

Beetham, D. (1992) 'Liberal democracy and the limits of democratisation',*Political Studies* 40 (special issue), *Prospects for Democracy*, 40–53.

Befu, H. (1993) 'Introduction', in Befu, H. (ed.), *Cultural Nationalism in East Asia: Representation and Identity*, Berkeley: University of California Press.

Behind East Asian growth: the political and social foundations of prosperity. (Routledge, 1998).

Bell, D. (1995) 'Democracy in Confucian societies: The challenge of justification', in Bell, D., Brown, D., Jayasuriya, K. and Jones, D. M. (eds), *Towards Illiberal Democracy in Pacific Asia*, London: Macmillan.

Bell, D., Brown, D., Jayasuriya, K. and Jones, D. M. (eds) (1995) *Towards Illiberal Democracy in Pacific Asia*, London: Macmillan.

Bello, W. F., De Guzman, M., Malig, M. L. & Docena, H. The anti-development state: the political economy of permanent crisis in the Philippines. (Zed, 2005).

Berger, M. T. (1997) 'Post-Cold War Indonesia and the revenge of history: The colonial legacy, nationalist vision and global capitalism', in Berger, M. T. and Borer, D. A. (eds), *The Rise of East Asia*, London: Routledge.

Berger, M. T. & NetLibrary, Inc. *The battle for Asia: from decolonization to globalization*. (RoutledgeCurzon, 2004).

Berger, M. T. and Borer, D. A. (eds) (1997) *The Rise of East Asia*, London: Routledge.

Berger, M. T. The battle for Asia: from decolonization to

globalization. (RoutledgeCurzon, 2004).

Bergsten, F. (2000) 'Towards a tripartite world', *The Economist*, 15 July 2000.

Bernhard, M. (1993) 'Civil society and democratic transition in East Central Europe', *Political Science Quarterly* 108 (2): 307–26.

Bernstein, H. and Nicholas, H. (1983) 'Pessimism of the intellectual, pessimism of the will?: A response to Gunder Frank', *Development and Change* 14 (October): 609–24.

Bertrand, J. *Political change in Southeast Asia.* (Cambridge University Press, 2013).

Bienefeld, M. and Godfrey, M. (eds) (1982) *The Struggle for Development: National*

Bonner, N. Made in North Korea: graphics from everyday life in the DPRK. (Phaidon Press Limited, 2017).

Borthwick, M. (1992) Pacific Century: The Emergence of Modern Pacific Asia,

Bowie, A. (1991) Crossing the Industrial Divide: State, Society and the Politics of Economic Transformation in Malaysia, New York: Columbia University Press.

Bresnan, J. (1993) *Managing Indonesia: The Modern Political Economy*, New York: Columbia University Press.

Bretherton, C. (1996) 'Introduction: Global politics in the 1990s', in Bretherton, C. and Poynter, G. (eds), *Global Politics*, Oxford: Blackwell.

Brook, C. (1998): 'Regionalism and globalism', in McGrew, A. and Brook, C. (eds), *Asia-Pacific in the New World Order*, London: Routledge.

Brown, I. *Burma's economy in the twentieth century.* (Cambridge University Press, 2013).

Buckley, R. (1998) *Japan Today*, Cambridge: Cambridge University Press.

Bullard, N., Bello, W. and Mallhotra, K., (1998) 'Taming the tigers: The IMF and the Asian crisis', *Third World Quarterly* 19 (3): 505–55.

Burmeister, L. L. (1990) 'State, industrialization and agricultural policy in Korea', *Development and Change* 21 (2): 197–223.

Buzan, B. (1998) 'The Asia-Pacific: What sort of region in what sort of world?', in McGrew, A. and Brook, C. (eds), *Asia-Pacific in the New World Order*, London: Routledge.

Calder, K. E. (1993) *Strategic Capitalism*, Princeton, NJ: Princeton University Press.

(1998b) 'The Asian crisis: The high debt model versus the Wall Street– Treasury–IMF complex', *New Left Review* 228 (March/April): 3–23.

Cardoso, F. H. (1973) 'Associated dependent development: Theoretical and practical implications', in Stepan, A. (ed.), *Authoritarian Brazil*, New Haven, CT: Yale University Press.

Cardoso, F. H. and Faletto, E. (1979) *Dependency and Development in Latin America*, (trans. Urquidi, M. M.), Berkeley, CA: University of California Press. Case, W. (1993) 'Semi-democracy in Malaysia: Withstanding the pressures for regime change', *Pacific Affairs* 66 (2): 183–205.

Castells, M. (1992) 'Four Asian tigers with a dragon head: A comparative analysis of the state, economy and society in the Asian Pacific rim', in Appelbaum, R. P. and Henderson, J. (eds), *States and Development in the Asian Pacific Rim*, London: Sage Publications.

Chai-Anan, S. (1989) 'Thailand: A Stable Semi-Democracy', in Diamond, L., Linz, J. J. and Lipset, S. M. (eds.), *Democracy in Developing Countries: Asia*, Boulder, CO: Lynne Rienner Publishers.

Chan, H. C. (1971) *Singapore: The Politics of Survival 1965–67*, Oxford: Oxford University Press.

Chang, P. H. (1986) 'Taïwan in 1985: Quest for a brighter day', in Major, J. S. (ed.), *China Briefing 1985*, London: Westview Press.

Charron, N. & Lapuente, V. Which Dictators Produce Quality of Government? *Studies in Comparative International Development* 46, 397–423 (2011).

Chen, F. (2000) *Working Women and State Policies in Taïwan*, Basingstoke: Palgrave.

Cheng, T. (1989) 'Democratising the quasi-Leninist regime in Taïwan', *World Politics* 41: 471–99.

Cheng, T. and Kim, E. M. (1994) 'Making democracy: Generalising the South Korean case', in Friedman, E. (ed.), *The Politics of Democratization: Generalizing East Asian Experiences*, Boulder, CO: Westview Press.

Chinese politics: state, society and the market. (Routledge, 2010).

Choi, J. J. (1989) Labour and the Authoritarian State: Labour Unions in South Korean Manufacturing Industries 1961–1980, Seoul: Korea University Press. ——(1993) 'Political cleavages in South Korea', in Koo, H. (ed.), State and Society in Contemporary Korea, Ithaca, NY: Cornell University Press.

Chu, J. J. (1993) 'Political liberalisation and the rise of Taïwanese labour radicalism', Chu, Y. (1989) 'State structure and economic adjustment of the East Asian newly industrialising countries', *International Organization* 43: 647–72.

Chua, B.-H. (1995) Communitarian Ideology and Democracy in

Singapore, London: Routledge.

Clark, R. (1979) *The Japanese Company*, New Haven, CT: York University Press. Cohen, M. (1988) *Taïwan at the Crossroads: Human Rights, Political Development and Social Change on the Beautiful Island*, Washington, DC: Asia Resource Centre.

Clark, W. R., Golder, M. & Golder, S. N. *Principles of comparative politics*. (CQ Press, 2013).

Clientelism, social policy, and the quality of democracy. (The Johns Hopkins University Press, 2014).

Corsetti, G., Pesenti, P., and Roubini, N. (1998) 'What caused the Asian currency and financial crisis, Part I: A macroeconomic overview', www.stern.nyu.edu/ globalmacro/

Cotton, J. (1989) 'From authoritarianism to democracy in South Korea', *Political Studies* 37 (2): 244–59.

Crispin, S. W. and Tasker, R. (2001) 'Thailand Incorporated', *FEER*, 18 January 2001, www.feer.com/_0101_18/p016region.html

Rao, M. G. (1995) *Public Expenditure Policies in High Performing Asian Economies*, Canberra: Australian South Asia Research Centre.

Critical issues in contemporary Japan. (Routledge, Taylor & Francis Group, 2014).

Crouch, H. (1985) Economic Change, Social Structure and the Political System in Southeast Asia, Singapore: Institute of Southeast Asian Studies.

Cumings, B. (1987) 'The origins and development of the Northeast Asian political economy: Industrial sectors, product cycles, and the political consequences', in Deyo, F. (ed.), *The Political Economy of the New Asian Industrialism*, Ithaca, NY: Cornell University Press.

Cumings, B. The origins and development of the Northeast Asian political economy: industrial sectors, product cycles, and political consequences. *International Organization* 38, (1984).

Curtis, G. L. (1988) *The Japanese Way of Politics*, New York: Columbia University Press.

Curtis, G. L. & Weatherhead East Asian Institute. *Election campaigning Japanese style*. (Columbia University Press, 2009).

Cypher, J. M. & Dietz, J. L. *The process of economic development*. (Routledge, 2009).

Dahl, R. A. (1971) *Polyarchy: Participation and Opposition*, New Haven, CT: Yale University Press.

Dalton, B. and Cotton, J. (1996) 'New social movements and the changing nature of political opposition in South Korea', in Rodan, G. (ed.), *Political Oppositions in Industrialising Asia*, London: Routledge.

Dalton, R. J., Sin, T. & Chu, Y. Party politics in East Asia: citizens, elections, and democratic development [ON ORDER]. (Lynne Rienner Publishers, 2008).

Dalton, R. J., Sin, T. & Chu, Y. Party politics in East Asia: citizens, elections, and democratic development. (Lynne Rienner Publishers, 2008).

Davidson, J. S. *Indonesia's changing political economy: governing the roads.* (Cambridge University Press, 2015).

Schwarz, A. (1994) *A Nation in Waiting: Indonesia in the 1990s,* St Leonards, UK: Allen and Unwin.

Democracy in East Asia: a new century. (The Johns Hopkins University Press, 2013).

Greenhalgh, S. (1988) 'Families and networks in Taïwan's economic development', in Winckler, E. A. and Greenhalgh, S. (eds), *Contending Approaches to the Political Economy of Taïwan,* Armonk, NY: M. E. Sharpe.

Deyo, F. (ed.) (1987) *The Political Economy of the New Asian Industrialism,* Ithaca, NY: Cornell University Press.

Deyo, F. C. The political economy of the new Asian industrialism. (Cornell University Press, 1987).

Dicken, P. (1998) *Global Shift,* London: Paul Chapman Publishing.

Dieter, H. (2000) 'The 5th column: Asia's monetary regionalism', *FEER* online, 6 July 2000 www.feer.com/_0007_06/p30.html.

Dixon, C. (1995) Thailand – Economy, The Far East and Australasia, London: Europa Publications.

Doner, R. (1992) 'Limits of state strength: Toward an institutional view of economic development', *World Politics* 44 (3): 398–431.

Doner, R. and Unger, D. (1993) 'The politics of finance in Thai economic development', in Haggard, S. and Webb, S. B. (eds), *Democracy, Political*

Doner, R. F., Ritchie, B. K. & Slater, D. Systemic Vulnerability and the Origins of Developmental States: Northeast and Southeast Asia in Comparative Perspective. *International Organization* 59, (2005).

Dore, R. (1987) Taking Japan Seriously: A Confucian Perspective on Leading Economic Issues, London: Athlone Press.

Doyon, Jérôme. State and Agents in China: Disciplining Government Officials. *China Perspectives* 71–72.

Duncan Mccargo. Cambodia: Getting Away with Authoritarianism? *Journal of Democracy* 16, 98–112.

East and South East Asian international relations and security perspectives. (Routledge, 2013).

Eccleston, B. (1989) *State and Society in Post-War Japan,* Cambridge:

Polity Press.

Esping-Andersen, G. (1990) *The Three Worlds of Welfare Capitalism*, Oxford: Polity.

Evans, P. (1979) Dependent Development: The Alliance of Multinational, State and Local Capital, Princeton, NJ: Princeton University Press.

Evans, P. B. *Embedded autonomy: states and industrial transformation.* (Princeton University Press, 1995).

Evans, P. B. *Embedded autonomy: states and industrial transformation.* (Princeton University Press, 1995).

Ezrati, M. (1999) *Kawari*, Reading, MA: Perseus Books.

Fell, D. *Government and politics in Taïwan*. vol. 8 (Routledge, 2012).

Fields, K. J. (1995) *Enterprise and the State in Korea and Taïwan*, Ithaca, NY: Cornell University Press.

Flanagan, S., Kohei, S., Miyake, I., Richardson, B. M. and Watanuki, J. (1991) *The Japanese Voter*, New Haven, CT: Yale University Press.

Fong, P. E., Tan, C. H. and Chen, S. M. (1989) 'The management of people', in Sandhu, K. S. and Wheatley, P (eds), *Management of Success: The Moulding of Modern Singapore*, Singapore: Institute of Southeast Asian Studies.

Francks, P. (1999) Japanese Economic Development: Theory and Practice, London: Routledge.

Frank, A. G. (1969) *Capitalism and Underdevelopment in Latin America*, New York: Monthly Review Press.

Friedland, J. (1994) 'The regional challenge', *FEER*, 9 June 1994.

Friedman, E. (1994) 'Introduction', in Friedman, E. (ed.), *The Politics of Democratization: Generalizing East Asian Experiences*, Boulder, CO: Westview Press.

Fukui, H. (1992) 'The Japanese state and economic development: A profile of a nationalist paternalist capitalist state' in Appelbaum, R. P. and Henderson, J.

Fukuyama, F. What Is Governance? *Governance* 26, 347–368 (2013).

Gainsborough, M. Elites vs. Reform in Laos, Cambodia, and Viêtnam. *Journal of Democracy* 23, 34–46 (2012).

Gainsborough, M. *Viêtnam: rethinking the state.* (Zed, 2010).

Gayle, D. J. (1989) 'Singaporean market socialism: Some implications for development theory', *International Journal of Social Economics* 15 (7): 53–75.

Gerlach, M. L. (1992) Alliance Capitalism: The Social Organization of Japanese

Gerring, John. Democracy and Economic Growth: A Historical

Perspective. *World Politics* 57, 323–364.

Gibney, F. (1992) Korea's Quiet Revolution: From Garrison State to Democracy, New York: Walker and Co.

Global Resurgence of Democracy, Baltimore, MD: Johns Hopkins University. Hveem, H. (2000) 'Explaining the regional phenomenon in an era of globalization', in Stubbs, R. and Underhill, G. R. D. (eds), *Political Economy and the Changing Global Order*, Oxford: Oxford University Press.

globalmacro/Sakakibara, E. (1993) Beyond Capitalism: The Japanese Model of Market

Gluck, C. (1985) *Japan's Modern Myth: Ideology in the Late Meiji Period*, Princeton, NJ: Princeton University Press.

Godement, F. (1999) *The Downsizing of Asia*, London: Routledge.

Golay, F., Anspach, R., Pfanner, M. R. and Ayal, E. B. (1969) *Underdevelopment and Economic Nationalism in Southeast Asia*, Ithaca, NY: Cornell University Press.

Gold, T. B. (1986) *State and Society in the Taïwan Miracle*, Armonk, NY: M. E. Sharpe.

Gold, T. B. *State and society in the Taïwan miracle [ON ORDER]*. (Routledge, 1986).

Gold, T. B. *State and society in the Taïwan miracle*. (M.E. Sharpe, 1986).

Gomez, E. T. (1994) *Political Business: Corporate Involvement of Malaysian Political Parties*, Townsville, Queensland: Centre for Southeast Asian Studies, James Cook University.

Gomez, E. T. & Jomo K. S. *Malaysia's political economy: politics, patronage and profits*. (Cambridge University Press, 1997).

Goodman, R. (ed.) (1996) *Welfare States in Transition*, London: Sage.
Goodman, R. White, G. and Kwon, H. (eds) (1998) *The East Asian Welfare Model: Welfare Orientalism and the State*, London: Routledge.

Gould, A. (1993) Capitalist Welfare Systems: A Comparison of Japan, Britain and Sweden, London: Longman.

Goulet, D. (1992) 'Development: Creator and destroyer of values', *World*

Haacke, J. (1999) 'The concept of flexible engagement and the practice of enhanced interaction: intramural challenges to the "ASEAN way"', *The Pacific Review* 12 (4): 581-611.

Hadiz, V. R. The Localization of Power in Southeast Asia. *Democratization* 14, 873–892 (2007).

Haggard, S. (1989) 'Introduction', in Haggard, S and Moon, C (eds), *Pacific Dynamics: The International Politics of Industrial Change*, Boulder, CO: Westview Press.

Ithaca, NY: Cornell University Press.

Haggard, S. & Noland, M. *Famine in North Korea: markets, aid, and reform*. (Columbia University Press, 2007).

Haggard, S. and Kaufman, R. R. (1992) 'Introduction: Institutions and economic adjustment', in Haggard, S. and Kaufman, R. R. (eds), *The Politics of Economic Adjustment: International Constraints, Distributive Conflicts and the State*, Princeton, NJ: Princeton University Press.

Conflicts and the State, Princeton, NJ: Princeton University Press. Hamilton, G. and Biggart, N. W. (1988) 'Market, culture and authority: A comparative analysis of management and organization in East Asia', *American Journal of Sociology* 94: 552–94.

Haggard, S. Institutions and growth in East Asia. *Studies in Comparative International Development* 38, 53–81 (2004).

Haggard, S., MacIntyre, A. & Tiede, L. The Rule of Law and Economic Development. *Annual Review of Political Science* 11, 205–234 (2008).

Haggard, Stephan. Japanese colonialism and Korean development: A critique. *World Development* 25, 867–881.

Handbook of the economics and political economy of transition. (Routledge, 2013).

Harper, T. N. *The end of empire and the making of Malaya*. (Cambridge University Press, 1999).

Harper, T. N. *The end of empire and the making of Malaya*. (Cambridge University Press, 2001).

Harrison, D. (1988) The Sociology of Modernisation and Development, London: Routledge.

Harriss, J., Stokke, K., Törnquist, O. & ebrary, Inc. *Politicising democracy: the new local politics and democratisation*. (Palgrave Macmillan, 2004).

Hatch, W. (2000) 'Regionalization trumps globalization: Japanese production networks in Asia', in Stubbs, R. and Underhill, G. R. D. (eds), *Political Economy and the Changing Global Order*, Oxford: Oxford University Press.

He, G., Lu, Y., Mol, A. P. J. & Beckers, T. Changes and challenges: China's environmental management in transition. *Environmental Development* 3, 25–38 (2012).

Heather, D. & Ceuster, K. de. North Korean posters: the David Heather collection. (Prestel, 2008).

Heidenheimer, A., Heclo, H. and Adams, C. T. (1990) *Comparative Public Policy*, New York: St. Martin's Press.

Heilbroner, R. L. (1985) *The Nature and Logic of Capitalism*, New York:

W. W. Norton.

Held, D. (1995) *Democracy and the Global Order*, Cambridge: Polity Press. Hewison, K. (1997) 'Thailand: Capitalist development and the state', in

Rodan, G., Hewison, K. and Robison, R. (eds) *The Political Economy of South-East Asia: An Introduction*,Oxford:Oxford University Press.

Hellmann, O. Electoral Reform in Asia: Institutional Engineering against 'Money Politics'. *Japanese Journal of Political Science* 15, 275–298 (2014).

Hellmann, O. The Developmental State and Electoral Markets in East Asia. *Asian Survey* 53, 653–678 (2013).

Hellmann, O. The historical origins of corruption in the developing world: a comparative analysis of East Asia. *Crime, Law and Social Change* 68, 145–165 (2017).

Hellmann, Olli. Party System Institutionalization Without Parties: Evidence from Korea. *Journal of East Asian Studies* 14, 53–84.

Hewison, Kevin. Party System Institutionalization in Asia: Democracies, Autocracies, and the Shadows of the Past. *Southeast Asian Studies* 5, 173–176.

Higgott, R. (2000a) 'The international relations of the Asian economic crisis: A study in the politics of resentment', in Robison, R., Beeson, M., Jayasuriya, K. and Kim, H.-R. (eds), *Politics and Markets in the Wake of the Asian Crisis*, London: Routledge.

Higgott, R. and Stubbs, R. (1995) 'Competing conceptions of East Asian regionalism: APEC versus the EAEC in the Asia-Pacific', *Review of International Political Economy* 2 (3): 516–35.

Hill, H. (1997) 'Myths about tigers: Indonesian development policy debates', *The Pacific Review* 10 (2): 256–73.

Hiroshi Sato, Terry Sicular & Shi, L. *Rising inequality in China: challenges to a harmonious society*. (Cambridge University Press, 2013).

Hirsch, P., Warren, C. & MyiLibrary. *The politics of environment in Southeast Asia: resources and resistance*. (Taylor & Francis e-Library, 2002).

Hirst, P. (2000) 'The end of both roads?: The developmental state, economic liberalism and the Asian crisis', *The Journal of Interdisciplinary Economics* 11: 139–51.

Hiwatari, N. (1993) Sustaining the Welfare State and International Competitiveness in Japan: The Welfare Reforms of the 1980s and the Political Economy, discussion paper presented to the Institute of Social Science, Tokyo.

Hobsbawm, E. (1983a) 'Mass-producing traditions: Europe, 1870–1914', in Hobsbawm, E. and Rangers, T. (eds), *The Invention of Tradition*,

Cambridge: Cambridge University Press.

Hobsbawm, E. and Rangers, T. (1983) *The Invention of Tradition*, Cambridge: Cambridge University Press.

Holden, B. (1993) *Understanding Liberal Democracy*, London: Harvester Wheasheaf.

Holliday, I. East Asian social policy in the wake of the financial crisis: farewell to productivism? *Policy & Politics* 33, 145–162 (2005).

Holmberg, S., Rothstein, B. & Nasiritousi, N. Quality of Government: What You Get. *Annual Review of Political Science* 12, 135–161 (2009).

How Asia votes. (Chatham House Publishers, Seven Bridges Press, 2002).

Howe, Brendan MOh, Jennifer S. The Fukushima Nuclear Disaster and the Challenges of Japanese Democratic Governance. *Korea Observer* 44, 495–516.

Howell, J. Reflections on the Chinese State. *Development and Change* 37, 273–297 (2006).

Hsiao, H. H. M. (1992) 'The labour movement in Taïwan: A retrospective and prospective look', in Simon, D. F. and Kau, M. Y. M. (eds), *Beyond the Economic Miracle*, Armonk, NY: M. E. Sharpe.

Huntington, S. P. (1968) *Political Order in Changing Societies*, New Haven, CT:

Hutchcroft, P. D. Colonial Masters, National Politicos, and Provincial Lords: Central Authority and Local Autonomy in the American Philippines, 1900-1913. *The Journal of Asian Studies* 59, (2000).

Inoguchi, K. (1987) 'Prosperity without the amenities', *Journal of Japanese Studies* 13 (1): 125–34.

Inoguchi, T. & Blondel, J. Political parties and democracy: contemporary Western Europe and Asia. (Palgrave Macmillan, 2012).

Institute of Southeast Asian Studies. *Non-traditional security in Asia: issues, challenges, and framework for action*. (Institute of Southeast Asian Studies, 2013).

Institute of Southeast Asian Studies. *Poverty and global recession in Southeast Asia*. (Institute of Southeast Asian Studies, 2012).

Ishida, T. and Krauss, E. S. (1989) 'Democracy in Japan: Issues and questions', in Ishida, T. and Krauss, E. S. (eds), *Democracy in Japan*, Pittsburgh: UniversityofPittsburghPress.

Ishida, T. and Krauss, E. S. (eds) (1989) *Democracy in Japan*, Pittsburgh, PA: University of Pittsburgh Press.

Islam, I. and Chowdhury, A. (1997) Asia-Pacific Economies: A Survey, London:Routledge.

Jansen, K. (1997) External Finance in Thailand's Development, Basingstoke: Macmillan.

Jesudason, J. (1989) Ethnicity and the Economy: The State, Chinese Business, and Multinationals in Malaysia, Oxford: Oxford University Press.

—— (1995) 'Statist democracy and the limits to civil society in Malaysia', Journal of Commonwealth & Comparative Politics 33 (3): 335–56.

—— (1996) 'The syncretic state and the structuring of oppositional politics in Japanese politics today: from karaoke to kabuki democracy. (Palgrave Macmillan, 2011).

Johnston, M. Japan, Korea, the Philippines, China: four syndromes of corruption. *Crime, Law and Social Change* 49, 205–223 (2008).

Jomo, K. S. (1988) A Question of Class: Capital, the State, and Uneven Development in Malaya, New York: Monthly Review Press.

Jones-Finer, C. (1999) 'Trends and developments in welfare states', in Clasen, J. (ed.) *Comparative Social Policy: Concepts, Theories and Methods*, Oxford: Blackwell.

Jones, D. M. (1998) 'The politics of economic governance', in Maidment, R., Goldblatt, D. and Mitchell, J. (eds), *Governance in the Asia-Pacific*, London: Routledge.

Joseph Wright. To Invest or Insure? How Authoritarian Time Horizons Impact Foreign Aid Effectiveness. *Comparative Political Studies* 41,.

Kabashima, I. (1993) 'Japan: There may be a choice', in Morley, J. W. (ed.), *Driven by Growth: Political Change in the Asia Pacific Region*, New York: M. E. Sharpe.

Kahn, J. S. (1996) 'Growth, economic transformation, culture and the middle classes in Malaysia', in Robison, R. and Goodman, D. S. G. (eds), *The New Rich in Asia: Mobile Phones, McDonald's and Middle-class Revolution*, London: Routledge.

Kalland, A. & Persoon, G. *Environmental movements in Asia*. vol. no. 4 (Routledge, 2013).

Kang, D. C. Crony capitalism: corruption and development in South Korea and the Philippines. (Cambridge University Press, 2002).

Kang, D. C. Crony capitalism: corruption and development in South Korea and the Philippines. (Cambridge University Press, 2002).

Karl, T. L. (1991) 'Dilemmas of democratization in Latin America', in Rustow, D. A. and Erickson, K. P. (eds), *Comparative Political Dynamics*, New York: HarperCollins.

Keesing, R. M. (1991) 'Asian cultures?', *Asian Studies Review* 15 (2): 43–50. Khong, C. O. (1995) 'Singapore: Political legitimacy through managing conformity', in Alagappa, M. (ed.), *Political Legitimacy in Southeast Asia: The Quest for Moral Authority*, Stanford, CA: Stanford University Press.

Khan, M. H. Rents, rent-seeking and economic development: theory and evidence in Asia. (Cambridge University Press, 2000).

Khan, M. H. Rents, rent-seeking and economic development: theory and evidence in Asia. (Cambridge University Press, 2000).

Khoo, B. T. (2000) 'Economic nationalism and its discontents: Malaysian political economy after July 1997', in Robison, R., Beeson, M., Jayasuriya, K. and Kim, H.-R. (eds), *Politics and Markets in the Wake of the Asian Crisis*, London: Routledge.

Kim, D. J. (1994) 'Is culture destiny? The myth of Asia's anti-democratic values: A response to Lee Kuan Yew, former Singapore prime minister', *Foreign Affairs* 73 (6): 2–7.

Kim, K. S. (1997) 'From neo-mercantilism to globalism: The changing role of the state and South Korea's economic prowess', in Berger, M. T. and Borer, D. A. (eds), *The Rise of East Asia*, London: Routledge.

Kim, K.-R. (1993) 'Divergent organizational paths of industrialization in East Asia', *Asian Perspective* 17: 105–35.

Kim, M. M. S. Comparative Welfare Capitalism in East Asia: Productivist Models of Social Policy. (Palgrave Macmillan UK, 2015).

Kim, M. M. S. Comparative welfare capitalism in East Asia: productivist models of social policy. (Palgrave Macmillan, 2015).

Kim, S. Democratization and Environmentalism: South Korea and Taïwan in Comparative Perspective. *African and Asian Studies* 35, 287–302 (2000).

Kim, W. Rethinking Colonialism and the Origins of the Developmental State in East Asia. *Journal of Contemporary Asia* 39, 382–399 (2009).

Kinzley, W. D. (1991) Industrial Harmony in Modern Japan: The Invention of a Tradition, London: Routledge.

Kis-Katos, K. & Schulze, G. G. Corruption in Southeast Asia: a survey of recent research. *Asian-Pacific Economic Literature* 27, 79–109 (2013).

Klintworth, G. (1995) *New Taïwan, New China*, Melbourne: Longman Cheshire. Kolko, G. (1988) *Confronting the Third World: United States Foreign Policy, 1945–1980*, New York: Pantheon Books.

Kohli, Atul. Where do high growth political economies come from? The Japanese lineage of Korea's 'developmental state'. *World Development* 22,.

Koo, H. (1991) 'Middle classes, democratisation, and class formation: The case of South Korea', *Theory and Society* 20: 485–509.

Korhonen, P. (1994) 'The theory of the flying geese pattern of development and its interpretations', *Journal of Peace Research* 31 (1): 93–108.

Krauss, E. S. (1989) 'Politics and the policy making process', in Ishida, T. and Krauss, E. S. (eds), *Democracy in Japan*, Pittsburgh, PA: University of Pittsburgh Press.

Krauss, E. S. & Pekkanen, R. The rise and fall of Japan's LDP: political party organizations as historical institutions. (University Presses Marketing [distributor], 2010).

Krauss, E. S. & Pekkanen, R. The rise and fall of Japan's LDP: political party organizations as historical institutions. (Cornell University Press, 2010).

Krauss, E. S. and Muramatsu, M. (1988) 'The Japanese political economy today: The patterned pluralist model', in Okimoto, D. I. and Rohlen, T. P. (eds), *Inside the Japanese System*, Stanford, CA: Stanford University Press.

Krueger, A. O. (1992) Economic Policy Reforms in Developing Countries, Oxford: Blackwell.

Kruger, D. (2001) 'If it's broken, fix it', *FEER*, 22 March 2001.

Krugman, P. (1994) 'The myth of Asia's miracle', *Foreign Affairs* 73 (6): 62–78. Ku, Y. (1998) 'Can we afford it? The development of National Health Insurance in Taïwan', in Goodman, R. (ed.), *The East Asian Welfare Model: Welfare Orientalism and the State*, London: Routledge.

Kuhonta, E. M. & ebrary, Inc. The institutional imperative: the politics of equitable development in Southeast Asia. (Stanford University Press, 2011).

Kuhonta, E. M. The institutional imperative: the politics of equitable development in Southeast Asia. (Stanford University Press, 2011).

Kwon, H. (1998) 'Democracy and the politics of social welfare: A comparative analysis of welfare systems in East Asia', in Goodman, R. (ed.), *The East Asian Welfare Model: Welfare Orientalism and the State*, London: Routledge.

Lam, D. and Clark, C. (1998) 'The cultural roots of "Guerrilla capitalism" in Taïwan', in Chan, S., Clark, C. and Lam, D. (eds), *Beyond the Developmental*

Lan'kov, A. N. The real North Korea: life and politics in the failed Stalinist utopia. (Oxford University Press, 2013).

Lange, M. & Rueschemeyer, D. States and development: historical antecedents of stagnation and advance. (Palgrave Macmillan, 2005).

Lange, Matthew. British Colonial Legacies and Political Development. *World Development* 32, 905–922.

Lee, J.-W. and Rhee, C. (1998) 'Social impacts of the Asian crisis: Policy challenges and lessons', www.stern.nyu.edu/globalmacro/Lee, Y.-H. and Kim, H.-R. (2000) 'The dilemma of market liberalization: The financial crisis and the transformation of capitalism', in Robison, R., Beeson, M., Jayasuriya, K. and Kim, H.-R. (eds), *Politics and Markets in the Wake of the Asian Crisis*, London: Routledge.

Leftwich, A. (1995) 'Bringing politics back in: Towards a model of the developmental state', *Journal of Development Studies* 31: 400–27.

Leung, J. C. B. & Xu, Y. *China's Social Welfare: The Third Turning Point*. (Polity Press, 2015).

Levi-Faur, D. (1997) 'Friedrich List and the political economy of nation-state, *Review of International Political Economy* 4 (1): 154–78.

Li, Quan. Democracy and Environmental Degradation. *International Studies Quarterly* 50, 935–956.

Liberalization and Economic Adjustment, Ithaca, NY: Cornell University Press. Dong, W. (1993) 'The democratisation of South Korea: What role does the middle class play?', in Cotton, J. (ed.) *Korea under Rho Tae Woo*, London: Allen & Unwin.

Lie, J. (1991) 'Review: Rethinking the "Miracle" – economic growth and political struggles in South Korea', *Bulletin of Concerned Asian Scholars* 23 (4): 66–71. Liddle, W. (1996) 'A useful fiction: Democratic legitimation in New Order Indonesia', in Taylor, R. H. (ed.), *The Politics of Elections in Southeast Asia*, Cambridge: Cambridge University Press.

Lim, J.-C. Leader symbols and personality cult in North Korea: the leader state. vol. 29 (Routledge, 2015).

Lim, L. Y. C. & Stern, A. State Power and Private Profit: the political economy of corruption in Southeast Asia. *Asian-Pacific Economic Literature* 16, 18–52 (2002).

Lin, W. and Yeh, H.-S. (1992) 'Social movements and social policy in Taïwan: The case of the disadvantaged groups movement', *Chinese Journal of Social Work* 2: 37–56 (in Chinese).

Linder, S. B. (1986) The Pacific Century: Economic and Political Consequences of Asian-Pacific Dynamism, Stanford, CA: Stanford University Press.

Lipset, S. M. (1959) 'Some social requisites of democracy: Economic development and political legitimacy', *American Political Science Review* 53: 69–105. ——(1960) *Political Man*, London: Heinemann Lubeck, P. M. (1992) 'Malaysian industrialization, ethnic divisions, and the NIC model: The limits to replication', in Appelbaum, R. P. and Henderson, J. (eds)

States and Development in the Asian Pacific Rim, London: Sage.

Lockard, C. A. Southeast Asia in world history. (Oxford University Press, 2009).

Mabbett, D. and Bolderson, H. (1999) 'Theories and methods in comparative social policy', in Clasen, J. (ed.), *Comparative Social Policy*, Oxford: Blackwell Publishers.

McCargo, D. (2000) *Contemporary Japan*, London: Macmillan.

Mackerras, C. (ed.) (1992) *Eastern Asia: An Introductory History*, London: Longman.

Mahathir, M. and Ishihara, S. (1995) *The Voice of Asia: Two Leaders Discussing the Coming Century* (trans. Baldwin, F.), Tokyo: Kodansha International.

Majstorovic, S. (1997) 'The politics of ethnicity and post-Cold War Malaysia: The dynamics of an ethnic state', in Berger, M. T. and Borer, D. A. (eds), *The Rise of East Asia*, London: Routledge.

Malaysia', in Rodan, G. (ed.), *Political Oppositions in Industrialising Asia*, London: Routledge.

Johnson, C. (1982) *MITI and the Japanese Miracle: The Growth of Industrial Policy 1925–1975*, Stanford, CA: Stanford University Press.

Malesky, E. & London, J. The Political Economy of Development in China and Viêtnam. *Annual Review of Political Science* 17, 395–419 (2014).

Manufacturing miracles: paths of industrialization in Latin America and East Asia. (Princeton University Press, 2014).

Mares, I. & Carnes, M. E. Social Policy in Developing Countries. *Annual Review of Political Science* 12, 93–113 (2009).

Marshall, T. H. (1963) 'Citizenship and social class', in Marshall, T. H. (ed.), *Sociology at the Cross Roads*, London: Heinemann.

Maruro, N. (1986) 'The development of the welfare mix in Japan', in Rose, R. and Shiratori, R. (eds), *Welfare State: East and West*, Oxford: Oxford University Press.

Mauzy, D. K. & Milne, R. S. Singapore politics under the People's Action Party. (Routledge, 2002).

Mazower, M. (1998) *Dark Continent: Europe's Twentieth Century*, London: Penguin.

McClelland, D. (1961) *The Achieving Society*, Princeton, NJ: Van Nostrand. McGrew, A. and Brook, C. (eds) *Asia-Pacific in the New World Order*, London: Routledge.

McVey, R. (1992) 'The materialization of the Southeast Asian entrepreneur', in McVey, R. (ed.), *Southeast Asian Capitalists*, Ithaca, NY: Cornell University Press.

Macintyre, A. (1994) 'Power, prosperity and patrimonialism: Business and government in Indonesia', in Macintyre, A. (ed.), *Business and Government in Industrialising Asia*, St Leonards, UK: Allen & Unwin.

Means, G. P. (1991) *Malaysian Politics: The Second Generation*, Oxford: Oxford University Press.

Ménard, C. & Shirley, M. M. *Handbook of new institutional economics*. (Springer, 2005).

Metzger, T. A and Myers, R. H. (1989) 'Understanding the Taïwan experience: An historical perspective', *The Pacific Review* 2 (4): 297–311.

Mietzner, M. Money, power, and ideology: political parties in post-authoritarian Indonesia. (NIAS Press, 2013).

Ministry of Health, Labour and Welfare, Japan (2000) *Annual Reports on Health and Welfare1998–1999 Social Security and National Life*, www.mhlw.go.jp/ english/wp/wp-hw/index.html.

Mitchell (eds), *Governance in the Asia-Pacific*, London: Routledge.

Giddens, A. (1990) *The Consequences of Modernity*, Cambridge: Polity Press.

Girling, J. (1981) *Thailand: Society and Politics*, Ithaca, NY: Cornell University Press.

Moody, P. R., Jr (1995) *Tradition and Modernisation in China and Japan*, Belmont, CA: Wadsworth Publishing.

Moon, C. I. and Rhyu, S. (2000) 'The state, structural rigidity and the end of Asian capitalism: A comparative study of Japan and South Korea', in Robison, R., Beeson, M., Jayasuriya, K. and Kim, H.-R. (eds), *Politics and Markets in the Wake of the Asian Crisis*, London: Routledge.

Moore, B. (1966) Social Origins of Dictatorship and Democracy: Lord and Peasant in the Making of the Modern World, Boston: Beacon Press.

Morishima, M. (1982): *Why Has Japan Succeeded?*, Cambridge: Cambridge University Press.

Morley, J. W. (ed.) (1993) Driven by Growth: Political Change in the Asia Pacific Region, New York: M. E. Sharpe.

Murdoch University. Asia Research Centre. The politics of environment in Southeast Asia: resources and resistance. (Routledge, 1998).

Myers, R. H., Peattie, M. R. & Joint Committee on Japanese Studies. *The Japanese colonial empire, 1895-1945*. (Princeton U.P., 1984).

Myrdal, G. (1968) Asian Drama: An Inquiry into the Poverty of Nations, New York: Pantheon.

Nakagawa, Y. (1979) 'Japan, the welfare super-power', *Journal of Japanese Studies* 5 (1): 5–51.

Nakano, M. (1997) *The Policy-making Process in Contemporary Japan*,

Basingstoke: Macmillan.

Napier, C. 'Analysis: Indonesia's fragile archipelago', BBC Asia-Pacific, 13September2000,news.bbc.co.uk/hi/english/world/asia-pacific/newsid_270000/ 270462.stm.

Neher, C. D. (1999) *Southeast Asia in the New International Era*, Boulder, CO: Westview Press.

Neher, C. D. and Marlay, R. (1995) *Democracy and Development in Southeast Asia: The Winds of Change*, Boulder, CO: Westview Press

Norris, P. Making democratic governance work: how regimes shape prosperity, welfare, and peace. (Cambridge University Press, 2012).

Norris, P. Making democratic governance work: how regimes shape prosperity, welfare, and peace. (Cambridge University Press, 2012).

North, D. (1994) 'Economic performance through time', *American Economic Review* 84 (3): 359–68.

O'Donnell, G. and Schmitter, P. (1986) *Transitions from Authoritarian Rule: Tentative Conclusions about Uncertain Democracies*, Baltimore, MD: Johns Hopkins University Press.

Oberdorfer, D. & Carlin, R. *The two Koreas: a contemporary history*. (Basic Books, A member of the Perseus Books Group, 2014).

OECD (2000) Social Expenditure Database: 1980/1997, Paris: OECD.

Ogle, G. (1990) *South Korea: Dissent Within the Economic Miracle*, London: Zed Books.

Ohmae, K. (1995) *The End of the Nation State: The Rise of Regional Economies*, Onis, Z. (1991) 'The logic of the developmental state', *Comparative Politics* 24 (October): 109–26.

Palley, H. A. (1992) 'Social policy and the elderly in South Korea: Confucianism, modernization, and development', *Asian Survey* XXXII (9): 787–801.

Party politics in Southeast Asia: clientelism and electoral competition in Indonesia, Thailand and the Philippines. vol. 55 (Routledge, 2012).

Patrick, H. T. and Rosovsky, H. (1976) *Asia's New Giant*, Washington, DC: Brookings Institution. Pempel, T. J. (1982) *Policy and Politics in Japan: Creative Conservatism*, Philadelphia, PA: Temple University Press.

Pei, M. China's crony capitalism: the dynamics of regime decay. (Harvard University Press, 2016).

Pempel, T. J. and Tsunekawa, K. (1979) 'Corporatism without labour?: The Japanese anomaly', in Lembruch, G. and Schmitter, P. (eds), *Trends Towards Corporatist Intermediation*, London: Sage.

Persson, T. & Tabellini, G. Democracy and Development: The Devil in the Details. *American Economic Review* 96, 319–324 (2006).

Phatharathananunth, S. The Thai Rak Thai party and elections in North-eastern Thailand. *Journal of Contemporary Asia* 38, 106–123 (2008).

Phongpaichit, P. and Piriyarangsan, S. (1994) *Corruption and Democracy in Thailand*, The Political Economy Centre, Chulalongkorn University, Bangkok.

Polanyi, K. (1944) The Great Transformation: The Political and Economic Origins of Our Time, New York: Rinehart.

Political business in East Asia. (Routledge, 2002).

Schmitter, P. C. and Karl, T. L. (1991) 'What democracy is ... and is not', *Journal of*

Politics in contemporary Viet Nam: party, state and authority relations. (Palgrave Macmillan, 2014).

Politics in the developing world. (Oxford University Press, 2017).

Przeworski, A. (1988) 'Democracy as a contingent outcome of conflicts', in Elster, J. and Slagstad, R. (eds), *Constitutionalism and Democracy*, Cambridge: Cambridge University Press.

Purcell, R. P. (ed.) (1987) *The Newly Industrializing Countries in the World Economy*, Boulder, CO: Lynne Rienner.

Pye, L. W. (1985) *Asian Power and Politics: The Cultural Dimension of Authority*, Cambridge, MA: Harvard University Press.

Pyle, K. B. (1996) *The Japanese Question: Power and Purpose in a New Era*, Washington DC: American Enterprise Institute for Public Policy Research.

R., Beeson, M., Jayasuriya, K. and Kim, H.-R. (eds), *Politics and Markets in the Wake of the Asian Crisis*, London: Routledge.

Ramesh, M. (2000) Welfare Capitalism in Southeast Asia, London: Macmillan. Randall, V. and Theobald, R. (1998) Political Change and Underdevelopment: A

Ramstetter, E. (1998) 'Measuring the size of foreign multinationals in the Asia- Pacific', in Thompson, G. (ed.), *Economic Dynamism in the Asia-Pacific*, London: Routledge.

Rasiah, R. (1997) 'Class, ethnicity and economic development in Malaysia', in Rodan, G., Hewison, K. and Robison, R. (eds), *The Political Economy of South- East Asia: An Introduction*, Oxford: Oxford University Press.

Ravenhill, J. (1998) 'The growth of intergovernmental collaboration in the Asia- Pacific Region' in McGrew, A. and Brook, C. (eds), *Asia-Pacific in the New World Order*, London: Routledge.

Redding, S. G. (1990) *The Spirit of Chinese Capitalism*, Berlin: Walter de Gruyter. Regnier, P. (1991) *Singapore: City-State in Southeast Asia* (trans.

Hurst, C.)

Reid, A. (1988) Southeast Asia in the Age of Commerce: 1450–1680, Vol. 1, The Lands below the Winds, New Haven, CT: Yale University Press.

Rich, P. B. & Stubbs, R. The counter-insurgent state: guerrilla warfare and state building in the twentieth century. (Macmillan, 1997).

Rigg, J. (1997) Southeast Asia: The Human Landscape of Modernization and Development, London: Routledge.

Rigg, J. Challenging Southeast Asian development: the shadows of success [ON ORDER]. (Routledge, 2016).

Rigg, J. Challenging Southeast Asian development: the shadows of success. (Routledge, 2016).

Rigger, S. (1996) 'Mobilisational authoritarianism and political opposition in Taïwan', in Rodan, G. (ed.), *Political Oppositions in Industrialising Asia*, London: Routledge.

Riggs, F. W. (1966) *Thailand: The Modernization of a Bureaucratic Polity*, Honolulu: East–West Centre Press.

Ringen, S. The perfect dictatorship: China in the 21st century. (Hong Kong University Press, 2016).

Robertson, R. (1992) Globalization: Social Theory and Global Culture, London: Sage.

Robison, R. (1986) *Indonesia: The Rise of Capital*, Sydney: Allen & Unwin.

Robison, R. (eds), *The Political Economy of South-East Asia: An Introduction*, Oxford: Oxford University Press.

Robison, R. Routledge handbook of Southeast Asian politics. (Routledge, 2012).

Robison, R., Beeson, M., Jayasuriya, K. and Kim, H.-R. (eds) (2000), *Politics and Markets in the Wake of the Asian Crisis*, London: Routledge.

Rock, Michael. East Asia's Democratic Developmental States and Economic Growth. *Journal of East Asian Studies* 13, 1–34.

Rock, Michael. The Comparative Politics of Corruption: Accounting for the East Asian Paradox in Empirical Studies of Corruption, Growth and Investment. *World Development* 32, 999–1017.

Rodan, G. (1989) The Political Economy of Singapore's Industrialization: National State and International Capital, London: Macmillan.

Rodan, G., Hewison, K. & Robison, R. The political economy of South-East Asia: markets, power and contestation. (Oxford University Press, 2006).

Rodan, G., Hewison, K. and Robison, R. (eds) (1997) *The Political*

Economy of South-East Asia: An Introduction, Oxford: Oxford University Press.

Ross, M. Is Democracy Good for the Poor? *American Journal of Political Science* 50, 860–874 (2006).

Rostow, W. W. (1960) *The Stages of Economic Growth: A Non-Communist Manifesto*, Cambridge: Cambridge University Press.

Roy, D. (1994) 'Singapore, China and the "soft authoritarian" challenge', *Asian Survey* XXXIV (3): 231–42.

Roy, D. *Taïwan: a political history*. (Cornell University Press, 2003).

Rozman, G. (ed.) (1991) *The East Asian Region: Confucian Heritage and its Modern Adaptation*, Princeton, NJ: Princeton University Press.

—— (1992) 'The Confucian faces of capitalism', in Borthwick, M. (ed.), *Pacific Century: The Emergence of Modern Pacific Asia*, Boulder, CO: Westview Press.

Rudd, C. (1994) 'Japan's welfare mix', *Japan Foundation Newsletter* XXII (3): 14–17.

Rudolph, L. and Rudolph, S. (1967) *The Modernity of Tradition: Political Development in India*, Chicago: University of Chicago Press.

Rueschemeyer, D., Stephens, E. and Stephens, J. (1992) *Capitalist Development and Democracy*, Cambridge: Polity Press.

Ruggie, J. (1982) 'International regimes, transactions and change: Embedded liberalism in the postwar economic order', *International Organization* 36 (2): 379–415.

Ruigrok, W. and van Tulder, R. (1993) *The Logic of International Restructuring*, Routledge : London.

Rustow, D. A. (1970) 'Transitions to Democracy', *Comparative Politics* 2: 337–63 Sachs, J. 'IMF is a power unto itself', 11 December 1997, www.stern.nyu.edu/

Saich, T. *Governance and politics of China.* (St Martin's Press, 2015).

Saxonberg, S. Transitions and non-transitions from communism: regime survival in China, Cuba, North Korea and Viêtnam. (Cambridge University Press, 2013).

Saxonberg, S. Transitions and non-transitions from communism: regime survival in
China, Cuba, North Korea and Viêtnam. (Cambridge University Press, 2013).

Scheiner, E. Democracy without competition in Japan: opposition failure in a one-party dominant state. (Cambridge University Press, 2006).

Selway, J. Coalitions of the wellbeing: how electoral rules and ethnic politics shape health policy in developing countries. (Cambridge

University Press, 2015).

Seow, F. (1994) *To Catch a Tartar: A Dissident in Lee Kuan Yew's Prison*, New Haven, CT: Yale University Press.

Shain, Y. and Linz, J. (eds) (1995) *Between States: Interim Governments and Democratic Transitions*, Cambridge: Cambridge University Press.

Shambaugh, D. L. *China's Communist Party: atrophy and adaptation.* (Woodrow Wilson Center Press, 2008).

Shapiro, J. *China's environmental challenges.* (Polity Press, 2016).

Simone, V. and Feraru, A. T. (1995*) The Asian Pacific: Political and Economic Development in a Global Context*, New York: Longman Publishers.

Soeda, Y. (1990) 'The development of the public assistance in Japan 1966–83', *Annals of the Institute of Social Science* 32: 31–65.

Slater, D. Ordering power: contentious politics and authoritarian leviathans in Southeast Asia. (Cambridge University Press, 2010).

Slater, D. Ordering power: contentious politics and authoritarian leviathans in Southeast Asia. (Cambridge University Press, 2010).

Slater, Dan. The Strength to Concede: Ruling Parties and Democratization in Developmental Asia. *Perspectives on Politics* 11, 717–733.

Song, B.-N. (1990) *The Rise of the Korean Economy*, Oxford: Oxford UniversityPress.

Sorensen, G. (1998) *Democracy and Democratization*, Boulder, CO: Westview Press.

Stallings, B. (ed.) (1995) G*lobal Change, Regional Response: The New International Context of Development*, Cambridge: Cambridge University Press.

Stallings, B. and Streeck, W. (1995) 'Capitalism in conflict? The United States, Europe, and Japan in the post-Cold War world', in Stallings, B. (ed.), G*lobal Change, Regional Response: The New International Context of Development*, Cambridge: Cambridge University Press.

State: East Asia's Political Economies Reconsidered, London: Macmillan.
Lee, H. (1994) 'Uncertain promise: Democratic consolidation in South Korea', in Friedman, E. (ed.), *The Politics of Democratization: Generalizing East Asian Experiences,* Boulder, CO: Westview Press.
Lee, H. K. (1987) 'The Japanese welfare state in transition', in Friedmann R. (ed.), *Modern Welfare States*, Hemel Hempstead, UK: Wheatsheaf.

States and development: historical antecedents of stagnation and advance. (Palgrave Macmillan, 2005).

Stockwin, J. A. A. (1999) *Governing Japan*, Oxford: Blackwell Publishers. Strange, S. (1996) *The Retreat of the State*, Cambridge:

Cambridge University Press.

Strangio, S. *Hun Sen's Cambodia*. (Yale University Press, 2014).

Strategies in an International Context, London: Wiley.

Booth, A. (1993) 'Counting the poor in Indonesia', *Bulletin of Indonesian Economic Studies* 29 (1): 53–83.

Stuart-Fox, M. [Working paper 126] Politics and Reform in the Lao People's Democratic Republic. *Asia Research Centre* (2005).

Stuart, D. T. and Tow, W. T. (1995) 'A US strategy for the Asia-Pacific', *Adelphi Paper No. 299*, International Institute for Strategic Studies, London.

Stubbs, R. (1995) 'Asia-Pacific regionalization and the global economy: A third form of capitalism?', *Asian Survey* XXXV (9): 785–87

Stubbs, R. (2000) 'Introduction: Regionalization and globalization', in Stubbs, R. and Underhill, G. R. D. (eds), *Political Economy and the Changing Global Order*, Oxford: Oxford University Press.

Stubbs, R. Asia after the developmental state: disembedding autonomy. (Cambridge University Press, 2017).

Stubbs, R. War and Economic Development: Export-Oriented Industrialization in East and Southeast Asia. *Comparative Politics* 31, (1999).

Sukatipan, S. (1995) 'Thailand: The evolution of legitimacy', in Alagappa, M. (ed.), *Political Legitimacy in Southeast Asia: The Quest for Moral Authority*, Stanford, CA: Stanford University Press.

Tabata, H. (1990) 'The Japanese welfare state: Its structure and transformation', *Annals of the Institute of Social Science* 32: 1–29.

Tai, H. (1989) 'The Oriental alternative: An hypothesis on culture and economy', in Tai, H. (ed.), *Confucianism and Economic Development: An Oriental Alternative ?*, Washington, DC: The Washington Institute Press.

Tang, K. (2000) *Social Welfare Development in East Asia*, Basingstoke: Palgrave. Taylor, R. H. (ed.) (1996) *The Politics of Elections in Southeast Asia*, Cambridge: Cambridge University Press.

Tarling, N. The Cambridge history of Southeast Asia: Vol. 2: The nineteenth and twentieth centuries. (Cambridge University Press, 2008).

Tarling, N. The Cambridge history of Southeast Asia: Vol. 2: The nineteenth and twentieth centuries. (Cambridge University Press, 1993).

The emergence of modern Southeast Asia: a new history. (University of Hawai'i Press, 2005).

The Routledge international handbook to welfare state systems. (Routledge, 2017).

Thurow, L. (1992) Head to Head: The Coming Economic Battle Among Japan, Europe, and America, New York: Morrow.

Tien, H. M. (1989) The Great Transition: Political and Social Change in the Republic of China, Stanford, CA: Hoover Institution Press.

Tremewan, C. (1994) *The Political Economy of Social Control in Singapore*, London: Macmillan.

—— (1998) 'Welfare and governance: Public housing under Singapore's party- state', in Goodman, R., White, G. and Kwon, H. (eds), *The East Asian Welfare Model: Welfare Orientalism and the State*, London: Routledge.

Tremewan, C. The political economy of social control in Singapore. (St. Martin's Press, 1994).

Un, K. Cambodia: Moving away from democracy? *International Political Science Review* 32, 546–562 (2011).

United Nations Development Programme (1995) *Report of The World Summit For Social Development*, www.un.org/documents/ga/conf166/aconf166-9.htm. UNDP (2000) *Human Development Report*, Oxford: Oxford University Press. UNDP (undated) *FAQs on the Human Development Indices*, www.undp.org/hdr2000/english/FAQs.html.

US Congress (1993) *APEC and US Policy Towards Asia*, Hearings, House Committee for Foreign Affairs, Washington DC: US Government Printing Office.

Varkkey, H. The haze problem in Southeast Asia: palm oil and patronage [ON ORDER]. (Routledge, 2015).

Varkkey, H. The haze problem in Southeast Asia: palm oil and patronage. vol. 17 (Routledge, 2015).

Vatikiotis, M. R. J. (1998) *Indonesian Politics Under Suharto*, London: Routledge.

Vennewald, W. (1994) *Technocrats in the State Enterprise System in Singapore*, Working Paper No. 32, Asia Research Centre, Murdoch University, Perth, WA. Vogel, E. F. (1980) *Japan as Number One: Lessons for America*, Tokyo: Tuttle. Vogel, S. K. (1996) *Freer Markets, More Rules: Regulatory Reform in Advanced Industrial Countries*, Ithaca, NY: Cornell University Press

Verweij, M. & Pelizzo, R. Singapore: Does Authoritarianism Pay? *Journal of Democracy* 20, 18–32.

Vu, T. State formation and the origins of developmental states in south korea and indonesia. *Studies in Comparative International Development* 41, 27–56 (2007).

Wade, R. (1990) *Governing the Market: Economic Theory and the Role of Government in East Asian Industrialisation*, Princeton, NJ: Princeton University-Press

——(1992) 'East Asian economic success: Conflicting perspectives, partial insight, shaky evidence', *World-Politics*-44-(2):270–320.

—— (1998) 'From 'miracle' to 'cronyism': explaining the Great Asian Slump', *Cambridge Journal of Economics* 2: 693–706

Wade, R. and Veneroso, F. (1998a) 'The gathering world slump and the battle over

Wallerstein, I. (1979) 'The rise and future demise of the world capitalist system: Concepts for comparative analysis', in I. Wallerstein, *The Capitalist World Economy*, Cambridge: Cambridge University Press.

Wan, M. The political economy of East Asia: striving for wealth and power. (CQ Press, 2008).

Wan, M. The political economy of East Asia: striving for wealth and power. (CQ Press, 2008).

Watchman, A. (1994) *Taïwan: National Identity and Democratisation*, London: M. E. Sharpe.

Weatherbee, D. E. International relations in Southeast Asia: the struggle for autonomy [ON ORDER]. (Rowman & Littlefield, 2014).

Weatherbee, D. E. International relations in Southeast Asia: the struggle for autonomy. (Rowman & Littlefield, 2014).

Weaver, J. E. State-Directed Development: Political Power and Industrialisation in the Global Periphery. *Comparative Economic Studies* 47, 713–715 (2005).

Weber, M. (1957) [1922] *The Theory of Economic and Social Organization*, Berkeley: University of California Press.

Wedeman, A. H. *Double paradox: rapid growth and rising corruption in China*. (Cornell University Press, 2012).

Weingast, B. R. & Wittman, D. A. *The Oxford handbook of political economy*. (Oxford University Press, 2006).

Weingast, B. R. & Wittman, D. A. *The Oxford handbook of political economy*. (Oxford University Press, 2006).

Weiss, L. (1995) 'Governed interdependence: Rethinking the government–business relationship in East Asia', *The Pacific Review* 8 (4): 589–616.

Weiss, L. & Hobson, J. M. States and economic development: a comparative historical analysis. (Polity P., 1995).

Weiss, L. and Hobson, J. M. (1995) States and Economic Development: A Comparative Historical Analysis, Cambridge: Polity Press.

Welfare Model: Welfare Orientalism and the State, London: Routledge. Goodman, R. and Peng, I. (1996) 'The East Asian welfare state: Peripatetic learning, adaptive change, and nation-building', in Esping-Andersen, G. (ed.), *The Three Worlds of Welfare Capitalism*, Oxford: Polity.

Wells, K. M. (1995) *Korea's Minjung Movement*, Honolulu: University of Hawaii Press.

White, G. and Goodman, R. (1998) 'Welfare Orientalism and the search for an East Asian welfare model', in Goodman, R., White, G. and Kwon, H. (eds), *The East Asian Welfare Model: Welfare Orientalism and the State*, London: Routledge.

White, G. Goodman, R. and Kwon, H. (1998) 'The politics of welfare in East Asia' in Maidment, R., Goldblatt, D. and Mitchell, J. (eds), *Governance in the Asia- Pacific*, London: Routledge.

Why communism did not collapse: understanding authoritarian regime resilience in Asia and Europe. (Cambridge University Press, 2013).

Williams, D. (1994) *Japan: Beyond the End of History*, London: Routledge.

Williamson, J. (1994) 'In search of a manual for technopols', in Williamson, J. (ed.), *The Political Economy of Policy Reform*, Washington, DC: Institute for International Economics.

Williamson, J. G. Routledge handbook of Southeast Asian economics. (Routledge, 2015).

Winters, J. A. (2000) 'The financial crisis in Southeast Asia', in Robison, R., Beeson,

Wong, J. Betting on biotech: innovation and the limits of Asia's developmental state. (Cornell University Press, 2011).

Wong, J. Betting on biotech: innovation and the limits of Asia's developmental state. (Cornell University Press, 2011).

Wong, J. Healthy democracies: welfare politics in Taïwan and South Korea. (Cornell University Press, 2006).

Woo-Cumings, M. (1993) 'East Asia's America problem', in Woo-Cumings, M. and Loriaux, M. (eds), *Past as Prelude: History in the Making of a New World Order*, Boulder, CO: Westview Press.

Woo-Cumings, M. *The developmental state.* (Cornell University Press, 1999).

Wood, C. (1992) The Bubble Economy: The Japanese Economic Collapse, London: Sidgwick & Jackson.

Woodall, B. (1996) Japan Under Construction: Corruption, Politics and Public Works, Berkeley: University of California Press.

Woods, L. T. (1993) Asia-Pacific Diplomacy: Nongovernmental Organizations and International Relations, Vancouver: University of British Columbia.

World Bank (1991a) World Development Report 1991: The Challenge of Development, Oxford: Oxford-University-Press.

—— (1991b) Managing Development: The Governance Dimension, A Discussion Paper, Washington, DC:World-Bank.

——(1992) Governance and Development, Washington, DC: World Bank.

Wright, T. Party and state in post-Mao China. (Polity, 2015).

Wu, F. Environmental Politics in China: An Issue Area in Review. *Journal of Chinese Political Science* 14, 383–406 (2009).

Wu, G. China's Party Congress: power, legitimacy, and institutional manipulation. (Cambridge University Press, 2015).

Yahuda, M. B. *The international politics of the Asia-Pacific.* (Routledge, 2011).

Yang, S. The North and South Korean political systems: a comparative analysis. (Hollym, 1999).

You, J. Democracy, inequality and corruption: Korea, Taïwan and the Philippines compared. (Cambridge University Press, 2015).

Zhang, J. Y. & Barr, M. D. Green politics in China: environmental governance and state-society relations. (PlutoPress, 2013).

Zhang, J. Y., Barr, M. & EBSCOhost. Green politics in China: environmental governance and state-society relations. (Pluto Press, 2013).

Zhu, T. Developmental states and threat perceptions in Northeast Asia. *Conflict, Security & Development* 2, 5–29 (2002).

INDEX

A

Accord Plaza, 99, 237
ACM, xiii, 165, 168
ACP, xiii, 167
action gouvernementale, 54
activité économique, 25, 55, 72, 111
Adam Smith, 19, 20, 21, 46
administocrates, 106, 223
administocratique, 95, 103
administrateurs, 106, 212
administration, 26, 46, 69, 79, 96, 98, 110, 167, 191
administration coloniale, 79
afflux, 89, 172, 213, 237
Afrique, xvii, xviii, xx, xxi, xxii, 1, 4, 16, 58
AFTA, xiii, 235, 242
agents politiques, 1
aide publique, 186, 188, 190, 191
aide sociale, x, 184, 185, 190, 195, 200, 202, 204
ALENA, xiii, 235, 238, 241
Alexander Gerschenkron, 46
Allemagne, 17, 45, 47, 72, 99, 219, 234
allocations familiales, 191, 198
alphabétisation, 18, 19, 136, 183
américaines, 6, 61, 74, 75, 141, 218, 239
Amérique du Nord, 4, 18, 36, 122, 232, 233, 234, 235, 236
AMN, xiii, 188
amnésie, 88
analyse néolibérale, 212

anti-démocratiques, 120, 138
APEC, x, xiii, 235, 237, 238, 239, 240, 244, 257, 258, 266, 279
approche libérale, 17
aristocratique, 113
armée, 9, 22, 71, 72, 95, 98, 99, 109, 126, 148, 153, 154, 155, 162, 163, 167, 172, 173, 189
ascendant, 26, 148
ASEAN, x, xiii, 235, 240, 241, 247, 257, 264
asiatique, xvii, xviii, 3, 4, 44, 56, 58, 85, 95, 105, 116, 120, 159, 161, 169, 181, 207, 209, 211, 214, 219, 221, 222, 228, 229, 232, 233, 234, 238, 240, 241, 242, 243, 244, 246, 247, 248, 249, 253
asiatiques, xix, xxi, 3, 4, 12, 14, 28, 36, 37, 44, 58, 59, 85, 88, 117, 120, 169, 171, 181, 182, 185, 194, 211, 218, 236, 237, 239, 240, 245, 253
Asie de l'Est, i, vi, vii, ix, x, xvii, xviii, xx, xxi, xxii, 1, 3, 4, 8, 11, 12, 13, 14, 16, 39, 40, 41, 44, 45, 53, 58, 60, 61, 63, 68, 92, 105, 116, 117, 120, 121, 133, 134, 135, 139, 140, 147, 177, 180, 181, 182, 183, 184, 185, 192, 196, 200, 202, 203, 204, 208, 212, 218, 220, 221, 222, 228, 229, 231, 232, 233, 239, 242
Asie du Nord-Est, 8, 10, 11, 41, 52, 62, 63, 236, 241, 242
Asie du Pacifique, 234, 235, 236, 237, 242, 250, 252, 253, 254

Asie du Sud-est, xiii, 8, 10, 12, 23, 41, 63, 65, 77, 92, 93, 94, 95, 96, 97, 98, 99, 100, 104, 105, 110, 112, 113, 120, 160, 166, 170, 177, 189, 198, 202, 223, 224, 225, 235, 240, 254
associations civiques, 78
assurance, 185, 186, 188, 189, 190, 191, 193, 197, 198, 199, 200, 203
Assurance Maladie, xiii, 188
autochtones, 71, 94, 95, 97, 100
autonomie, 6, 33, 35, 39, 46, 121, 138, 201, 226
autonomie nationale, 7
autoritaire, ix, 32, 47, 49, 53, 57, 59, 61, 72, 76, 85, 87, 98, 109, 121, 135, 137, 142, 144, 148, 151, 152, 161, 162, 163, 165, 166, 168, 169, 171, 174, 177, 178, 184, 189, 195, 200, 201, 202, 210, 226, 227, 253
autoritarisme, vii, 47, 49, 50, 53, 66, 134, 143, 144, 145, 148, 153, 162, 165, 168, 171, 174
autosuffisance, 34, 167, 190

B

Bangkok, 109, 111, 151, 154, 228, 274
Banque, 3, 20, 55, 56, 89, 98, 183, 212, 215, 219, 223, 229
Banque Mondiale, 3, 55, 56, 183, 212, 219, 223, 229
banques, 73, 213, 245
barrières commerciales, 36, 234
Berkeley Mafia, 98
Bienefeld et Godfrey, 37
bienveillance, 70, 76
bienveillance paternelle, 70
blocs économiques, 233, 234
blocs économiques régionaux, 233, 234
BN, xiii, 168, 174, 175
bouddhisme, 8, 11, 12, 28, 71
bouddhiste, 12, 93
Bretherton, 216, 259
bumiputra, 96, 101, 103

bureaucrates, 45, 50, 51, 69, 75, 95, 100, 101, 109, 128, 130, 153, 163, 172
bureaucratie, 31, 48, 49, 50, 51, 72, 73, 75, 76, 79, 88, 94, 95, 96, 106, 107, 128, 130, 167

C

caisse de prévoyance, 186, 197, 198
Caisse de Prévoyance, 196
Cambodge, 99, 235
campagne, 9, 70, 81, 99, 112, 126, 143, 151, 156, 167, 189, 192
capacités institutionnelles, 56, 57, 108, 253
capital étranger, 34
capital humain, xxi, 111, 224
capitalisme, vii, viii, x, 3, 9, 17, 23, 27, 28, 29, 30, 31, 33, 34, 37, 38, 46, 55, 58, 59, 65, 66, 67, 68, 69, 70, 76, 84, 90, 92, 93, 95, 96, 100, 101, 104, 105, 106, 108, 109, 116, 118, 157, 208, 210, 211, 220, 221, 222, 223, 225, 229, 232, 233, 234, 243, 246, 249, 253
capitalisme asiatique, 58
capitalisme de copinage, 221
capitalismes confucéens, vii, 65, 66, 69
capitalistes nationaux, 221
capitaux, xix, 41, 73, 82, 88, 99, 102, 130, 163, 172, 193, 207, 210, 217, 220, 225, 241, 247, 254
capitaux industriels étrangers, 88
capitaux internationaux, xix, 207
caractéristiques, 30, 41, 45, 58, 61, 69, 93, 117, 181, 223, 224, 234
catholicisme, 122
CCDE, xiii, 81
CCP, xiii, 89, 192, 193
CDL, xiii, 194
CE, xiii, 233
CEAE, xiii
CED, xiii
CEP, xiii
chaebol, vii, 67, 76, 81, 151, 254
Chalmers Johnson, 45, 48

Chambre haute, 155
changement, xxi, 7, 17, 18, 22, 30, 55, 59, 73, 127, 157, 160, 202, 216, 217, 220, 227, 245, 249
changement social, 17, 22
chaos, 77, 164
chefs de village, 168
chercheurs, xxii, 1, 4, 26, 136
Chiang, 68, 80, 145, 146, 147, 157
Chiang Chingkuo, 145, 146, 147, 157
Chine, xiv, 9, 11, 37, 68, 78, 80, 81, 82, 87, 93, 112, 125, 142, 143, 144, 145, 146, 147, 174, 190, 224, 239, 240, 241, 242
Chinois, 11, 94, 95, 102, 104, 106, 107, 108, 109, 110, 143, 146, 152, 163, 172, 223, 224, 254
Chinois, 78, 86, 93, 94, 96, 100, 101, 109, 142, 143, 165, 168
chômage, 86, 130, 186, 187, 188, 189, 191, 193, 199, 210
christianisme, 11, 12, 121, 140
Chuan, 155
Chun Doo Hwan, 83, 148
CIM, xiii, 165, 168
circonscription, 129, 170
circonscriptions, 166, 168, 176, 194
civiles, 43, 78, 87, 96, 109, 119, 168, 169
classe ouvrière, 138, 139, 151, 172, 174, 201
classes moyennes, 145, 153, 155, 175, 226
coercition, 22, 53, 74, 90, 144, 175
collectif, 4, 87, 147, 228, 248
colonialisme, 8, 82
colonies, 6, 9, 52, 76
commence, 11, 24, 29, 181, 185, 241
commerce, xix, xx, 12, 19, 20, 21, 23, 29, 34, 49, 70, 72, 93, 106, 107, 109, 138, 212, 233, 238, 242, 244, 245
commercialisation, 217
Commonwealth britannique, 85
communauté, 7, 12, 74, 96, 101, 113, 117, 125, 177, 182, 186, 188, 202, 239, 243, 248, 254

communications, 52, 88, 216
communisme, 18, 62, 75, 98, 99, 123, 126, 141, 146, 166, 236
communiste, 17, 26, 47, 62, 80, 86, 87, 118, 119, 125, 148, 152, 153, 164, 171, 176
comparaison, 6, 13, 100, 144, 161, 186, 227
compétente, 49, 54, 59, 177
compétitivité, 49, 50, 63, 97, 112, 187, 202, 224, 225, 237
compradores, 34
compréhension, 5, 13, 46, 54, 252
comptabilité, 211
compte individuel, 193
concept, vii, 5, 6, 22, 34, 40, 41, 45, 117, 159, 218, 238, 252, 264
concurrence, xix, 20, 22, 49, 51, 52, 54, 120, 125, 137, 149, 170, 175, 218, 219, 232
condamnation, 170
conditionnalités, 207
conflits ethniques, 134
confucéenne, ix, 11, 12, 58, 66, 67, 69, 74, 75, 76, 83, 87, 89, 97, 120, 125, 134, 141, 185
confucianisme, 8, 11, 12, 28, 52, 66, 67, 71, 83, 120, 140, 147, 181, 182, 188
Confucius, 11
conglomérats, 67, 73, 81, 107
connaissance, 1, 2, 29
connectivité, 216
conscience, 30, 47, 182, 216, 255
consensus, x, 117, 120, 125, 140, 147, 169, 215, 216, 218, 219
consentement, 140, 160, 166
conséquences, 13, 113, 157, 171, 210, 216, 217, 221, 226, 229
conservateurs, 73, 124, 125
conservatisme social, 252
consommateurs, 21, 36, 49, 128, 131, 174, 217
consommation, 23, 25, 27, 216
constitution, 75, 123, 124, 150, 152, 155, 169, 244

construction, 24, 52, 55, 57, 75, 88, 94, 121, 130, 131, 213, 253, 255
consumérisme, 88
contestation démocratique, 121, 203, 248
continentaux, 45, 81, 144, 146
contrats, 22, 89, 96, 107, 130
contributions financières, 55, 187, 191
contrôle social, 194, 195
coopération, 2, 14, 74, 87, 98, 108, 110, 113, 120, 184, 231, 232, 234, 236, 237, 238, 241, 242, 244, 247, 248
Coopération Économique, 235
coopération régionale, 231, 232, 236, 242, 247
cooptation, 75, 84, 128, 132, 144, 166, 168, 169, 173, 175, 177
copinage, viii, x, 104, 105, 108, 208, 210, 211, 212, 214, 220, 221, 222, 223, 224, 226, 227, 229, 247
copine, 212
Corée, i, vii, ix, xiii, xvii, 1, 3, 9, 10, 11, 14, 41, 52, 53, 61, 62, 63, 65, 67, 76, 77, 78, 80, 81, 82, 83, 84, 87, 88, 90, 92, 102, 108, 125, 134, 139, 140, 141, 142, 144, 148, 149, 150, 151, 152, 156, 157, 159, 161, 166, 177, 185, 187, 188, 189, 190, 191, 192, 194, 200, 207, 210, 211, 212, 213, 221, 225, 226, 227, 228, 241, 242, 245, 247, 254
Corée du Nord, 80, 125, 148
Corée du Sud, i, vii, ix, xiii, xvii, 1, 3, 10, 14, 52, 53, 61, 62, 65, 67, 76, 77, 78, 80, 81, 82, 83, 84, 85, 87, 88, 90, 92, 102, 108, 125, 134, 139, 140, 141, 142, 144, 148, 150, 151, 152, 156, 157, 159, 161, 166, 177, 185, 187, 191, 192, 194, 200, 207, 210, 211, 213, 221, 225, 226, 228, 241, 242, 245, 247, 254
corporatisme libéral, 112, 152, 153
corruption, 31, 89, 98, 101, 105, 128, 129, 130, 132, 148, 154, 156, 172,
174, 210, 221, 225, 227, 228, 229, 266, 268, 271, 280, 282
corruption publique, 228, 229
cotisation, 191, 193, 197, 198
cotisations, 189, 196, 197, 198, 199
coup d'État, 78, 83, 96, 98, 106, 109, 110, 152, 153, 154, 163
crise, x, xvii, xviii, 4, 14, 61, 79, 92, 97, 99, 100, 103, 105, 109, 110, 112, 113, 126, 127, 134, 155, 160, 162, 165, 173, 175, 185, 189, 199, 201, 204, 207, 208, 209, 210, 211, 212, 213, 214, 215, 219, 221, 222, 223, 224, 225, 226, 227, 229, 231, 240, 241, 242, 244, 245, 246, 247, 249, 250, 253
crise asiatique, xvii, xviii, 222
crise financière, xviii, 4, 14, 92, 103, 105, 109, 112, 134, 155, 162, 173, 175, 189, 199, 204, 207, 209, 213, 222, 229, 231, 240, 241, 244, 245, 246, 249, 250, 253
crise monétaire, 207
crises nationales, 162, 171
croissance, xvii, xviii, xix, xx, xxi, 2, 3, 4, 6, 7, 19, 22, 23, 24, 25, 26, 32, 43, 44, 48, 49, 53, 56, 61, 65, 76, 80, 82, 83, 84, 86, 88, 92, 97, 98, 99, 100, 101, 103, 110, 111, 112, 127, 130, 131, 145, 166, 172, 173, 181, 183, 201, 204, 213, 215, 216, 223, 231, 252, 255
CRP, xiii, 167
culturalisme, 41, 44, 53
culturaliste, 14, 44, 58, 59, 60, 116, 117, 121, 132, 147, 156, 253
culturalistes, 27, 58, 63, 119, 125
culture, viii, xx, 6, 7, 10, 11, 13, 14, 16, 24, 27, 28, 30, 33, 38, 40, 43, 53, 58, 59, 60, 63, 66, 69, 74, 79, 85, 87, 89, 104, 106, 117, 119, 120, 125, 131, 132, 140, 141, 157, 160, 161, 165, 166, 169, 176, 178, 181, 246, 265, 268, 269, 278
culturelles, 4, 8, 10, 11, 12, 32, 44, 55, 59, 116, 120, 122, 133, 156, 169

Index

culturels, xxi, 7, 12, 29, 60, 70, 236, 250
Cumings, 52, 58, 261, 281

D

dangwai, 145, 146
débat, xx, 54, 56, 118, 131, 150, 208, 232, 252
décentralisation, 75
décollage, 23, 24, 25, 28, 31, 32
décollage économique, 23, 24, 25, 28, 31, 32
déficits, 201, 215, 224
démilitarisation, 75
démocratie, viii, ix, 3, 6, 8, 14, 18, 23, 31, 32, 34, 36, 38, 50, 56, 60, 74, 77, 80, 87, 109, 110, 116, 117, 118, 119, 120, 121, 122, 126, 131, 132, 133, 134, 135, 136, 137, 138, 139, 140, 141, 142, 143, 145, 146, 147, 149, 150, 151, 152, 153, 154, 155, 156, 157, 159, 160, 161, 162, 163, 164, 165, 166, 167, 168, 169, 171, 174, 175, 176, 177, 178, 180, 190, 202, 204, 208, 227, 228, 229, 239, 247, 248, 249, 250
démocratie asiatique, 3, 116, 120, 121, 162, 177
démocraties libérales, 132, 228
démocraties occidentales, 132
démocratiques occidentales, 116
démocratisation, viii, ix, 6, 14, 18, 75, 85, 122, 134, 135, 136, 137, 138, 139, 140, 141, 142, 146, 147, 148, 149, 151, 152, 153, 155, 156, 157, 159, 160, 173, 174, 178, 185, 187, 200, 203, 227, 228, 229, 239, 246, 247, 249
démographique, 86, 199
démos, 118
dépendance, 32, 33, 34, 36, 68, 81, 82, 107, 129, 139, 141, 183, 226, 237
dépendance économique, 34, 139, 237
dépendance géopolitique, 141
dépendante, 217, 245

dépenses de santé, 187
dépenses publiques, 48, 183, 196, 202, 215, 247
déréglementation, 57, 212, 220, 226
déterminisme économique, 32, 38, 57, 136, 217
dette, 45, 213, 214, 215, 226, 227, 247
dévaluation, 209, 214, 216, 224
développement, i, vi, viii, ix, xvii, xviii, xix, xx, xxi, xxii, 1, 3, 4, 5, 7, 8, 10, 12, 13, 16, 17, 18, 19, 22, 25, 26, 27, 28, 30, 31, 32, 33, 34, 35, 36, 37, 38, 40, 41, 42, 43, 44, 45, 46, 47, 48, 49, 50, 51, 52, 53, 54, 55, 56, 57, 58, 59, 60, 61, 62, 63, 65, 66, 67, 68, 69, 76, 77, 78, 79, 80, 81, 84, 85, 86, 87, 89, 92, 93, 97, 100, 101, 102, 103, 106, 108, 110, 112, 113, 116, 117, 120, 121, 123, 127, 133, 134, 135, 136, 137, 138, 139, 140, 141, 142, 143, 144, 146, 147, 148, 151, 152, 156, 157, 159, 161, 162,163, 165, 166, 168, 169, 171, 172, 174, 178, 180, 181, 182, 183, 184, 185, 188, 189, 190, 191, 192, 193, 195, 196, 199, 200, 201, 203, 204, 207, 208, 211, 213, 215, 216, 219, 224, 225, 226, 227, 228, 229, 232, 233, 234, 235, 236, 237, 241, 242, 243, 244, 246, 248, 249, 250, 252, 253, 254
développement capitaliste, 28, 30, 38, 59, 137, 138, 141, 142, 147, 157, 159, 161, 171, 172, 178
développement de l'Asie de l'Est, xvii
développement économique, 7, 8, 13, 18, 19, 22, 25, 26, 27, 31, 32, 34, 38, 40, 41, 42, 45, 46, 48, 49, 51, 52, 55, 57, 61, 63, 65, 66, 77, 78, 79, 81, 84, 86, 87, 89, 92, 97, 100, 101, 106, 113, 116, 127, 134, 136, 141, 142, 143, 152, 162, 163, 166, 168, 169, 171, 174, 180, 183,184, 188, 189, 190, 192, 195,

196, 199, 201, 203, 213, 225, 226, 229, 233, 236, 237, 250, 252, 253
développement régional, 232, 242
développement social, 7, 14, 18, 42, 180, 182, 183, 184, 185, 190, 191, 192, 200, 203, 204, 253, 255
développement socio-économique, 27, 38, 151, 156, 178, 182
développementalisme, 85, 106, 160, 166, 171
développements institutionnels, xx
développer, 23, 26, 29, 46, 51, 61, 107, 167, 172, 213, 227, 228, 229, 234, 236, 249
dictature, 154, 228
Diète, 122, 126
discipline, xxi, 59, 79, 83, 87, 112, 113, 225
discrimination, 65, 93, 95, 110, 113, 168, 191
dissidents, 76, 78, 194
diversité culturelle, 93
Diversité culturelle, viii, 93
dollar, 99, 207, 209, 214, 224, 226, 237, 241
dollar américain, 99, 207, 209, 214, 224, 226, 237
domination, viii, 3, 12, 36, 42, 52, 53, 59, 79, 82, 87, 89, 90, 100, 109, 113, 117, 118, 119, 125, 127, 128, 129, 131, 132, 141, 148, 150, 152, 155, 162, 164, 175, 176, 177, 231, 239, 241, 242, 249
domination coloniale, 52, 79, 87, 89, 100, 109, 141, 162, 164
données économiques, 247
Douglas MacArthur, 124
Dr Mahathir, 43, 175, 210, 221, 238, 240, 241
droits de l'homme, 7, 173, 175, 239, 249
droits de propriété, 22, 55
dynamique, 3, 8, 14, 36, 37, 42, 64, 65, 86, 93, 109, 135, 139, 147, 157, 159, 161, 175, 178, 181, 203, 213, 222, 224, 229, 234

dynamisme économique, 182, 212, 218

E

EAHP, xiii, 16
économie, vi, xvii, xviii, xix, xxii, 2, 3, 4, 9, 14, 16, 19, 21, 22, 23, 24, 25, 32, 33, 34, 35, 36, 37, 39, 43, 44, 45, 46, 47, 48, 51, 52, 53, 54, 57, 61, 62, 64, 67, 69, 70, 71, 73, 74, 75, 76, 79, 81, 82, 83, 89, 93, 94, 95, 97, 98, 99, 102, 103, 104, 105, 106, 107, 108, 109, 110, 112, 113, 127, 130, 149, 152, 163, 165, 167, 171, 174, 178, 180, 186, 193, 204, 208, 209, 210, 212, 216, 217, 218, 221, 222, 223, 224, 229, 231, 232, 233, 234, 235, 239, 240, 242, 244, 246, 248, 249, 253, 255
économie capitaliste, 9, 33, 34, 37, 180
économie de marché capitaliste, 22
économie internationale, xix
économie mondiale, xvii, xviii, xix, xxii, 2, 3, 23, 32, 35, 39, 61, 93, 216, 219, 232, 233, 234, 235, 242, 244, 249
Économie Politique Internationale, 219, 220, 234
économies, i, xviii, xix, xx, 3, 5, 25, 36, 41, 42, 46, 47, 48, 51, 54, 56, 62, 65, 66, 67, 82, 84, 89, 92, 93, 96, 97, 99, 112, 116, 183, 194, 207, 208, 209, 211, 212, 213, 214, 216, 218, 220, 221, 222, 223, 224, 227, 231, 234, 237, 240, 242, 245, 248, 253
économies nationales, xviii, xix, 36, 116, 216, 234
économique néoclassique, 48, 210
économistes, 57, 98, 208, 217, 254
EDC, xiii, 48, 51
éducation, 7, 11, 18, 19, 22, 59, 88, 96, 106, 123, 136, 176, 180, 184, 191, 192, 194, 195, 199, 202
efficacité économique, 48, 182

Index

effondrement, 97, 107, 109, 118, 160, 162, 178, 207, 209, 218
égalité sociale, 6, 143
électeurs, 126, 168, 176, 177, 194
élections, 43, 87, 119, 126, 127, 128, 129, 130, 143, 144, 146, 149, 150, 153, 154, 155, 156, 161, 162, 163, 165, 166, 167, 168, 169, 170, 174, 175, 177, 228
élections libres, 165
élections parlementaires, 153
élections présidentielles, 149, 150, 167
élite bureaucratique, 104
élite économique, 223
élites, 61, 97, 100, 102, 128, 137, 144, 148, 236
émergence, viii, 8, 14, 16, 19, 41, 57, 60, 61, 83, 95, 96, 116, 123, 125, 135, 136, 138, 144, 146, 147, 152, 163, 166, 171, 173, 176, 180, 218, 231, 242
émeutes, 96, 101, 126, 148
empire, 93, 94, 265, 273
empirique, 1, 2, 16, 35, 160
enseignants, 188, 189, 190
enseignement primaire, 183
entre-deux-guerres, 49, 71, 74
entrepreneurs parias, 96
entreprises, 29, 43, 50, 51, 53, 55, 56, 66, 67, 68, 69, 70, 71, 72, 73, 74, 76, 81, 82, 83, 89, 90, 94, 95, 96, 101, 102, 103, 104, 107, 108, 109, 110, 128, 129, 130, 138, 153, 154, 156, 171, 176, 188, 197, 198, 219, 225, 227, 245, 247
entreprises publiques, 69, 82, 89, 197, 198
environnement, xix, xxi, 7, 22, 26, 36, 40, 48, 62, 68, 110, 145, 147, 151, 173, 174, 190, 201, 202, 224, 254
environnements, xviii, xx, xxii, 4, 7, 211
épargne, xxi, 47, 68, 108, 187, 192, 193, 195, 196, 197, 214, 220
EPI, xiii

équilibre, 24, 25, 138, 169, 235, 249
ersatz, vii, 65, 92, 93, 223, 225
essor, 3, 75, 104, 135, 136, 149, 182, 225, 236, 254
État américain, 219
État bureaucratique, 72, 152, 254
État Capitaliste, 47
État de droit , 26, 56, 160, 227, 228, 229, 230
État de droit démocratique, 160
État Développementaliste, vii, xiii, 14, 39, 40, 44, 45, 46, 48, 49, 50, 51, 52, 53, 54, 57, 58, 59, 60, 62, 63, 66, 70, 89, 103, 208
État ethnique, 101, 254
État fort, vi, 30, 31, 32, 39, 66
État léniniste, 254
État périphérique, 35
étatisme- providence, 203
État-nation, 22, 31, 118, 217, 230, 249
État-providence, 180, 182, 184, 185, 191, 201, 253
États, 3, 6, 9, 10, 16, 18, 25, 26, 30, 31, 34, 35, 37, 52, 53, 54, 56, 58, 61, 62, 70, 71, 75, 80, 83, 90, 98, 99, 102, 106, 108, 113, 121, 123, 124, 125, 126, 127, 141, 162, 164, 181, 183, 185, 187, 208, 209, 210, 215, 218, 220, 222, 231, 232, 233, 234, 236, 237, 238, 239, 240, 241, 245, 248, 249, 253
États-Unis, 3, 6, 9, 25, 26, 61, 62, 63, 70, 71, 75, 80, 98, 99, 106, 108, 123, 124, 125, 126, 127, 141, 164, 209, 210, 215, 218, 220, 222, 231, 232, 233, 234, 236, 237, 238, 239, 240, 241, 245, 249
éthique, 11, 27, 28, 29, 84, 87, 182, 186
éthique protestante, 27, 28, 29
étudiantes, 1
eurocentrique, 27, 30, 122
Europe, 3, 4, 18, 19, 23, 25, 28, 31, 33, 36, 47, 60, 62, 106, 118, 121, 218, 233, 234, 241, 259, 266, 267, 272, 277, 279, 281

Europe occidentale, 4, 18, 23, 25, 28, 31, 33, 118, 122
évolutionniste, 30
excédent, 33, 189, 245
expériences, xvii, xxi, xxii, 1, 4, 5, 8, 12, 13, 34, 40, 63, 67, 76, 103, 140, 157, 161, 162, 208, 222, 253
exportation, 44, 50, 68, 78, 82, 88, 97, 98, 99, 104, 106, 108, 213, 223, 225, 240, 245
exportations, xx, xxi, 49, 51, 68, 80, 82, 83, 88, 94, 99, 102, 213, 216, 224, 239, 246

F

factionalisme, 129
faiblesses économiques, 213, 222
famille, 11, 70, 72, 74, 75, 107, 108, 121, 182, 186, 188, 191, 202
fatalisme, 23
favoritisme, 31, 100, 105, 155
finance, xix, 193, 212, 262
financier, xviii, 3, 50, 68, 107, 185, 187, 189, 191, 193, 207, 214, 217, 223, 225
fluctuations monétaires, 224
FMA, xiii
FMI, xiv, 98, 155, 207, 209, 210, 211, 212, 215, 219, 220, 223, 226, 229, 241, 247
fonction publique, xxi, 130, 167, 170, 192
fonctionnaires, 69, 96, 106, 130, 149, 189, 192, 196
fonds de prévoyance, 185, 197, 198, 200, 202, 203
fonds étrangers, 213, 223
fonds publics, 101, 225
force, 9, 21, 22, 57, 61, 62, 70, 137, 139, 142, 152, 169, 217, 236, 239, 243, 249, 254
fourniture sociale, 186, 194
free-riding, 55, 219
Friedman, 121, 261, 263, 277
frontières, 129, 173, 216
fruits, 3, 100, 172, 255
fuite des cerveaux, 177

G

GATT, xiv, 219, 238
GEAE, xiv
General Park, 80
géographiques, 8, 27
géopolitique, 14, 60, 62, 75, 97, 112, 126, 132, 139, 141, 232
géopolitiques, xx, 61, 62, 131, 141, 148, 232
gestion, xviii, xix, xxi, 55, 59, 76, 87, 94, 98, 130, 142, 148, 176, 193, 212, 214, 215, 231, 237, 242, 245
Globalisme, 60
globaliste, 58, 60
Golkar, 167
Goulet, 7, 264
gouvernance, xx, 56, 119, 211, 217, 223, 227, 230
gouvernement, 7, 9, 11, 18, 21, 22, 31, 43, 48, 50, 51, 53, 66, 68, 69, 70, 71, 73, 74, 75, 80, 81, 82, 87, 88, 89, 90, 94, 95, 96, 98, 100, 101, 103, 109, 110, 113, 119, 121, 122, 123, 124, 126, 127, 128, 130, 143, 144, 146, 148, 149, 150, 151, 152, 153, 154, 155, 161, 162, 164, 166, 167, 168, 169, 170, 172, 173, 174, 175, 176, 186, 187, 189, 190, 191, 192, 193, 194, 197, 198, 201, 204, 209, 211, 212, 214, 218, 220, 222, 225, 226, 227, 238, 244, 245
gouvernement démocratique, 18
Grande-Bretagne, 46, 47, 62, 67, 85, 109, 165, 167
Grèce antique, 120
guerre, viii, 3, 4, 6, 9, 26, 48, 49, 52, 56, 61, 62, 69, 73, 74, 75, 76, 77, 79, 80, 98, 99, 117, 118, 119, 122, 123, 124, 125, 126, 127, 130, 132, 141, 142, 148, 150, 164, 201, 218, 219, 220, 233, 234, 236, 237, 240, 244, 248, 249, 252, 253
guerre civile, 78, 142
guerre froide, 4, 26, 61, 62, 74, 75, 80, 98, 118, 123, 124, 125, 127, 132, 141, 201, 218, 219, 220, 233,

234, 236, 237, 240, 244, 248, 249, 253

H

harmonie, 58, 74, 84, 120, 125, 160, 163, 168
hégémonie, 3, 52, 89
hiérarchie, 11, 12, 70, 79, 120, 143
hiérarchie sociale, 11, 12
hindouisme, 8, 12, 28
histoire, 3, 11, 13, 14, 17, 21, 29, 34, 43, 47, 60, 62, 70, 90, 93, 95, 121, 138, 141, 150, 152, 154, 178, 207, 235, 253, 254
historiens, 254
historique, x, 8, 10, 26, 33, 48, 52, 60, 66, 69, 70, 81, 89, 92, 93, 94, 95, 100, 112, 113, 117, 132, 135, 142, 159, 178, 181, 191, 208, 225, 229, 233, 236, 240
Hobsbawm et Rangers, 60
hollandaise, 107
humanitarisme, 163
Huntington, 6, 7, 31, 57, 120, 267

I

IDE, xiv, 68, 82, 88, 89, 99, 237, 244, 245
identité régionale, 14
idéologie, 6, 34, 36, 38, 59, 61, 66, 87, 90, 117, 120, 143, 164, 166, 167, 169, 176, 203, 204, 218, 252
idéologies, 6, 21, 34, 55
idéologique, 20, 34, 40, 75, 76, 118, 119, 121, 125, 132, 143, 153, 182, 195, 218, 252
illibéralisme, 250
immigration, xix
immobilisme, 244, 245
impératifs nationaux, 252
incitations fiscales, 68, 88
Inde, 93, 136
indépendance, 10, 16, 49, 61, 76, 81, 82, 86, 96, 100, 146, 162, 164, 165, 166, 170, 175

Indice de Développement Humain, 183
Indiens, 86, 96, 101, 165, 196
individualisme, 4, 58, 88, 120, 195, 198
individus, ix, 22, 25, 29, 30, 51, 147, 192, 193, 202
Indonésie, viii, xiii, xvii, 3, 5, 9, 10, 12, 14, 27, 41, 65, 92, 93, 94, 95, 96, 97, 98, 103, 104, 106, 107, 108, 110, 111, 112, 113, 134, 159, 161, 162, 163, 164, 165, 166, 167, 169, 171, 172, 173, 174, 183, 185, 186, 196, 197, 199, 200, 202, 207, 210, 213, 228, 235, 245
indonésiennes, 103
industrie, 19, 21, 26, 42, 50, 63, 72, 80, 106, 130, 138, 220
industrielle, vii, 23, 47, 48, 49, 50, 51, 71, 74, 80, 85, 100, 107, 119, 151, 244
inégalités, xix, 3, 30, 36, 101, 151, 156, 163, 172, 176, 199
inflation, 164, 215
infrastructures, 36, 55, 68, 88, 94, 99, 110, 223, 224
innovations, 168, 216
instabilité, 30, 31, 78, 143, 255
institutionnalisation, 31, 247
institutionnalisme, vii, 41, 44, 53, 57
institutionnalisme libéral, vii, 41, 44, 53, 57
institutionnaliste, 54, 55, 56, 57, 58, 63
institutions, xx, 1, 6, 9, 11, 19, 25, 26, 30, 31, 32, 34, 54, 55, 62, 63, 66, 67, 87, 95, 98, 116, 119, 120, 137, 140, 141, 143, 148, 157, 176, 213, 215, 221, 224, 225, 226, 235, 241, 248, 269, 271
intégration, xviii, xix, 42, 94, 110, 113, 216, 217, 232, 234, 235, 237, 242, 243, 244, 245
interdépendance, xxi, 37, 216, 233, 236, 237
inter-gouvernementale, 235

international, viii, 14, 20, 23, 36, 37, 46, 60, 62, 66, 69, 82, 97, 100, 108, 124, 142, 147, 176, 208, 210, 215, 219, 224, 227, 231, 232, 246, 248, 249, 252, 254, 263, 266, 279, 282
interventionniste, xx, 50, 81
interventionnistes, xxi, 73
intra-régionales, 234
introduction, 1, 5, 13, 40, 46, 89, 101, 124, 168, 192, 219, 228, 232
investissement, xx, xxi, 29, 55, 80, 110, 111, 193, 195, 212, 224, 233
investissements, xx, xxi, 68, 72, 73, 80, 98, 99, 106, 107, 109, 131, 193, 198, 226, 233, 245
IOE, xiv, 97, 99
ISI, xiv, 34, 97
islam, 6, 8, 12, 93, 140, 168, 172, 174
islamiques, 164, 168, 172

J

J.B. Jeyaretnam, 170
Jamsostek, 197
Japon, i, vii, viii, ix, xiv, xvii, 1, 3, 5, 9, 10, 11, 14, 25, 40, 41, 42, 43, 44, 45, 47, 48, 50, 51, 52, 58, 62, 65, 67, 69, 70, 71, 72, 74, 75, 76, 77, 79, 81, 82, 83, 88, 89, 94, 98, 99, 106, 108, 116, 117, 120, 121, 122, 123, 124, 125, 126, 127, 128, 129,131, 132, 156, 180, 183, 185, 186, 187, 188, 191, 192, 196, 200, 201, 204, 208, 211, 219, 220, 232, 233, 234, 236, 237, 238, 239, 240, 241, 242, 243, 244, 245, 246, 250
japonais, vii, x, 9, 10, 41, 42, 45, 48, 49, 50, 51, 52, 67, 69, 70, 72, 73, 74, 75, 81, 82, 87, 99, 106, 117, 120, 122, 123, 124, 126, 132, 134, 185, 186, 189, 201, 204, 224, 237, 243, 244, 245, 246, 248, 249, 253
Jeffrey Sachs, 212
John Fitzgerald Kennedy, 26
Johnson, 45, 47, 48, 49, 50, 51, 57, 271
Juifs d'Asie, 94

justice, 7, 144, 151, 160, 163, 172, 192
justice sociale, 151, 163, 172

K

Kaname Akamatsu, 41
Kaohsiung, 145, 146
Karl Marx, 17, 28
keiretsu, 73, 74, 75
Kim Dae Jung, 150, 190, 247
Kishi, 126
KMT, xiv, 68, 78, 80, 81, 82, 84, 142, 143, 144, 145, 146, 147, 157, 190, 191
krach boursier, 130
kratein, 118
Krauss et Muramatsu, 128
Kwangju, 149
Kyochokai, 74

L

l'analyse économique, 210
l'humanité moderne, 28
laisser-faire néoclassique, 55
laissez-faire, viii, xx, 101, 109, 202
leadership, x, 59, 85, 147, 174, 233, 243, 244, 250, 276
Lee Kuan Yew, 87
législation, 74, 84
législation du travail, 74
législature, 122, 192
légitimité, ix, 31, 45, 50, 80, 84, 103, 120, 144, 159, 160, 161, 162, 165, 166, 168, 171, 173, 178, 185, 201, 204, 223
légitimité pragmatique, 160
léniniste, 47, 53, 68, 78, 85, 161, 162, 169, 254
Lerner et McClelland, 28
libéralisation, x, xix, 57, 103, 108, 112, 146, 172, 199, 208, 212, 219, 220, 222, 223, 224, 225, 226, 229, 235, 238, 242, 248, 249
libéralisation économique, 172, 199, 208, 222, 223, 225, 226, 229

libéralisme, 4, 57, 76, 118, 177, 218, 233, 244, 249, 250, 252
libéralisme intégré, 233, 244, 249, 253
liberté, 6, 7, 8, 20, 78, 156, 170, 172
littérature, 2, 66, 182, 215, 225
livre, vi, xxi, xxii, 1, 2, 3, 4, 5, 6, 7, 13, 17, 20, 27, 29, 37, 46, 221, 252, 253
logement, 7, 25, 84, 86, 88, 180, 184, 192, 193, 194, 196
loi martiale, 78, 142, 146
loyers, 96
lutte, 13, 18, 34, 36, 37, 61, 103, 109, 132, 138, 142, 147, 149, 153, 156, 157, 174, 178

M

macro-économie, xxi
Mahathir, 43, 44, 174, 175, 210, 240, 271
main invisible, 21, 22
main-d'œuvre, 17, 20, 35, 74, 83, 88, 89, 90, 94, 97, 99, 138, 151, 153, 193, 197, 199
maladie, 183, 190, 193, 197
Malais, 86, 96, 101, 102, 103, 165, 174, 176, 194, 196
Malaisie, i, viii, xiii, xiv, xvii, 1, 3, 9, 10, 12, 14, 27, 41, 43, 44, 61, 65, 92, 93, 94, 95, 96, 97, 100, 101, 102, 103, 105, 110, 112, 113, 134, 159, 161, 162, 164, 165, 168, 169, 171, 173, 174, 178, 185, 186, 196, 197, 199, 200, 202, 203, 209, 211, 213, 228,235, 238, 240, 241, 247
malaisienne, 96, 102, 103, 113, 164, 165, 174
mandat électoral, 129
manifestations, xx, 125, 126, 148, 149, 152, 154, 155
marché, xxi, 18, 21, 22, 23, 35, 45, 47, 48, 49, 50, 51, 53, 54, 55, 56, 57, 62, 67, 83, 86, 90, 96, 97, 99, 101, 107, 138, 193, 209, 214, 215, 216, 217, 218, 219, 223, 225, 236, 237, 240, 245, 246, 247, 253, 255

marchés, 19, 20, 35, 45, 50, 54, 55, 63, 147, 207, 209, 220, 223, 224
marchés boursiers, 207, 209
marchés financiers, 209, 220, 223
marxiste, 29, 123, 125
Max Weber, 27, 28, 160
médias, 18, 19, 149, 168
médicaments, 211
Medisave, 193, 194
Meiji, 47, 49, 70, 71, 72, 79, 83, 122, 264
mercantilisme, 20, 47, 51, 249
méritocratique, 88, 162, 176
méritocratiques, 253
MICI, 73, 75, 81
micro-économiques, xvii
militaire, 36, 53, 61, 62, 67, 70, 71, 78, 79, 80, 83, 98, 99, 104, 105, 123, 126, 139, 141, 143, 144, 152, 153, 154, 155, 161, 162, 163, 164, 171, 172, 188, 189, 190, 218, 233, 236, 240, 244
militarisme, 73, 75, 123
ministres des finances, 247
miracle, xvii, 53, 152, 207, 212, 264, 270, 280
miracle économique, xvii, 54, 152
MITI, xiv, 48, 50, 271
mobilisation, 47, 51, 76, 80, 108, 143, 168, 172
modèle de développement, 26, 41, 42, 44, 66, 85, 134, 180, 212
modèle de développement, 26
modernisation, vi, 9, 18, 19, 22, 25, 26, 27, 28, 30, 31, 32, 36, 37, 38, 42, 57, 70, 75, 136, 194
monarchie, 109, 153
mondialisation, x, xviii, xix, xx, 46, 97, 202, 203, 207, 208, 210, 211, 212, 214, 215, 216, 217, 218, 219, 220, 222, 226, 227, 232, 233, 234, 248
mondialisme, 41, 53
mondialiste, 60, 61
monopole, 10, 108, 120, 131, 165, 175, 254
monopoles, 107, 108

morts, 165, 208
moteur, 19, 20, 22, 29, 49, 53, 75, 181, 218, 220, 235
mouvements syndicaux, 201
Moyen-Orient, 136
multiculturalisme, 8
multidimensionnel, xviii, 7
multinationales, 68, 69, 83, 88, 89, 97, 98, 109, 217, 226, 242, 244, 245
Myrdal et Huntington, 31

N

Nakano, 128, 273
national, xiv, 6, 14, 24, 35, 37, 38, 46, 60, 66, 69, 78, 103, 108, 120, 128, 147, 150, 172, 175, 181, 191, 208, 219, 220, 221, 227, 233, 243, 244, 246, 249, 250, 254
nationalisme, 9, 24, 46, 49, 75, 101, 108, 109, 110, 142, 143, 146, 166, 191
nationaliste, 68, 95, 107, 142, 143, 145, 163, 165, 166, 175
Nations Unies, 82, 144, 183, 238
nature contestée, 13, 232, 252
navires noirs, 70
néerlandaise, 94, 106, 162
néoclassique, vi, 19, 22, 25, 48, 57, 211, 253
néo-impérialisme, 164
néolibéral, 201, 222, 229
néolibéralisme, 181, 201, 202, 203, 218, 221
néolibéraux, 182, 213, 214, 222
niveau de vie, 77, 84, 85, 104, 180, 183
Nokyo, 128
nouveau régionalisme, 233
nouvel État, 100
Nouvel Ordre, 98, 106, 113, 164, 166, 169, 171, 173, 178
nouvel orientalisme, vii, 58, 252
noyau, 33, 35
NPE, x, xiv, 3, 65, 66, 92, 93, 96, 97, 100, 101, 102, 103, 110, 111, 113, 116, 168, 183, 195, 196, 199, 200, 202, 203, 204, 223, 224, 225, 226, 237, 254
NPI, vii, xiv, 3, 34, 36, 41, 51, 52, 58, 61, 65, 66, 67, 89, 92, 93, 95, 97, 99, 100, 102, 105, 108, 110, 112, 113, 120, 180, 183, 188, 191, 196, 203, 204, 223, 237, 253

O

obéissance, 70, 71
Occident, 1, 4, 9, 11, 16, 18, 23, 25, 29, 32, 33, 34, 44, 65, 77, 85, 97, 119, 122, 175, 180, 182, 183, 184, 201, 203, 208, 220, 221, 222, 231, 243, 247, 248, 253
occidentalisation, 4, 70, 71, 186, 201
occupation coloniale, 67
OCDE, xiv, 41, 48, 186, 225
oies volantes, 40, 42, 43, 44, 232
OMC, xiv, 108, 219, 220, 238
ONG, xiv, 173
ONMU, xiv, 97, 103, 164, 165, 174, 175
opportunités, xviii, xix, 84, 96, 101, 107, 136, 142, 155, 157, 169
opposition, 36, 44, 124, 126, 127, 128, 129, 143, 144, 146, 148, 149, 150, 153, 163, 167, 169, 170, 172, 173, 174, 175, 176, 177, 186, 189, 194, 197, 200, 237, 240, 253, 258, 262, 275, 277
orientalisme, 116, 181, 182, 183, 192, 195, 200, 201, 203, 204, 252
orientalisme du bien-être, 181, 182, 183, 192, 200, 201, 203, 204
orientaliste du bien-être, 183, 185
Ouest, 3, 44, 124, 184, 219, 250

P

PA, xiv, 165, 168, 267, 269, 274
Pacifique, x, xiii, xxiv, 2, 3, 4, 5, 8, 9, 61, 124, 207, 232, 233, 234, 235, 236, 237, 238, 239, 242, 243, 244, 246, 249, 252, 253, 254
PAP, xiv, 69, 85, 86, 87, 88, 89, 165, 169, 170, 175, 176, 177, 192, 194

Park, 78, 80, 81, 82, 83, 148
Parlement, 31, 146, 149, 153, 161, 165, 168, 169, 170, 176
parlementaire, 50, 87, 113, 120, 131, 141, 154, 161, 162, 163, 165, 176, 228
parrainage, 36, 172
parti, 26, 39, 42, 43, 49, 68, 76, 78, 85, 96, 117, 118, 119, 120, 125, 127, 129, 131, 132, 143, 145, 146, 147, 149, 150, 155, 156, 161, 162, 164, 167, 169, 170, 174, 175, 176, 190, 191, 192, 231, 234, 254
Parti Communiste, 75, 78, 142, 143, 163
partis anges, 155
partis politiques, 73, 123, 125, 146, 201
paternalisme, 84, 90
paternalisme d'État, 84
patrimonial indonésien, 254
patrimonialisme, 106, 172
patron-client, 97, 100, 108, 112, 113, 156, 166
pauvreté, xix, 4, 30, 92, 101, 104, 111, 166, 188, 199, 210, 216, 252, 254
paysans, 5, 94, 104
pensée confucéenne, 11
pensions, 186, 192, 193, 196, 197, 198
pensions de vieillesse, 193
performance, xvii, 50, 62, 81, 101, 168, 178, 211, 212, 225, 271, 273
performances, xvii, xx, 132, 212, 224
périphérie, 33, 34, 35, 36
Perry, 70
perspective, vi, 2, 12, 16, 19, 22, 27, 39, 44, 48, 53, 54, 57, 58, 59, 60, 63, 69, 89, 116, 135, 136, 137, 138, 139, 140, 181, 182, 202, 208, 211, 214, 220, 222, 236, 243, 253, 258, 272
perspective culturelle, vi, 12, 19, 27, 44, 58, 59, 135, 139, 140, 181
perspective stratégique, 135, 136, 137

perspective structurelle, 135, 137, 138, 139
perspectives, vii, viii, 2, 12, 16, 19, 23, 39, 40, 44, 53, 63, 93, 135, 139, 140, 157, 160, 171, 173, 175, 182, 210, 211, 212, 214, 233, 252, 263, 280
perte croissante, 225
perturbation, 211, 222
philosophie, 19, 166, 172, 184
PIB, xiv, 2, 77, 83, 92, 103, 183, 186, 187, 188, 189, 194, 195, 196, 197, 203, 213, 214
piétée filiale, 11, 70
plan économique, 27, 44, 61, 193
PLD, viii, xiv, 49, 67, 73, 76, 120, 124, 125, 126, 127, 128, 129, 130, 131, 132, 245
PME, xiv, 67, 68, 82
PNB, xiv, 172
PNR, xiv
police, 22, 81, 126, 148, 149, 150, 164
politiciens, 3, 4, 22, 50, 51, 100, 101, 109, 128, 130, 134, 150, 153, 154, 163, 182, 228, 239, 247
politique, vi, vii, viii, ix, x, xviii, xx, xxi, 1, 2, 3, 4, 6, 7, 8, 10, 11, 13, 14, 16, 17, 18, 19, 22, 24, 25, 26, 30, 31, 32, 36, 37, 38, 41, 42, 44, 45, 47, 48, 49, 50, 51, 52, 53, 54, 55, 57, 59, 60, 61, 62, 63, 66, 67, 68, 69, 70, 73, 74, 75, 76, 78, 79, 81,82, 84, 85, 87, 88, 89, 92, 93, 95, 96, 97, 98, 101, 102, 103, 104, 105, 108, 109, 110, 111, 112, 113, 116, 117, 118, 119, 121, 122, 123, 124, 125, 126, 127, 128, 129, 130, 131, 132, 134, 135, 136, 137, 138, 139, 140, 141, 142, 143, 144, 145, 146, 147, 148, 149, 150, 151, 152, 153, 154, 155, 156, 159, 160, 162, 164, 165, 166, 167, 169, 170, 171, 175, 176, 177, 180, 181, 182, 183, 184, 185, 186, 187, 188, 190, 191, 192, 193, 194, 195, 196, 197, 199, 200, 201, 202, 203, 204, 208, 210,

212, 214, 215, 216, 217, 220, 221, 222, 223, 226, 227, 228, 229, 231, 232, 233, 236, 237, 239, 242, 243, 244, 245, 247, 248, 249, 252, 253, 254
politique américaine, 6, 228
politique intérieure, 126, 131, 203, 222, 245
politique japonaise, 49, 51, 70, 75, 76, 119, 123, 124, 125, 126, 127, 128, 130, 131, 132
politique monétaire, 129, 131, 153, 154, 156, 227, 228
politique sociale, 14, 48, 74, 181, 182, 183, 184, 185, 186, 187, 188, 190, 191, 192, 195, 196, 199, 200, 201, 202, 203, 204
politiques, ix, xvii, xviii, xix, xx, xxi, xxii, 1, 5, 6, 9, 10, 13, 14, 18, 26, 30, 31, 32, 33, 34, 35, 36, 38, 42, 43, 45, 49, 50, 51, 52, 56, 57, 59, 61, 62, 65, 66, 67, 70, 73, 75, 78, 79, 81, 82, 83, 86, 87, 88, 90, 95, 96, 98, 100, 109, 110, 112, 113, 119, 122, 123, 124, 127, 128, 130, 132, 136, 137, 141, 143, 144, 146, 148, 150, 153, 157, 159, 160, 161, 162, 163, 165, 167, 168, 169, 170, 172, 173, 176, 177, 180, 181, 182, 184, 185, 191, 200, 201, 208, 211, 212, 213, 214, 215, 222, 223, 226, 227, 229, 231, 232, 233, 235, 236, 237, 239, 241, 242, 246, 248, 249, 252, 253, 254
politiques économiques, xx, xxii, 50, 110, 127
politiques industrielles, 49, 81
politiques mercantilistes, 62
politologues, 2, 44, 217, 254
population, 12, 18, 19, 23, 25, 27, 34, 70, 86, 87, 88, 94, 101, 104, 111, 112, 129, 143, 147, 151, 156, 168, 175, 185, 190, 196, 198, 199, 201, 202, 204, 223, 254
populations, 3, 34, 156, 254
pouvoir, 2, 11, 13, 14, 24, 25, 35, 36, 43, 46, 50, 51, 66, 67, 71, 73, 76,

80, 83, 85, 87, 92, 95, 96, 97, 100, 103, 104, 105, 106, 108, 109, 112, 117, 118, 120, 121, 123, 124, 126, 128, 129, 130, 131, 132, 138, 139, 141, 142, 147, 148, 150, 153, 154, 155, 156, 157, 160, 161, 163, 164, 165, 166, 168, 170, 171, 173, 174, 202, 217, 218, 222, 226, 229, 234, 240, 254
PPD, xiv, 146, 147
prédominance, 249
Prem, 153
Premier ministre, 43, 87, 126, 127, 153, 156, 177, 202, 210, 238
Première Guerre mondiale, 118
pression, 50, 99, 145, 175, 187, 188, 190, 192, 219, 220, 225, 226, 229, 238
prestation d'aide sociale, 188
prestations, 74, 183, 186, 187, 188, 193, 195, 196, 197, 198, 204
prêts, 101, 192, 213, 214, 215, 221
pribumi, 107
privatisation, x, 103, 108, 175, 194, 195, 200, 202, 216
privé, xx, 45, 67, 82, 84, 89, 107, 108, 149, 170, 189, 192, 195, 196, 197, 198, 202, 211, 213, 222, 235
prix, 36, 78, 80, 97, 99, 107, 170, 207
priyayi javanais, 106
problème, viii, 10, 25, 31, 32, 55, 57, 59, 80, 92, 93, 94, 100, 101, 112, 113, 121, 140, 177, 189, 213, 229, 245
problème Chinois, viii, 10, 92, 93, 94, 113
problèmes de développement, 1, 2, 4
problèmes régionaux, 239
processus, xviii, xix, xxi, 1, 2, 6, 7, 13, 17, 21, 23, 24, 25, 26, 31, 33, 35, 38, 41, 42, 46, 57, 59, 60, 62, 67, 83, 93, 99, 110, 128, 135, 137, 139, 146, 150, 177, 210, 214, 216, 217, 218, 228, 232, 252, 253
processus de développement, 2, 23, 26, 38, 252
processus politique, 177, 253

processus technique, 57, 253
production, 17, 20, 21, 23, 25, 35, 51, 55, 73, 74, 80, 88, 89, 97, 105, 107, 112, 121, 127, 216, 233, 237, 242, 243, 244, 265
production agricole, 23, 35
productive, 23, 152
programme de réforme, 75, 123, 212
progressistes, 34
propriétaires féodaux, 79
prospérité, 20, 46, 163, 166, 186, 239
protection sociale, 3, 42, 48, 55, 119, 151, 182, 184, 185, 186, 187, 188, 189, 190, 191, 192, 193, 194, 195, 196, 198, 200, 202, 203, 204
protectionnisme, 46, 237, 238, 243
pseudo-démocraties, 162
PSJ, xiv, 124, 125, 126
PT, xiv, 108, 170
public, 21, 22, 46, 56, 59, 61, 68, 101, 105, 108, 109, 123, 130, 138, 149, 150, 153, 169, 171, 173, 176, 188, 189, 191, 194, 195, 277
Pye et Huntington, 44

R

radicalisme, 151, 173
radicaux, 123, 125
raison, xxi, 7, 11, 12, 16, 38, 55, 59, 62, 67, 68, 73, 81, 92, 93, 97, 106, 113, 119, 120, 121, 122, 125, 148, 149, 150, 162, 168, 171, 173, 186, 188, 189, 191, 193, 195, 197, 202, 203, 207, 208, 214, 219, 221, 223, 224, 225, 227, 229, 234, 235, 239, 240, 241, 253
ralentissement, 97, 174, 210, 211, 213
Rama VI, 94
rationalisation idéologique, 34
rationnel, 45, 58, 214, 217
RC, xiv
récession, 98, 131, 175, 202, 246
recherche, xxii, 2, 11, 29, 36, 96, 105, 182, 204, 207, 226, 228, 254
redistribution, 101, 102, 105, 119, 187, 189, 193

réforme agraire, 79, 95, 123, 143, 147
réforme électorale, 130, 131
réforme politique, 131
réforme structurelle, 207
réformes, 4, 9, 49, 57, 71, 72, 74, 75, 102, 107, 124, 129, 130, 144, 146, 150, 154, 155, 176, 177, 215, 220, 222, 239
régime, ix, 49, 50, 51, 52, 61, 67, 71, 75, 77, 80, 81, 82, 84, 85, 87, 98, 105, 106, 109, 110, 118, 121, 122, 126, 134, 135, 137, 141, 142, 144, 147, 149, 150, 151, 152, 153, 154, 159, 160, 161, 162, 164, 165, 168, 169, 170, 171, 173, 174, 177, 178, 181, 184, 185, 186, 188, 189, 191, 192, 196, 197, 198, 199, 200, 202, 210
régimes autoritaires, 59, 66, 134, 160, 200, 218, 220, 228
régimes communistes, 118
régimes socialistes, 37, 218
région, xxii, 1, 2, 3, 4, 5, 8, 9, 10, 11, 12, 13, 14, 41, 42, 51, 61, 63, 68, 93, 94, 116, 135, 171, 176, 180, 181, 182, 183, 184, 185, 186, 195, 196, 199, 202, 203, 204, 207, 208, 209, 210, 220, 221, 231, 232, 234, 236, 237, 238, 239, 240, 241, 242, 243, 245, 246, 247, 248, 249, 250, 252, 253
régional, xviii, 14, 41, 42, 61, 147, 232, 233, 234, 235, 236, 239, 241, 242, 244, 248, 249, 250
régionalisation, 232, 234, 243, 244, 246
régionalisme, x, 14, 231, 232, 233, 234, 235, 236, 237, 238, 239, 240, 241, 242, 243, 244, 246, 247, 248, 249, 253
régions, xvii, xix, xx, 1, 8, 9, 36, 58, 61, 92, 217, 233, 235, 249
réglementation, 21, 225
réglementations, 20, 194, 219
relations internationales, 3, 6, 221
religions, 8, 12, 28, 29, 58
rendement, xxi, 197, 216

rentier, 95, 96, 100
répression, xxi, 81, 84, 90, 123, 142, 148, 154, 155, 173
responsabilité, 56, 76, 88, 153, 183, 184, 186, 189, 191, 200, 202, 210, 221, 229
responsabilité individuelle, 183, 184, 200
ressources, xx, xxi, 8, 10, 13, 27, 35, 44, 45, 48, 76, 85, 86, 89, 105, 106, 112, 121, 127, 129, 136, 188, 191
retraite, 84, 189, 190, 192, 196, 197, 198
revenu par habitant, 19, 23, 44, 80, 100, 192
révisionnisme, vi, 30, 32, 37, 57
Rhee, 148, 270
Rho, 150, 157, 270
RIBA, vii, 51, 52
richesse, 19, 20, 21, 30, 46, 49, 136, 137, 139, 142, 157, 173, 185, 255
richesse nationale, 136, 157, 185
Ringgit, 209
rôle de l'État, xx, 25, 38, 138, 208
Rostow, 22, 23, 24, 25, 26, 27, 28, 31, 276
Roupie, 209
RPC, xiv, 82, 142
Ruggie, 218, 276

S

Samuel Huntington, 6
santé, 7, 51, 84, 86, 151, 180, 184, 186, 188, 190, 191, 194, 198, 199, 202
Sarit Thanarat, 110
Seconde Guerre mondiale, 3, 5, 9, 10, 16, 48, 71, 72, 75, 80, 106, 122, 131, 141, 142, 166, 180, 184, 236, 252
secteurs industriels, 11, 188
sécurité, x, xix, 6, 21, 22, 61, 62, 70, 126, 127, 143, 148, 149, 168, 184, 185, 187, 189, 190, 195, 196, 197, 198, 218, 232, 236, 239, 240

sécurité sociale, 184, 187, 189, 195, 196, 197, 198
Sécurité Sociale, 89, 198
Semangat, 174
semi-périphérie, 35
Sénat, 155
Séoul, 78, 150
services publics, 43, 166, 170
shintoïsme, 71
Singapour, i, vii, ix, xiii, xiv, xvii, 1, 3, 9, 10, 11, 14, 23, 27, 41, 43, 53, 61, 65, 67, 68, 69, 84, 85, 86, 87, 88, 89, 90, 92, 93, 134, 159, 161, 162, 165, 169, 170, 171, 175, 176, 177, 178, 185, 186, 189, 192, 193, 194, 196, 200, 203, 207, 210, 211, 213, 227, 228, 235, 242, 247, 254
Singapouriens, 85, 170, 177, 193
SLG, xiv
Smith, 20, 21
socialisation, 55, 59, 200
sociaux, xxi, 4, 5, 7, 18, 47, 54, 55, 57, 59, 63, 65, 70, 74, 84, 110, 127, 128, 137, 139, 142, 144, 145, 146, 161, 164, 166, 171, 174, 178, 182, 183, 184, 185, 186, 188, 190, 191, 194, 195, 199, 200, 201, 204
société civile, 8, 57, 138, 144, 145, 147, 151, 173, 175, 176, 216, 228, 229
société traditionnelle, 23, 24
sociétés, 4, 7, 8, 10, 11, 14, 16, 17, 18, 19, 23, 24, 29, 30, 31, 38, 61, 67, 68, 69, 72, 76, 77, 79, 82, 83, 90, 92, 95, 104, 107, 112, 136, 159, 161, 162, 168, 171, 178, 183, 184, 186, 187, 188, 199, 201, 204, 210, 211, 221, 247, 253
sociologues, 217, 254
soins de santé, 189, 191
soins médicaux, 192
solidarité familiale, 183, 200
sous-développement, 22, 32, 33, 34
souveraineté, 142, 144, 147, 163, 247, 249
spéculateurs voyous, 210
spéculations, 155, 214

spéculatives, 207, 209
stabilité, 6, 31, 61, 98, 102, 123, 160, 162, 164, 165, 171, 201, 215, 218, 236
stade traditionnel, 23
stagnation économique, 164, 244
stratégie, xvii, xviii, xx, 6, 17, 52, 68, 75, 80, 88, 127, 173, 174, 246
structuralistes, 139
structure économique, xvii, 33, 54, 67, 68, 71, 82, 107, 223
structure industrielle, xix, 67
structure sociale, 8, 10, 23, 147, 176, 253
sub-saharienne, xvii, xviii, xxi, xxii, 4
Substitution, xiv, 97, 102, 106, 110
Suchinda Kraprayoon, 154
Sud-Viêtnam, 99
suffrage universel, 119, 123, 124, 138, 164
Suharto, 98, 105, 106, 107, 108, 110, 113, 134, 164, 166, 167, 168, 171, 172, 173, 279
Sukarno, 163, 166, 171
surendettement, 213, 214
surveillance, xxi, 149, 208, 225, 241
syndicats, 70, 74, 76, 83, 84, 87, 90, 123, 124, 138, 149, 176
système capitaliste, 20, 26, 45, 216
système économique, 22, 35, 239
système politique, 18, 19, 31, 42, 85, 123, 132, 160, 172
Systèmes de bien-être, ix, 184
systèmes financiers, xxi, 209

T

Taïwan, i, ix, xiii, xiv, xvii, 1, 3, 9, 14, 52, 68, 77, 78, 79, 80, 82, 84, 139, 140, 142, 143, 144, 145, 146, 147, 148, 151, 156, 161, 165, 187, 189, 190, 191, 192, 196, 200, 213, 227, 228, 257, 260, 261, 262, 263, 264, 267, 269, 270, 271, 272, 275, 276, 280, 281, 282
Taïwan, vii, 10, 41, 52, 53, 61, 62, 65, 67, 68, 76, 77, 80, 81, 82, 83, 84, 87, 88, 90, 92, 102, 134, 141, 142, 145, 146, 147, 148, 149, 152, 157, 159, 177, 185, 191, 192, 194, 207, 211, 213, 254
Taïwanais, 81, 145, 254
Taïwanaise, 144
taïwanisation, 145
tarifs, 20, 219, 238
taux de scolarisation, 183
TD, 16, 32, 34, 35, 37
technocrates, 98, 106
technocratique, xxi, 66, 95, 213, 220
technologie, xix, xxi, 9, 23, 25, 28, 46, 47, 82, 83, 217, 237
technologies, 41, 56, 82
tensions internationales, 139, 141, 218
thaïlandaises, 99, 103, 109, 209, 254
Thaïlande, i, xvii, 111, 154
Thaïlande, viii, ix, 3, 9, 10, 12, 14, 41, 65, 92, 93, 95, 96, 97, 98, 100, 103, 109, 110, 111, 112, 113, 134, 139, 140, 141, 142, 151, 152, 153, 154, 155, 156, 159, 161, 166, 177, 185, 196, 197, 199, 200, 202, 207, 209, 210, 212, 213, 221, 227, 235, 245, 247, 254
Thaksin, 156
Théorie de la Dépendance, vi, 16, 32, 33, 40
Théorie de la Modernisation, vi, 16, 17, 40
Théorie du Système Monde, vi, 16, 35, 37
théories, 1, 2, 13, 16, 26, 38, 40, 46, 52
Tiers-monde, 5, 16, 23, 25, 28, 30, 31, 32, 33, 34, 56
Tiers-Monde, 5
TM, 16, 17, 30, 32, 38
Tokugawa, 70, 71
traditions, 8, 38, 59, 60, 65, 71, 224, 266
trafic d'influence, 228
traitement médical, 192
transactions, 107, 216, 218, 234, 276

transformation, 3, 32, 69, 72, 79, 89, 113, 123, 160, 172, 263, 268, 270, 278
transition démocratique, 134, 147
transnationale, 13, 181
transnationales, 6, 181, 182
trans-pacifique, 238
transpacifique, 236, 237
transpacifique, 240
transpacifique, 248
transparence, 56, 112, 211, 247
transports, 46, 88, 216
travail, 17, 21, 28, 29, 30, 35, 43, 46, 47, 50, 55, 57, 59, 74, 81, 83, 84, 87, 90, 94, 96, 98, 113, 164, 182, 188, 197
TSM, vi, 16, 35, 36, 37, 38, 39

U

UE, xiv, 235, 238
unité dans la diversité, 163
unité nationale, 87, 163
urbanisation, 10, 18, 19, 23, 122, 199
URSS, 80

V

vieillissement, 187, 204

Viêtnam, 6, 11, 62, 68, 99, 224, 235, 263, 264, 272, 277
vol d'oies sauvages, vii, 40, 41, 42
vulnérabilités, 224, 231
VUNT, xiv

W

Wade, 219, 221, 279, 280
Wallerstein, 35, 36, 280
Washington, x, 215, 216, 218, 219, 261, 274, 275, 278, 279, 281
Weber, 28, 29, 58, 280
Weiss et Hobson, 62
welfarisme, 194, 201
White et Goodman, 181

Y

Yoshihara, 65, 93
Yuan, 146

Z

zaibatsu, 72, 73, 75, 123
ZFE, 68
Zone de Libre Échange Continentale Africaine, xviii
zones rurales, 104, 129, 156, 166, 199
ZTE, xiv

Index

Citizenship Academic Publishing London
99 Handsworth House
Quinton Close, Southsea, Portsmouth
P054NF
United Kingdom
Copyright © 2020 Jimmy Yab

No part of this publication may be reproduced, stored in a retrieval system, or transmitted, in any form or by any means, electronic, mechanical, photocopying, recording, or otherwise, without the prior written permission Citizenship Academic Publishing London.
Printed and bound in UK
Citizenship Academic Publishing London has no responsability for the persistence or accuracy of URLs for external or third party internet web sitesrefered to in this publication and does not guarantee that any content on such web sites is, or will remain, accurate or appropriate.

All Rights Reserved.

ISBN : 9798694033190

Printed in Great Britain
by Amazon